# Luc A. Granger

## Palace Hemming

## Plus 13 autres nouvelles de ma vie

Photo : Archives de l'auteur

*J'ai joué dans ces pièces-là !*

Luc A. Granger

# Palace Hemming

## Plus 13 autres nouvelles de ma vie

*J'ai joué dans ces pièces-là !*

Version finale et définitive : 15-03-2021

© 2020 – Luc A. Granger *(Éditions du Ch'min Hemming)*

Édition : BoD – Books on Demand, 12/14 rond-point des Champs-Élysées, 75008 Paris
Impression : BoD – Books on Demand, Norderstedt, Allemagne

**ISBN : 9782322203598**

**Dépôt légal :** Avril 2020

**Je dédie ce livre :**

# *Palace Hemming*

## Plus 13 autres nouvelles de ma vie

### *J'ai joué dans ces pièces-là !*

...à mes enfants Émilie, Évelyne, Élyse, Francis et Caroline, à mes petits-enfants Lilia, Samy, Sofia, Jackson et Evan, et à tous leurs enfants et petits-enfants à venir, pour qu'ils se souviennent...

...À Monique Roy, ma conjointe, qui, elle, se souviendra longtemps de mes multiples hospitalisations de 2017-2018 (chapitre 13) et ce, au moment même où son père terminait sa vie ici-bas...

...À Ginette Poisson, mon ex-conjointe, à titre posthume...

...à mes parents décédés, Joseph et Lorraine, ainsi qu'à mes sept frères et sœurs : Jean-Louis, Rachel, Lucie, Robert, Pierre, Chantal et, en particulier, à Michel, mon frère et mon compagnon de jeu et de sorties, parti beaucoup trop tôt...

...aux Michaud, c'est-à-dire à mes grands-parents maternels décédés Jean-Patrick et Antoinette Jean, et à mes trois oncles, feu Jean-Paul, Marcel et feu Serge (décédé pendant la rédaction de ce livre, le 20-09-2020), une façon pour moi de leur demander pardon pour leur avoir marché sur la tête pendant près de 20 ans !

...finalement, à tous mes compagnons et compagnes de jeux et amis(es) d'enfance, d'adolescence et de mon jeune âge adulte.

# Table des matières

# 0

Imaginez les dégâts causés par plus d'une
demi-douzaine de paires de runnings comme
ceux-là rentrant dans une maison.

# On « s'escoue » les pieds avant d'entrer !

*Suivi de* : Aimez-vous les desserts ? **...page 14**

N é en septembre 1952 à l'hôpital Sainte-Croix de Drummondville, province de Québec, Canada, je ne veux pas vous cacher que je suis un baby-boomer blanc de sexe masculin et que, parmi quelques qualités, mais pas moins de défauts, j'avoue volontiers, humblement et tout de go, être une « moumoune », un froussard, un peureux, un couard, un timoré, un dégonflé, un poltron, un pleutre, un trouillard, une « poule mouillée », un indécrottable « pissou », avéré, patent et notoire. Oui, dans ma vie, j'ai eu peur de mon père, des professeurs, des religieux, des filles, des policiers, des soldats, de mes patrons, j'ai eu peur d'être, de dire, de faire et d'oser par peur de mal paraître, peur du « qu'en-dira-t-on », de décevoir ou de déplaire ; bref, j'ai eu continuellement peur d'avoir peur : peur de vivre et, même, en bonus, peur de mourir !

J'ai vécu ma jeunesse à l'époque de la *Révolution Tranquille* du Québec, dans sa période de transition d'une société fortement cléricale vers une société laïque, période durant laquelle les religieux et les religieuses régissaient encore tout, ou presque : les hôpitaux, les écoles, la politique, toutes les destinées personnelles et tous les aspects du quotidien des Québécois et des Québécoises (et des Premières Nations) et ce, trop souvent, plus par la terreur et une discipline de fer que par l'imitation de Jésus-Christ et de son amour divin. Je l'avoue, très jeune, j'avais peur d'aller en enfer en raison des péchés mortels auxquels on me disait exposé à toute heure du jour et de la nuit – le mal étant partout ! Tout petit, je craignais la bonté, bien réelle pourtant, mais presque toujours sévère, rigoureuse, contraignante, des congrégations de religieux et de religieuses ! J'étais tout petit dans mes petits souliers le jour de mon entrée en première année ; pourtant, dans la cour de l'école Garceau, je m'aperçus que quelqu'un d'autre, le petit Tétreault, avait encore plus peur que moi car, lui, pleura, pleura, toute la journée, paniqué qu'il était de se retrouver si loin de sa maman. Sans que cela me réconforte totalement, dans ma vie, j'en rencontrerai d'autres de ces personnes étonnamment plus pleutres que moi...

J'avais moins de dix ans lorsque les Américains et les Russes se confrontaient au jeu d'échecs grandeur mondiale sur un plateau quadrillé divisé en deux couleurs :

le monde capitaliste et le monde communiste. Les deux superpuissances possédaient un arsenal de grosses pièces de jeu qui n'étaient rien de moins que des ogives nucléaires. En 1961, les Soviets ont voulu avancer quelques-uns de leurs gros pions menaçants sur la case Cuba, pays limitrophe de celui du « King » USA. Les Américains n'ayant pas apprécié ce déplacement de pièces, qu'ils jugeaient non conforme aux règles du jeu internationales en vigueur, s'y sont fermement objectés et ont décrété, unilatéralement, un changement de jeu : la bataille navale. Il y eut embargo sur le « terrain » et guerre de mots à l'ONU... On a montré ses « muscles » et on s'est fait de l'épate, mais il n'y eut pas, fort heureusement pour le monde, ni d'échec et mat, ni même de sous-marins, de porte-avions ou de torpilleurs coulés. Enfant, puis ado, je craignais les Américains et les Russes, à égalité, et surtout leur hégémonie guerrière et leur mainmise répressive sur leur soi-disant partie « dite naturelle » du monde, leurs arsenaux atomiques et leur course pour en placer un dans l'espace. Bien sûr, la guerre froide qu'ils imposaient par la terreur à certains de leurs pays vassaux ou valets m'horripilait et me terrorisait mais, au moins, les confrontations de cette période de froideur se transférèrent surtout dans les moins inquiétants domaines sportifs et culturels ; les Jeux Olympiques devinrent des champs de batailles où chacun des deux blocs tentait de démontrer à l'autre, et aussi sans doute au reste du monde, qui étaient les meilleurs en tout. Dans ce cadre plus ludique, aux échecs, le point culminant, la plus médiatisée de ces rencontres, survint en 1972 – mais là, j'avais 20 ans : le « combat » Bobby Fisher (USA) contre Boris Spassky (URSS). Ah, tant que la guerre restait un sport ou un jeu... ! Mais à moi, comme à bien d'autres personnes dans le monde très certainement, la Guerre froide me donnait... froid dans le dos !

À l'adolescence, l'inutile et cruelle guerre du Viêt-Nam sévissait ; elle – et d'autres qui la précédèrent et qui la suivirent – permettait aux fabricants et aux marchands d'armes et de matériel militaire d'écouler leur stock maudit, et aux USA et à l'URSS / Chine de prôner, via leur participation active ou sous-jacente dans cette guerre, que leur conception du monde était la meilleure de toutes et n'avait d'égale que l'armée qui la défendait. Pour le Viêt-Nam, les États-Unis avaient constitué une loterie dont les gagnants, incidemment une proportion très « disproportionnée » d'afro-américains, remportaient un séjour de style « tout compris » – et télévisé – dans ce pays de l'Asie du Sud-Est incluant un déjeuner au napalm, un dîner aux embuscades de soldats Viêt-Cong et un souper aux massacres de civils. Dans cette guerre jamais déclarée, mais finalement perdue par l'Amérique, des millions de Vietnamiens sont morts alors que des centaines de milliers d'« heureux » GI ne sont pas revenus à la maison, sinon fortement amochés physiquement ou moralement. Je haïssais les fabricants et les marchands d'armes ainsi que toutes les armées du monde pour tout le mal dont ils étaient responsables et je craignais la conscription obligatoire, la guerre, les menaces de guerre, la bombe H, les menaces réciproques de l'utiliser, leurs dégâts et leurs conséquences. Au plus profond de moi, je bénissais la loterie de la vie de m'avoir fait naître dans un pays sans guerre où le service militaire n'était pas obligatoire, dans la période de l'histoire du Canada comprise entre ma naissance et aujourd'hui.

Il y avait de la ségrégation raciale aux USA – il semble qu'il y en ait encore – et des injustices sociales partout dans le monde, au Québec aussi. Des espoirs de créer un monde plus humain et plus fraternel, dont l'Expo internationale tenue à Montréal en 1967 se voulait le modèle sinon un microcosme, semblaient émerger, entre autres, du mouvement hippie international qui scandait haut et fort, en paroles et en musique, partout sur la planète : « *Faites la paix, pas la guerre* (peace and love) ». Cette espérance d'un monde meilleur a fondu comme neige au soleil dès le moment où les jeunes « gogos », yé-yés, puis hippies – que j'étais, moi aussi – sont, à leur tour, devenus banquiers, hommes d'affaires et politiciens. Je craignais et je crains encore les banquiers, les hommes d'affaires et les politiciens qui veulent notre bien et qui réussissent toujours à l'obtenir par de propres ou de malpropres moyens.

Devant une certaine lenteur à résoudre les difficultés inhérentes au fait français du Québec et en l'absence de solutions qui auraient permis d'améliorer rapidement la situation sociale, plutôt « colonisée », et d'éviter l'assimilation linguistique des Québécois francophones, surgirent de petits groupes de terroristes qui affirmaient avoir le « front » de libérer le Québec : ces felquistes, comme on les appela, adoptèrent la manière forte, brutale, pour atteindre leurs buts et faire valoir leurs revendications. Je ne pourrais dire si je ne craignais pas plus les réactions exagérées des autorités politiques canadiennes qui promulguèrent la *Loi sur les mesures de guerre* sur tout le territoire du Québec ou ce terrorisme indéfendable plutôt localisé à Montréal. Ce que je sais, c'est que j'avais peur que les parades de camions militaires dans les rues de Drummondville – où pouvait bien nicher le danger dans cette paisible et docile cité ouvrière ? – augurassent l'arrestation de tous les jeunes qui pensaient que l'objectif socio-politique du Front de libération du Québec (FLQ) pouvait se défendre. Je précise bien : l'objectif, pas le FLQ ni sa méthode terroriste. Je pensais, et je pense encore, que rien ne justifie jamais la commission d'actes violents, sinon la légitime défense.

Oui, j'ai toujours eu peur de la violence, sous toutes ses formes.

Adulte, je suis devenu fonctionnaire pour ce « *plusss meilleur pays du monde* » qu'est le Canada (dixit Jean Chrétien, ex-premier ministre du Canada). Au référendum québécois de 1995, au contraire de celui de 1980, inquiet pour mon emploi de fonctionnaire fédéral, mon salaire et ma pension, tous garantis par la Reine d'Angleterre, j'avoue avoir tergiversé, puis « *choké* », et trahi, pour un peu plus que 30 deniers quand même, mes convictions politiques les plus profondes. Au moment de faire mon choix, j'ai vraiment eu peur de perdre mes acqui$ personnel$. J'avais, vers l'âge de 10 ans, vécu un traumatisme dans la cour de l'école Garceau : aux deux récréations de la journée ainsi qu'à la période libre du dîner, j'avais remporté tous mes matchs de billes au point que j'en avais, en fin d'après-midi, les poches de culottes archipleines. L'attente de l'autobus de retour à la maison étant plus longue que prévue, on nous permit de nous amuser. Un copain me défia avec une bille en main... une seule : mais quelle bille !, une belle grosse « poupoune » tout en couleurs ! *« Il me suffira d'un seul duel pour la lui subtiliser »*, pensais-je... Et je riais déjà en mon for intérieur, certain que la chance m'appartenait ce jour-là. Bien non, mon rusé – et très habile – adversaire réussit à me dépocher de toutes mes billes !... Toutes ! Comment ? J'avais dit oui, tout simplement... Quand je montai dans l'autobus, il ne me restait plus rien... que la honte et la désillusion... L'indépendance du Québec en 1995 ? Je craignais de vivre un autre désappointement, d'être « dépoché » de tout pour l'amour vaporeux, incertain, d'un autre genre de « poupoune »... Moi, et quelques autres comme moi, plus courageux, aurions sans doute pu faire pencher la balance vers l'indépendance. Il est quand même bon de le rappeler : malgré sa grande séduction, cette métamorphose de province en pays comportait – et comporte encore et toujours – son lot d'inconnus et de défis. Et cela avait créé maintes inquiétudes de-ci de-là dans la société, et plus précisément chez certains tenants du « oui » engagés dans la fonction publique fédérale en sol québécois à qui l'on refusait de faire toute promesse. Quand même, quel pleutre, et quel radin égoïste je fus !

Je suis presque mort, il n'y a pas si longtemps de ça, en novembre 2017 plus précisément ; je venais tout juste d'avoir 65 ans. Quelques pontages effectués au moment opportun m'ont donné un deuxième souffle, un sursis que je reconnais être plus qu'inespéré dans les circonstances : j'aurais pu crever dix fois, cent fois peut-être, entre mai 2017 et le 24 novembre 2017, journée de l'opération, tellement mes artères étaient bloquées sévèrement. Aujourd'hui, je suis un survivant, je suis un revenant ! Youpi ! Car je l'avoue humblement et volontiers, j'ai toujours eu très peur de la mort. Et ce, depuis ma plus tendre enfance !

Avant cela, combien de fois ai-je passé près de mourir à quelque moment que ce soit de ma vie ? Difficile à dire... mais j'oserais affirmer au moins une bonne douzaine de fois ! Quand je scanne tout mon passé, je reconnais que j'aurais pu mourir d'une appendicite aiguë en bas âge – *« Tu as passé bien proche mon garçon »*, me rappelait quelquefois ma chère maman Lorraine ; ou, vers l'âge de 5 ans, noyé dans un profond puits désaffecté creusé près de notre maison mais mal rebouché ; ou à cause d'une chute d'un arbre ; ou, à l'adolescence, heurté par une automobile alors que je circulais fréquemment à bicyclette sur l'étroit et très tortueux chemin Hemming ; ou, à plusieurs occasions, noyé dans la rivière Saint-François où nous les jeunes allions souvent jouer ; ou, à l'âge adulte, frappé par un camion sur la route entre Sainte-Ursule et Louiseville quand il nous a frôlé « à mort » ma blonde Monique et moi ; ou heurté par une, deux ou trois voitures sur une autoroute de Québec alors que je manœuvrais maladroitement et dangereusement, pour, in extremis, sortir par la bretelle de droite alors que je roulais à grande vitesse sur la troisième voie de gauche ; ou mort, ainsi que toute ma famille, dans un face à face sur la route 157 entre Trois-Rivières et Shawinigan, dans un désir de dépasser l'auto qui me précédait mais dans des conditions qui ne le permettaient vraiment pas ; ou, dans ma tête un peu fêlée, emporté par le cancer à une époque de ma vie où j'étais devenu hypocondriaque ; ou, même encore, par la concrétisation d'une réelle envie suicidaire profonde et tenace qui m'a habitée pendant quelque temps en 2004 mais qui ne s'est jamais réalisée pour la simple raison que, malgré la lourdeur de toutes mes peines, de mes déboires et de tous mes problèmes personnels d'alors, malgré mon découragement et ma détresse, j'aimais bien trop la vie... (L'auteur que je suis avait toujours eu peur de faire des phrases trop longues... plus maintenant !) Bref, je crois sincèrement que pour vivre centenaire, entre autres choses, il faut beaucoup de chance... Et de prudence ?

Bien entendu, je n'inclus pas dans ce décompte toutes les fois que j'aurais pu ou dû mourir de honte d'avoir fait une niaiserie ou d'avoir participé à une action mauvaise et répréhensible. Quand on examine son passé, on trouve toujours bon nombre de ces conneries et de ces exactions, gênantes pour le moins ; dans un bouquin comme celui-ci, il aurait été tentant de tout déballer, de dévoiler au lecteur tout de tous mes défauts, de mes vilaines pensées, de mes faiblesses et de mes travers. Je ne le ferai pas systématiquement mais, inévitablement, vous en rencontrerez, ici et là, tout au long des récits que je vous propose.

Comme tout le monde, je ne suis évidemment ni tout blanc ni tout noir, ni tout bon, ni tout mauvais. Je me rappelle bien de certaines méchancetés commises par l'enfant, par l'adolescent et même, par l'adulte que j'ai été : plusieurs personnes que j'ai aimées, que j'aime encore, frères, sœurs, collègues ou amis, ont souffert de certains de mes actes, ou de mes mauvaises blagues, la plupart du temps involontairement blessantes. Je sais que j'ai été méchant sans le savoir ni le vouloir : certaines de mes victimes me l'ont un jour ou l'autre avoué. Je m'en suis déjà excusé à plusieurs... Je demande ici pardon à toutes les autres qui n'ont pas encore eu l'occasion, ou le courage peut-être, de me confier leur malaise. Ces personnes, qui étaient affectées par mes propos que je voulais plus satiriques que blessants, je les ai heurtées et déçues... Déçu, je l'ai été moi aussi au moins autant qu'elles : quoi, on veut faire le comique et tout ce qu'on réussit à faire c'est du mal... La douleur d'antan de toutes ces personnes est devenue la mienne... Je regrette du fond du cœur toutes ces phrases et toutes ces blagues poches et assassines que j'ai pu commettre, inconsciemment ou pas... Ni tout blanc, ni tout noir, ai-je dit. J'oserais avancer que la teinte de gris de l'ensemble de ma vie se situe, somme toute, plus près du blanc que du noir. Du moins, c'est ce que j'aime penser. Sinon, me dis-je, je n'aurais plus d'amis, je n'aurais pas de conjointe, on me traiterait comme un paria, on m'éviterait, je serais seul, comme le deviennent inévitablement les menteurs, les voleurs, les bandits, les harceleurs, les violeurs, les criminels et les assassins... C'est donc humblement, que je revendique pour moi ce que Robert Charlebois affirme être dans sa plus belle chanson : moi aussi, je crois bien n'être qu'un « *gars ben ordinaire* » !

CBEO

Choisir dans le cours de sa vie des événements ou des épisodes à raconter susceptibles d'intéresser des personnes autres que soi-même n'est décidément pas chose facile. D'autant plus que je n'ai pas vécu une vie hors du commun : peu ou pas d'exploits particuliers ont parsemé mon parcours. Et, je l'ai dit plus haut, je ne suis pas particulièrement courageux, ni intrépide, ni aventurier ; mon enfance a été somme toute assez tranquille et heureuse, mon adolescence, elle, plutôt plate et sombre même sur l'aspect musique. Puis ma vie d'adulte, je l'ai passée principalement à faire, le mieux possible, le fonctionnaire, l'époux, le père de famille et, finalement, depuis 2006, à être heureux avec ma nouvelle conjointe. Les gens heureux, trop heureux – faites la liaison entre « trop » et « heureux », vous découvrirez un qualificatif tout à fait de circonstance –, ces heureuses gens-là, dis-je, ont-elles une histoire ? Non, répond clairement la chanson !

Alors, pour l'adrénaline, les exploits, le risque et l'aventure, on repassera...

L'auteur que je suis ne peut donc qu'espérer que son « *Palace Hemming, plus 13 autres nouvelles de ma vie* » saura plaire aux lecteurs et aux lectrices autant par l'évocation et la description qu'il fait des contextes familial, culturel et social des années 1950, '60, '70 et début '80 (sauf pour le récit du chapitre 13 qui est beaucoup plus contemporain) dans lesquels, tout jeune, il a évolué, que par le ton parfois drôle, parfois sérieux, mais toujours nostalgique, qu'il exploite. L'auteur invite aussi ceux et celles qui sont contemporains ou acteurs comme lui des événements contés à être indulgents s'ils découvraient ici et là quelques imprécisions et exagérations ou quelques erreurs temporelles ou situationnelles. L'indulgence est d'autant plus de mise qu'il paraît que les souvenirs à long terme peuvent ne plus représenter, ou que faiblement ou que partiellement, la réalité d'alors, c'est-à-dire au moment où elle a été vécue. Les quelques photos dont je me sers pour raviver ma mémoire et pour étayer les faits que je présente dans certains chapitres de ce livre, peuvent n'être finalement que le point de départ sûr et concret d'une relation devenue, avec le temps, floue, tronquée et subjective. La mémoire est une faculté qui oublie, dit-on communément. Je comprendrais donc très bien qu'un autre acteur de ces mêmes « aventures » que je raconte, – chacun de mes frères, chacune de mes sœurs –, au rappel de ses propres souvenirs, et même à partir des mêmes photos, écrivît un tout autre recueil que le mien qui collerait mieux à une autre réalité : la leur. Pour une vérité plus grande et plus entière, je ne peux que les inviter à le faire. J'espère quand même ne pas avoir trop dérapé...

Dans ce recueil de 14 nouvelles (et +) autobiographiques, j'ai pris une certaine liberté, mais pas si grande que ça, me semble-t-il, dans la relation de mes souvenirs, subjectifs j'en conviens, des personnes que j'ai côtoyées ainsi que des événements qui ont jalonné ma vie. Leur réalité peuvent difficilement être contestée mais, pour le reste, la chronologie entre autres choses, vous devrez vous fiez à moi et même accepter certains accrocs temporels volontaires. Notez aussi que je ne dévoile pas tout ! En effet, je me suis « gardé une petite gêne » dans la description des personnes que je mets en scène ou dont je rappelle le souvenir, mon but n'étant pas de rendre mon propos plus intéressant en m'en moquant, en les dénigrant, en brandissant vers elles un doigt accusateur ou revanchard, ou en mettant en exergue leurs défauts. Oui, je me magane, je m'« abîme » bien un peu dans ce livre, mais abaisser les autres pour que, moi, je paraisse plus grand... Pouah ! C'est trop laid !... Non merci !

ᑫᎧᏮᏇ

Maintenant que je me suis un tantinet « escoué » les pieds, y faisant tomber un peu de la poussière et de la boue qui s'y étaient collées, entrons dans le vif du sujet ; et même si les souliers sont encore un peu souillés, Lorraine, la maman et la reine de ce « palace », pardon, de cette maison qui fut la mienne, ne devrait pas faire trop de difficultés, elle était tellement indulgente, accueillante aussi, tellement « recevante » ! Oui, maman aimait vraiment ça avoir du monde, de la « belle visite », disait-elle. Pénétrons donc, par la magie de l'évocation de mes souvenirs, dans le petit monde de l'enfance, de l'adolescence et du jeune adulte* qui fut le mien, tout autant que celui de mes frères, de mes sœurs, de mes oncles, de mes amis et de tant d'autres personnages que j'ai eu l'honneur de rencontrer et de fréquenter sur ma route.

Bienvenue à « *Palace Hemming* », dans cette maison toute croche bâtie près d'une route toute croche épousant de près les croches d'une rivière sinueuse.

Ce bouquin saura-t-il vous captiver ? Hum !... Pas toujours, j'en ai bien peur !

Bonne lecture !                    *Luc A. Granger*

* Exceptionnellement, le 13$^e$ récit de ce livre se rapporte à mes 3 hospitalisations de novembre et décembre 2017 et de mars 2018 : j'étais donc âgé de 65 ans à cette époque. Je l'ai quand même inclus dans cet ouvrage car, sans ces petits « miracles médicaux », devenu routine pour la médecine actuelle, je n'aurais pas pu, bien entendu, vous conter ni ce 13$^e$ récit ni, par conséquent, tous les autres récits qui l'accompagnent...

## Aimez-vous les « desserts » ?

Le philosophe grec Aristote aurait affirmé : « *La nature a horreur du vide* ».

Ma mère, maman Lorraine, philosophe plus prosaïque, plus terre à terre, prenait bien soin d'avertir sa visite du temps des Fêtes, assise à sa table, au moment même où cette dernière avait déjà la bedaine pleine de s'être trop empiffrée de toutes les bonnes, riches, grasses, consistantes et bourratives victuailles déjà offertes :

– *Surtout, gardez-vous une petite place pour le dessert !*

Elle plaidait quand même une cause gagnante car deux dizaines de petits et grands enfants n'attendaient que le moment d'engloutir la montagne de beignes saupoudrés de sucre à glacer, les deux immenses gâteaux, ainsi que la tour Eiffel de tartes aux raisins, aux pommes et au sucre dont ils avaient, dès leur arrivée, reniflé les effluves. On disait de nous qu'on avait : « les yeux plus grands que la panse ».

Ici, c'est moi, le fils de Lorraine, qui offre les desserts : il y en a 15 en tout ; vous les trouverez à la fin de chacun des chapitres de ce livre – sauf un qui constitue le chapitre 14 : *Un dessert nommé « Maman »* ! –, chapitres qui ont eu l'audace, l'impertinence de se terminer à une page impaire – mais il est vrai que je les ai aidés un peu –, laissant la page paire suivante complètement vierge... Tout à fait scandaleux, inacceptable !

Mes desserts, bien sûr beaucoup moins savoureux que ceux que maman Lorraine nous préparait de son vivant, mes « bouche-trous » à moi sont de courts textes, autobiographiques eux aussi, que je jugeais trop peu « élaborables » pour faire l'objet d'un long chapitre entier ; ils sont, sauf un peut-être, complémentaires aux chapitres qu'ils clôturent ou en lien direct avec eux. J'ai décidé de combler les « vides » résiduels de mon livre afin que nul lecteur ou nulle lectrice ne se serve de ces pages blanches comme motif ou prétexte à sous-estimer son investissement.

De toute façon, que vous les vouliez ou non, ces « desserts » sont compris dans le prix de la table d'hôte que vous avez commandée : il ne vous reste donc qu'une seule alternative : régalez-vous ! À moins que... Je sais pertinemment bien que les tables d'hôte de restaurants sont quelquefois si copieuses que, rendu au dessert, on préfère s'en passer. Si vous n'avez plus de « petite place » pour mon petit dessert juste après avoir consommé tout le chapitre, plus copieux, plus substantiel, qui le précède, considérez-le comme un « *doggy bag* », un relief de table à emporter et à consommer un autre jour... C'est permis ! Et pourquoi pas ?

Car un dessert, par nature, c'est si sucré qu'il peut se conserver longtemps... *L.A.G.*

# 1

Trois petits bouts de rues émergeant du Chemin Hemming : celle du centre, entre les rues Fleurent et Milton, c'est ma rue ; elle s'appelait jadis : rue Hamel.

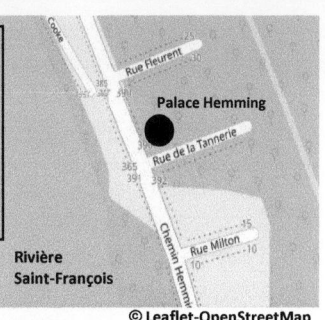

© Leaflet-OpenStreetMap

## Palace Hemming

### Chapitre I – Plantons le décor

**J**'ai sous les yeux une vieille photo de la vieille maison de mon enfance, MA maison, MON palace (*Photo en couverture*). Cette demeure, construite tout en tôle, en bois et en pierres (des matériaux « nobles ») dans la 2e moitié du XIXe siècle, avait 2 étages ; elle trônait majestueusement sur un escarpement du chemin Hemming (aussi appelé jadis « *Route rurale no 3* », ou « *Hemming's Falls Road* », ou « *Hemming's Road* »), une route assez étroite et assez tortueuse longeant le côté est de la rivière Saint-François, à Drummondville. Son logement du bas portait le numéro civique 2120, celui du haut, le 2122. Plus tard, ce dernier numéro deviendra caduc lorsque les deux étages ne formeront plus qu'un seul logement. C'est à ces deux adresses, à la deuxième puis à la première, que j'ai vécu toute ma jeunesse, toute mon adolescence et une courte partie de mon âge adulte soit, plus exactement, les 20 premières années de ma vie. Ce sont ces 20 ans – et un peu plus, je dois dire – que je veux vous raconter.

Mais voici tout d'abord un peu d'information sur ma ville natale.

La ville de Drummondville porte le nom du britannique Sir Gordon Drummond qui fut, lors de la Guerre de 1812 contre les États-Unis, commandant du Haut-Canada, puis président du gouvernement du Haut-Canada puis, brièvement, administrateur de l'Amérique du Nord britannique. Drummondville, ainsi nommée par le major général Frederick George Heriot qui y avait établi ses troupes de Voltigeurs démobilisés avec la fin de la guerre de 1812, est située principalement sur la rive ouest de la rivière Saint-François. Conséquemment à cet afflux de militaires, c'est sans surprise que les premières rues du centre-ville portent des noms anglais : Hériot, Brock, Lindsay, Cockburn, Newton, Loring... À ma naissance, en 1952, Drummondville comptait un peu plus de 15 000 habitants ; ce chiffre aura doublé lorsque je fêterai mes 20 ans. Aujourd'hui, en 2020, la population de la ville, agrandie autant par l'attrait de sa nouvelle prospérité que par la fusion de ses voisines, est d'environ 77 000 habitants.

Nous, la quelque centaine de Drummondvillois « banlieusards » de l'autre bord de la rivière, côté est donc, nous y accédions à cette « grande » ville en empruntant un pont de fer étroit construit entre 1883 et 1885, nommé pont Marchand en l'honneur de Majorique Marchand, curé de la paroisse Saint-Frédéric de 1865 à 1889. C'est à cette paroisse que nous étions rattachés, nous les fidèles résidant sur une petite partie du chemin Hemming. Incidemment, c'est à ce même Majorique Marchand que l'on doit le nom de la paroisse Saint-Majorique (érigée canoniquement en 1888), située pas très loin, au nord de Drummondville. C'est dans ce village que mes ancêtres, Isaïe Granger et son épouse Phébé Boudreau, lui descendant d'Acadiens (Laurent Granger et Marie Landry), s'établirent comme habitants en 1863, soit presque cent ans après que leurs grands-parents et leurs enfants eurent été déportés vers le Massachussetts lors du Grand Dérangement acadien de 1755. Calixte Granger et son épouse Virginie Courchesne, puis Alphonse Granger et Annette

Janelle, mes grands-parents, vivront tour à tour sur et de cette ferme. Un de leurs enfants, mon oncle Léon, sera le dernier de cette lignée des Granger qui, avec sa femme Gabrielle (Gaby) Boisclair, y auront élevé leur famille.

Conquête oblige, le chemin Hemming porte lui aussi le nom d'un britannique, Edward John Hemming, avocat, gentleman-farmer et homme politique, né le 30 août 1823 à Londres, et décédé le 17 septembre 1905 à Knowlton au Québec. Élu député conservateur du comté de Drummond en 1867, il plaida pour la construction de chemins de « fer » à lisses de bois. Grâce à son influence, les régions de colonisation, qui ne pouvaient pas se payer de véritables chemins de fer, ont pu communiquer avec les grandes lignes ferroviaires existantes. L'une des premières compagnies à se former dans ce but fut la *Compagnie du chemin à lisses des comtés de Richelieu, Drummond et Arthabaska*, dont le réseau reliant Sorel, Drummondville et Acton Vale permit au comté de Drummond de sortir de l'isolement qui paralysait son commerce et son industrie.

Si je vous en parle, c'est parce que cette ligne de chemin à lisses passait juste derrière chez nous, à l'orée de la forêt, de ce « bois » qui fut notre deuxième terrain de jeux. Dans mon enfance, on voyait encore très bien le chemin rectiligne percé en bordure de la forêt de même que plusieurs des traverses qui soutenaient les lisses, et même, ici et là, des bouts de lisses de bois ! Cela nous intriguait, nous les jeunes du coteau, cette longue et droite cicatrice se perdant dans le lointain. On se posait souvent les deux questions suivantes : « *Mais où cette "trail" pouvait-elle bien mener ?* » ; et celle-ci : « *Des trains pouvaient-ils vraiment rouler sur des rails de bois ?* » Aujourd'hui, au hasard de mes recherches pour écrire ce livre, j'ai enfin trouvé des réponses. Vous saviez ça, vous ?

Le long de cette fausse « voie ferrée », ou pas très loin, on pouvait cueillir et déguster, respectivement au milieu et vers la fin de l'été, des mûres mûres et des bleuets bleus. Il y avait un « *pit* » de sable au bout du prolongement non asphalté de la courte rue Hamel, un vaste « carré de sable », plutôt rond, dans lequel, jeunes et très jeunes, nous aimions faire rouler nos camions de bois ou de plastique, ou façonner de  splendides « châteaux » ; c'est du moins ainsi que nous apparaissaient les huit ou neuf humbles monticules en forme approximative de tours, modelés avec nos petites chaudières et nos petites pelles en plastique coloré.

Ce chemin de trains, témoin d'une autre époque, longeant l'orée de « notre » forêt, menait, lorsque l'on tournait à gauche, à une intersection qui se prolongeait quelque deux kilomètres à l'intérieur du bois. Entre beaucoup d'autres choses, nous aimions grimper sur un rocher qui se trouvait pas très loin sur la gauche, et dont nous estimions la circonférence à au moins une trentaine de pieds et la hauteur à au moins une dizaine de pieds, à tort cependant, ayant eu l'occasion de retrouver et de réévaluer objectivement ce roc plusieurs années plus tard. C'est que je voulais épater Émilie, ma fille aînée, en lui montrant cette « énormité ». L'énormité ne fut pas le rocher lui-même mais plutôt l'idée fausse que je m'en étais faite et que j'en avais gardée ! Pourtant, alors, juchés au sommet de cette roche somme toute insignifiante, les jeunes garçons que nous étions, nous nous prenions vraiment pour des conquérants de l'Everest ! Le monde est si grand quand on est petit...

Les Tarzan que nous étions aussi grimpions dans les arbres de cette forêt, le plus haut possible lorsqu'ils étaient grands et forts ou, dans les arbres aux faîtes plus flexibles, assez haut pour nous permettre de basculer d'un arbre vers un autre et de nous y agripper en alternance. On pouvait atteindre ainsi, d'une cime à l'autre, dans une seule et même course, une dizaine de ces arbres-fouets, sur une longueur de plus d'une vingtaine de pieds sans toucher terre. Avions-nous inventé (ou réinventé ?) le concept d'arbre en arbre ? Un de ces Tarzan était mon frère Michel, mon aîné d'un an. Puisqu'il a été très important dans ma jeunesse et mon adolescence, en guise de présentation, voici deux anecdotes le concernant qui le caractérisent très bien. Un jour, il était tombé de l'un de ces arbres, d'assez haut quand même, assez en tous cas pour que cela dût lui avoir fait mal, le pensions-nous du moins. Lui, l'orgueilleux, le « *fierpète* », faisant son « *smatte* », se releva tant bien que mal, se tenant le plus droit possible et, à la question anodine suivante : « *T'es-tu fait mal ?* » Michel répondit, mais de façon presque inaudible :

– *Non ! Pas du tout ! Ça m'a rien fait ! Mais je m'en vais à la maison quand même, puisque ça va bientôt être l'heure du dîner...*

Dès le moment où Michel se crut rendu assez loin, on l'entendit chigner, puis pleurer, puis brailler sa vie ; ce qu'on a pu se moquer de sa « tête de cochon » ! Non, il n'était pas orgueilleux rien qu'un peu mon frère Michel !

À une autre occasion, alors que nous nous sauvions les jambes à notre cou pour nous réfugier dans le bois, à l'abri de monsieur Charles Perreault venu prêter main-forte à son fils Raynald à qui l'on avait cherché noise et que l'on avait pourchassé jusque chez lui, Michel s'arrêta tout d'un coup de courir pour faire face à ce longiligne mais costaud monsieur. Ce dernier le rejoignit, le prit à bras-le-corps et tenta de le renverser : du haut de ses six pieds, il mit tous les efforts qu'un adulte de son âge et de sa grandeur pouvait fournir... en vain ! Michel, habile, multipliait les manœuvres d'évitement qui lui permirent de se maintenir debout, s'agrippant aux vêtements de l'adversaire, et esquivant savamment toute tentative de le faire culbuter. Il fit si bien, que monsieur Perreault, exaspéré, le relâcha finalement et s'en fut. Michel vint nous rejoindre, torse bombé, tout fier et ravi des marques d'estime que nous démontrions à son égard pour l'exploit qu'il venait de réaliser. Ainsi était mon frère Michel : courageux et audacieux certes, mais aussi téméraire et frondeur ! Moi, j'étais son chien de poche, couard et admiratif !

∽∾

Revenons dans la forêt, ce terrain de jeux qui fut le nôtre, en toutes saisons. Quand on pénétrait plus loin encore dans le bois, une intersection en « Y » nous proposait un choix : vers la gauche, on se rendait à une cabane à sucre désaffectée, en plein cœur d'une acéraie (communément appelée une érablière). Les quatre murs de la cabane à sucre, tout recouverts de bardeaux entrecroisés, vermoulus et à moitié disloqués, étaient toujours debout peinant cependant à soutenir un reste de toit pourtant encore coiffé du traditionnel et très reconnaissable « clocher sans cloche » ouvert sur les quatre faces, d'où sortait naguère la fumée se dégageant des cuissons d'eau d'érable. Des cuves en métal, bosselées, poussiéreuses, tachées, remplies de feuilles et de branches qui s'y étaient accumulées au fil des ans, s'y trouvaient toujours. Le tout était en décrépitude, dans un état lamentable... À qui appartenait cette ruine, on ne le savait pas... Il nous semblait que personne n'y était venu depuis des siècles... Il nous paraissait donc justifié d'en prendre possession : on se faisait donc un devoir, et un jeu périodique, d'aider la nature et les propriétaires, dans la mesure de nos faibles et limités moyens physiques, à faire disparaître cette loque qui défigurait le si sylvestre paysage d'alentour. Pour notre grand bonheur, tout à côté de ce site abandonné, poussait un bosquet de framboisiers cultivés – on disait alors une talle – qui donnaient chaque année des fruits assez gros et succulents. Cela rendait ce « coin » de forêt doublement intéressant et attractif pour nous les jeunes, curieux certes, en quête de découvertes et d'émotions fortes, mais aussi toujours un peu affamés.

Si l'on prenait l'embranchement de droite du « Y », on découvrait, tout à coup, un mystérieux sous-terrain que je ne pouvais m'empêcher, moi, de trouver inquiétant. Creusé dans le sol sablonneux, profond de cinq à six pieds – tout jeune, on pouvait s'y tenir debout – et recouvert de branchages et de feuilles pour le dissimuler le plus possible, nous y entrions, du moins moi, chaque fois avec la crainte d'y faire une rencontre peu agréable : une bête sauvage, un détraqué embusqué... On ne connaissait pas ceux qui l'avaient construit mais on a pu glaner, de ci et de là, que c'était sans doute l'œuvre des plus vieux que nous, mais du coin, peut-être Marcel Michaud, Raymond Hamel, qui venaient s'y cacher, s'y terrer l'automne dans le cadre de leur chasse annuelle au petit gibier...

Durant la saison froide, on pouvait patiner sur les nombreux petits étangs à grenouilles gelés qui se formaient fin-décembre, début-janvier au bord du bois, surtout lorsque l'automne avait été pluvieux à souhait. Ces flaques d'eau glacées communiquaient plus ou moins les unes avec les autres permettant la glisse en patins ; mais, attention, quelquefois il fallait faire un saut pour franchir certains obstacles surgissant du sol tels un bout de branche ou un monticule herbu, sinon c'était la culbute. Mais ces étangs étaient peu profonds ; nous pouvions donc, en toute sécurité, commencer là notre saison de patinage quelques semaines avant que se soit solidifiée suffisamment l'eau de la rivière Saint-François.

## Chapitre II – Le chemin de mes jeunes amitiés

Bien que s'étirant en suivant les sinuosités de la rivière St-François sur plus de 25 kilomètres, le chemin Hemming n'appartenait à la ville de Drummonville que sur à peu près les deux premiers kilomètres. Au-delà, étrangement, on se retrouvait tout à coup dans les *Cantons unis de Simpson et Wendover*. Il s'y trouvait peu de commerces sur ce bout de chemin : un dépanneur minuscule ouvert « toutes saisons », un autre, plus minuscule encore, ouvert l'été seulement – 2 endroits où l'on se rendait quand on avait trouvé une bouteille vide ou deux dans le fossé ; une bouteille vide valait un sou –, et un « stand » de taxi : *L'Étoile du matin*. C'est tout !

Quand j'étais d'âge primaire, plusieurs « petits résidants » de ce court tronçon drummondvillois du chemin Hemming ont fréquenté les mêmes classes que moi : Raymond St-Jacques, Marcel Grondin, Raynald Perreault, Alphonse Duval, Achille Lepage. Je n'ai eu que peu d'interrelations avec les deux derniers, rien en tout cas de remarquable, de marquant, de notable ; bref, rien dont je me rappelle vraiment. Pour les trois premiers, par contre, que j'ai plus fréquentés, de nombreux souvenirs me reviennent à la mémoire. Pas d'amitié réelle n'existait entre Raynald et moi ; ce fut à vrai dire une relation plutôt ambiguë où se mêlaient, pour ma part, un peu d'admiration pour l'inventif faiseur de quatre cents coups qu'il était et beaucoup d'inquiétude pour la témérité insolente dont il faisait preuve à l'occasion. De fait, maman Lorraine n'aimait pas beaucoup que l'on fréquente les membres de cette famille car, quelquefois, trop souvent, aurait-elle dit, nous la mettions dans l'obligation de téléphoner ou d'aller parler à sa voisine, madame Perreault, pour régler un différend dans lequel elle savait, par expérience, que les responsabilités de chacun des enfants impliqués étaient floues.

Raynald Perreault était un peu mon petit diable tentateur : le plus gros « coup » dans lequel il m'a entraîné fut la « lapidation » d'une auto stationnée dans la cour de nos éventuels nouveaux voisins, les Collard, voisins qui n'étaient pas encore installés. Ce démon en herbe, qui avait déjà lancé la première pierre sur la voiture, tentait de me convaincre de faire pareil avec des arguments bêtement couci-couça : l'auto était « *scrap* » de toute façon, personne ne serait lésé et, argument massue, je serais un méchant pissou si je ne faisais pas comme lui, etc. Nono, je me rendis à ces raisons. Le bruit des pierres qui frappaient l'auto attira l'attention des joueurs de fers qui s'amusaient dans une cour adjacente qui, incidemment, et pour mon malheur, était la mienne... C'est à ce moment exact, moi lançant une roche dans le pare-brise de l'auto, que nous vîmes des figures émerger, au loin, de l'autre côté de la clôture, au-dessus des grandes herbes, et épier notre exercice de démolition. Leurs regards étonnés et réprobateurs, cherchaient à comprendre la situation mais, surtout, à identifier les malfaisants. Vite reconnu, je fus hélé par un papa au ton sévère qui rendait toute réplique ou toute fuite non envisageable. Tête basse, tout penaud, inquiet pour la suite des choses, je rentrai chez moi où il me fut donné une leçon dont le petit garçon d'une dizaine d'années que j'étais devait garder des marques physiques et psychologiques pendant plusieurs jours, voire des semaines. Pour la première et la seule fois, j'ai reçu une volée de coups de ceinture de cuir sur les fesses et fut privé de dessert pendant une semaine – et une semaine sans dessert, pour moi, c'était long ! Avec cette correction, qui est restée imprimée dans ma mémoire pour le restant de ma vie – et, pour la « strappe », sur mes foufounes quelques semaines, papa venait de m'inculquer, à la dure, les notions de bien et de mal et les conséquences afférentes à se laisser tenter par la deuxième option. Dès lors, je commençai à écouter plus souvent ma petite voix de sagesse intérieure, celle de mon ange gardien ; ce qui ne fut pas le cas de Raynald, semble-t-il, car je crois savoir que sa vie fut loin d'être un long fleuve tranquille.

ᘏᘏ

Marcel Grondin était un adolescent beaucoup plus émancipé que je ne le fus. À l'âge de quinze ou seize ans déjà, il sortait dans les clubs où se produisaient les groupes yé-yé en vogue et les vedettes québécoises de l'heure. Un des endroits de prédilection des jeunes Drummondvillois était la salle la *Flèche d'or* située à Saint-Cyrille-de-Wendover. Tous les lundis matin dans l'autobus scolaire, il nous contait ses soirées festives avec force détails palpitants et croustillants. Je vous en dirai plus long, plus loin dans ce livre, au chapitre intitulé : « *C'est vendredi qui m'obsède* ». Autre souvenir de Marcel Grondin : il fumait comme se devait alors de fumer tout jeune homme qui se « respectait ». Où se procurait-il ses cigarettes ? Je l'appris assez tôt puisqu'un jour que j'étais chez lui, il se servit dans une boîte de tabac en fer : c'était un « libre-service » autorisé par nul autre que son paternel, monsieur Romulus Grondin. Peut-être que le fait de s'occuper, pendant plusieurs années, d'un minuscule comptoir-dépanneur estival situé en bordure de la route juste en face de leur domicile lui avait-il facilité l'acquisition de cette pratique. En tout cas, grâce à lui, j'ai commencé à fumer ce qu'on appelait des cigarettes « *CDA* », abréviation pour « *celles des autres* ». Jeune adolescent, je l'avoue, j'ai beaucoup fumé de CDA... Et qui dit CDA, dit fumer ce que l'on nous proposait ; dans le meilleur des cas, on obtenait une « saveur » appréciée et « à la mode » : une *Mark Ten*, une *Export A*, une *Belvedere*, une *Player's*... Sinon, on devait se contenter d'une moins bonne clope : une *Craven A*, une *Benson & Hedges*, une *Sweet Caporal*, une *Rothman's*, une *Matinee* ou une *du Maurier*. Quand on n'était vraiment pas chanceux, on nous donnait une *Pall Mall* ou une *Marlboro* américaine, une *Gitane* ou une *Gauloise* française... Pire, quelquefois on nous offrait une cigarette au menthol : pouah ! Les fumeurs « bricoleurs », quant à eux, nous tendaient une blague à tabac et du papier, – tabac *Drum* et papier V*ogue*, ou *Zig-Zag*, très souvent – et nous invitaient à rouler nous-mêmes notre cigarette. Quoi qu'il en soit, comme on était en manque, c'est-à-dire « ben mal pris », on disait simplement merci au généreux donateur, et on fumait... Bref, à sa manière, l'émancipé Marcel aura contribué à ouvrir mon esprit sur un aspect de la vie qui commençait à retenir mon attention : les filles. Apprenti-guitariste, il m'a aussi initié à la musique en général et à celle plus underground pour l'époque que proposaient Jimmy Hendrix au monde et Robert Charlebois au Québec. On peut dire que Marcel a fait de moi rien de moins qu'un début d'homme car, selon les critères de cette époque très « fumeuse », l'homme, le vrai, fumait ! (Le « chapitre 13 » de ce livre s'explique en bonne partie par cette mauvaise habitude acquise très tôt dans ma vie et conservée trop longtemps... Après quelques tentatives, j'ai finalement arrêté, définitivement cette fois-là, le vendredi 2 juin 2000).

⋘⋙

Le dernier compagnon inscrit dans le livre de mes amitiés, que je veux vous présenter sans délai, et davantage, c'est Raymond Saint-Jacques. Deux souvenirs, un de l'enfance, le 2$^e$ de la pré-adolescence, me reviennent à la mémoire. Un jour, Raymond, pour une raison que lui seul devait connaître, avait décidé de stocker les sacs d'école, le sien et ceux des autres, sur le second banc à l'avant de l'autobus. Lui, agenouillé sur le premier, invitait ses compagnons qui entraient dans l'autobus, à tour de rôle, à lui confier leur sac d'école, qu'il faisait virevolter dans les airs au-dessus du banc devant lui pour les y empiler. Il en avait déjà un bon nombre dans sa collection, lorsqu'il en prit un autre, – si je me rappelle bien, je ne crois pas que ce fût le mien –, ce sac-là, il le lança avec tant de force qu'il glissa sur tous les autres et alla terminer sa courte mais franche glissade en plein sur la fenêtre de l'autobus. La vitre se fracassa sous l'impact d'un des coins métalliques. Médusé, Raymond en perdit instantanément son enthousiasme pour son métier, improvisé et hors contexte et insolite, de « *groom* ». Heureusement, Raymond avait un lien de parenté avec le chauffeur d'autobus, notre voisin monsieur André Benoît qui, justement ce jour-là, était le chauffeur de l'autobus qui nous emmenait à l'école. Je crois bien que tout neveu qu'il fût, on a dû lui demander de fournir une explication convaincante et satisfaisante...

L'autre fait se passa durant les vacances d'un été, 1965 ou 1966... Mon frère Michel et moi nous étions rendus au camp de vacances situé plus haut sur le chemin Hemming ; l'été, un lac se déversant dans la rivière Saint-François y était aménagé pour la baignade publique. Ni Michel ni moi ne savions nager. Nos seuls contacts avec l'eau – à part d'en boire bien sûr – s'étaient, jusqu'alors, déroulés sans danger, soit dans le bain, soit dans les flaques d'eau de pluie ou soit par arrosage avec un boyau, à la « *hose* ». Michel, qui était plus audacieux que moi, décida ce jour-là qu'il lui suffisait de copier les mouvements de bras et de jambes du *Jim la Jungle* qu'il avait vu à la télé pour rester à la surface de l'eau du lac. C'est donc en toute confiance qu'il s'élança tête première et tout de go dans le plus creux du plan d'eau. Plusieurs secondes passèrent... Michel ne remontait pas à la surface. Raymond, ayant heureusement assisté à cette manœuvre téméraire, et tel un « *lifeguard* », un sauveteur professionnel, plongea dans l'eau, agrippa Michel d'une main et, battant l'eau de l'autre, le ramena sain et sauf sur la berge. À mes yeux, Raymond était devenu, dès cet instant-là, rien de moins qu'un héros !

Après quelques années de secondaire, nos chemins de vie respectifs à Raymond et à moi ont pris une direction diamétralement opposée, lui lâchant l'école, moi la continuant ; donc, rien n'augurait qu'une belle amitié durable naîtrait lorsque nous serions devenus de jeunes adultes. Je nous revois, tous les deux, dans ma chambre à l'étage, aux murs et au plafond tapissés des pages centrales des journaux et revues d'artistes et de groupes vedettes de ces années-là – non, pas de filles nues... Jeunes adultes, nous devisions sur l'état du monde et jouions de la guitare, lui beaucoup mieux que moi. Ayant quitté son groupe de motards pour des raisons sérieuses qu'il me conta mais dont je ne vous dirai rien parce qu'elles lui appartiennent, il était en voie de terminer son secondaire par les soirs et, dans ses moments libres, il s'était concentré à reproduire les belles chansons de Cat Stevens et de James Taylor. Raymond les jouait non seulement avec justesse, précision et « doigté », mais il les chantait bien. C'était pour moi un plaisir coupable, teinté je l'avoue, d'un peu d'envie et de jalousie, que de le voir et de l'entendre performer. Raymond était pour moi un bel exemple de courage, de détermination et de « chat qui retombe toujours sur ses pattes », de résilience, quoi ! À la suite de quoi nos chemins respectifs nous éloignèrent l'un de l'autre encore une fois... Étonnamment, c'est en 1977 au Cégep du Vieux-Montréal que nous nous sommes retrouvés ! Lui y commençait une technique dans le domaine de la construction alors que moi, je m'engageais dans une formation technique comptable, option finance. Tout autant surpris l'un que l'autre de ce caprice du destin qui nous rapprochait à nouveau, nous nous revîmes avec plaisir et ce, à maintes reprises, jusqu'au jour où moi je m'en allai travailler en Mauricie alors que lui s'établit à Laval. Puis, nous nous marièrent... Non, pas ensemble ! Lui avec Carole Morissette, moi avec Ginette Poisson. Nos couples eurent respectivement deux et trois enfants. Chaque année, quoique éloignées de près de 200 kilomètres, nos deux familles se visitaient à tour de rôle avec grand plaisir... jusqu'à cet été fatidique et malheureux où, mais je le compris mais trop tard, je manquai nettement de « doigté » envers Raymond, ce qui, je l'avoue est toujours une maladresse inattendue fort décevante chez un guitariste. Raymond, c'est l'ami d'enfance que j'aurais aimé conserver toute ma vie, mais que j'ai perdu à cause de mon attitude peu conciliante ni agréable. Son amitié, que j'appréciais au plus haut point mais que je n'ai pas su gérer correctement, aura quand même duré quelque deux décennies... En ce qui me concerne, ce n'est pas rien ! Plus, en boni, des retrouvailles en 2017, de très – de trop – courte durée...

Merci Raymond... Je suis si navré de n'avoir pas été à la hauteur de ton amitié !

CB&O

Revenons à ce chemin Hemming que nous avions commencé à parcourir juste avant que ne survienne cette digression « amicale ». Cette limite drummondvilloise était fixée arbitrairement à la hauteur de la maison de la famille Parent, dont l'un des enfants, Steve, était une personne de petite taille, un nain. Nous n'étions pas tellement confrontés aux « différences » dans notre milieu très uniforme et cela dérangeait un peu. Mais je ne me souviens pas de moqueries qui auraient perduré concernant son état physique. En fait, je crois bien que Steve, qui était un battant déterminé, a été en mesure de démontrer à tous, à chaque occasion, ce dont il était capable, autant physiquement qu'intellectuellement.

C'est tout juste avant d'arriver chez les Parent que tournaient nos autobus scolaires. Jeunot, j'aimais que le chauffeur m'embarque à l'aller, pour la *ride* : pour un court instant seul dans le bus, je me sentais important. Ce n'est que plusieurs années plus tard que je ne connaîtrais des enfants demeurant au-delà de ce point « tournant » soit au moment où nous irions, mes frères, mes sœurs et moi, à l'école à Saint-Charles, à l'instar de tous les enfants du chemin Hemming. En ce qui me concerne, et contrairement à certains de mes frères et sœurs, je ne me souviens d'aucune amitié nouvelle résultant de ces nouvelles fréquentations « *autobusco-laires* » de l'« au-delà » du chemin Hemming.

À l'autre bout, le chemin Hemming se terminait à l'orée du pont Marchand, à l'intersection du boulevard Saint-Charles. Un peu en retrait à droite, sur la même rive de la rivière Saint-François, de l'autre côté du boulevard, commençait la rue Monplaisir tout au long de laquelle notre autobus scolaire allait cueillir quelques élèves, des demoiselles Caron, des jeunes Boisvert et des Proulx – parmi ces derniers, deux auront été mes copains de classe à l'école Garceau : j'ai oublié leurs prénoms (Gérard Proulx ?) tellement ils n'ont fait qu'effleurer ma vie. De l'extrémité « drummondvilloise » du chemin Hemming jusqu'à l'extré-mité de la rue Monplaisir, bien qu'il se trouvât peu de maisons dans ces deux tronçons de routes, il y avait suffisamment de petit monde d'un bout à l'autre, pour remplir tout un autobus scolaire, bus qui ne se rendait alors, du moins dans mon souvenir, qu'à une seule école, l'école Garceau. En tout cas, c'est là je crois que la plupart des enfants descendaient. Est-il nécessaire que je vous rappelle que les années 1960 furent les dernières de la revanche québécoise des berceaux, c'est-à-dire des familles de 5, 6, 7, 8 enfants et plus ? Ce que je racon-te ici se passa de 1952 à 1972 chez les Granger, une famille de 10 personnes : 2 pa-rents, 8 enfants. À Drummondville-Sud, à la même époque, dans un espace habi-table à peu près semblable à celui des Granger, mais en ville, vivait une famille – Letendre ou Legendre – de 23 âmes, soit 21 enfants ! À dix, chez nous, on se pilait sur les pieds, on se cognait les uns sur les autres, et fréquemment ; chez cette famille, ça devait bien être tout le temps ! Incroyable ? À dormir debout ? Le fait est pourtant tout à fait véridique ; et ce n'était pas la seule famille de cette am-pleur vivant dans le Québec des 25 années qui ont suivi la deuxième grande guer-re mondiale. Faire des enfants était une mission sacrée des couples mariés cana-diens français ; et c'était péché mortel de faire l'amour pour toute autre raison...

## Chapitre III – Tous les chemins mènent... à notre « home » !

Le *Palace Hemming*, c'est-à-dire la vieille maison des Granger – et aussi celle des Michaud – était érigée au centre d'une large butte haute d'une quinzaine de pieds surplombant la route, butte qui était striée de trois minuscules bouts de rues parallèles donnant accès à trois îlots de maisons. Celle de gauche, la rue Fleurent menait à deux résidences, la première à droite étant habitée par un couple sans enfant, Lucien Hamel et son épouse. Leur terrain, mitoyen du nôtre, bordait le haut de la côte où tout le voisinage venait glisser l'hiver venu. L'autre maison était inhabitée car totalement en délabre ; en fait, ce n'était rien de moins qu'une loque, qu'une ruine. Plus tard, viendra pourtant s'y installer une famille de cinq enfants, les Collard, qui transformera courageusement ces ruines en une maison beaucoup plus moderne que la nôtre, donc tout à fait confortable. Les trois filles, Monique, Françoise et Francine, et les deux garçons Jacques et Jean-Paul Collard, toutes et tous deviendront vite les compagnes et les compagnons de jeux des Granger. Ce n'est que beaucoup plus tard, qu'une rare maison neuve sera érigée de l'autre côté de la rue Fleurent ; son propriétaire, sans enfants donc inintéressant pour nous les jeunes du voisinage, affichait tout de même une particularité, un élément de richesse ostentatoire qui nous impressionnait et qui le rendait populaire à nos yeux : il possédait une luxueuse et rutilante automobile Eldorado de la prestigieuse marque Cadillac ! Bienheureux étions nous lorsque, au hasard de nos fréquentes « pouceries », c'était lui qui nous embarquait !

La rue de droite, c'était la rue Milton sur laquelle étaient érigées 5 maisons, 4 d'un côté, une seule de l'autre. Je n'ai pas de souvenir de la famille qui habitait dans la première sinon, mais j'étais déjà un jeune adulte, mon oncle Jean-Paul Michaud et son épouse Florence Hamel, le court laps de temps qu'a duré leur mariage. Dans les trois autres maisons, il y avait les Perreault, les Lessard et les Joyal. Les pères des deux dernières familles étaient policiers. Et, dans la maison du côté droit de cette rue, vivait un couple d'origine anglaise, les Smith, qu'on ne fréquentait pas du seul fait, et il est important, qu'ils n'avaient pas d'enfants de notre âge. Chez les Lessard ou chez les Joyal, je ne m'en souviens pas exactement, il y avait quelques pommiers qui, contrairement à celui qui poussait dans notre cour, donnaient de beaux et juteux fruits non piqués par les vers. Il suffisait de tendre la main et de les cueillir... ce que les jeunes toujours affamés que nous étions n'hésitions pas à faire à la brunante du jour au risque de nous faire « prendre la main dans le sac ». Mais, par bonheur, Dieu merci, cela n'arriva jamais !

Entre les deux rues précédemment nommées, il y avait la rue Hamel, tout récemment rebaptisée De la Tannerie – une tannerie-scierie avait eu pignon sur chemin Hemming dans la 2e moitié du 19e siècle. La rue Hamel, c'était ma rue ! Il y avait deux maisons construites sur sa droite : dans la première résidaient les Hamel, Jean et Clérinda, père et mère de notre voisin de la rue Fleurent déjà nommé, patronyme à l'origine sans aucun doute, à titre de premiers résidants, du nom de notre rue. Chaque été, venaient y séjourner leurs 3 petites-filles longueuilloises de notre âge, prénommées Danielle, Michelle et France, qui deviendront les copines de nos jeux d'enfants et les compagnes de nos premiers pas dans l'adolescence. J'avoue volontiers aujourd'hui avoir attendu avec une certaine impatience, pour l'agrément de sa présence, l'arrivée de Danielle.

Dans l'autre maison, il y eut tout d'abord mais brièvement les Carrière – mais ils furent assez proches pour être parrain/marraine de ma sœur Chantal –, puis les y remplacèrent les Benoît, qui furent surtout les amis et les amies de mes plus jeunes frères et sœurs. Leur père, André Benoît, avait une caractéristique particulière : son travail. Il était chauffeur d'autobus pour la compagnie de cars Bourgeois et, à ce titre, revêtu de son bel habit gris-bleu et coiffé de sa casquette idoine, il nous a conduits plusieurs fois, nous les jeunes, à l'école primaire Garceau puis, plus tard, plus grands, de Drummondville vers Saint-Hyacinthe ou Montréal.

De par sa situation géographique sur le coteau, notre maison et notre cour étaient le lieu de convergence de tout ce petit monde grouillant et enjoué : les Granger, les Michaud, les Collard, les Benoît, les Perreault et tant d'autres ! Nous, les Granger/Michaud, prétendions être le « centre du monde », et l'on ne se gênait pas pour le dire et s'en vanter, et cela n'était pas exagéré du tout !

❧

Notre maison était une grande et vieille construction, déjà centenaire à ma naissance je crois bien, abritant deux logements sur deux étages ; le 2120, c'est-à-dire le rez-de-chaussée, était occupé par la famille des parents de ma mère, soit mes grands-parents maternels, Jean-Patrick et Antoinette Michaud – qu'on appelait familièrement et sans les insulter, pépère et mémère – et leurs trois garçons, mes oncles Jean-Paul, Marcel et Serge. Ce dernier, étrangement, avait le même âge que mon frère Michel ; il était donc plus jeune que ses neveu et nièce Jean-Louis et Rachel ! Mon père, ma mère et leurs huit enfants, dont moi, habitions à l'étage au-dessus. Tout d'abord locataires de cette maison, mes parents et mes grands-parents en sont devenus les copropriétaires le 5 septembre 1959. J'allais avoir sept ans quelques jours après…

De l'extérieur, « mon » palace ne payait pas de mine : il était recouvert, sur ses quatre faces, de papier imitant la brique de couleur rouge, disons rougeâtre, ce serait plus exact. Mais au fil du temps, des pans de ce papier se déchirèrent, ou se brisèrent ; les murs durent être rapiécés ici et là, et comme on ne trouva pas de papier de la couleur originale, on se résolut à colmater les brèches avec du papier brique de couleurs semblables mais différentes. Au fil du temps et des réparations, certains murs étaient devenus un patchwork où la couleur rouge prédominait encore, certes, mais entrecoupée, de-ci de-là, de plusieurs plaques arborant deux ou trois teintes de brun.

27

Le solage sur lequel la maison était assise était fait de pierres de différentes grosseurs insérées dans un mortier cassant dont il fallait cimenter les fissures apparentes aux deux ans. S'il se trouvait bien une « cave » sous la maison, elle n'avait rien des attributs habituels d'un sous-sol fini, puisqu'il ne s'agissait, hormis la tranchée dans laquelle s'élevait le solage de deux pieds de haut soutenant le bâtiment, que d'un trou, un vulgaire trou, creusé à même la terre hyper compactée. L'espace dégagé était insuffisant pour pouvoir y tenir debout confortablement, et il était tout juste assez grand pour y loger une vieille pompe à eau desservant les deux logements et un large bac de bois dans lequel on conservait au frais une réserve de légumes. On avait laissé deux toutes petites ouvertures grillagées dans chacun des murs nord et sud de chaque bout de l'ouvrage, pour permettre une aération minimale mais suffisante de la cave et des légumes (oignons, carottes et pommes de terre) qu'on y entreposait à l'automne. Malgré cet apport d'air, j'avoue que j'ai toujours trouvé étrange l'odeur forte de cave, très particulière, qui s'en dégageait et qui happait mes narines dès qu'on ouvrait la trappe.

## Chapitre IV – SVP, que le ciel ne nous tombe pas sur la tête !

Quand, du chemin Hemming, on regardait la maison de face, il était évident que ses murs avaient peine à soutenir son toit, – c'était pareil sur l'autre face – ainsi que le démontrait la forte courbure qu'il avait prise avec le temps. Recourbé aussi fortement au centre, pouvait-on craindre l'effondrement de l'ensemble ? Bien évidemment... mais il s'avère que cela n'est jamais arrivé. Peut-être sont-ce les matériaux utilisés dans la structure, plus costauds, ou plus flexibles, que ceux d'aujourd'hui, qui auront épargné à cette maison, en fin de compte, la honte d'une fin aussi pénible, voire tragique. Non, le toit de notre demeure ne s'est jamais écrasé... mais ce n'est pas l'envie qui lui a manqué quelquefois, surtout lors d'automnes particulièrement venteux et d'hivers particulièrement neigeux ! Ce toit était recouvert de tôles sur ses deux versants ; elles étaient fixées à l'armature de bois par des clous à cercles plombés, permettant une certaine étanchéité. Il fallait cependant étendre régulièrement du goudron sur les juxtapositions des tôles ainsi que sur une partie des surfaces, au printemps surtout, après que les gels et les dégels de l'hiver eurent soulevés des clous çà et là, ou à l'automne, après que le brûlant soleil de l'été eût desséché le bitume calfeutrant autour de la cheminée, des ouvertures de ventilation et du pied de l'antenne de télé. À cette dernière structure, l'antenne, deux fils étaient connectés : celui qui amenait le signal à la télévision et l'autre qui, tout en métal mais recouvert d'une gaine non conductible, était relié à un poteau métallique fiché au sol près de la maison du côté nord. C'était notre paratonnerre, notre ultime protection contre la foudre.

En attendant qu'une journée de beau temps en permît la réfection, l'eau de pluie qui, souvent, ne pénétrait que par une seule ouverture de la couverture, pouvait, par l'application malfaisante de la loi de la gravité combiné au diabolique principe de Murphy qui stipule que quand une chose va mal, elle va aller plus mal, l'eau disais-je, pouvait tomber à plusieurs endroits sur le plancher. On « rapaillait » alors, en catastrophe, des guenilles pour éponger les flaques sur le plancher. On installait aussi des chaudières (ou des « sieaux» i.e. des seaux), ainsi que des pots et des canisses (des boîtes de conserve) de grand format, format largement répandu compte tenu des familles nombreuses de cette époque, aux endroits où l'eau de pluie ou l'eau de la glace fondante dégouttait. Ensuite, il suffisait de ne pas oublier de vider ces contenants quand ils étaient pleins ! Et nous, les enfants, avions instruction parentale de circuler dans la maison en regardant où l'on mettait les pieds pour ne pas s'y enfarger et en renverser le contenu sur le plancher... Ce qui arrivait parfois, malgré toutes les précautions que nous pouvions prendre et tous les rappels de maman ou papa de faire attention, que nous mettions si peu de temps à oublier !

Ah, enfants tête en l'air, désobéissants, maladroits, que nous pouvions être alors !

Sur le toit, il pouvait n'y avoir qu'une seule perforation minuscule dissimulée on ne sait où ; il fallait donc se transformer en Sherlock Holmes et inspecter minutieusement, à la loupe presque, chaque tête de clou surélevée, chaque superposition de tôles douteuse, chaque « rustine » semblant avoir mal vieillie... La plupart du temps, le mieux et le plus sûr pour ne pas « louper » notre coup, c'était d'étaler généreusement le coaltar sur tous les endroits qui nous paraissaient usés, abîmés ou suspects. Dans tous les cas, même trop de calfeutrage pouvait s'avérer n'être pas assez ; mais ça, on ne le découvrait qu'à l'ondée suivante...

## Chapitre V – Du haut de notre butte...

On m'a dit qu'à l'origine, il y avait des fenêtres en corniches à l'étage, côté chemin Hemming ; elles octroyaient, paraît-il, un certain cachet canadien à la maison. On les aurait enlevées car les habitants qui logeaient en haut s'y cognaient continuellement la tête. En plus de s'épargner des maux de tête et des litanies suivies confessions de jurons, leur disparition permit de récupérer un peu d'espace, en haussant ce ou ces pans de mur ; tout espace supplémentaire, si petit fût-il, serait fort utile à une famille qui ne cessait de croître en grandeur et en nombre.

Toutes les fenêtres de la maison étaient faites en bois et comportaient quatre carreaux de vitre retenus par des joints de pâte qu'on appelait du mastic. L'hiver, il y avait deux fenêtres superposées à quelques pouces l'une de l'autre afin que l'air emprisonné entre les deux créât une certaine isolation. L'été, on remplaçait la fenêtre extérieure, qu'on appelait le « châssis double », fait d'une seule pièce, par une fenêtre moustiquaire pleine grandeur qu'on devait installer par le dehors, en utilisant l'échelle grossière construite par papa Joseph. Les fenêtres intérieures, elles, étaient à guillotine ; le principe en était simple : le carreau du haut étaient fixé de façon permanente au cadre alors que celui du bas pouvait glisser dans son rail vers le haut, pour l'ouvrir, et vers le bas, pour le refermer. Ceci dit, lorsqu'il faisait chaud dans la maison à un point tel qu'un peu d'aération devenait nécessaire, on ouvrait, idéalement, les carreaux du bas des fenêtres aux deux bouts de la maison, afin de créer une ventilation rafraîchissante. Lorsque les carreaux s'ouvraient facilement, on installait un bout de bois pour les maintenir soulevés. Mais il y en avait quelques-uns qui, rétifs, refusaient d'obéir au principe susmentionné pour se prévaloir d'un tout autre qui stipulait, lui, qu'ils devaient « enfler », se gonfler, prendre de l'expansion, lorsque l'humidité les gorgeait : et les carreaux ainsi imbibés coinçaient dans leurs rails ! On avait beau appliquer toutes sortes de produits « glissants » sur les lisses, huile, graisse ou savon liquide, il était quelquefois « coton », voire impossible d'ouvrir ces fenêtres grippées et rébarbatives ! Le mieux que l'on pouvait faire alors était de relever la minuscule porte tournante horizontale installée au bas dans le centre de la fenêtre découvrant ainsi une encore plus minuscule petite ouverture d'environ un pouce de haut par cinq ou six pouces de large qui laissait entrer, au mieux, un mince et insuffisant jet d'air frais... On ne pouvait plus qu'espérer qu'une brise anémique acceptât d'aérer un tantinet la maison. Cette brise, aussi faible fût-elle, on la recevait, agréablement tout de même, en pleine figure, nous les plus petits quand nous nous en approchions...

## Chapitre VI – Du haut de cette galerie...

Chaque logement, celui d'en bas et celui d'en haut, avait ses perrons, deux sur le devant de la maison, deux à l'arrière. Chez nous, on disait des galeries. Celle du haut sur la façade, la nôtre, toute en bois, était soutenue au-dessus de celle du rez-de-chaussée par deux poteaux de fer. Ce n'était pas une sortie de secours puisqu'il n'y avait pas d'escalier ; c'était un poste d'observation et un lieu de repos. Selon ma sœur Rachel, un escalier de secours aurait bel et bien existé : mais il était situé sur le côté sud de la maison et il aurait été enlevé ; cela expliquerait les « *patches* » de papier de couleur brune de ce côté-là de la maison. Quel impact l'« ablation », tout de même importante de cette galerie, a-t-elle pu avoir sur la police d'assurance de cette maison « *nique à feu* » ? Je n'en sais rien. Mais un tel incendie eût-il survenu qu'il leur aurait fallu, aux dix « habitants » de l'étage, se ruer vers la seule sortie désormais praticable à laquelle on accédait en passant à côté de la source la plus probable d'un incendie : j'ai nommé le poêle ! Ou il eût fallu qu'ils se jetassent par la porte sans escalier de la façade donnant sur le vide, ou par une fenêtre, en priant fort pour qu'elle ne coinçât pas ! Rien de bien réjouissant ! On pouvait craindre aussi, et avec raison, que le feu se déclarât à cause d'un « article de fumeur », comme on dit aujourd'hui, puisque des adeptes addictes et invétérés de cigarettes, de cigares et de pipes, il y en eut beaucoup dans notre maison, ou qu'il soit causé par la défaillance du circuit électrique antédiluvien, ou en raison du délabrement de notre cheminée aux briques égrenées et déchaussées. Et, dans l'éventualité d'un tel drame, nous nous serions compté fort chanceux que quelque bruit suffisamment fort nous réveillât, car il n'y avait pas de système d'alarme d'installé, ni en haut chez nous, ni en bas chez les Michaud.

La galerie, ce poste d'observation sur le devant de la maison, nous permettait d'admirer, sans obstacles, le panorama magnifique qui se trouvait juste en face : d'abord, le chemin Hemming, puis une bande de verdure, puis la rivière Saint-François bordée sur sa rive de beaux grands arbres dont un saule pleureur dont le tronc massif et bas nous offrait, sans faire trop d'efforts, un refuge au-dessus de la rivière, un tantinet dangereux tout de même. Devant cette ligne d'arbres, un peu en retrait, s'élevait un orme solitaire, immense et majestueux, sain à l'époque de mon enfance malgré son âge avancé. Comme beaucoup de ses semblables, celui-ci mourra prématurément à cause de la maladie hollandaise de l'orme apparue au Canada en 1944 et qui a décimé, peu à peu, la presque totalité de ces grands arbres. Il y avait mieux : cette galerie dite d'en avant, doublement surélevée, par le coteau et ses poteaux, nous offrait un point de vue unique d'où nous pouvions admirer les extraordinaires couchers de soleil et leurs reflets dans la rivière, spectacle dont nous gratifiait généreusement Mère Nature et ce, en toutes saisons. D'autres spectacles naturels impressionnants étaient aussi présentés aux spectateurs qui s'y installaient. Certains printemps, par exemple, on pouvait voir et entendre la glace craquer, se fendre et se briser, puis s'accumuler en embâcle sur la rivière au point que l'eau inondait complètement le premier palier du coteau – qui en comptait trois, je le rappelle. Ce carambolage des glaces printanières, bien qu'il fût parfois formidable et titanesque, n'arrivait jamais à nous inquiéter, juchés que nous étions sur un promontoire inatteignable. Seuls des dommages collatéraux pouvaient nous affecter : en face de notre maison, les dégâts étaient beaucoup plus importants à une époque pas tellement lointaine de celle de mon récit alors que le chemin Hemming, longeant la rivière sur le plateau du bas, était régulièrement submergé par les eaux et les glaçons. Toute circulation, qu'elle fût hippomobile, automobile, cyclomobile ou pédestre, était alors paralysée, et il fallait attendre que le soleil et la pluie aient fait fondre toute cette glace pour y circuler à nouveau. Il va sans dire qu'un nouveau tracé de route fut rapidement réalisé sur un 2e palier, bien à l'abri de tous ces débordements printaniers. Il y eut pire : en 1910, en 1911, puis en 1921, cette nature déchaînée endommagea le pont des automobiles construit un peu en bas de chez nous, dans les rapides, forçant la municipalité à réactiver une traverse pendant les réparations.

Permettez que je vous raconte le jour de Pâques du 8 avril 1928. Un embâcle s'était formé le matin de ce jour-là sur la rivière Saint-François à la hauteur des rapides et des ponts. Les spectateurs massés tout près de chaque côté de la rivière admiraient le spectacle bruyant des glaces se cognant sur les précédentes et s'accumulant aux pieds des piliers du pont des trains. Tout à coup, ils s'aperçurent que le pont commençait à vaciller puis, vers 13 heures, effarés et impuissants, ils le virent se disloquer côté chemin Hemming sous l'immensité de la force exercée par les glaces. On pensait bien que quelqu'un devait avoir avisé le CN (le Canadien National) de cette « coupure de service » et que la compagnie de chemin de fer avait eu amplement le temps de joindre le conducteur du train Halifax-Montréal, – l'*Océan*, c'est ainsi qu'on l'avait nommé ce train selon la mode d'alors – train devant arriver à Drummondville vers les 16h00. Voilà qu'on entendit la locomotive siffler son passage au village de Saint-Cyrille, au loin ! Émoi et consternation sur les lieux du désastre ! Les sœurs Malvina et Régina Martel se lancèrent à la rencontre du train avec ce qu'elles avaient pu trouver de plus voyant : un tablier blanc et une jupe rouge. C'était peu, mais elles gesticulèrent tant et si bien que le train ainsi alerté finit par ralentir, puis stopper, mais un tantinet trop tard... La locomotive et le fourgon à bagages tombèrent à l'eau, tuant le conducteur, deux bagagistes ainsi qu'un spectateur trop rapproché jeté lui-aussi dans l'abîme. Mais le premier wagon de passagers arrêta sa course folle avec une moitié ballottant au-dessus des flots glacés : quelque 500 passagers durent la vie sauve à l'intrépidité de ces deux femmes, qui méritèrent amplement la médaille et la bourse qui leur fut remises par la compagnie de chemin de fer Canadien National ! (*Source : Gérald Prince, L'Express de Drummondville*)

Je conte ailleurs dans ce livre – au chapitre suivant – comment les intrépides, mais quelquefois téméraires jeunes ados que nous fûmes, les autres beaucoup plus que moi, j'en conviens volontiers, ont pu emprunter ce pont des trains pour se rendre d'une rive à l'autre et ce, sans égard aux dangers, aux pièges et aux risques importants que cette traversée pouvait comporter.

☙❧

Cette installation en hauteur, la galerie d'en avant, montrait déjà des signes de vétusté quand j'étais très jeune. Elle devint vite dangereuse... Il fallait agir... On, c'est-à-dire papa Joseph, agit ! La galerie de l'étage fut démolie et enlevée et, pour une raison qui m'est inconnue, on ne la reconstruisit pas ! Cela laissait là-haut une porte orpheline, car sans fonction aucune. Cette porte donnant sur le vide semblait étrange vue de l'extérieur ; de l'intérieur, il nous semblait à nous les occupants du haut, que le danger auquel nous étions exposés du temps que la galerie, quoique brinquebalante, était moindre et qu'il avait crû plutôt que décru suite à l'opération « mise à bas ». Enfin, un jour, la porte fut enlevée et l'ouverture rebouchée. Personnellement, je me voyais mal devoir « sortir » par cette issue en cas d'incendie. Évidemment, on ne nous avait pas demandé notre avis, à nous les enfants ; mis devant le fait accompli, on nous donna instruction, voire l'ordre formel, de ne plus ouvrir cette porte pour aucune considération. Et si l'on a pu quelquefois désobéir à cette injonction, pour raison de chaleur accablante ou d'assainissement de l'air enfumé par exemples, aucune chute malheureuse n'a, de mémoire, été recensée.

Certains jours de froids extrêmes de l'hiver, quand les vents glaciaux du nord-ouest frappaient notre maison sur sa façade, il se formait un givre d'une bonne épaisseur qui s'étendait sur tout le contour du mur autour de cette porte condamnée ; ce givre ne disparaissait que lorsque la chaleur du poêle rayonnait jusqu'à ce mur, le soleil de l'après-midi lui-même n'ayant pas assez de force calorifique. On pouvait donc croire que l'isolation à cet endroit avait dû être négligée ou qu'elle s'était fortement détériorée.

## Chapitre VII – Épater la galerie

Il y avait aussi une deuxième galerie, donnant sur la cour arrière celle-là, construite sur le même modèle que celle du devant. Elle sera éventuellement supprimée elle aussi pour cause de vétusté dangereuse. Elle était rattachée à la maison et à la « *shed* » sur deux de ses faces. Seul un coin devait être soutenu autrement et il l'était par un poteau de fer. Cette autre galerie, qui offrait sensiblement le même espace de repos que celle d'en avant, avait deux fonctions particulières : une pour Lorraine, ma mère, l'autre pour les « singes » acrobates que nous étions devenus, surtout nous les garçons, en grandissant.

Maman Lorraine y profitait d'une corde à linge installée par Joseph qui, solidement accrochée au mur de la maison, s'étirait jusqu'à un poteau de bois installé sur la ligne du terrain quelque soixante-quinze pieds plus loin, et passait juste au-dessus de l'allée automobile. Et du linge, il y en avait à étendre : imaginez, 10 personnes dont plusieurs jeunes qui salissaient leurs vêtements à vitesse grand V, plus 1 ou 2 poupons qui souillaient leurs couches double épaisseur, en tissu, à vitesse double grand V ! Durant tout l'hiver, l'étendage du linge à l'intérieur de la maison faisait grimper le taux d'humidité ambiant à un niveau plus qu'inconfortable en plus d'incommoder les déplacements d'une pièce à l'autre. Dès lors que le temps doux se pointait, maman étendait sa lessive sur la corde à linge extérieure, au risque même qu'il gelât, ce qui arrivait souvent au début des printemps ainsi que tard aux automnes. En toutes saisons, quoi de plus agréable que de faire sécher le linge à l'air pur, ne serait-ce que pour l'odeur de fraîcheur, d'air pur imprégnant les vêtements ! Quand nous étions en vacances estivales, maman ne se gênait pas pour répartir les corvées entre les enfants : étendre ou rentrer le linge était l'une d'elle. Quand nous rôdions trop près de la maison, il arrivait qu'on s'y fasse coller, et avec autorité péremptoire et incontournable ! Même pour les garçons ! Notre cour arrière était constituée de terre et de poussière sur toute la largeur de la maison jusqu'après la portion chemin, soit sur un tiers de sa superficie environ. Le reste était constitué de gazon approximatif et d'herbes variées plus ou moins longues. La corde à linge surplombait majoritairement cet espace désertique. Il arrivait toujours un moment dans l'été où la corde à linge, usée par le temps, ou sous la force d'un vent particulièrement puissant et maléfique, se rompait et jetait, sans préavis et méchamment, tout le linge frais lavé sur le sol. C'était là un drame qui prenait rapidement une ampleur familiale. Chacune des personnes présentes devait apporter son concours personnel au sauvetage de la lessive ! Les vêtements qui s'étalaient sur le gazon, s'étant peu salis, pouvaient être récupérés ; ils étaient ramassés, secoués pour en extraire les brins d'herbe qui avaient adhérés aux fibres, puis ils étaient mis en tas pour être ré-étendus pour le séchage. Par contre, le linge tombé dans la portion sablonneuse était souillé et devait être lavé de nouveau. Quand cela arrivait, Lorraine n'était pas contente ! Oh non ! Et avec raison ! Le linge de 2 adultes et de 8 enfants, ça pouvait vouloir dire recommencer une brassée, voire même deux... et ce, après qu'elle venait tout juste d'en terminer quatre ! Quand Joseph, qui travaillait sur trois chiffres en alternance, était au travail ou dormait, il ne fallait pas compter sur lui pour une réparation immédiate ; nous devions donc étendre dans la maison toute cette nouvelle lessive récupérée par terre sur des cordes qu'il fallait réinstaller entre les murs intérieurs.

Cette galerie d'en arrière devenait objet de plaisir pour nous les petits gars en mal de considération et d'admiration. Un, l'hiver, nous faisions tomber, non sans danger, la guirlande de glacons de 3 pieds et plus qui pendouillaient le long du toît mal isolé ; deux, pour démontrer notre force et nos capacités physiques, tout était le bienvenu : une pirouette, un truc de bicyclette, un lever de roche pesante, et, bien sûr, l'ascension du poteau de la galerie. C'était à qui l'escaladerait le plus habilement pour se retrouver en haut ou, à qui en descendrait le plus rapidement en s'y laissant glisser tel un pompier en herbe. Avec l'âge ou avec l'audace grandissante, certains des jeunes acrobates se contentaient de sauter de la galerie sur le sol, l'hiver sur le banc de neige, l'été les mains accrochées au plancher ; ils faisaient ainsi l'économie de froid aux mains ou de chaleur due au frottement, mais risquaient tout de même de se casser une jambe dans la transaction. Oui, lorsqu'on est jeunes, être le plus âgé parmi les garçons ne signifiait pas automatiquement posséder la plus grande maturité...

C'est sans surprise pour le lecteur que nous les plus jeunes héritions des vêtements des plus vieux : neufs ou fraîchement confectionnés par maman qui était bonne couturière, dans une étoffe rude mais solide, ces culottes faisaient la fierté des « aînés » lorsqu'ils les étrennaient ; mais lorsqu'ils étaient transmis au troisième des garçons, ils ne payaient plus de mine. Le jeune que j'étais a donc reçu du frère qui le précédait en âge des vêtements usés et rapiécés et, en bonus, quelques conseils avisés basés sur l'expérience acquise par lui récemment. Par exemple : un poêle, quand il chauffe, il est chaud : on m'a appris qu'il ne faut pas mettre sa main sur un rond de poêle chaud. Un tordeur de machine à laver c'est dangereux, il ne faut pas insérer ses doigts entre les deux rouleaux en marche. Ou encore ce sage conseil hivernal : attention aux têtes de clous gelés, c'est dangereux, il ne faut pas poser sa langue dessus !

Il faut croire que la tentation de vivre sa propre expérience est toujours plus forte que la raison cartésienne... Qui de nous n'a pas tenté sa chance sur un poêle brûlant ? Quant à lui, un me mes jeunes frères, Pierre, s'est inséré bravement les doigts dans le tordeur de la laveuse, la main puis le bras jusqu'au coude ont suivis... Un certain hiver, lorsque les clous de la rampe de la galerie sont devenus à la hauteur de ma bouche,– je devais bien avoir trois ou quatre ans tout au plus – ces clous, dis-je, qu'on m'indiquait maléfiques mais qui me semblaient à moi tout à fait inoffensifs, devinrent un pôle d'attraction irrésistible pour ma langue exploratrice et trop curieuse : cet hiver-là, malgré des injonctions très claires de tous les membres de ma famille, je m'y suis collé l'appendice buccal. Ils avaient raison : j'y ai laissé un bout de ma langue... ça a fait mal... tel que prédit pourtant, cent, mille fois !

Oui, j'ai appris « sur le tas », par imitation des grands, par essais et par erreurs, mais surtout en refaisant niaiseusement leurs erreurs, à la dure quoi ! Comme l'avaient fait avant moi mes frères et mes sœurs plus âgés et comme le feraient aussi, en leur temps, mes frères et mes sœurs plus jeunes. À croire qu'une tare embrouillant le jugement se transmettait génétiquement dans notre famille !

CR&SO

Quand j'étais jeune, sous la galerie du haut, se trouvait l'équivalent d'une galerie de même grandeur composée de madriers de vingt pouces de larges disposés les uns contre les autres, tout simplement, posés à même le sol sablonneux. L'ensemble, avec le temps, était usé, ajouré, désajusté, chancelant, brinquebalant même. Il fallait faire bien attention de ne pas se luxer la rotule ou de ne pas tomber à la renverse en butant sur un bout de madrier ou en posant le pied entre deux planches. Cet ensemble de planches instables menait à une entrée, celle de la « *shed* » : une fois à l'intérieur de cette dernière, on accédait aux portes d'entrées principales des deux logements.

## Chapitre VIII – Dans notre « *shed* »

La « *shed* », notre shed... En meilleur français, j'aurais pu, ou dû, écrire notre portique... Mais comme notre shed, c'était un abri, un refuge, une salle de jeu, et même un peu plus... dans ce récit, j'utiliserai principalement le mot shed, au féminin, pour décrire la construction adjointe à notre vieille maison.

L'escalier qui donnait accès à l'étage se trouvait juste à droite en entrant dans la shed et faisait, avec les deux paliers, la totalité de sa longueur. Sur chaque étage était installé un réservoir d'huile à chauffage desservant chacun un poêle : celui d'en haut, chez nous, notre poêle à deux ponts, comportait une section permettant d'y faire brûler des petites bûches de bois. À lui seul, il constituait notre chauffage, notre chauffage « central » même... car il n'y en avait pas d'autres ! Insuffisant et pas pour le mieux... J'y reviendrai plus loin.

En bas et au fond, dans la shed, sous l'escalier, il y avait une grande fenêtre qui s'ouvrait pour permettre à ma grand-mère d'étendre sa lessive ; en haut, il n'y en avait qu'une seule, gratifiant l'intérieur d'un éclairage sommaire. Il y avait au rez-de-chaussée, une grande porte découpée à même le plancher ; cette ouverture donnait accès à la cave, c'est-à-dire à la pompe à eau qui s'y trouvait, et ce via un escalier de fer qui avait les allures d'une échelle tellement il descendait en pente raide. Très jeune, ce caveau était vraiment un endroit qui me déplaisait, qui me faisait peur même, d'abord à cause de son exiguïté, mais aussi, je l'ai déjà dit, en raison de l'odeur forte, presque insupportable, de terre humide qui en émanait lorsqu'on soulevait cette lourde porte de bois ! Il me semblait, à moi, tout à fait raisonnable de penser qu'une bête féroce pût y vivre... Dans cette shed, dont la structure comprenait des pièces de bois de 12 pouces par 12 pouces, véritables tronc d'arbres équarris grossièrement, aucun mur intérieur n'existait vraiment : on voyait la tôle et les traverses de planches dissemblables sur lesquelles ce revêtement était cloué... et même, l'excédent des clous repliés. Il n'y avait aucun revêtement sur les planchers faits de madriers maintenus à la structure par des clous carrés datant de l'époque de la construction de la maison. Seul le papier-brique rougeâtre apposé sur le mur de la maison apportait quelque couleur à l'ensemble, sombre, car éclairé d'une seule ampoule, de cet intérieur !

Aux deux étages, les locataires avaient aménagé une étagère permettant de stocker un bric à brac de bricoles que les ménagères, leurs femmes, n'auraient pas aimé voir dans leur maison : fils de métal, chaînes, engrenages, pentures, collets, etc. Puis des outils, des bocaux de peinture, de clous et de vis, de boulons et de tarauds dépareillés, etc. La shed, c'était un peu les ateliers de bricolage des maîtres de la maison... Bien sûr, pour les apprentis bricoleurs que nous devenions peu à peu, ces étagères représentaient une caverne d'Ali Baba, remplie de trésors qui nous permettraient éventuellement de construire une maisonnette dans un arbre, ou une voiturette de bois, ou de fabriquer des arcs et des flèches, ou des frondes, ou une arbalète (j'en ai réellement construit une, dangereusement efficace, en suivant minutieusement un plan trouvé dans un album jeunesse édité par *Sélection du Reader's Digest*), ou de réparer une bébelle brisée, ou même d'en inventer une... Non, car l'imagination ne nous faisait jamais défaut ! Jamais !

Quand il pleuvait, la shed devenait notre salle de jeu à l'extérieur de la maison. Le temps d'une averse ou d'un orage, elle constituait un abri sûr d'où nous pouvions observer la pluie tomber et toute la force de la nature se déchaîner. Tant que le temps pluvieux perdurait, on s'installait autour d'une demi-feuille de « *plywood* », de contreplaqué, posée sur deux chevalets et, sur cette table de fortune, et bien qu'il fît sombre, on jouait aux cartes : au 500 à prendre, à la canasta, à la dame de pique, à « pique, cœur, carreau, trèfle », aussi au *Parchesi*, au *Monopoly*, aux *Mille bornes*, aux dominos, etc. On y a lu la panoplie de *comic books* appartenant à monsieur Collard qu'il conservait précieusement dans des boîtes dans le grenier de sa maison ; on s'est ainsi bien régalé des *Popeye, Tartine, Fox* et *Croa, Akim, Tarzan, Ivanhoé, Oliver, Tempest, Ouragan, Ardent, Superman, Météor, Cosmos,* et de tant d'autres héros. À part d'être imagés, ces petits opuscules avaient deux autres vertus fondamentales : ils étaient faciles à lire et, surtout, ils nous projetaient, nous les jeunes garçons, dans l'aventure, et dans pleins de mondes qui nous passionnaient : la jungle, le moyen-âge, la guerre, le far-west, l'espace... Non, on ne s'est jamais ennuyés même durant les journées où le soleil nous a boudés ; je le répète, on avait beaucoup trop d'imagination pour cela !

 C3&O

Plusieurs années plus tard, les planches bancales et dangereuses de l'entrée du rez-de-chaussée de la shed furent enlevées et remplacées par deux dalles de ciment, l'une plus haute que l'autre, faisant escalier, un ciment brassé « maison » à la pioche, par l'auteur de ces lignes, entre autres. Dans le cadre de ces rénovations, la galerie du haut fut jetée à terre. Bien sûr, papa condamna définitivement la porte de la shed y donnant accès, vira l'escalier bout pour bout, découpa, à même un autre mur de la shed, une deuxième porte au bas de ce nouvel escalier et, enfin, découpa une grande fenêtre en haut et y installa un ancrage pour soutenir la nouvelle corde à linge de maman. Une fois toutes ces modifications terminées, on en profita pour rafraîchir les murs extérieurs de la shed avec une peinture à tôle de couleur « beigeâtre » ce qui, pour la toute première fois, me semblait-il, bien qu'elle fût toujours amochée et bosselé à beaucoup d'endroits, me l'a fait paraître, à mes yeux, presque neuve !

### Chapitre IX – Mesdames et messieurs, la cour...

Comme le prédisait depuis longtemps le dicton, fatalement, inexorablement, après la pluie, le beau temps, toujours, revenait. Nous remisions alors nos jeux d'intérieur, nous ressortions de la shed à la recherche d'un jeu intéressant à faire dehors, dans la cour rendue boueuse. Le choix ne manquait pas : très jeune, on pouvait jouer à l'ingénieur en herbe construisant des barrages pour retenir une partie de cette eau tombée des nuages, ou pour la rediriger ; puis, à l'aide d'une branche, on pouvait creuser des rivières et y faire naviguer les bateaux que devenaient les bouts de bois qu'on y déposait. On pouvait construire des châteaux en terre mouillée pour pouvoir, quelques instants plus tard, un peu sadiquement, les écraser sous nos pieds. Tout ça s'opérait au grand dam de maman Lorraine qui nous voyait faire avec horreur sachant que, peu après, nous rentrerions dans la maison éclaboussant de la boue partout sur « son » plancher, pas beau mais propre. Quand nos jeux nous rapprochaient des garages et remises, il nous fallait faire attention aux pièges que constituaient les matériaux empilés pêle-mêle, ici et là dans la cour, surtout aux malicieuses planches à clous rouillés qui n'attendaient que ça, que vous leur mettiez le pied dessus ! Les méchantes ! Les hypocrites ! Ah ! Ça faisait mal, un clou dans le pied !

Dans cette cour, on a joué à la « tague » sous toutes formes, la tague malade étant la plus populaire chez nous, puisque le joueur touché devait poser sa main sur l'endroit « blessé » ; selon l'endroit du corps en question, on s'amusait à se moquer du joueur handicapé qui avait ainsi beaucoup de difficulté à s'amender en transmettant sa « maladie » à un autre joueur. On a aussi pratiqué la « tague dite des *tires* » (pneus en anglais) : le pneu que l'on roulait devait toucher celui d'un autre rouleur de pneu. La tague que l'on jouait en conduisant nos bécanes étaient plus spectaculaire mais moins populaire car plus douloureuse : lorsque l'on réussissait à effleurer ou à percuter la bicyclette d'un concurrent, il arrivait que l'un ou l'autre, ou les deux, prissent une méchante « fouille », qu'ils tombassent par terre ; on se salissait, on se meurtrissait, on déchirait notre linge... Encore une fois, au grand déplaisir de maman, qui devrait s'affairer à calmer l'éclopé braillard : un « *Chut, c'est pas grave ! Ça va passer...* », et une petite gâterie, souvent, faisaient la job. Puis elle nettoyait le bobo du genou ou du coude avec du peroxyde et du mercurochrome, puis y apposait un diachylon, chez nous, on disait un *plaster*. Plus tard, une fois le pantalon lavé, elle le recoudrait ou collerait au fer à repasser une « *patch* », une rustine, sur ce pantalon, souvent déjà fortement rapiécé ! Chère maman Lorraine qui devenait, dans ce seul exemple précis, tout à la fois notre confidente, notre consolatrice, notre « curé » pour la confession et le sermon, notre infirmière, notre cuisinière, notre couturière, et qui occupait dans la vie de tous les jours, selon les situations, tellement d'autres fonctions ! Cette maman-là, Lorraine, était pareille à l'or : elle était une valeur sûre, notre valeur refuge.

On a joué du couteau dans notre cour ! Debout, face à face, les pieds joints, 2 adversaires s'affrontaient : le jeu consistait à lancer un canif – outil qui servait, entre autres choses, à affiler nos pointes de flèches ou à « gosser » tout bout de bois qui nous inspirait – le plus près possible du pied gauche de l'autre, sans le lui planter dedans bien sûr. L'adversaire devait poser son pied, bien accoté sur la lame, là où elle s'était enfoncée dans le sol ; il devait s'écartiller, comme on disait. Le jeu continuait jusqu'à ce que l'un des deux protagonistes abandonnait faute de pouvoir faire la « *split* » demandée, ou lorsqu'il tombait par terre par perte d'équilibre. Je ne me rappelle pas que quelqu'un se fût blessé, même lorsque l'on poussait notre chance, notre « *luck* », jusqu'à jouer à ce jeu nu-pieds !

On a aussi joué à la cachette ordinaire et à la « *can* » fessée, cette dernière étant une forme plus élaborée du jeu de la cachette. Un joueur frappait de son bâton la « *can* », c'est-à-dire une boite de conserve, le plus fort et le plus loin possible. Le « pion », désigné pour retrouver les autres dans leur cachette, courait le plus vite qu'il pouvait pour aller rechercher cette « *can* » et la remettre sur son socle, ce qui l'autorisait à commencer ses recherches alors que tous les joueurs avaient profité de ce laps de temps pour trouver l'endroit idéal pour se cacher.

Dès qu'un joueur était découvert, le pion allait toucher de son bâton la « *can* » ; il devait crier, le plus fort possible pour que tous les participants l'entendissent, quelque chose comme : « *Michel, t'es bisbaillé !* » (Traduction : *tu es pris, éliminé !*) *Je t'ai vu, t'es caché derrière le gros arbre !* ». Ce pauvre Michel, reconnu du pion, devenait son prisonnier et devait, dès lors, se tenir près de la boite de conserve. Et ainsi de suite, jusqu'à ce que tous les joueurs aient été repérés et nommés par le pion, le libérant alors, mais à cette seule condition, de cette fâcheuse et détestable fonction de pion « chercheur de têtes ». Mais, qu'il arrivât qu'un joueur encore « libre » et ratoureux réussît, à l'insu du pion, à aller frapper la « *can* » sans avoir été repéré et nommé, tous les joueurs faits prisonniers se trouvaient libérés de leur prison et s'en retournaient se cacher à toutes jambes. Et le pion devait tout recommencer : aller quérir la canisse, la remettre en place, puis recommencer toutes ses recherches... Ce n'était pas drôle d'être « bisbaillé », mais c'était mille fois pire de faire le pion à la can fessée ! Oh oui ! Je haïssais tellement faire le pion ! Au début de l'adolescence, oh surprise ! ce jeu de la cachette devint prétexte à flirter, à explorer une sexualité émergente ; coquin et coquine, après en avoir préalablement convenus, s'en allaient se cacher au même endroit, souvent plus éloigné qu'introuvable, afin qu'autant le garçon que la fille eussent le temps d'appréhender, de mieux connaître la physiologie de l'autre et la psychologie du sexe qui lui était opposé.

Sur sol sec, notre cour était juste assez grande pour nous permettre de jouer à la « *scrub* », un avatar de baseball qui pouvait se jouer de 4 à 10 joueurs, et plus même. Mais, idéalement, il y avait au moins un receveur, un lanceur, deux frappeurs, un joueur au premier but et un joueur ou deux couvrant tout le champ. Les frappeurs devaient tenter de rester « vivants », c'est-à-dire au bâton, en frappant des coups sûrs qui leur permettaient de se rendre au moins au premier but (le seul, d'ailleurs à ce jeu) ou, mieux, d'atteindre ce but puis de retourner au marbre. Advenant qu'il fût retiré, le frappeur s'en allait au champ, un joueur de champ s'en allait au premier but, le premier but devenait lanceur, le lanceur, receveur et le receveur remplaçait un frappeur retiré, et ainsi de suite... La « *scrub* » permettait à tous, les garçons comme les filles, les plus grands comme les plus petits, les plus vieux comme les plus jeunes, d'accéder systématiquement, chacun à leur tour, sans égard à leur capacité de joueur ou à leur talent, à tous les rôles du jeu. Quant à eux, les « aînés » devaient porter une attention spéciale aux longues balles : le règlement, strict, stipulait que, lorsqu'une balle frappée se retrouvait dans le champ au-delà de la clôture du fond de la cour, le frappeur était retiré. Pourquoi ? Parce qu'ainsi, ils retardaient indûment le jeu : en effet, il était difficile de retrouver les balles frappées dans les taillis, les bosquets, les broussailles et l'herbe longue de l'autre côté de la clôture. Retirer le fautif permettait au moins de gratifier plus rapidement un des chercheurs de balle, c'est-à-dire qu'on punissait le frappeur pour son « mauvais » bon coup en le retournant au champ, mais un des joueurs de champ, lui, devenait le lanceur.

Il y eut longtemps, dans notre cour, un terrain aménagé en jeu de croquet, ce jeu où il faut faire circuler sur le sol, une boule de bois, en la frappant de petits coups répétés à l'aide d'un maillet et ce, entre une douzaine d'arceaux fixés solidement dans un sol sablonneux bien tapé. Étrangement, et au-delà de toute sécurité élémentaire, j'ai vu, sur une photographie prise chez nous (voir au chapitre 15), des personnes tenant des raquettes de tennis se lancer et se relancer la balle sur ce même terrain en tentant d'éviter les arceaux fixés dans le sol ou de culbuter sur ceux-ci. Lorsque ces arceaux ont été enlevés, nous les jeunes avons continué de jouer au croquet mais sur une surface plus raboteuse : la pelouse. La performance n'y étant plus possible, le plaisir était un peu moins au rendez-vous et ce, même si le gazon était frais coupé. La première tondeuse appartenait à mon grand-père et était manuelle à rouleau ; tondre le gazon, ou ce qui passait pour tel : le trèfle, le plantain, le pissenlit, etc. était une corvée surhumaine, inhumaine presque, tellement il fallait d'efforts pour pousser la tondeuse sur ce terrain immense et raboteux. Elle fut remplacée beaucoup plus tard par une tondeuse au gaz transformé en tondeuse électrique : papa en avait retiré le moteur à gazoline, qui ne fonctionnait plus, puis installé, à la verticale, un moteur électrique de modèle courant servant à faire tourner les deux pales. Un fil d'une centaine de pieds était connecté sur la prise de courant la plus proche du travail de tonte à effectuer. Tout au long de l'opération tonte, il fallait maintenir une attention constante à ce fil revêche et encombrant – et dix fois déjà rapiécé – qui avait la fâcheuse tendance, le vilain, à se déconnecter ou à se retrouver sous la tondeuse dès qu'on n'y pensait plus.

On a aussi beaucoup joué aux fers dans notre cour, les piquets, les « *pines* », plantées à quarante pieds l'un de l'autre. Le premier jeu de fers était aménagé près de la maison. Les plus vieux y jouaient pendant que nous, les jeunots, les regardions faire ou jouions à d'autres jeux de notre âge. Il arrivait souvent que nous fussions tellement concentrés à notre affaire qu'on en oubliait totalement l'environnement immédiat, ou était-ce par bravade, que ce soit l'une ou l'autre motivation, nous traversions le jeu ! À au moins deux reprises, j'ai reçu un fer à cheval sur la tête. Ai-je besoin de vous dire que cela ne m'a fait aucun bien ! Les jeunes étourdis que nous étions, devenaient, sous le choc du fer, plus étourdis encore ! Plus tard, le jeu de fers fut installé au fond de la cour, là où le danger de frapper inopinément quelqu'un de distrait ou de malintentionné, était presque inexistant. Adolescents, mes frères, mes sœurs, parents, amis, voisins, avons joué aux fers, presque chaque beau soir de plusieurs étés. Comme nous pratiquions en après-midi, Rachel, Michel et moi, Robert peut-être aussi, étions devenus des experts en cinq points (le fer autour de la « *pine* ») et en trois points (le fer accoté sur la « *pine* », plus aléatoire cependant). Un bon joueur pouvait annuler les points des adversaires ou doubler leurs propres points en lançant son ou ses fers sur celui et ceux de son adversaire. Annuler ou doubler les points d'un adversaire dépendait du règlement préalablement décrété ou en vigueur sur le terrain.

CR80

Au milieu des années 1960, en pleine période yé-yé, la Beatlemania faisait rage partout dans le monde ; même le chemin Hemming, pourtant si loin de Liverpool, n'y échappa pas ! Je me souviens, j'avais quinze ans lorsque j'entendis à la radio l'hymne à la paix et à l'amour *All you need is love*, une chanson composée par John Lennon et interprétée par les Beatles pour la première fois live devant des millions de téléspectateurs dans le cadre d'une émission soulignant l'exposition universelle *Terre des Hommes* tenue à Montréal en 1967. Ce fut pour moi un coup de foudre instantané ! Vous dire à quel point j'ai aimé et que j'aime encore les Fab Four... Notez que j'avais déjà entendu les Beatles grâce à un disque microsillon que possédait mon oncle Marcel Michaud... je trouvais ça bon, mais sans plus. Mais depuis cet été du coup de foudre musical de 1967, lorsque mon frère Michel et moi possédions quelques sous disponibles, nous achetions des disques 45 tours des très britanniques Beatles et des Rolling Stones, des très états-uniens CCR et Beach Boys, mais aussi de nos très québécois Classels, Sultans, Hou-Lops/Têtes Blanches, Lutins, Merseys, Chanceliers, Miladys, et de tant d'autres groupes et vedettes solos de tous les palmarès de l'époque.

Pourquoi je vous raconte cela ? Parce que lorsque les voisins et les voisines se regroupaient durant les vacances d'été dans notre cour, on aimait écouter de la musique. Quand ce n'était pas la performance imparfaite d'un guitariste en herbe (ma sœur Rachel, mon frère Pierre, ou moi, assis sur l'herbe, adossé à un arbre), c'était la radio ou c'était ces petits 45 tours qu'on faisait jouer les uns après les autres  sur un « *pick-up* » portable qu'était une petite valise « système de son » qu'on installait par terre le plus au niveau possible, et qu'on branchait à la prise de courant la plus proche, en l'occurence, celle qui se trouvait tout en haut dans la shed. Un adaptateur combiné « prise de courant/douille pour ampoule » vissé dans la douille fixe du plafond permettait cette fonction. On se servait donc d'un fil d'extension de près d'une centaine de pieds pour raccorder le « *pick-up* » à la prise de courant... et on devait porter une grande attention pour ne pas s'accrocher les pieds dans le fil... Ce qui arrivait fatalement, inévitablenent, et ce malgré toutes les précautions prises et tous les avertissements réitérés et toutes les objurgations répétées à tous crins et à tous vents. C'était toujours peine perdue... On s'est fait de bien beaux après-midis et de bien belles soirées de « *Jeunesse d'aujourd'hui* » à écouter tous les succès de l'heure de l'époque de nos idoles d'adolescence. Danser faisait lever la poussière de notre cour, poussière qui se retrouvait, à la fin de la représentation, sur nos vêtements, bien sûr, mais aussi sur toute la collection de disques que l'on avait sortis pour l'occasion. Maman Lorraine, m'a remis, quelque vingt ans plus tard, une boîte contenant ces disques 45 tours, boîte-trésor qu'elle avait retrouvée dans un grand ménage avant rénovation de la maison : ils étaient usés ces 45 tours jusqu'à la corde, tellement usés que je crois bien qu'on devait entendre un peu du côté B du disque pendant que l'on en faisait jouer le côté A ! Ils n'étaient plus bons que pour la poubelle... ce que je fis avec, quand même, un pincement, doux-amer, douloureux, au cœur... J'avais un peu beaucoup l'impression de jeter aux rebuts une partie de mon passé, et aussi du passé de ma « gang » du temps !

Plus tard, toujours amoureux de cette musique qui a bercé mon adolescence, je me mis à collectionner les 45 tours des succès des années 1950, '60, '70, '80, et '90, jusqu'à ce que le disque compact remplace le vinyle. Je me suis même acheté un juke-box AMI à l'époque où l'on sortait ces machines chantantes des restaurants et des clubs pour cause d'émergence de cédéroms.

### Chapitre X – « *Si son ramage se rapporte à son plumage...* »

À une certaine époque, lorsqu'on était arrivé dans la shed du haut par l'escalier intérieur, juste avant d'entrer dans la maison, ce qui attirait le regard, c'était un tableau accroché au mur : un casse-tête, un puzzle aux tons grisâtres de deux mille morceaux collé par Joseph sur une feuille de contreplaqué et représentant un gondolier conduisant sa gondole sur un des canaux de Venise. En fait, cette shed du « Palace Hemming » était un vrai petit Louvre de pacotille : tout d'abord, ce susdit tableau d'un grand maître de la peinture classique : « *Le Gondolier gris* », puis une œuvre pop'art digne d'Andy Warhol : « *Vieux réservoir à l'huile brunâtre* », pour aboutir enfin à une sculpture plus contemporaine : « *Vieille porte d'entrée défraîchie, sale et maganée !* » Ça, c'était notre porte d'entrée... Sérieusement, quand, après avoir franchi cette fausse « galerie d'art », on ouvrait la porte de la maison, on se retrouvait dans un court corridor. À l'intérieur, au-dessus de la porte, se trouvait, comme c'était alors la tradition catholique, un crucifix qu'ornaient quelques palmes d'un rameau béni durant la messe des dernières Pâques.

À droite se trouvait la chambre à coucher des quatre garçons où deux lits doubles ont vu les garçons de la famille y jouer au « lit musical » : Jean-Louis, Michel, Luc et Robert ; plus tard, quand Jean-Louis sera relocalisé dans une partie du salon pour « cause » d'adolescence, Pierre, le dernier-né des mâles de la famille, deviendra l'autre garçon qui partagera l'un des deux lits de cette chambre. Celle-ci était garnie d'une commode à cinq tiroirs, trois grands, deux petits, et de deux lits doubles en tubulures de métal, dont les sommiers en lamelles extrêmement lâches creusaient vers le milieu quand on y était étendus. Il fallait lutter toute la nuit et jouer du coude et des pieds pour ne pas se retrouver, les deux dormeurs, en boule au centre du lit. Une ampoule de cent watts sans globe constituait l'unique éclairage de la pièce. La position de la porte de cette chambre était stratégique : lorsque les parents et les plus grands écoutaient le hockey bien installés dans le salon, il suffisait à nous les plus petits, à qui l'on avait intimé l'ordre d'aller dormir, – trop tôt, mais il ne nous servait à rien de faire la « baboune » ou de chiâler, on ne nous demandait pas notre avis – de nous tenir sans être vus, accroupis près du poêle. Ce poste d'observation nous permettait de voir et d'entendre un peu du match de hockey du Canadien de Montréal que la société Radio-Canada diffusait. Évidemment, venait un temps où, Michel ou moi ayant fait du bruit, en nous chamaillant pour la meilleure place, on se faisait prendre en défaut, déclenchant automatiquement la remarque lointaine mais péremptoire de Lorraine, qu'elle pouvait répéter 2 ou 3 fois, sans se fâcher jamais : « *Les garçons, mes torieux* (ou, au choix, *mes escogriffes, mes snoraux* ou *mes v'limeux), il est tard, allez vous coucher.* » La chambre à coucher des filles était mitoyenne à celle des garçons, la porte d'icelle s'ouvrant sur la cuisine. Étrangement, il n'y avait pas de cloison entre nos deux garde-robes – je trouvais ce mot bien mal choisi, pour notre portion à nous les garçons qui ne portions pas de tels vêtements féminins – et celui des trois filles. En a-t-on profité, les garçons, pour aller surprendre nos sœurs en petite tenue ou pour les agacer ? Je le croirais volontiers si on me l'affirmait. Mais, moi, je n'en ai gardé aucun souvenir. Je pense bien qu'il devait y avoir un décret parental très fort et très sévère prévoyant des conséquences importantes pour les garçons en cas de violation de la chambre à coucher de nos sœurs. Ainsi, je ne me rappelle pas de l'aménagement de leur chambre à coucher non plus. Mais il devait bien s'y trouver aussi deux lits doubles et une commode...

Nos deux fenêtres, orientées au nord, donnaient sur une petite cour où poussait un pommier solitaire ne produisant, bon an mal an, et faute de l'arroser des produits anti-bibittes nécessaires et recommandés, que quelques dizaines de pommes marquées, déformées, piquées et, pour la plupart, squattées par des vers... des pommes toujours immangeables donc.

À gauche du couloir, en face de la chambre à coucher des garçons se trouvait la chambre de bain : une toilette bancale, un bain sur pattes à l'émail blanc un peu écorné et une laveuse à tordeur de marque *Connor* en étaient les seuls éléments. Pas de douche... Pour se laver les cheveux, on abouchait au robinet du bain un tuyau de caoutchouc d'une longueur d'environ trois pieds qui se terminait par une pomme de douche. Je me souviens également que dans le porte-savon du bain on a retrouvé, longtemps, un pain de savon multicolore qu'on fabriquait nous-mêmes à la maison, résultat de l'amalgame par chauffage, je crois, d'une dizaine de restants de savons. Il y avait aussi, du moins en a-t-il été ainsi pendant quelque temps, accrochée au mur à un bout du bain, une armoire blanchâtre aux contours noirs contenant des serviettes, des débarbouillettes, des guenilles (des chiffons) et des produits de toilette et de nettoyage usuels : shampooings, lotions, du savon à lessive, de l'eau de javel, du *Lestoil*, de la cire à plancher *Clair*, du cirage pour les souliers, etc. Ce qui était plus inusité, moins, usuel, c'était la présence dans cette armoire d'une ferronnerie étrange, disparate, hétéroclite, et fortement rouillée pour une bonne part, et qui s'empilait sans ordre, sur un ou deux étages de cette armoire... de chambre de bain ! Mais peut-être mon souvenir, mal fixé, amalgame-t-il deux époques bien distinctes, soit celles de notre séjour en haut et celle de notre séjour en bas, alors que le bain de l'étage n'était plus utilisé. Donnons à papa Joseph le bénéfice du doute et continuons notre récit. Le lavabo de cette chambre de bain penchait dangereusement vers le devant, menaçant de se décrocher du mur à tout instant. Il ne comportait pas de pharmacie ; un petit miroir, en perte de tain, était fixé au mur. Nous n'avions pas de brosses à dents ni de pâte à dents : je devais bien avoir seize ans, peut-être un peu plus, quand j'ai commencé à utiliser cet outil de toilette buccale, essentiel pourtant, pour la première fois. Sans doute cela m'a-t-il privé de quelques fréquentations de filles... Le cas échéant, c'était des diplomates, ou des jeunes filles bien élevées car elles ne me l'ont jamais dit. Ce qui est certain, c'est que cette carence d'entretien de mes dents dès mon jeune âge m'a coûté près de 400$ de dentiste en 1974, lorsque je dus faire obturer, en deux fois, rien de moins que douze molaires, fortement cariées.

ભ્જ

Notre boîte électrique, fort rudimentaire, acceptait des fusibles de 10, 15, 20 et 25 ampères qui ne permettaient pas les appareils nécessitant du courant de 220 watts. Il fallait faire attention aux appareils que l'on connectait sur une prise de courant pour ne pas excéder le maximum permis par la fusible associée à ces prises, la « *fuse* » – prononcez « fiouse » – disait-on. On devait être la famille qui riait le moins, ou qui riait jaune de cet aspect particulier de la série télévisée *Les arpents verts*... Pas de 220, ça voulait dire pas de chauffe-eau, pas de four électrique,... C'est le poêle à bois et à l'huile qui cuisait les aliments et qui réchauffait l'eau... mais, dans ce dernier cas, jamais assez pour toute la famille. Les samedis soirs, c'était corvée de bains pour tous ; seuls les parents étaient autorisés à verser, dans le bain, de l'eau d'un petit réservoir chauffé par le poêle. Les garçons et les filles, avant leur puberté, se lavaient deux par deux à l'eau froide. L'eau de notre puits avait deux qualités extraordinaires quand on la buvait : elle était d'une grande limpidité et elle était glaciale. Limpide, elle était bonne et rafraîchissante à boire ! Glaciale, elle l'était aussi, mais surtout quand on la versait dans la baignoire ! On y entrait donc, dans l'eau de notre baignoire, par petites étapes : on y plongeait le gros orteil d'un premier pied, puis le pied en entier, puis le gros orteil du deuxième pied puis le deuxième pied en entier. Rendu à ce point, la technique variait d'un enfant à l'autre : la mienne était l'attaque frontale... ou plutôt l'attaque fessière : en m'assoyant rapidement, d'un seul coup, dans cette eau frigorifiée, il me semblait que l'acclimatation à la froideur se faisait plus rapidement et, par conséquent, que la torture durait moins longtemps ! C'est donc ce que je faisais à chaque fois ! Au mieux, on était autorisé, l'hiver, à faire chauffer un chaudron d'eau sur le poêle. Hélas, une petite quantité d'eau tiède versée dans un bain entier d'eau glaciale faisait peu de différence. Mais on s'en contentait ! Par contre, il faut dire qu'au moins les samedis d'été, il soufflait un vent de démocratie dans la maison des Granger : comme le poêle demeurait éteint, il n'y avait pas d'eau chaude pour personne... tout le monde se lavait donc à l'eau froide !

## Chapitre XI – « *Allô ! C'est pour qui ?* »

Notre téléphone était à roulette et, comme beaucoup de ses semblables du temps, et à l'instar des Ford T de la prime époque de l'automobile américaine, la seule couleur offerte par la compagnie-monopole Bell était le noir ! Un fil en boudin permettait à l'interlocuteur, une fois étiré au maximum, une autonomie du combiné sur 6 pieds, un peu moins de 2 mètres. Pas un pouce de plus ! De plus, nous devions partager une ligne dite « rurale » avec certains de nos voisins : nos grands-parents qui vivaient en bas de chez nous, les Carrière/Benoît et les Hamel qui résidaient de l'autre côté de la rue Hamel. Il nous fallait donc être vigilant et bien écouter les caractéristiques de la sonnerie pour savoir à qui l'appel était destiné.

Ce partage d'une ligne a amené son lot de situations cocasses, entre autres celle où deux ou plusieurs abonnés décrochaient et répondaient « *Allô !* » en même temps attendant l'intervention de l'appelant pour départager qui avait eu raison de décrocher. Et lorsqu'on savait qui était appelé par qui, il fallait attendre avant d'entamer la conversation, que l'autre raccrochât : on entendait alors un déclic significatif, à défaut de quoi le fautif devenait ce qu'il est convenu d'appeler, depuis l'invention de cet appareil de communication à distance, un « écornifleux », un « senteux » qui tentait de surprendre une conversation qui ne le concernait pas. D'autre part, quand on conversait trop longuement avec notre interlocuteur, on entendait à répétition ces déclics de lignes signifiant cette fois-ci qu'un de nos voisins désirait appeler. Quelquefois, une causerie interminable pouvait amener l'autre utilisateur à intervenir vocalement et à signaler ab irato son exaspération ou l'urgence de son appel. Ce n'est que plusieurs années plus tard que la compagnie de téléphone Bell nous dotera – enfin ! – de notre propre ligne familiale individuelle, reléguant ce problème de convivialité forcée dans les annales quelquefois drôlatiques, mais surtout pathétiques, d'un ancien temps enfin révolu.

Cela ne veut pas dire qu'il n'y eut plus de chicanes : un seul téléphone dans une maison de deux adultes et de plusieurs adolescents, ce n'était définitivement pas assez. On s'enfermait dans la chambre des garçons avec le combiné, le fil était juste assez long pour cela ; pour ne pas qu'on se moquât, on marmonnait nos guili-guilis et nos gazouillis à notre dulcinée à voix la plus basse possible afin qu'ils ne fussent pas entendus. Dans ma famille d'« écornifleux », on en aurait fait des gorges chaudes pendant au moins… plusieurs semaines. Certaines de nos conversations amoureuses étaient tellement longues, un peu beaucoup à cause de longs silences, qu'elles ne faisaient plus rire dès lors que quelqu'un avait besoin d'appeler ou attendait un appel important. Car il nous semblait que tous les appels que l'on voulait faire et tous ceux que l'on attendait étaient d'une importance capitale, d'où l'irritation, la colère, et les demandes répétées aux parents d'intervenir.

Mais attention ! Ce fil tendu d'un bord à l'autre du corridor d'entrée pendant des heures devenait quelquefois une guillotine pour qui circulait sans y prêter attention : l'arrachement soudain du fil de l'appareil, stoppait net les roucoulades et les mamours que s'échangeaient tout bas jusqu'alors les jeunes amoureux en ligne.

Tous les soirs de la semaine, l'automne et l'hiver, – ou seulement les vendredis ? – le téléphone devenait un instrument de jeu. La radio de Drummondville, CHRD, 1340 au cadran, avait inventé un défi « musical » : il fallait découvrir la « vedette de la chanson-mystère ». Maman Lorraine était totalement accro de cette émission. A- moureuse des chantres de la chanson française Charles Trenet, Charles Aznavour, Édith Piaf et compagnie, et des crooners américains, Dean Martin, Tom Jones, En- gelbert Humperdinck, Frank Sinatra, et plusieurs autres, bref, elle se faisait une joie d'être à l'écoute lorsque débutait ce « programme ». C'était, pourrait-on dire, son « moment » fort de la journée (la semaine ?) ; on eût été bien ingrats de lui re- fuser cette bien modeste récompense. Quelquefois, maman identifiait le groupe, le chanteur ou la chanteuse-mystère à la toute première chanson diffusée. Si c'é- tait facile pour elle, ça devait bien l'être pour tous les autres concurrents... Oui, souvent ça l'était... S'amorçait alors un marathon téléphonique que seuls les gens de ma génération et celles qui l'ont précédée peuvent comprendre : il fallait tourner la roulette du téléphone pour chacun des chiffres du numéro à composer ; il n'y avait pas de pitonnage possible sur les appareils vendus dans ces années-là, et pas de touche de « recomposition automatique » non plus ! Pauvres index ! Le « 1 » et le « 2 », à la rigueur le « 3 », se « roulaient » et se « déroulaient » rapidement ; les « 8 », « 9 » et « 0 », eux, se « roulaient » vite mais se « déroulaient » lentement, lenteur qui devenait vite fastidieuse, exaspérante, irritante même. Il y avait alors, à l'époque de cette émission, 5 chiffres à rouler et à dérouler sur la mau- dite roulette du téléphone. Certains soirs, lorsqu'on était incapable d'avoir la ligne à cause du trafic intense des appels logés au poste de radio, l'index trop endolori, – quelquefois, il enflait au point de ne plus entrer dans le trou de la roulette, là, j'exagère quand même un peu... – il fallait nous relayer, nous, les enfants de Lor- raine, mobilisés pour l'occasion, afin de composer et de recomposer sans arrêt ce numéro honni. Les devoirs et les leçons étant terminés, aucune défection sans raison grave ou valable n'était admise. Quelquefois, on n'obtenait la ligne qu'à la toute fin de l'heure que durait l'émission ; il est même arrivé, mais assez rarement, à la grande déception de maman, qu'on échouât ! Oui ! Car trop d'affluence sur la ligne... ou bien, tout simplement... malchanceux.

L'autre possibilité à ce jeu – et c'est arrivé souvent – c'est d'avoir affaire à un obscur chanteur ou à une très peu célèbre chanteuse. Alors s'entamait chez nous un marathon d'un tout autre ordre : la recherche, frénétique, de la réponse dans les nombreux magazines, revues, hebdomadaires et mensuels, que maman Lor- raine conservait précieusement justement pour ces occasions-là. Tous les enfants assignés à cette tâche d'archiviste recevaient la consigne d'examiner, d'éplucher, page par page, chacune des revues et magazines étalés sur la table de cuisine. Certains dataient des années 1940 et 1950 comme Radio-Télévision '51, Radio-Télévision '52, etc., d'autres étaient plus récentes comme Échos Vedettes, Photos-Vedettes, Télé-Radiomonde. Il fallait porter une attention toute particulière aux pages de hit-parades car là, nous rappelait maman, résidait sans aucun doute la réponse au quizz. Il arrivait, souvent, qu'on découvrît, tôt ou tard, le susdit chanteur ou la susdite chanteuse-mystère ; dans ces cas-là, la communication avec le poste de radio était quasi immédiate. De toute évidence, ce n'était pas tous les foyers qui étaient « greillés », pourvus comme Lorraine, en documents de recherches artistiques aussi riches et variés ainsi que d'une équipe de recherchistes aussi nombreuse et aussi dédiée à la cause maternelle !

Vous vous demandez sans doute : « *Qu'est-ce qu'on pouvait bien gagner à ce jeu mis à part des yeux rougis et des index douloureux ?* » Je me souviens, à tout le moins, d'un prix hebdomadaire récurent qu'on a remporté quelquefois : un repas pour quatre personnes au nouveau restaurant chinois drummondvillois, le *Mandarin*. D'habitude, un membre de l'« équipe maman », l'un ou l'une des recherchistes ou l'un ou l'une des téléphonistes, était invité à accompagner maman Lorraine, un à la fois bien sûr ; en tout cas, moi, je me rappelle l'avoir accompagnée au moins une fois. Ne dit-on pas que tout effort mérite salaire ? Pour chacun de nous, aller avec maman au resto n'était que justice, même si notre tour ne revenait pas souvent dû au grand nombre de personnes dans l'équipe.

⚜

Lorsque les Granger se sont installés au rez-de-chaussée, un téléphone mural à roulette, aussi noir que celui d'en haut, était déjà fixé au même endroit sur le même mur. Une nouvelle famille, les Collard, venait de s'établir dans une maison voisine de la nôtre, maison en délabre, loque ancienne, l'extérieur en bardeaux de bois aux tons variés de gris et vermoulue à maints endroits, aux plafonds et aux planchers tout défoncés. Dans cette maison, tout d'abord rapiécée sommairement pour la rendre habitable, puis peu à peu remise sur pied à force de travail dur et acharné de chacun des membres de cette famille, dans cette maison, dis-je, il n'y avait pas le téléphone. Pour rendre service à ces voisins dépourvus d'un appareil aussi essentiel, papa Joseph leur offrit l'usage du nôtre. Lorsque le téléphone sonnait pour un membre de la famille Collard, un membre de la famille Granger, l'un des jeunes la plupart du temps, devait se sacrifier pour aller l'en avertir. Des va-et-vient continuels s'établirent donc entre les deux maisons. Mais il advint, à la longue, qu'on entendît plus de « grichage » (de friture) au niveau des dents des messagers qu'on obligeait à faire les aller-retour, que de « grichage » dû à une mauvaise transmission sur la ligne téléphonique elle-même ; « grichage » amplifié durant l'hiver par le fait qu'il fallait s'habiller et se déshabiller à chaque voyage... « *Ah !*, se plaignaient les jeunots mécontents, *il faut trouver une solution... et vite !* » Dans notre grande naïveté, nous les « plaignards », les « chiâleux », on avait proposé d'installer entre les deux maisons le système de communication primitif, élémentaire, mais qui nous semblait quand même fonctionnel, qui consiste à relier deux boîtes de conserve ouvertes et vidées de leur contenu par un fil métallique qu'il suffit de tendre le plus possible pour permettre la transmission de la voix. C'est peut-être cette suggestion simpliste et folichonne qui inspira à papa Joseph l'*IDÉE* ! Ce dernier, élaborant sur cette suggestion d'un fil reliant les deux domiciles, eut, lui, une idée saugrenue, originale mais réaliste, qu'il mit à exécution. Fort de ses connaissances en électricité et en électronique – gracieuseté des cours par correspondance de l'Institut Teccart –, papa conçut et construisit un télégraphe avec des pièces éparses qu'il conservait à la maison. Chacun des deux domiciles, celui des Collard et le nôtre, se vit donc doté de son poste de transmission/réception. On sortit un fil par une fenêtre de la shed et on l'accrocha au faîte d'un arbre, un cerisier, qui avait la double qualité d'être à la bonne hauteur et à la bonne place, c'est-à-dire à distance à peu près égale des deux maisons ; et l'on pouvait passer sous le fil surélevé sans s'y accrocher la tête. Le principe d'utilisation était simple : quand on recevait un appel pour Maurice Collard, le père, il fallait cliquer un coup ; pour Thérèse, la mère, deux coups, pour Jacques, l'aîné, trois, et ainsi de suite pour les quatre autres membres de la famille, Monique, Jean-Paul, Françoise et Francine. Une fois le message reçu et décodé, on recevait en retour une confirmation de réception. Samuel Morse, l'inventeur américain de ce système de communication devait être bien fier de l'élève Joseph et, surtout, bien étonné de l'utilisation insolite qu'on en avait faite ! Ce système « *home made* » a fonctionné à merveille et ce, jusqu'à ce que les services de téléphonie Bell furent installés chez nos voisins. Mais, a priori, il ne fallait surtout pas oublier d'aviser l'appelant de s'armer de patience. Autrement, l'hiver, toutes nos communications téléphoniques, les nôtres, surtout lorsqu'elles s'étiraient en longueur, faisaient bien entendu « suer » ceux et celles qui patientaient pour appeler ou recevoir incessamment un appel – prenez en compte que tout appel à faire ou à recevoir à ou par une autre personne de la maison était toujours plus important que le vôtre en cours. Et, lors des trop longs jours froids de l'hiver, étirer indûment une conversation téléphonique condamnait aussi systématiquement l'interlocuteur à suer à grosses gouttes car, je le rappelle, notre appareil était installé tout à côté du poêle à bois, très actif l'hiver.

## Chapitre XII – La biénergie

Ce poêle, seul élément de chauffage de cette grande maison, se trouvait juste à l'embouchure du corridor sur la gauche, juste à côté du téléphone mural. Notre poêle était d'un modèle économique qu'on disait à deux ponts. Il était noir et blanc et, contrairement à certains modèles plus «*fancy* » dont on peut encore admirer la beauté dans certains musées, celui-là était des plus austères puisqu'aucune fioriture ne le décorait. Dans le haut, il comportait deux espaces de rangement pour les mitaines et les sous-plats et, dans le bas, une porte donnant accès à un mécanisme de tamisage de la cendre situé juste au-dessus d'un contenant, un tiroir, destiné justement à recevoir la cendre qui s'y jetait. Cette cendre était conservée pour être éventuellement saupoudrée sur le sol glacé devant la maison ; c'était salissant bien sûr, mais combien, ainsi, a-t-on pu éviter de chutes et de blessures ? Au centre du poêle se trouvait le fourneau avec thermomètre et, à sa droite, une autre porte découvrant un espace réchaud, sans doute. Sur un des ronds du poêle se trouvait, en permanence, une bouilloire de métal (qu'on appelait, – allez donc savoir pourquoi ! – une « bombe » ou, plus rarement, un « canard ». L'hiver, le temps étant plus sec, cette bouilloire servait de système d'humidification ; il fallait donc la maintenir remplie d'eau – et attention, si l'on oubliait de la remplir, le fond de la bouilloire pouvait se souder au poêle. Sur ces ronds de poêle, maman Lorraine réussissait à faire cuire et même rôtir tous ses plats : que ce soit de la soupe, du poisson, du foie de lard, du baloné, sans oublier bien sûr, les patates bouillies que son mari Joseph réclamait comme un droit acquis, même pour accompagner son spaghetti ! Dans le fourneau, maman faisait cuire la dinde, les tourtières, les gâteaux et les tartes et pâtés du temps des Fêtes, ainsi que le jambon traditionnel et les « *beans* », les fèves au lard du dimanche de Pâques. Quelquefois au cours de l'année, nous avions droit à quelques spécialités de la maison dont des mini-pizzas faites de tranches de pain blanc sur lesquelles maman déposait un peu de sauce tomate, une tranche d'oignon, du bacon, et une tranche de tomate, le tout recouvert d'une tranche de fromage orange *Kraft*. Une pizza des pauvres, que les « pauvres » enfants que nous étions appréciions tellement qu'aussitôt servis, on les engloutissait plus qu'on les mangeait.

Sur le plateau de chauffage, deux ouvertures, les ronds, permettaient d'insérer de petites bûches de bois dans l'âtre du poêle et, au besoin, l'ensemble des ronds et leur contour pouvaient être soulevés pour introduire des bûches plus grosses, ce que le dernier de nous à aller se coucher était mandaté à faire pour assurer de la chaleur continu pour la majorité des heures dormantes. Une clé à poignée de fil de métal torsadé servant à soulever les ronds de poêle était insérée dans une de ses « serrures » de rond. Quand le poêle chauffait, il était indispensable, pour ne pas se brûler la main, de recouvrir cette poignée d'un sous-plat protecteur en tissu. Bien marri qui l'oubliait. Ce poêle à bois avait été transformé : un brûleur à l'huile à chauffage, installé à l'arrière et relié par un tuyau au réservoir d'huile logé dans la shed toute proche et associé à un ventilateur, pouvait, au besoin, et tel un dragon de nos histoires de chevaliers, « cracher » dans l'antre du poêle, une flamme forte et continue, ce qui était bien pratique la nuit : nul n'était alors besoin de se lever pour remettre du bois quand celui-ci avait tout brûlé. C'était là le seul chauffage de la maison : les chambres à coucher des garçons et des filles étaient relativement bien servies par ce système de par leur proximité avec le poêle ; par contre, à l'autre extrémité, la chambre des maîtres et le salon ne recevaient, eux, qu'un résidu de cette chaleur. Pour bien dire, on crevait presque de chaleur dans nos chambres et, à l'autre extrême, on gelait presque dans le salon ! Dans notre dictionnaire « *chauffage central* » se définissait ainsi : *appareil de chauffage ne réchauffant quelque temps qu'un espace circulaire très restreint donc insuffisant autour de lui-même, car installé à un très approximatif point central de la maison.* Chez nous, le froid l'emportait presque toujours sur la chaleur surtout quand 5 à 6 enfants revenaient de dehors, engorgeaient le corridor à tel point que la porte restait ouverte une, deux minutes, juste assez longtemps pour perdre tous les acquis caloriques accumulés pendant leur absence.

Lorsque nous avons emménagés en bas, papa Joseph a acheté une « truie » et l'a installée juste à côté du poêle. Vous avez bien lu : nous avons hébergé une truie dans la maison ! Comme le poêle légué par les Michaud ne fonctionnait qu'à l'huile (sauf pour sa portion électrique des « ronds de poêle »), le chauffage était moins que suffisant les jours de grands froids. Mon père jugea bon d'acquérir une truie, c'est-à-dire un poêle à bois « bas sur pattes » dont l'ouverture et la chambre de combustion permettaient d'accueillir des rondins de bois d'assez bonnes dimensions. Cette « machine » était reliée à la cheminée de la maison par un tuyau simple et qui montrait des signes de grande « fatigue » à quelques endroits. Moi, ayant une peur bleue des incendies, l'installation globale me semblait doublement dangereuse : la plaque de protection en métal de la truie étant trop petite, au bout d'un seul premier hiver, le prélart, devant la porte, était déjà tout brûlé par les tisons. Par ailleurs, lorsque l'on faisait « ronfler » la truie avec une grosse bûche générant une chaleur plus qu'intense, ce qui arrivait plusieurs fois durant la saison froide, le susdit tuyau d'évacuation de la fumée, mince et percé de mille trous je le rappelle, rougissait à tel point que l'on pouvait craindre qu'il fondît et que le liquide brûlant s'écoulât sur le plancher. Étais-je donc le seul dans cette maison à m'inquiéter de ces choses graves ? Ce n'est que plus tard qu'une fournaise au bois sera installée dans la cave et que celle-ci, enfin !, distribuera mieux, plus efficacement, et plus équitablement, sa chaleur à toutes les pièces de la maison par l'entremise de trappes de chaleur percées dans le plancher. Toujours est-il que la cuisine et la salle à manger étaient les grandes gagnantes de cette bataille pour la chaleur puisqu'elles étaient situées juste devant le poêle. C'est pour cette raison que la vie familiale hivernale des Granger d'alors se concentrait, pour une très grande part, autour de la table.

## Chapitre XIII – Un party de « *toasts* » chez nous

Cette table de cuisine, d'un brun rougeâtre, à la surface dévernie par l'usure, trouée et noircie ici et là par des cigarettes oubliées, trônait au centre de la cuisine. Elle était ronde et lourde car faite de bois massif, de chêne possiblement, se soutenant sur un seul pilier central, véritable tronc d'arbre fendu à la verticale par le milieu, et qui « tenait debout » par ce qui pouvait passer pour quatre pattes de lion « chaussées » de roulettes, qui en facilitaient le déplacement. Cette table, minuscule dans sa forme circulaire, – c'est cette configuration qui prévalait quand on jouait aux cartes – s'agrandissait en ovale quand on y rajoutait un, deux et même trois panneaux de rallonge. Étirée d'un seul panneau, elle pouvait sans problème accueillir sur sa circonférence la famille de deux parents et de huit enfants que nous étions. Configurée à deux voire trois panneaux, on pouvait y asseoir une partie de la visite parentale du dimanche. Comme il arrivait souvent dans les familles des années 1960, un débarquement de mononcles, de matantes, de cousins et de cousines, pendant les Fêtes notamment, signifiaient automatiquement le dressage d'une deuxième, voire quelquefois, d'une troisième tablée. Ainsi rallongée de panneaux, on y a même joué au tennis de table, au ping-pong ! Eh oui, du ping-pong sur une table ovale ! Ai-je besoin de préciser que nos coups se devaient de « tourner les coins ronds » sinon la balle « frappait » du vide ? Il arrivait cependant que la balle touchât la table dans son contour arrondi : elle faisait alors un changement de trajectoire si subit qu'aucun joueur, fût-il émérite, ne pouvait ni prévoir ni frapper de sa palette. Et comment décrire ce que devaient ressentir nos voisins d'en bas, les Michaud, sous l'avalanche, la pétarade de coups de pieds, assimilable au passage au galop d'une cavalerie, qui martelait le plancher, c'est-à-dire leur plafond, pendant tout le temps que duraient nos parties ?

Aux repas où il était présent, papa s'asseyait à un bout de la table sur « sa » chaise capitaine, maman, elle, s'assoyait tout à côté de lui, à sa gauche, quand bien entendu, elle n'était pas debout devant le poêle occupée à préparer quelque nourriture ou, encore, en train de servir les plats – Rachel, l'aînée des filles aussi. Les enfants s'installaient aux places restantes, trois sur le banc disposé côté mur, les autres, sur des chaises de bois à fond rapiécés dépareillées. Ces places étaient, un peu par droit d'aînesse et beaucoup par la force de l'habitude, assignée à chacun ; nul n'en pouvait rien changer sans créer une onde de choc familiale qui ne se calmait que lorsque l'individu fautif, penaud et repentant, réintégrait son siège.

Dans mon souvenir, il n'y avait pas de consigne de silence chez nous, du moins tardivement ; tous les repas que l'on prenait était l'occasion de parler, de deviser, de conter, de blaguer, de rire, d'ironiser, de se moquer, Joseph ou Lorraine, ou les deux, se faisant gendarmes de la tolérance et de la modération. Entre autres choses, parler trop fort et sacrer y étaient interdits. Lors des repas pris tous ensemble, il y avait une complicité et une solidarité entre frères et sœurs qui étaient plaisantes à voir, à entendre et à vivre et, à ces moments-là, il nous apparaissait, à chacun de nous, je crois bien, que faire partie d'une grande famille était un privilège insigne ! Bref, un souper, chez nous, c'était un peu comme dans la chanson de Claude Léveillée : « *Ça riait, discutait, pendant qu'maman nous servait* ».

CB&

Pendant quelques années, tous les enfants Granger allaient à l'école, certains au début du niveau secondaire, les plus jeunes au niveau primaire. Les soirs de veilles des jours d'école, il se produisait dans la cuisine tout un branle-bas de combat : maman Lorraine ordonnait la préparation des lunchs pour 6, 7 ou 8 personnes. Une fois les devoirs terminés, – chez nous, les devoirs se faisaient sur la table de cuisine – un « service de traiteur » monopolisait la table, y étalant les tranches d'un pain complet, puis répandant sur celles-ci une margarine blanche jaunie avec le contenu du sachet fourni avec le contenant, le Québec étant l'un des rares endroits au monde où la couleur de la margarine était réglementée. On badigeonnait ensuite une moitié de ces tranches soit de *Paris-Pâté*, soit de beurre d'arachides, soit de « *Cheez-Whiz* », soit de jambon « *Clic* » ou « *Kam* » – dont les boîtes métalliques s'ouvraient à l'aide d'une petite clé qui tournait tout autour du contenant –, ou on y déposait une tranche de fromage de couleur orange Kraft, ou une tranche de saucisson de Bologne qu'on appelait familièrement du « baloné ». Pour finir, on superposait cette moitié de pain garnie sur la deuxième. Les sandwiches, deux par enfants, étaient coupés en moitiés de biais, puis enveloppés dans du papier ciré et scotché, le tout inséré, deux par deux, dans un sac de papier brun identifié au nom de celui ou celle qui, le lendemain, l'emporterait dans son sac à dos. Finalement, tous les sacs étaient mis au frigo pour la nuit. Le lendemain matin, tout ce beau monde qui allait à l'école se levait, qui spontanément, qui plus péniblement, à l'appel de Lorraine. Un barda du tonnerre se mettait en branle, une logistique pointue qui ne souffrait d'aucun délai, d'aucun retard ou d'aucune compromission. L'objectif : les enfants d'âge scolaire devaient « embarquer » dans l'autobus au moment précis où ce dernier s'arrêterait devant la maison. Vous pouvez me croire : certaines années, il y eut, au bas de la rue Hamel, assez d'enfants-élèves, soit plus d'une vingtaine de Granger, de Michaud, de Collard, de Benoît et de Perreault, pour remplir plus d'une moitié d'autobus !

Dès le lever, les enfants Granger s'habillaient, puis faisaient la queue pour aller à la toilette ; étrangement, c'est dans ce rituel primitif que se trouvait la plus grande motivation à se lever promptement, avant tous les autres : quand on pouvait se déclarer « premier », dans la ligne d'attente, on était heureux ! Le énième dans cette file devait se retenir, lui, au péril de faire dans sa culotte ou même jusqu'à risquer, parfois, l'éclatement de sa vessie. Tous les matins, il y avait dans la maison une circulation d'heure de pointe. Des va-et-vient étourdissants, des allers-retours continuels des chambres à coucher vers la cuisine, de la cuisine vers les chambres à coucher, de la cuisine vers la chambre de bain et inversement. Tous se métamorphosaient en petites abeilles butineuses qui, une fois leurs multiples zigzags dans tous les sens terminés, se retrouvaient, enfin, assis autour de la table familiale. Notre reine à nous, maman Lorraine, qui s'était levée plus tôt, y avait déjà déposé, les assiettes, les tasses, les ustensiles et, au centre, la chaudière de beurre d'arachides *York*, celle avec le dessin du fermier qui trait sa vache en forme de pinottes et, à la place du beurre qui coûtait trop cher, un gros contenant de margarine blanche à colorer. S'y trouvaient aussi, quelquefois, un contenant de tartinade au caramel *Grenache*, une boîte de poudre de chocolat de marque *Quik* (Nestlé) ou, notre préférée, celle de *Choco* (Cadbury). Dans cette boîte, sur le dessus, quand on l'ouvrait pour la première fois, on savait y trouver une mini-barre de chocolat qui, toujours, causait des débats farouches pour sa possession. Il pouvait s'y trouver, sur la table, une boîte de poudre de fraise quand elle était en « spécial ». Chez nous, on disait, à l'anglaise, qu'on se faisait un « *quik* », ou un « *cocoa* », ou un « *quik* » aux fraises !... Sans oublier, bien sûr, le pain blanc tranché et le lait – en pinte de verre avec la crème flottant sur le dessus – lait de vache qui, chez nous, très souvent, donc trop souvent, était remplacé par du lait en poudre. On s'en servait de ce lait fait de poudre à laquelle on ajoutait de l'eau, pour mouiller nos céréales qui, si on était chanceux, étaient des *Corn Flakes* ou des *Rice Krispies*, sinon ce pouvait être du blé soufflé qu'on achetait en sac gigantesque, en poche, ou, plus modestement encore, des tranches de pain blanc qu'on émiettait dans un bol et qu'on saupoudrait de sucre ou de cassonade.

Et, invariablement, à chaque matin, on entendait maman demander, à la ronde :

*– C'est à qui de faire la corvée des toasts à matin ?*

*– C'est pas à moi, je l'ai faite hier !*

*– Pis moi, c'était avant-hier !*

*– Moi, je suis trop jeune encore, na, na, na...* (Dans la tête de tous les autres : « Toi, mon « crache-en-l'air », *tu ne perds rien pour attendre...* »)

*– Moi, mon tour, c'est juste demain...*

Et cette dernière réponse, il n'était pas rare de l'entendre le lendemain de la bouche de la même personne ; stratégie qui, en doutez-vous ?, ne risquait pas de tromper qui que ce soit... On était trop nombreux à veiller au grain...

*– À matin, c'est au tour à Luc ! Oui... C'est à Luc, c'est à Luc !*

Toutes ces réponses en un seul chœur « cacophonique » de mes frères et sœurs fusaient avec cœur et avec, je dirais, un malin plaisir sadique, le même à peu de chose près que celui des spectateurs d'un cirque romain quand, frénétiques, ils indiquaient à César, d'un pouce tourné vers le bas, que le combattant victorieux devait être sacrifié. Aujourd'hui, la victime, c'était moi... Demain, j'aurais ma revanche puisque ce serait le tour de quelqu'un d'autre. Autre mince consolation, mais consolation tout de même, être de corvée de toasts était un rare motif suffisant qui permettait au fameux énième dans la ligne d'attente pour les toilettes de passer devant les autres pour satisfaire son besoin pressant. La corvée de rôties commençait avec une huitaine de tranches de pain étalées sur toute la surface chaude du poêle et qu'on écrasait avec une spatule de métal. Il fallait surveiller particulièrement les rôties de gauche, celles qui étaient exposées directement à l'ardeur du feu. Celles-là, on les retournait les premières, leur couleur d'un brun foncé à très foncé nous indiquait que le chef « rôties-seur » avait bien fait son travail. Ces rôties aplaties étaient les plus rapidement disponibles ; elles étaient donc offertes et distribuées aux clients amateurs de cette cuisson ainsi qu'aux plus pressés de mes frères et sœurs, prêts à renier leur préférence pour gagner du temps. Les rôties de droite prenaient, elles, tout leur temps pour brunir ; au mieux, elles arboraient, après un certain temps « certain », un beau doré pâle qui seyait mieux à d'autres catégories de clients. Mais peu importe la couleur désirée, les rôties sur le poêle étaient tellement appréciées et les enfants tellement goinfres qu'elles sombraient littéralement dans l'estomac des gloutons qui se trouvaient autour de la table. Ainsi disparaissait, en quelques minutes seulement, tout un pain ; il fallait donc en entamer un deuxième... Quelquefois, un troisième ! Quand, finalement, chacun était rassasié, c'était au tour du délégué aux rôties de goûter à sa propre

cuisine... enfin ! Les « *toasts* » plates de mon enfance, les rôties sur le poêle é-
crasées à la spatule, il ne me vient qu'une seule expression digne de les décrire avec justice et justesse : « *miam, miam !* » Le déjeuner terminé, maman aidait
les plus jeunes et les retardataires à finir de s'habiller et à « rapailler » leur matériel scolaire afin de leur permettre d'attraper, l'allure un peu dépenaillée tout de
même et à la course, le bus qui s'impatientait à les attendre au bas de la côte.
Dans l'énervement, il ne fallait pas oublier le lunch du midi et, les lundis matin, la
*cent* noire à être déposée dans notre compte d'épargne scolaire Desjardins ainsi
qu'une autre *cent* « noire » à être remise, elle, aux bonnes œuvres de la Sainte-
Enfance. Avec ce don en argent, on disait qu'on s'achetait des petits Chinois... Je
vous pose la question : aujourd'hui, qui achète qui ? Et quand les traînards mon-
taient finalement dans le bus, c'était toujours sous le regard réprobateur du chauffeur et sous les quolibets moqueurs, les sarcasmes des autres petits passagers.

Arrivait alors ce moment, qui devait être une délivrance pour notre maman, tout
étourdie par l'habituelle tornade matinale, où tous ses enfants se retrouvaient en
bas de la rue Hamel, y attendant, à l'instar de tous les petits voisins et petites voisines de leur âge qui venaient les rejoindre ou qui étaient déjà arrivés, l'autobus
qui les conduiraient à leurs écoles respectives. Alors, elle ôtait la table puis s'installait à l'évier, situé juste à droite du poêle et de la cheminée pour y laver la
montagne de vaisselle sale laissée derrière par ses enfants. Le comptoir datait du
millénaire précédent (milieu du 19ᵉ siècle) ; il était très bas, soutenant un évier en
émail blanc quelque peu écaillé par quelques vilains coups maladroits. Appelé
« *sink* » chez nous, cet évier comportait une vieille tuyauterie et des robinets rudi-
mentaires amenant beaucoup d'eau froide et, l'hiver, un tout petit peu d'eau chaude du réservoir attenant au poêle déjà mentionné. Les armoires au-dessus et au-
dessous étaient faites à l'ancienne, soit de planchettes « embouvetées », comme on
disait alors pour des planchettes insérées les unes dans les autres sur leur longueur. La vaisselle, assiettes, bols à soupe et tasses, était d'un modèle courant de
l'époque et en quatre couleurs assorties : bleu, vert, rose et jaune. En bas, mes grands-
parents avaient la même vaisselle mais en couleur bleue uniquement. Cette vaisselle quadricolore, dont la plus grande qualité était d'être faite d'une matière in-
définie mais incassable, occupait toute une armoire du haut, les autres étaient
destinées à entreposer certains aliments non périssables tels que cannages, boîtes
de pâtes, sacs de riz, de farine et de sel, flacons de poivre et d'épices, etc. Dans
l'armoire du bas se trouvait tout ce qu'il fallait à une ménagère des années 1960
pour exécuter son travail quotidien : du savon à vaisselle *Mir*, de la poudre à ré-
curer *Spic and Span* ou *Comet*, une lavette, un bouche-évier plat en caout-

chouc, un plateau égoutte-vaisselle en plastique, des serviettes à vaisselle, des tampons de laine d'acier *SOS,* une guenille, du savon en barres multicolore fait maison, et pleins d'autres objets et produits de première nécessité.

Un réfrigérateur blanc de marque *Admiral*, pas très gros, aux épaules arrondies dont la porte se fermait avec une clenche, montait la garde au bout du comptoir. C'était un « *frigidaire* » en tout point pareil à celui de mes grands-parents locataires du bas : s'agissait-il d'un rabais offert à l'achat de deux appareils, peut-être ? À l'instar des armoires, ses voisines, ce réfrigérateur était nettement trop petit, et son congélateur ridiculement trop exigu, pour contenir tous les aliments qu'une famille de dix personnes pouvait consommer, même en un seul jour. Heureusement que les laitiers et les boulangers des années 1960 se rendaient, chaque jour, offrir, de maison en maison, une marchandise des plus fraîches. Et le boucher faisait de même ! Je ne sais pas lequel des trois, mais quand j'étais tout jeune, l'un d'eux faisait encore sa tournée de clients avec une voiture tirée par un cheval ! Quoi qu'il en soit, grâce à ces vendeurs itinérants, les ménagères qui étaient mamans de famille nombreuse n'avaient pas besoin d'entreposer trop de nourriture périssable dans leur maison. Ces visites quotidiennes de marchands ambulants nous permettaient de nous moquer à l'occasion d'un frère ou d'une sœur qui, ayant démontré un comportement bizarre ou répréhensible, qu'il ou qu'elle devait être le fils ou la fille du laitier ou du boulanger...

ଔ৪୭

Avant de quitter la table familiale, j'aimerais vous dire toutes ces choses que l'on a pu faire sur ce meuble, à part manger et faire nos devoirs, bien sûr !

Tout d'abord, on a fait du dessin et du coloriage. Jeune, je n'étais pas « manchotte », malhabile au dessin : d'ailleurs, certains de mes « chefs-d'œuvre », je les ai fait parvenir à l'Oncle André (André Watters ?) qui animait, au canal 13 (CKTM – Radio-Canada de Trois-Rivières), l'émission *Les aventures de Popeye,* du temps, aujourd'hui honni, où ce héros de dessin animé fumait et se battait à chaque épisode, ainsi qu'au *Zoo du Capitaine Bonhomme* (Michel Noël) au canal 10 (CFTM - Télé-Métropole, Montréal). Non seulement ai-je eu le bonheur, à plusieurs occasions, de voir mes dessins à la télé (comme j'étais fier alors !), mais aussi de remporter quelques prix remis à l'auteur du meilleur dessin de la semaine comme, entre autres choses, une boîte de poudre de chocolat de marque *Choco*. Imaginez ma fierté et mon bonheur : puisque c'était ma boîte à moi, la mini-barre de chocolat m'appartenait de facto, sans contestation possible !) Une seule grande déception cependant : on ne retournait jamais les petits chefs-d'œuvre aux petits artistes que nous étions. Un dessin mis à la poste était un dessin perdu... Quant à mes cartes de membre de chacun des clubs du *Capitaine Bonhomme* et de *Popeye*, maman, après un grand ménage, les avaient trouvées et me les avait remises ; je les conservais précieusement, du moins, le pensai-je. Je les avais jusqu'à tout récemment... Mais je les ai égarées lors de mon dernier déménagement... Bou ! Hou ! Où sont-elles ? Je les retrouverai peut-être au fond de quelque boîte, un jour... Ainsi que tous mes bulletins scolaires qui se trouvaient avec elles !

Sur cette table de cuisine, on a aussi fait des dessins au « *Spirographe* » ainsi qu'au moins connu *pantographe* (un engin articulé, construit par papa Joseph, qui, à notre grand étonnement, permettait à l'utilisateur d'agrandir un dessin de plusieurs fois sa taille – celle du dessin, pas celle du dessinateur ! Nous, les plus jeunes, avons également fait des constructions avec les quelques roulettes trouées et bâtonnets qui restaient encore dans la boîte petit format *Tinkertoy* transmise d'un enfant à l'autre. Nous avons fait des casse-tête (puzzles) de toutes grandeurs – maman aimait particulièrement cette activité ; certains, dont l'image plaisait, furent collés par papa sur une surface plane rigide, insérés dans un cadre ou non, puis installés sur un mur de la maison comme éléments décoratifs.

On y a beaucoup joué au cartes : à la « bataille », au 500 à prendre, au rami 500, au bridge, au canasta, au *Cribbage*, au « pique/cœur/carreau/trèfle », au 8, au blackjack, au 31, au poker, à la « pisseuse », à la « dame de pique », à plusieurs patiences solitaires et une patience à deux, etc.; aussi au *Scrabble*, au *Parchesi*, au *Monopoly*, aux *Mille bornes*, au *Risk*, au *Mastermind*, aux dames et aux échecs, aux échelles et serpents, au toc, aux dominos, et à tellement d'autres jeux encore... Mais chez nous, le 500 à prendre et aussi le bridge, plus complexe, avaient la cote. Quand nous recevions de la visite du côté paternel, ça jouait fort au 500 ; jusqu'à trois tablées quelquefois. Après la messe dominicale, on jouait surtout au plus « intellectuel » bridge, mon père, mon grand-père maternel, et nous les enfants aussi, adorant ce jeu. Et on s'amusait, et on riait... Au 500 à prendre, selon la convention locale en vigueur, prendre 9 sans atout, ou 9 pas d'atout, indiquait une main assez forte incluant au moins un *Joker* : un bon matin, mononcle Marcel Michaud, bien au fait de cette convention, décida d'annoncer, non sans une petite lueur de malice dans le regard : « *9 pas d'atout, 9 pas d'atout !* » ; tout le monde comprit qu'il avait trouvé une façon originale et drôle d'annoncer qu'il a-vait les 2 *Jokers* dans son jeu. Et avec Marcel, cela faisait 3 « jokers » ! Il y avait aussi papa Joseph pour qui le bridge était une activité archi-sérieuse : entre deux bouffées de son cigare *White Owl* ou de sa pipe bourrée de tabac *Alouette* – papa, un fumeur ornithologue ? –, il fallait l'entendre nous expliquer, avec force détails, les probabilités qu'il avait calculées pour réussir une impasse à partir du « mort » et la stratégie qu'il avait adoptée, le fameux « coup de Vienne », sa manœuvre préférée pour remplir avec succès un contrat de chelem, fût-il risqué ou non.

Nos parents, notre parenté puis, éventuellement nous les enfants, les plus vieux d'abord, puis les autres, on a énormément fumé autour de cette table en jouant aux cartes. Longtemps on a pu voir – et sentir – les quatre joueurs attablés qui fumaient, qui la pipe, qui le cigare, qui la cigarette et les quatre aspirants-joueurs, assis aux quatre « coins » qui aspiraient eux aussi beaucoup de fumée en aspirant à jouer à leur tour. L'hiver, ne pouvant pas ouvrir les fenêtres à cause du froid, tout le monde étouffait dans la boucane, littéralement. Ceux et celles qui ne fumaient pas souffraient involontairement autant que les fumeurs et se rendaient, de temps à autre, « respirer » au salon. Mais cela ne suffisait pas parfois, toutes les pièces de la maison étant enfumées : il fallait alors sacrifier un peu de notre précieuse chaleur en ouvrant quelques fenêtres afin de faire sortir un peu de cette fumée envahissante, asphyxiante... ou aller respirer, ne serait-ce que quelques courtes minutes, une petite veste sur le dos, l'air moins froid et plus pur de la shed.

## Chapitre XIV – Par cette fenêtre, on voyait le monde !

À l'origine, le salon s'ouvrait, littéralement, quand on poussait deux demi-portes coulissantes dans leur cachette, c'est-à-dire dans leur mur respectif. Ainsi découverte, cette pièce devenait un peu la continuité de la salle à manger. J'étais encore bien jeune lorsqu'elles furent enlevées. Ce salon profitait de deux fenêtres : celle du devant de la maison donnait sur le chemin Hemming, l'autre sur la petite rue Hamel. Il s'y trouvait un « *chesterfield* », comme j'aime appeler le long divan recouvert d'un matériel cartonné noir imitant très approximativement le cuir. Ce divan était adossé au mur mitoyen à la chambre des maîtres, une pièce dont vous ne saurez rien car elle est restée pour moi, sombre et mystérieuse car très souvent fermée, parce que, entre autres choses, Joseph y dormait souvent le jour. Il n'était donc pas fréquent de pouvoir y jeter ne serait-ce qu'un coup d'œil ; je crois même qu'il y avait interdiction pour les enfants d'y pénétrer sans motif sérieux. Plus tard, quand on sera descendu au rez-de-chaussée, la chambre des parents se retrouvera au pied du nouvel escalier intérieur, qu'on avait ordre de « dévaler » en perturbant le moins possible le sommeil de Joseph ! Construit en pente trop raide avec des marches trop étroites, il arriva à plus d'un enfant, trop pressé de les dévaler, qu'il la fît sur le cul la descente de ces marches à pic et ce, jusqu'au bas, là où un mur trop rapproché et construit très solide l'attendait « de pieds fermes » :

– *Beding, bedang !... Toi, mon p'tit Jean-Louis, c'est ici que tu t'arrêtes !* »

Au salon, un membre de la famille, papa ou maman d'habitude, faisait osciller u-ne chaise berceuse faite entièrement de bois, sauf pour les broches de cintres servant de « *braisses* », des étais de fortune rajoutés par papa Joseph afin de maintenir la solidité du meuble. Cette berceuse se trouvait tout près de la fenêtre du devant offrant à son occupant une vue imprenable sur le paysage et sur le chemin Hemming. C'est bien installé sur cette chaise que j'attendrai pendant mes hivers chômés mon chèque d'assurance-chômage ainsi que les disques 33 tours ou les livres achetés grâce à cet argent gouvernemental et commandés par correspondance au populaire *Club du disque Columbia* (On en choisissait 5 pour 1$ ! Mais, en contrepartie, on avait 2 ans pour en acheter 10 ou 12 autres au prix régulier...)

Je parle de cette berçante avec un peu d'émotion parce que, les jours d'école, maman aimait s'y installer, avec son ouvrage de tricot ou de broderie en cours de réalisaton, pour voir arriver, en fin d'après-midi, ses enfants qui, après avoir descendu de l'autobus, devaient traverser le chemin Hemming, puis emprunter la ruelle en pente montante, avant de revenir bouleverser la tranquillité de sa maison. Une journée, à une époque où j'étais encore trop jeune pour fréquenter l'école, maman était affairée à une tâche ménagère qui la tint si occupée qu'elle l'empêcha cette fois-là de s'installer sur la chaise berçante du salon au moment précis où l'autobus scolaire déversait son trop plein d'enfants devant sa maison.

Grand bien lui fit ! On cogna à la porte de la maison : je vis entrer des adultes tenant dans leurs bras le jeune Jean-Louis, l'aîné de la famille, inanimé. Ils le déposèrent doucement sur la table de cuisine en attendant que l'ambulance, appelée en renfort, se présentât. C'est là du moins le souvenir qu'il m'en reste. Maman Lorraine, déroutée cet après-midi-là de son habituelle surveillance par la fenêtre répéterait par la suite, qu'elle était reconnaissante au bon Dieu, c'est-à-dire à un certain « heureux » hasard, de lui avoir épargné de voir son aîné se faire frapper par un camion de *Bell Canada* en traversant la rue. Je rappelle que les soins hospitaliers n'étaient pas gratuits à cette époque : fort heureusement, c'est la compagnie de téléphone, reconnaissant bien volontiers les torts de son conducteur, qui assuma tous les frais.

À une certaine époque, papa Joseph fut propriétaire d'un ou de quelques chalets dans Lanaudière, à L'Épiphanie ou à L'Assomption ; il s'y rendait, – Seul ? Peut-être que oui, peut-être que non – un week-end sur deux ou sur trois, laissant maman Lorraine s'occuper de toute la smala Granger. Je la revois, maman, boudeuse, assise presque toute la journée sur cette même berceuse, regardant par la fenêtre, tristement, fixement, guettant, non plus le retour de l'école de ses enfants, mais plutôt le retour improbable de ce mari qu'elle aurait sans doute bien aimé accompagner dans sa fugue...

ॐ૭ॐ

En haut, dans ce salon faisant face au sud, et tout au fond, entre la fenêtre donnant sur la rue Hamel et la soupente du toit, était installée la dernière merveille du génie humain : une télévision !

Les télévisions en noir et blanc, usagées, qui se sont succédé chez nous dans les années 1950 et 1960 devaient sans doute toutes provenir de notre oncle Lucien qui, électronicien, en faisait la vente et la réparation. Les appareils du temps était un amalgame compliqué de grosses et de petites lampes, de fils, de connecteurs, de transistors, de résistances et de condensateurs qui, au mieux, nous gratifiait d'une image et d'un son assez nets mais qui, trop souvent, ne nous donnait rien du tout sauf de la neige même en plein été, et ce dès qu'une des pièces susmentionnées faisait défaut. Tellement, qu'on eût pu croire, au moment de la transmission télévisée du premier homme se posant sur la lune (21 juillet 1969), qu'on annoncerait qu'il s'y trouvait de l'eau en abondance tant l'image de notre télé était fortement « enneigée »...

Trop souvent encore, la télé ne nous allouait, pour aucune bonne raison ou excuse satisfaisante, qu'une image floue, tremblotante, fantomatique, zigzagante ou ondulante. Parfois, pour les mêmes raisons confuses, mystérieuses et inconnues, l'image tout à fait correcte jusqu'alors, se mettait à monter ou à descendre sans arrêt, ou se tordait de biais de façon incontrôlée, comme si elle avait attrapé une danse de Saint-Guy électronique. C'était fort déplaisant ! Pire, c'était irritant ! C'était enrageant ! Grrrr ! Une fois qu'on avait épuisé toutes nos ressources locales en matière d'ajustement et de rafistolage, et comme on constatait aussi que nous fâcher n'améliorerait définitivement pas les choses, on finissait par lâcher prise et par en prendre notre parti... et l'on s'en allait faire autres choses ou jouer ailleurs... où l'on oubliait vite notre frustration.

On réussissait souvent à guérir notre TV en manipulant les quelques boutons identifiés « horizontal », « vertical » et « diagonal », mais quelquefois non, quand on en venait à comprendre que le problème nous était transmis par la station elle-même. Parfois même, il y avait arrêt complet de diffusion de l'émission en cours ; ce que nous voyions alors à l'écran c'était un message indiquant un problème temporaire hors du contrôle du diffuseur, suivi d'excuses et d'un souhait que la transmission serait bientôt rétablie. On avait droit alors à ce que les émetteurs à l'époque appelaient un interlude ou un intermède musical sur fond d'image fixe.

Quand notre téléviseur était déclaré irréparable « domestiquement », c'est-à-dire que le problème mystifiait les connaissances « *Teccart* » de papa Joseph, c'était notre oncle Lucien, le spécialiste familial, qui venait diagnostiquer le malade. De nouvelles lampes étaient-elles nécessaires, un condensateur avait-il sauté ? Mononcle Lucien remplaçait le bidule. Notre oncle annonçait-il la mort définitive de l'appareil, qu'un nouveau téléviseur était requis ? Un jour ou deux après, Joseph installait, dans le salon, un nouveau téléviseur acquis de son frère, tout semblable et aussi usagé que le précédent, car lui aussi déjà ancien ; et il avait les mêmes défauts que son prédécesseur. Mais il fonctionnait, donc la vie reprenait chez nous...

À cette époque, durant les années 1950, il n'y avait qu'un seul poste en français, Radio-Canada, inauguré le 6 septembre 1952, qu'on syntonisait sur le « 2 » de la roulette, et un seul poste anglais, la CBC, l'équivalent de la première, se trouvant lui sur le « 6 ». En fait, au départ, Radio-Canada et CBC Montréal diffusaient des émissions bilingues qui devinrent, on peut l'imaginer, vite agaçantes pour chacune des sociétés linguistiquement et culturellement distinctes du Canada ; rapidement donc, chacun se mit à développer une programmation originale dans la langue de sa clientèle sur leur propre poste. Mais ils avaient beau faire, les responsables de ces diffuseurs nationaux, il y avait peu d'émissions produites dans les débuts : sur les 24 heures d'une journée, on devait bien voir, pendant quelque 16 heures par jour, l'image composée de cercles mystérieux, de chiffres kabbalistiques et d'une tête de chef indien coiffé de plumes. Plus tard, en 1966, la couleur nous amènerait le papillon et le coq multicolores gracieuseté de, respectivement, Radio-Canada et de Télé-Métropole. Mais la couleur, nos premiers postes de télé rétrograde ne la recevaient pas ; il s'en faudra de plusieurs autres années grises, c'est-à-dire un mélange de noir et de blanc, avant que mon jeune frère Robert, riche de ses économies de préposé dans un lave-auto – ou était-ce celui de « technicien » à l'usine de papier de toilette *Marlboro* –, rapporte à la maison une télé couleurs avec la bénédiction, conditionnelle, de papa Joseph. En 1961, deux postes privés concurrents s'étaient rajoutés : CFTM-Télé-Métropole, le francophone Canal 10, et l'anglophone Canal 12, CFCF-CTV Televison Network. Ces postes additionnels de télé, tout comme les précédents, on les captait grâce à une grande antenne fixe posée sur le toit de la maison. Cette antenne, toute métallique, était composée d'une tige horizontale principale, de chaque côté de laquelle partaient de multiples « branches » de longueurs différentes qui captaient les ondes hertziennes, plus ou moins bien selon la météo, la provenance des ondes, la puissance du signal émis par le diffuseur et l'orientation des branches. Un long fil plat de couleur brune à deux brins, que papa appelait un fil de « *leaden* », reliait l'antenne à la télévision. Il fut un temps, avant le câble et les satellites, où toutes les maisons du monde, ou presque, arboraient cet « arbre » métallique sur leurs toits. Tous chez nous sont vite devenus des enfants de la télé... papa, maman, les enfants... Comme on a aimé regarder les émissions qu'elle nous proposait lors de nos retours de l'école, Tante Lucille, Bobino et sa petite sœur marionnette, l'espiègle Bobinette aux pétards à la farine puis, de 1956 à 1972, la Boîte à surprise : *Michel le magicien*, le clown *Picolo*, *Major Plum Pouding*, *Picotine*, *Marie Quat`Poches*, et la poupée *Fanfreluche* qui s'infiltrait dans les histoires qu'elle racontait dès qu'elle était en désaccord avec la tournure qu'elles prenaient. *La Boîte à surprise*, animée par Pierre Thériault, c'était aussi, les folichons et éclatés personnages de la *Ribouldingue*, le bourru *Pirate Maboule*, et son acolyte *Loup-Garou*, les drôles, tendres et poétiques clowns *Sol et Gobelet*, les espiègles souris *Grujot et Délicat*, et tant d'autres personnages étonnants, imaginatifs, mystérieux, émouvants, sympathiques, drôles ou loufoques. À Radio-Canada, les samedis matin, dès le 7 septembre 1952 jusqu'en juin 1955, on a eu droit aux aventures de *Pépinot et Capucine,* de leur ami l'ours qui s'appelait... *l'Ours* et qui ne savait que grogner, et du vilain *Pan-Pan* ; cette émission se targuait, avec raison, d'avoir été la toute première série jeunesse de la télévision française ; en 1955, elle continua sous le titre de *Pépinot*. Il y avait également la très efficace série de science-fiction, *Opération Mystère* (1957-1959) ; cette émission mettait en vedette deux jeunes Terriens, *Luc* (Hervé Brousseau) et *Luce* (Louise Marleau), déjouant chaque semaine les manigances du *professeur Narthon (*Marcel Cabay) qui, avec l'aide de son robot *Oscar* (Percy Rodrigez), complotait continuellement avec les Martiens pour faire exploser la Terre, ou pour s'en emparer, je ne sais plus trop. Je vous en parle parce qu'avec ses effets visuels et sonores, même primitifs, du haut de mes 5 ou 6 ans, je trouvais cette émission jeunesse « épeurante » pas à peu près... Un peu comme ces New-Yorkais qui, en cette veille de l'Halloween 1938, ont craint de vivre la fin du monde alors que le bientôt grand Orson Welles anima une émission de « *fake news* » à la radio portant sur une invasion de la Terre par des Martiens, de façon assez crédible pour avoir engendré une certaine panique.

Il y avait aussi les postes de télé américains de Burlington que l'on réussissait parfois à capter, CBS et NBC, aux canaux 3 et 5, où l'on a pu voir, les samedis matins, la souris déguisée en *Superman : Mighty Mouse*, et même les Beatles, en cartoons s'il vous plaît ! Le dimanche soir, on réussissait à capter, plus ou moins bien – quand la neige n'était pas trop abondante –, les très populaires émissions de variétés, *Sonny & Cher Show, Ed Sullivan Show, Dean Martin Show* et bien d'autres « *shows* » musicaux, au grand plaisir de maman qui adorait le showbizzness.

Avec l'addition de quelques postes de télé – alors sans commune mesure avec la prolifération des postes existants aujourd'hui –, certains situés au sud et d'autres à l'ouest et au nord, papa Joseph avait amélioré de beaucoup la performance de réception de notre antenne en la déplaçant de telle sorte que le pied de son pilier central était accessible dans la shed, à travers le toit, près de la porte d'entrée. On ouvrait la porte, et on tournait le manchon attaché à l'antenne dans la direction de la ville qui diffusait l'émission de télé que l'on voulait écouter. Par exemple, pour nos « petits bonhommes » du samedi matin, il fallait aligner l'antenne sur Platsburg-North Pole-Burlington, aux USA, donc vers le sud. Le « tourneur » faisait le « gros » de la rotation puis attendait les indications de ceux qui regardaient la télé ; voici ce qu'il entendait : « *Tourne... Tourne... Encore... encore un peu... Ça y est ! Arrête ! Ah, tu as passé tout droit ! Reviens un peu, encore un peu... Là, c'est bon... OK, ne bouge plus, stop !* » Ce tournage manuel « fait maison » de notre antenne de télévision remplaçait, de façon très économique, mais efficace tout de même, un appareil électrique, le rotor, – celui de marque *Jerrold* fut fort populaire –, qui se vendait en magasin et qu'on plaçait sur le téléviseur. Ce mécanisme tournait électriquement l'antenne du toit dans la direction désirée ; à nous, il ne nous en coûtait qu'un peu d'huile de bras, c'est tout !

Au milieu des années 1960, le Canal 10, Télé-Métropole, moins guindée que Radio-Canada, offrira une quotidienne, le *Zoo du Capitaine Bonhomme* avec ses jeux et ses chroniques pour enfants, mais aussi ses histoires abracadabrantes, invraisemblables, surréalistes et interminables, mettant en scène des personnages plus grands que nature et plus loufoques les uns que les autres. Le Capitaine Bonhomme, racontait ses luttes épiques avec ses trois principaux ennemis mortels : le gluant coyote des Pampas, *Don Alfredo y Don Pedro y Rodriguez... bizzzzzzz !* (« *Oh ! Quel beau bizzzzzz !* », déclarait systématiquement, rituellement, le capitaine pour remercier le public complice qui avait « *bizzé* » lui aussi), la ténébreuse couleuvre jaune, *Ho Sing Ming... Ping !*, et *Rex Lobster*, l'homme à la pince, dont la devise était : « *Quand je pince, ça craque !* » Hilarant capitaine... Chaque émission se terminait par un sketch destiné, beaucoup plus aux grands enfants qu'aux petits. Les personnages, *Freddie Washington* (Olivier Guimond, dit Ti-Zoune fils), *Monsieur Sans-Façon* (Gilles Latulippe), *Oncle Pierre (*Désiré Aerts) et *Mademoiselle Ti-Zoiseaux* (Marthe Choquette) multipliaient, en compagnie du Capitaine, les pitreries, les bouffonneries, les calembours, les quiproquos ridicules et les jeux de mots débiles, juste pour nous faire rire aux larmes...

Ce prodige, ils réussissaient à le faire, presque chaque jour de la semaine !

Les samedis soir, on ne manquait surtout pas *Jeunesse d'aujourd'hui* animé par Joël Denis et Pierre Lalonde, qui nous présentait chaque semaine les artistes québécois ou français à la mode. Autrement, ce canal 10 nous proposait quelques comédies de situation américaines souvent (mal) traduites en français de France : *Les arpents verts, Les joyeux naufragés, Ma sorcière bien-aimée*, toutes émissions qui nous faisaient tout de même bien rigoler. Le « 10 » nous offrait aussi de plus sérieuses séries comme *Perry Mason* avec Raymond Burr, *Bonanza* avec Lorne Greene, *Au nom de la loi* avec Steve McQueen, *Le Saint* avec Roger Moore, *Mission impossible* menée d'abord par Steven Hill puis par Peter Graves. Mais notre série télévisée préférée fut sans conteste *Star Trek* avec William Shatner dans le rôle du capitaine *James Tiberius Kirk* et Leonard Nimoy dans le rôle de *Spock*, le Vulcain verdâtre imperturbable aux oreilles pointues. On suivait attentivement, religieusement même, les intrigues, les péripéties, les stratagèmes, les trucages souvent simplistes et rigolos, et les revirements de dernière minute de toutes ces émissions afin d'être en mesure de les commenter le lendemain matin, ou le lundi matin suivant, dans l'autobus et dans la cour de l'école ; car nous n'étions vraiment pas les seuls au monde à aimer regarder la télé. La télé, on l'écoutait aussi de la cuisine ; car chez nous, regarder le petit écran en soupant n'était ni impoli, ni tabou, ni criminel. Non seulement ce n'était pas interdit, c'était même une réjouissance supplémentaire, une source « ajoutée » de sel et de piment alimentant une conversation déjà enjouée. Car, je le répète, un souper chez les Granger était souvent une occasion de plaisir, une fête. Autant les parents que les enfants s'amusaient des pitreries de l'équipage du capitaine Bonhomme. Je me souviens même d'y avoir lu, tout haut, les premières pages du tome 1 d'une bande dessinée nouvellement acquise : la *Rubrique-à-brac* de Marcel Gotlib. Ah oui, on s'est bien bidonnés ! Non, on ne s'ennuyait vraiment pas autour de notre table !

Plus tard, en soirée, les émissions devenaient plus sérieuses : le *Téléjournal*, les émissions d'affaires, les documentaires, les forums politiques... Comme on commençait à s'intéresser au monde extérieur, certains de ces programmes ont su capter notre intérêt. Je pense à Henri Guillemin et à sa façon unique, mais contestée il faut le dire, de raconter Napoléon et Jeanne D'Arc ; à René Lévesque qui, à son émission hebdomadaire *Point de mire*, traitait simplement des événements et des points chauds de la planète avant de devenir chef du Parti Québécois puis Premier ministre du Québec ; à Fernand Seguin aussi, qui vulgarisait la science à son émission le *Sel de la semaine*. Comme mon papa était un autodidacte touche-à-tout curieux et à l'esprit ouvert, tout ce que l'on pouvait apprendre nous permettait à nous les enfants de discuter un tant soit peu à égalité avec lui. Il était très difficile de l'acculer au pied d'un mur quel qu'il soit : politique, religion, science, histoire, philosophie... Papa savait tout sur tout ! Des amis qui venaient souper à la maison me disaient par après leur étonnement devant le savoir de mon paternel et l'envie qu'ils avaient à mon égard d'avoir un père aussi instruit, aussi savant. On écoutait donc ces émissions avec intérêt. Chez nous la télévision, on la regardait souvent, mais on ne la regardait d'habitude qu'en groupe : les enfants avec les enfants, les adultes seuls ou les deux groupes ensemble. Regarder la télé est inévitablement devenu, avec le temps et les nouveaux postes se rajoutant sur la roulette, une source de désaccords et de disputes sur les programmes à regarder, mais cela nous a permis d'apprendre à résoudre par nous-mêmes les différends familiaux, la plupart du temps avec civilité, sauf si j'excepte quelques prises de becs et les très rares crêpages de chignons qui ont pu survenir à l'occasion. Soit dit en passant, seuls les plus vieux avaient alors le contrôle de la « télécommande » du temps, soit un ordre intimé à un plus jeune : « *Pierre, va donc mettre la TV au 10 !* » ; bien entendu, il arrivait que la « manette » humaine ainsi interpellée, n'étant pas d'humeur à se faire donner des ordres, ne fonctionnât pas...

On a eu beaucoup de plaisir à regarder, en famille, les films de *Zorro* pendant les vacances d'été (films qu'on revoyait avec le même intérêt chaque été), le quizz *Tous pour un* tout d'abord animé par Raymond Charette, en particulier l'émission portant sur les aventures de Tintin. Les lundis soir c'était : les *Belles histoires des pays d'en haut* avec son Séraphin avare et sa *Donalda* soumise. Les samedis soir, avec des amis, on commentait à notre façon le hockey du Canadien de Montréal dans le temps qu'il formait une équipe de la Ligue Nationale (LOL). Les jeudis soirs, le film commandité par *Kraft* et ses recettes faciles et peu coûteuses, décrites sur un ton étonnamment trop solennel par Gaétan Montreuil, celui-là même qui dut, en octobre 1970, lire sur les ondes le manifeste du *Front de libération du Québec* (FLQ). Les fins de soirées, après la météo de l'énergique et loquace professeur Lebrun, astronome et météorologue autodidacte, on visionnait les westerns poussiéreux et les films de guerre de John Wayne, de Robert Mitchum, de Burt Lancaster, de Henry Fonda et de Kirk Douglas ou les films comiques de série B, de Jerry Lewis, de Darry Cowl, de Louis de Funès, de Fernandel et de Bourvil. Quelques-unes de ces tardives soirées-cinéma « comiques » sont restées mémorables, surtout celles qui furent interrompues, plus d'une fois, par une maman Lorraine qui, devoir d'épouse l'obligeant, sortait de la chambre à coucher conjugale pour nous réprimander à voix basse, gentiment mais fermement : « *Voulez-vous bien rire moins fort mes escogriffes, votre père travaille demain matin...* » Ces éclats de rire trop sonores à son goût, maman ne les trou-

67

vait pas comiques du tout, surtout quand ils reprenaient, même après un sévère avertissement ! J'ai mangé beaucoup de « bonnes » choses en regardant les films de fin de soirée : des chips *Fiesta* ou *Dulac*, des rôties au beurre d'arachides et beurre, fromage fondu *Cheez-Weez*, ou tartinade à l'érable *Map-o-Spread,* au caramel ou au chocolat, ces toasts arrosées d'un bon gros et grand verre de poudre de chocolat « *Quik* » sursaturé, et d'autres fois, des chips et de la liqueur, etc. Bref, j'oserais dire que l'écriture du chapitre 13 de ce livre (les 2 opérations) s'explique en grande partie, plus la cigarette, par cette très mauvaise habitude de ce temps-là...

CB80

Je clos ce chapitre en vous faisant un aveu un peu douloureux : bien que je sois né à quelques jours seulement de la naissance de la télévision, je ne me considère qu'à moitié « enfant de la télé », comme on dit de nos jours, car je n'en ai que la moitié des attributs : j'aime la regarder, je suis un grand consommateur de ses émissions, mais j'ai encore une très grande peur de me retrouver devant ses caméras... qui pourtant n'ont jamais cessé de me solliciter. Pour moi, la télé est peuplée de belles sirènes aux chants séducteurs ; je crains, en y allant, de périr dans un naufrage de ridicule et de honte. Allez donc savoir pourquoi !

## Chapitre XV – Une fin et... la suite

Vers la fin des années '60, en septembre 1969 pour être précis, mes grands-parents maternels s'en furent s'établir en Ontario, à Galt plus précisément, une municipalité maintenant regroupée avec deux autres qui s'appelle aujourd'hui Cambridge, située à une heure de la capitale de cette province, Toronto. À cet endroit résidaient, depuis nombre d'années, la sœur de maman Lorraine, Noëlla, son mari Cyrille (Bill) Cardin et leurs enfants, nos cousins « anglos », Claire, Peter et Jimmy. Durant leurs rares visites, l'été habituellement, nous pratiquions les quelques mots appris grâce à la télé et aux fascicules scolaires de l'époque mettant en vedette les jeunes : « *John and Mary* » Cela ne m'a pas empêché d'être une fois grondé pour avoir traité mes cousins ontariens de « *monkeys* » sans trop bien savoir ce que le mot avait de si offensant... Voila, cette émigration grand-parentale en terre anglaise terminait une ère de cohabitation multi-géné-rationnelle enrichissante sous tous les aspects. Les garçons Michaud, frères de maman Lorraine, nous les garçons Granger presque du même âge, ne les appelions « mononcles » qu'en de très rares occasions, sinon pour nous moquer ou pour impressionner un auditeur non informé de nos liens familiaux.

Jean-Paul, Marcel et Serge Michaud ont été nos amis, nos compagnons de jeux bien avant qu'on comprenne vraiment qu'ils étaient nos oncles.

Ici, je m'en voudrais de ne pas souligner l'impressionnante, l'incroyable endurance, l'infinie patience dont nos voisins d'en bas, mes grands-parents maternels et mes oncles, les frères de ma mère, ont fait preuve durant plus de quinze ans. On leur marchait et sautait dessus, on courait, on jouait au hockey, aux quilles, on criait, on se chamaillait, on montait et descendait les marches de la shed deux marches à la fois... Bref, tout ce va-et-vient continuel, cela devait être incroyablement bruyant, extraordinairement dérangeant, proprement infernal et totalement insoutenable ! Pourtant, je ne me souviens pas d'avoir vu qui que ce soit monter nous avertir de faire attention, de faire moins de bruit...

Bien sûr, nous recevions régulièrement des injonctions sinon des admonestations maternelles fermes et sévères à cet effet car maman, elle, se préoccupait des effets de nos turbulences sur le sommeil de Joseph, son mari, et sur la quiétude de sa parenté vivant juste en bas. Ce qui est sûr, c'est qu'avec nos steppettes, nos galopades, nos « couraillages » et nos sautillages, la poussière ne devait pas coller bien longtemps au plafond de nos voisins d'en dessous, les Michaud !

Avec les 3 Michaud, les 5 Collard, les 6 Benoît et les 3 Jutras de Longueuil, ces 3 jeunes filles qui résidaient une partie de leurs étés chez leur grand-mère Hamel, notre toute menue voisine au caniche « jappeux », et aussi avec les nombreux amis que nous ramenions à la maison, nous avons traversé les années 1950, 1960 et une partie des années 1970 à jaser, discuter, jouer, plaisanter, à nous obstiner, nous chamailler, nous « tirer la pipe », nous « crier des noms », nous étriver, à nous lancer des défis, à faire de bons et de moins bons coups, à écouter de la musique, à regarder la télé, à fumer, boire et manger, à fêter et danser, à flirter et nous faire du charme, et même, pour certains, à faire des plans d'avenir communs.

Puis un jour, ou un autre, chacun d'entre nous s'en est allé vers son destin : moi, je suis parti un an, en 1974, à Saint-Hyacinthe y étudier la chimie-teinture d'un textile pourtant en voie de disparition partout au Québec, puis l'année suivante, ou celle d'après, vers Montréal pour y rejoindre ma blonde d'alors, Chantal Cloutier, elle qui y étudiait, moi pour y chercher un emploi décent en textile que je ne trouverai jamais... Mais où, éventuellement, investi d'une toute nouvelle détermination, je m'inscrirai au Cégep du Vieux-Montréal en comptabilité, domaine qui assurera mon avenir du point de vue monétaire... À Montréal toujours où je fréquenterai, dès que Chantal sera partie dans l'Ouest canadien, cette toute douce, gentille et grandement intéressée Ginette Poisson, qui deviendra mon épouse et la mère de nos trois filles magnifiques. La plupart de mes frères et de mes sœurs se sont mariés et ont fondé leur propre petite famille. Étonnerai-je quelqu'un si je dis que la grande cour qui était la nôtre a permis à certains et à certaines qui l'ont fréquentée, d'abord en amis, de découvrir qu'ils étaient faits l'un pour l'autre et ont convolé en justes noces : mononcle Serge et l'ami Richard Leclerc, respectivement avec les voisines Françoise et Monique Collard, mon frérot Robert et le petit voisin Denis Benoît, avec deux des trois visiteuses estivales longueuilloises, respectivement, France et Michelle Jutras.

## Chapitre XVI – Joseph, le charpentier

Durant toute la période où nous avons résidé à l'étage du haut, papa Joseph a dû « jongler » avec l'augmentation presque annuelle du nombre de ses enfants, puis avec certaines particularités propres à certaines périodes de la vie, comme l'adolescence, puis, finalement, avec le départ progressif des plus âgés. C'est ainsi qu'un jour, la cuisine devint le salon, qu'une partie du salon original devint chambre à coucher, que la chambre à coucher des garçons devint salon et que la cuisine devenue salon redevint... cuisine ! Le tout dernier salon, aménagé sur ce qui avait été longtemps la chambre des garçons, avait deux fenêtres : celle qui existait déjà donnait encore et toujours sur le pommier, et une toute nouvelle fenêtre, format bow-window, qui fut percée dans le mur « extérieur » faisant face à la cour arrière. Cette dernière ouverture donnait une vue imprenable... dans la shed ! Heureusement, le dos du sofa ayant été appuyé sur ce mur, on n'avait pas continuellement à regarder le « paysage » sombre et bizarroïde ainsi dévoilé par le perçage de cette fenêtre. Lorsque la famille Granger emménagea en bas, le mobilier de ce « salon » abandonné fut remplacé par un immense métier à tisser récupéré d'un membre de la famille de Joseph qui n'en voulait plus et qui l'avait démonté et entreposé. Papa Joseph en fit un élément important de ses loisirs d'hiver et de mauvais temps et appela sa famille « résiduelle » à collaborer. Travaillant dans ce domaine à l'usine de textile la *Celanese* et fort de son expérience passée, papa répara du métier usagé ce qui devait être réparé, remplaça ce qui devait être remplacé, construisit ou rajouta les éléments qui devaient être construits et rajoutés, puis le jour « J » de l'opération tissage arriva. On dut dégager un grand espace à l'étage pour pouvoir recevoir tout ce cordage, ce filage extravagant qui s'entremêlait selon un certain fouillis qui tenait lieu d'ordre logique et fonctionnel pour papa Joseph. On enroula le tout sur une ensouple puis on inséra, un par un, tous les fils de chaîne dans les ouvertures des deux lames qui, plus tard, s'entrecroiseraient par un mouvement de haut en bas pour y faufiler, en alternance, un fil de trame à l'aide d'une navette manuelle. On a tissé ainsi plusieurs couvertures catalognes permettant de nous réchauffer durant les hivers très froids. Moi, qui couchais dans une pièce du haut, ce haut qui n'était plus désormais chauffé que par la chaleur qui montait du rez-de-chaussée, je ne pourrais vous dire à quel point j'ai apprécié tous les bienfaits chaleureux d'une des « catalognes » qui était sortie de ce métier à tisser et qui s'était retrouvée sur mon lit...

CRULE

Un jour de 1982, la maison se trouvant vide d'enfants, cette dernière devint tout à coup beaucoup trop vaste pour les seuls Joseph et Lorraine. Joseph le charpentier décida alors de réduire la maison à un seul étage. Après en avoir tant de fois modifié les murs intérieurs, en haut comme en bas, afin de répondre aux besoins changeants de sa famille grandissante puis vieillissante, papa Joseph voulait définitivement faire table rase de toutes ces pièces désormais inoccupées, donc devenues inutiles. Voici un inventaire de jobs avant cette opération. Dans ce domaine de la construction et de la rénovation, Joseph, mon père, était un magicien : il réparait tout, il construisait tout, surtout, il savait bâtir et rénover sans qu'il en coûte cher de matériaux. Quant à moi, j'aimais aider papa dans ces travaux car il savait y faire : la conception, le plan, de la réalisation, le « gros » œuvre, mais la finition ?... Là, le bât blessait quelque peu, la magie n'opérait plus, ou que très rarement. Laissez-moi vous raconter.

Je vous ai dit plus haut dans mon récit que les murs extérieurs de la maison était devenu, du temps de ma prime jeunesse, un « *patchwork* » multicolore de papier-briques : Joseph entreprit de corriger tout ça : « *C'est simple*, déclara-t-il un jour, *j'ai décidé que nous allions la peindre tout en blanc !* » Peindre du papier-briques, je pouvais imaginer que cela se pouvait, mais je ne pouvais concevoir qu'on le ferait chez nous ! Et je n'étais pas seul à le penser sauf que, quand Joseph avait une idée dans la tête, aussi folichonne, aussi surprenante, aussi bizarre fût-elle, il ne l'avait pas dans les pieds ! Ce que Joseph décidait, d'habitude on le faisait ; cette fois-là aussi, on fit comme Joseph avait décidé ! La photo de la maison que j'avais sous les yeux en commençant ce récit la montre dans toute sa blancheur approximative, avec ses cadres de portes et de fenêtres ainsi que ses moulures tous peints en vert (voir aussi la photo d'icelle au chapitre 15 : *L'album-photos*). La moulure du devant de la maison soulignant le bord du toit mérite qu'on s'y attarde un instant : Joseph l'a peinte de façon telle qu'on peut avoir l'impression que le toit est droit plutôt qu'affaissé au centre par le poids des années. De loin, l'illusion d'optique est parfaite ! Enfin... presque ! Sans forcer, sans déconstruire et reconstruire, sans vérins, sans poutres, d'un seul trait de pinceau, Joseph a pu redresser toute la maison... Tout un tour de force ! Papa Joseph ? Plus fort que Louis Cyr !

Voici un autre exemple de finition bâclée. Un matin, à l'époque où nous vivions encore à l'étage du haut, Joseph s'est levé avec en tête ce qu'il a peut-être perçu comme l'idée du siècle. Mais s'il le pensa, il l'a pensé tout seul : il voulut, il décida plutôt de tapisser les murs intérieurs et les plafonds de la maison, avec le papier d'aspect un peu verdâtre du rouleau de la compagnie Domtar trouvé sur le bord de la rivière Saint-François. Vraiment, ce rouleau de papier semblait inépuisable : nous en avions recouvert, année après année, tous nos livres d'école, nous l'avions utilisé pour dessiner et bricoler, ou pour protéger les planchers des éclaboussures de peinture, et je ne sais plus à quelles autres multiples fins « correctes ».

Mais de là à en faire de la tapisserie ? ! ? Ainsi fut-il fait pourtant... Quelques jours de travail plus tard seulement, les murs et les plafonds qui avaient été recouverts de laizes de cette tapisserie « hideuse et bon marché » montrèrent, lorsque la colle fut séchée, en alternance, des portions tendues au-dessus des portions creuses, lisses et faciles à percer qui contrastaient totalement avec la rugosité des portions surélevées. C'était laid ! Et fragile... surtout les sections lisses qui se transperçaient d'une simple et faible pression du doigt. Et une fois tout cela peint en blanc, c'était encore aussi laid ! C'était tellement affreux que j'hésitais, gêné et honteux, à le faire voir à mes amis et, qui plus est, à mes « blondes » : je ne les invitais donc chez moi que parcimonieusement et qu'à mon corps défendant.

Il faut dire aussi que Joseph n'était pas un chaud partisan de la décoration intérieure ; n'importe quoi qui se clouait au mur ou se posait sur un meuble, il appelait ça, indifféremment de leur forme et de leur beauté, un « ramasse-poussière ». En totale contradiction avec cet énoncé péremptoire, absolu et incontestable, qu'il répétait sur tous les tons à qui voulait l'entendre et même à ceux qui ne le voulaient pas, papa s'est lancé dans le « *string art* » c'est-à-dire l'art de la corde enroulée autour de clous. Son œuvre maîtresse : une grande étoile très sommairement tissée de ficelle jaunâtre très sommairement enroulée autour de petits clous à grosse tête plantés dans une très quelconque planche de « *plywood* » (du contreplaqué) peinte d'une couleur rougeâtre... ou brunâtre... Étoile qui se retrouva longtemps accrochée au fond du grand salon du rez-de-chaussée pour y être vue et admirée. Papa avait, finalement, bien raison, lui qui déclarait que toute décoration était un « ramasse poussière » : toutes ces années que son tableau de clous et de cordes est resté pendu au mur, ce qu'il a pu en ramasser de la poussière, beaucoup plus que de commentaires positifs, en tout cas !

Oui, il devait bien aimer les étoiles Joseph, parce que, dans le cadre d'un de ses agrandissements par en-dedans, du temps que l'on vivait encore en haut, le plancher du nouveau petit salon fut recouvert, non pas d'un prélart dépareillé, comme l'étaient toutes les autres pièces de la maison, mais d'une mince feuille de « *masonite* » de couleur brune, lisse sur sa face de dessus. Papa Joseph y dessina une grande étoile à cinq pointes puis recouvrit le tout de deux couleurs de restants de peinture. Les jeunes que nous étions eurent ensuite le mandat de cirer ce plancher à la pâte de marque *Clair – la cire qui ne jaunissait jamais*, rappelait constamment la publicité de la compagnie à leurs clients – puis de frotter le tout jusqu'à luisance maximale en patinant dessus chaussettes de laine aux pieds. Un bel exercice « d'auto-tamponnage » amusant, utile et tout à fait gratuit !

Autrement, certaines des réalisations de Joseph pouvaient avoir de l'allure. Le nouveau garage – j'y reviendrai – ainsi que le poulailler au fond de la cour en sont 2 bons exemples. Ce dernier, construit sur les stigmates d'une remise âgée, décrépite et brinquebalante, cette bâtisse, non peinte et non recouverte de quelque finition que ce soit, a abrité pendant quelques années une ou deux douzaines de poules blanches à crête rouge – et 1 ou 2 coqs – qui, pour nous remercier de les héberger, ont produit suffisamment d'œufs pour fournir à la gourmandise quotidienne de tous nos estomacs d'enfants, d'ados et de parents. En certaines occasions, papa tuait une poule, comme on le faisait à l'époque, c'est-à-dire en lui coupant le cou d'un coup sec de hache ; cela aurait dû, cela devait sans doute tuer net l'animal sauf que, les nerfs encore actifs malgré l'étêtement, le volatile amputé se remettait debout et courait de gauche à droite encore quelques instants avant de retomber inerte sur le sol. Courir comme une poule « pas de tête », c'est-à-dire à l'aveugle, en zigzags, sans projet, sans but, prenait tout son sens pour nous les jeunes qui assistions occasionnellement, toujours avec le même étonnement et le même effroi, à ce spectacle étrange, mystérieux, à la fois si cocasse, si brutal et si morbide.

Un incendie se déclara un jour dans le champ derrière ce poulailler : sentant la chaleur tout près, on entendit la gallinacée caqueter son émoi et son inquiétude. C'est peu après cet événement que, pour des raisons d'odeur, et de permis aussi peut-être, papa Joseph se débarrassa de sa volaille et recycla l'édifice en garage pour son automobile. Tout au fond, au bout opposé à la nouvelle entrée qu'il avait percé dans le mur, il aménagea un étroit entrepôt, ce qui lui permit de réutiliser une partie de sa clôture à mailles étroites, dite broche à poules. Nos parents y entreposèrent des boîtes de linge excédentaire ou hors de saison, des « guenilles » disions-nous, guenilles dans et sur lesquelles nous, les gamins, nous amusions, sans permission bien sûr, et à l'insu de maman, à sauter à pieds joints et allègrement jusqu'à en briser les boites et par conséquent, le bel ordre dans lequel on y avait, originellement, placé le linge...

Méchants garnements... Méchants malfaisants... Méchants « *brise-fer !* »

తితిబ

Des projets de construction, papa Joseph en a réalisés des dizaines, voire des centaines, mais, pour conclure ce segment, je vous offre deux derniers exemples de son talent particulier de charpentier, hérité sans doute de son saint patron.

Dès que mes grands-parents maternels eurent quitté le Québec pour aller demeurer en Ontario, laissant toute la maison aux Granger, Joseph entreprit de jeter par terre le garage mitoyen à la maison utilisé par grand-père, aussi vieux, décrépit et brinquebalant (le garage, pas mon grand-père !) que sa défunte « sœur » l'ancienne remise du fond de la cour. Je me suis porté volontaire comme ouvrier apprenti ; en fait, je le suis devenu un peu par défaut : aucun de mes autres frères n'était, pour quelque raison, valable ou non, disponibles à ce moment-là. Je pus admirer la précision des plans et des évaluations de mon père quant au nombre de madriers, de planches et même de clous nécessaires pour accomplir son œuvre ; à ce chapitre, papa était d'une précision absolue. Je pus aussi constater son esprit méthodique, l'habileté dont il faisait preuve et les « trucs du métier » qu'il utilisait pour venir à bout des difficultés de parcours qu'il rencontrait. Surtout, j'ai pu entendre mon père répéter, jour après jour, sa phrase fétiche pour annoncer et justifier le nombre et la longueur de toutes les pauses « syndicales » qu'on se permettait : « *On ne travaille pas pour le diable, on travaille juste pour son frère...* » Lui servir de « *helper* » pour ce projet m'a un peu rapproché de lui, père sérieux, sévère, austère, imperturbable qu'il était. Car Joseph riait peu et contait peu de blagues, sauf celles-ci peut-être, un peu « vaches », qui provenait sans doute de son fond « cultivateur » et de la rubrique « *Rions un peu* » du Sélection du Reader's Digest : « *D'où vient le lait homogénéisé ? Des homogénisses !* » Ou encore : « *D'où vient le lait condensé ? Des vaches* qu'ont dansé *la nuit !* » Il aimait aussi les énigmes : « *Vingt cent mille bœufs dans un pré et cent vingt dans l'autre, ça fait combien de bœufs ? Un seul car : Vincent mit le bœuf dans un pré et s'en vint dans l'autre.* » Bref, vous comprenez que j'en ai appris beaucoup plus de lui sur la construction que sur l'humour. Car il se sentait le devoir sacré de tout m'expliquer : pourquoi mettre des « *studs* » c'est-à-dire des madriers de 2 par 4 ici, mais de 2 par 6 là, comment on découpe des marches dans un madrier à l'aide d'une équerre, comment on calcule les angles de coupe des « *trusts* » du toit, comment on s'assure de la quadrature parfaite du carré d'un bâtiment en vérifiant l'égalité de chacune des diagonales de ce « carré », etc. Et il ne lésinait pas sur les moyens sur un point en particulier : il a toujours fait en sorte que ses « bâtisses » soient des plus solides. Car sa 2e maxime favorite était :

– *Quant à faire quelque chose, faisons-le donc pour que ça dure longtemps !*

Dans ce cas-là comme dans beaucoup d'autres, papa a su maintenir intacte sa réputation : il a laissé les murs extérieurs de son garage fraîchement érigé sans finition aucune, c'est-à-dire sans peinture, sans revêtement, rien ! On ne voyait, de près comme de loin, que la couleur jaunâtre tachetée ici et là de brun des panneaux de copeaux pressés de 4 pieds par 8 appliqués sur les madriers. Ainsi était mon papa Joseph... Plus tard, lorsqu'il enleva le deuxième étage de la maison, c'est moi qui ne fus pas disponible ; papa Joseph fut par contre aidé dans son projet par plusieurs de mes frères et sœurs et certains de mes oncles Michaud. C'est tout un pan de nos histoires familiales qui disparaissait sous les coups des barres à clous, des haches et des égoïnes. Certains des démolisseurs ont sûrement dû ressentir une certaine émotion à effacer, eux-mêmes, une partie de leur passé. Ce qui est certain, c'est qu'on a enfin compris pourquoi il faisait si froid l'hiver dans cette maison qu'à l'étage du frimas se formait : isolés il y a plus de cent ans avec de la ripe, c'est-à-dire des flocons de bois, les murs d'en haut, éventrés par les démolisseurs, ne montraient plus aucune trace de ce matériau compressible... Non, il ne s'était pas envolé ; seulement, au fil du temps et sous l'effet de la gravité, il s'était tout simplement réfugié, peu à peu, année après année, sous le poids des ans, pourrais-je dire, jusqu'à en être tout compacté, dans les murs de l'étage du bas !

Pour conclure ce chapitre sur une note semi-humoristique, permettez-moi de vous confier que papa Joseph était tellement charpentier dans l'âme que son corps faisait de même : régulièrement, il se retrouvait avec plein de furoncles dans le dos ; et comment on appelle ça des furoncles ? Des clous ! Ouche !

## Chapitre XVII – La vraie fin ?

Aujourd'hui, en 2020, la maison à un étage, sur la butte, sise au 2120 chemin Hemming à Drummondville est, à peu de choses près, de l'extérieur du moins, identique à ce qu'elle était lorsque Joseph la vendit après le décès de sa femme, notre maman Lorraine, en mars 1988, question pour lui d'aller s'installer avec Aline, sa nouvelle compagne, un peu plus haut sur ce même chemin Hemming. Elle et papa s'établirent dans une maison-roulotte que ce dernier avait rachetée de son beau-frère Serge et qu'il a dû rénover complètement et même agrandir pour la rendre confortable sous tous les aspects. Non, bien sûr que non, Joseph le charpentier n'avait pas oublié d'emporter son coffre d'outils dans le déménagement !

Que reste-t-il de la maison familiale originale dans cette version « écimée » de ce bâtiment du 2120, chemin Hemming ? Peu de choses ! Peut-être rien du tout ! Le solage a été refait, les murs et le toit aussi. Reste-t-il des éléments vieux de plus de 150 ans ? J'en doute fort... Depuis sa prime construction en « 1850 et quelque », cette maison a sûrement abrité entre ses murs du rez-de-chaussée et entre ceux de l'étage au-dessus un certain nombre de familles dont je n'ai jamais rien su.

Mais si je me fie au bonheur que nous, les Michaud et les Granger y avons vécu, je ne peux qu'imaginer qu'elles aussi ont dû beaucoup aimer y résider : grande maison, grande cour, grand terrain de jeu, une forêt tout près, une vue imprenable sur la rivière, la proximité de la ville... Un domaine digne d'un palace ! Bien sûr, quelques éléments de confort moderne faisaient défaut... mais qui aurait bien pu s'ennuyer dans un endroit aussi idyllique ? Nous, c'est dans cette maison que l'on nous a appris que l'aspect matériel était plutôt secondaire, que la vraie richesse résidait plutôt dans la fraternité, le partage, l'entraide, l'amitié, l'amour, et que le jeu amenait le plaisir et le désir de gagner, mais qu'au final, le plaisir était d'autant plus grand que lorsque les gagnants, tout comme les perdants, savaient faire preuve d'humilité, de fair-play et d'autodérision.

Car pauvres, nous l'avons sans doute été un peu, beaucoup ; mais j'avoue que nous n'avons jamais manqué de rien, du moins pas au niveau des besoins de premières nécessités qui, eux, ont été suffisamment comblés : logement, nourriture, habillement. Oui, quelquefois des œuvres de charité ont pu nous apporter des paniers remplis de nourriture, c'est vrai ; et au moins une fois, j'ai accompagné une dame qui est venue me chercher dans ma classe de l'école Garceau pour m'emmener pas très loin de là au magasin de vêtements et de chaussures *Pratte et fils* où l'on m'a vêtu et chaussé de neuf... pour ensuite me ramener à l'école ! Étais-je alors étonné, fier ou gêné de rentrer dans ma classe ? Sans doute un peu de tout ça mais, timide comme je l'étais, enfant, je devais être beaucoup plus gêné que fier. C'est vrai aussi que l'on n'a jamais eu, les enfants Granger, le dernier cri des « bébelles » toutes neuves « *tel qu'annoncé à la télévision* » ; que mon camion de bois rudimentaire ne pouvait pas rivaliser avec les *Tonka* en métal peints de jaune de mon cousin Roger. Au retour à l'école après le congé des Fêtes, je me tenais coi et admiratif devant la nomenclature des jeux et des jouets que certains compagnons de classes racontaient avoir reçus à Noël. Dans ces occasions, je priais intérieurement qu'aucun des copains n'eût l'idée de me demander ce que moi j'avais reçu... Mais, rarement mes prières sur ce point furent-elles été exaucées... il m'a bien fallu le leur dire : un bâton de hockey, un bas de Noël, une pièce de vêtement... c'est tout – plus vieux, un *cartoon* de cigarettes ! Ah, aussi une traîne sauvage de cinq places pour tous... Vêtus de notre « linge d'occasion » plusieurs fois rapiécé, nous étions à mille lieues de ressembler à des cartes de mode. C'est vrai aussi qu'il manquait, à l'étage où nous demeurions, quelques appareils ménagers ainsi que d'autres commodités déjà courantes dans les maisons de notre parenté et de nos amis... et que les meubles et appareils que nous possédions ne venaient pas de sortir d'une salle de montre d'un magasin d'ameublement dernier cri ; tout cela, c'est vrai. Mais à défaut du luxe et du grand confort, mes frères, mes sœurs et moi y trouvions, dans notre maison, ce qu'on nous a dit et répété cent fois qui était le plus important : du réconfort, une oreille attentive, empathique et de « bon conseil », et une camaraderie, qui nous apparaissent, plus aujourd'hui qu'alors j'en conviens volontiers, des choses, des concepts de vie plus authentiques, plus enrichissants et plus vrais. Oui, ça pour moi, ça valait cher !

Malgré sa rusticité et sa pauvreté d'aspect, extérieures comme intérieures, notre maison a toujours été, pour nous les enfants, un riche milieu de développement. Elle fut un parc d'amusement, un havre de repos, un refuge, une pharmacie, une bibliothèque non censurée et ouverte sur le monde, un cinéma, une auberge (puis, plus tard, une auberge espagnole, quand beaucoup d'amis s'y invitèrent et se mêlèrent à nous), une terre d'accueil pour les amis, un salon de rencontres et de causeries, dont papa et maman était les généreux tenancier et tenancière et les hôtes, et nous, les joyeux, les très grouillants et très bruyants occupants. Chacun des résidents que nous étions, les jeunes Michaud d'en bas, et nous, les jeunes Granger d'en haut, y avons vécu nos enfances et nos adolescences. C'est là que nous aboutissions à chaque fin de journée d'école ou de travail, nous regroupant autour de la table de cuisine pour prendre un repas, ou devant la télévision pour écouter une émission que l'on aimait tous, ou dans la cour pour y jouer à un jeu de gang . Ou bien, on s'isolait dans quelque rare coin tranquille de la maison pour y lire, ou étudier, ou faire ses devoirs, ou songer à la solution de quelque problème individuel ou à un développement heureux dans quelque aventure personnelle, simple ou compliquée. Malgré ce qui avait pu nous arriver pendant la journée au moment où chacun, de son côté, prenait la mesure de ses réussites, ou de ses échecs et de ses déceptions, la vie familiale, dans cette maison, a presque toujours transcendé, pour le meilleur, les petits malheurs, les petites peines, les petites blessures vécus ou infligés à l'extérieur de celle-ci. Elle fut un remède efficace pour soulager ou pour guérir mille petits, moyens et grands bobos. Notre maison était un cocon où l'on se sentait en sécurité, sauf lorsqu'il ventait fort et qu'elle menaçait de s'écrouler, où l'on se sentait bien et où l'on avait du fun !

☙❧

Voilà, je vous ai conté l'histoire de la vieille maison croche juchée sur un coteau du Chemin Hemming à Drummondville, la maison des Michaud et des Granger, notre maison, ma maison. Cette maison ne payait pas de mine, ne nous protégeait pas à cent pour cent des intempéries climatiques, l'eau du bon Dieu s'y infiltrait régulièrement par le plafond ; elle tremblait sur son solage au moindre grand vent et laissait pénétrer le froid hivernal par cent interstices... Mais cette maison-là était pour moi l'endroit le plus sûr où je pouvais me réfugier quand j'avais faim, quand j'avais soif, quand j'avais peur, quand j'étais triste, quand j'avais envie qu'on m'écoute ou quand je voulais juste... être bien ! C'est fou, en y repensant, les milliers de « petits bonheurs » à la Félix Leclerc que nous avons pu, mes frères, mes sœurs et moi, « ramasser » dans les « fossés » de notre palace. Les peines, petites ou grandes se résorbaient rapidement, jusqu'à disparaître, au contact de cette joie de vivre familiale contagieuse qui rayonnait entre ses quatre murs. Cette maison-là, érigée sur le chemin Hemming à Drummondville, telle qu'elle était, laide, vieillotte et bancale, exigüe et surpeuplée, ce n'était peut-être pas un vrai palace, mais c'était beaucoup plus qu'une maison... C'était chez nous !

## Chapitre XVIII – Par ici la sortie !

À ce moment-ci, je me sens un peu comme l'ado qui se fait dire par ses parents qu'il est désormais assez vieux pour voler de ses propres ailes et qu'il est grand temps pour lui d'aller se bâtir une vie ailleurs qu'au domicile parental. Mais, avant de partir, pour faire le plein de souvenirs, l'ado virtuel que je suis, va faire un dernier tour mental de la maison, de sa maison, de son « palace », et ce, pièce par pièce, puis dehors ensuite. Il désire y jeter un ultime coup d'œil rétrospectif et mélancolique pour s'assurer qu'il n'a rien oublié à emporter mais aussi pour se rappeler tout ce qu'il a pu y vivre de beau et de laid, de stimulant ou d'emmerdant, de joyeux et de triste. Bref, je m'en vais puisque, depuis toujours, ainsi va la vie !

Donc, pour la toute dernière fois de ma vie, je quitte cette maison coiffée d'un toit de tôle percée, aux murs recouverts, à l'extérieur, d'un papier imitant mal la brique, repeint en blanc et, à l'intérieur, en haut, d'un papier verdâtre peint en blanc, sorti des machines d'une usine *Domtar*, gracieuseté de la rivière Saint-François. Je ne reviendrai plus dans la maison qui m'a accueilli dès ma naissance, qui m'a vu grandir et me transformer au physique comme au moral, et qui, elle-même, a dû se métamorphoser maintes fois au fil du temps pour accommoder au mieux les besoins changeants continuels des deux familles qu'elle hébergeait. Comme elle n'existe plus dans sa version originale, celle que j'ai connue durant mon enfance, il est désormais exclu que je puisse y revenir... Définitivement... Adieu ! Mais il y a des deuils qui sont plus difficiles à faire que d'autres...

⬥⬥⬥

Je me revois, accroupi près du poêle, froid car éteint depuis longtemps, au même endroit où jadis tout jeune je me cachais, avec frérot Michel, pour épier les émissions de télé qui m'était interdites à cause de l'heure soi-disant tardive pour mon âge ; de ce poste d'observation stratégique, je m'imprègne des images du salon où mon père et ma mère, oubliant leur dure journée, ainsi que mes frère et sœur aînés Jean-Louis et Rachel – parce qu'ils sont grands – écoutent le téléroman *La famille Plouffe* ou la dernière page des *Belles histoires des Pays d'en haut*. Juste avant, mon regard avait englobé la cuisine, en fait, les deux cuisines, celle du haut et celle du bas : maman avait popoté, servi la soupe, desservi la table, fait la vaisselle, aidée par ma grande sœur. Des dizaines de milliers de plats cuisinés et servis autour d'une table où se trouvaient réunis mes quatre gloutons de frères et mes trois sœurs : ça mange, ça se chamaille, ça s'étrive, ça se dispute pour un morceau de viande, pour un restant de pâté chinois ou un fond de macaroni, ça raconte aussi et ça rit. Mes parents arbitrent la discussion et les chicanes naissantes. C'est là principalement, autour de la table familiale, que nous avons appris tout ce que le mot « famille » représentait dans ses aspects positifs et négatifs. Dans la colonne des moins, il y avait bien sûr la proximité qui limitait la discrétion, et les tâches ménagères, rarement plaisantes, qu'il fallait faire à tour de rôle, et aussi les compromis parfois difficiles à obtenir et non sans avoir fait quelque douloureuse concession, sans parler des jouets que j'aurais préféré garder mais qu'il fallait partager et transmettre aux plus petits, tout comme les plus vieux l'avait fait pour moi, avant moi. Tout en haut dans la colonne des plus, j'ai pu constater que mes joies confiées à mes frères et à mes sœurs me semblaient amplifiés alors que mes peines, elles, au contraire, se trouvaient amoindries à leur contact. Il y avait là un mystère que je ne cherchais pas à comprendre ni à expliquer, mais force est pour moi de constater qu'après avoir vécu un malheur, disons plutôt une déconvenue, petite ou grande, il suffisait que l'un d'eux ou que l'une d'elle m'invitât à jouer à quelque jeu qui me plaisait pour retrouver ma bonne humeur et, mieux encore, pour me la faire oublier.

಄಄

Je regarde une dernière fois ce salon où, tous les samedis soir de l'hiver, frères, sœurs et amis visiteurs d'occasion, plusieurs mal installés, car assis beaucoup trop bas, sur une banquette d'auto disposée à même le plancher qui nous servait de divan, – une idée originale et peu coûteuse de papa Joseph –, festoyaient à chacune des victoires du Canadien de Montréal ou pestaient contre les joueurs qui s'étaient traîné les pieds lors de leurs défaites. Dans un cas comme dans l'autre, gagne ou perd, on trouvait moyen de rigoler allègrement !

J'y revois aussi papa et maman à l'époque de la retraite, pratiquant leurs danses sociales, papa scandant à voix haute, tel un métronome vocal : 1-2-3, 1-2-3, etc.

Ça ne paraissait pas trop dans leurs visages concentrés, mais je sais qu'ils ont beaucoup de plaisir ensemble, enfin ! Laissons-les donc s'amuser, ils ont tellement travaillé leur vie durant... Je me retourne pour me diriger vers la sortie : ma chambre à coucher est là tout à côté, notre chambre à coucher devrais-je dire, celle des cinq garçons, Jean-Louis, Michel, Luc et Robert, puis Michel, Luc, Robert et Pierre ; c'est une chambre avec deux lits doubles à armature en métal et avec une seule commode à 5 tiroirs pour accueillir toute la lingerie des 4 occupants. C'est peu, mais on a fait avec... Je me rappellerai surtout, puisqu'on s'endormait rarement instantanément, ce qu'on a pu en faire de longues jasettes avant que le sommeil vienne nous happer, surtout les longs soirs d'été où l'on nous obligeait (voilà un autre fait tiré de la colonne négative déjà mentionnée) à aller au lit deux bonnes heures, sinon plus, avant que le soleil lui-même ne se couchât !

À ma droite, la chambre de bain... dans sa vie, en plus du linge « ordinaire », maman a bien dû laver plusieurs dizaines de milliers de couches en tissu dans sa laveuse à tordeur Connor, couches préalablement frottées pour en enlever les traces de caca des huit bébés qu'elle avait mis au monde. Couches qu'il lui a fallu ensuite étendre pour le séchage, puis plier une à une. Une pensée émue me traverse l'esprit et le cœur : bébés, popote, entretien de la maison, repassage, reprisage, couture, tricot, ...un ordinaire maternel grandiose, colossal par l'ampleur de la tâche à accomplir, routinier et répétitif, dont le seul salaire était constitué de mercis timides et de sourires parcimonieux des bénéficiaires : son mari et ses enfants. Travail qui accordait bien peu de temps libres et de loisirs entre le lever et le coucher ! Quelle abnégation, quelle générosité pouvaient bien animer nos mères, ces âmes si totalement dévouées pour les leurs : merci, merci, merci, maman !

Tout imprégné de ces images nostalgiques d'un passé en général plus heureux que moins, je tourne les talons et j'emprunte le corridor menant à la sortie qui, à cause de sa configuration, a très souvent servi d'allée de quilles, en plastique, aux pseudo-quilleurs que nous fûmes ou de couloir de pratique de hockey à des hockeyeurs en herbe qui exécutaient des lancers frappés à la Bobby Hull avec des balles de caoutchouc ou de plastique, et même, quelquefois, avec de vraies rondelles. Certaines de ces dernières, déjouaient le « cerbère » aux jambes protégées par deux épais catalogues *Eaton* passés date et bien « *strappées* », et qui maniant, d'une main, un bâton de « *goaler* » mal rafistolé et portant dans l'autre un vieux gant de baseball défraîchi ; ces projectiles frappaient alors avec fracas la porte d'entrée et ce, au grand dam et au grand émoi de maman Lorraine, cerbère, quant à elle, de la tranquillité et du sommeil, sacrés, de son mari. Finalement, j'ouvre et je franchis cette porte que tant d'enfants, aux mains souvent sales, et tant d'adultes ont ouverte ou fermée et qui donne sur la shed ainsi que la porte moustiquaire qui lui était associée l'été et qui se fermait toute seule grâce à un « *spring* » fixé au mur ; à combien de visages réprobateurs, de regards courroucés ou de réprimandes de maman avons-nous eu droit quand on la laissait se fermer seule avec fracas alors que papa dormait ? Impossible à dire... Une fois sorti de la maison, je tourne à gauche pour aller descendre le vieil escalier de bois aux marches arrondies par le frottement du sable et de la boue collés à tous les souliers et à toutes les bottes qui l'ont emprunté et qui mène à la sortie extérieure via la shed du rez-de-chaussée. Quand, à une autre époque, plus récente, en ce mauvais jour du 6 mars 1988, j'ai ouvert cette porte d'entrée du bas, j'ai vu papa Joseph accueillir ses enfants un à un, alors que Lorraine, sa femme, notre maman à nous tous, venait de mourir subitement d'une crise cardiaque, rien qu'en se berçant :

– *Elle était assise juste-là !,* avait tenu à nous préciser Joseph, entre deux sanglots.

CB&O

Je jette un ultime regard sur cette « shed » d'en bas qui nous a vus jouer, enfants et jeunes ados, à toutes sortes de jeux dont certains, quelquefois, n'étaient pas des plus édifiants, je l'avoue sans les décrire, et qui me font, aujourd'hui encore, rougir de honte juste à les évoquer mentalement. Mais la plupart du temps, nous nous y amusions honnêtement, décemment, et quant à moi, grand-maman Hamel avait plutôt tort de venir récupérer ses petites-filles longueuilloises avant même que la noirceur du soir fût tombée craignant qu'elles ne tombassent entre les griffes et sous les dents acérées des méchants loups que nous semblions représenter pour elle. La shed du bas : une aire de jeu qui a aussi « abrité » toutes sortes de conversations et de monologues pas toujours « politiquement corrects » dont celui-ci de mononcle Marcel qui me revient à la mémoire : je le revois, je l'entends surtout, invoquer, dans une longue litanie de jurons bien sentis, de sacres et de blasphèmes à fendre l'âme et à perdre et à damner la sienne selon les convictions religieuses de cette époque, tous les saints du ciel pour qu'ils l'aidassent à ressusciter son « *whizzer bike* », – nous, on disait « *weezer* » tout court – de seconde main, défectueux et outrageusement rebelle. Marcel était pourtant de nature joviale et un bon vivant... Il finira par se débarrasser de cette épave de bicyclette à moteur qui faisait du bruit quand il fonctionnait mais beaucoup moins que son chauffeur quand il refusait de fonctionner. C'est un euphémisme que de dire qu'il entretint avec sa moto neuve de marque Triumph, qui remplaça son « *wheezer* », une relation beaucoup plus cordiale ; avec elle, en fait, il fit le tour du Québec en compagnie des membres des *Night Riders*, un des premiers groupes de motards à s'adonner au mototourisme.

Finalement, je sors et regarde pour la toute dernière fois, cette cour de sable et de gazon mal entretenu qui a servi de terrain de jeux à nous les enfants Granger et les enfants Michaud qui en étions les locataires officiels et à tant d'autres jeunes du voisinage immédiat ou des environs qui venaient partager nos activités ludiques. En ce début de soirée, papa, parce qu'il a travaillé de 7 heures à 15 heures, et maman, après son habituelle et dure journée de gardiennage de poupons, de préparation de repas, de lavage de linge et de vaisselle, tâches qui constituent son « ordinaire », se bercent tous deux bien installés dans leur chaise installée à l'ombre de la maison, un livre à la main. Parfois, les deux lèvent les yeux de leur bouquin respectif, lui, un Perry Mason ou un Arsène Lupin, elle, un Delly ou un Magali, et regardent leur marmaille jouer à qui mieux mieux : pendant que les filles dansent à la corde, se lancent le ballon ou font une marelle, les garçons ne ratent pas ces trop rares occasions de « faire leur frais », leurs *smattes*, en tentant d'attirer quelque compliment, paternel ou maternel. Je nous vois donc, Michel et moi, et d'autres, nous pavaner en bombant nos prétendues grosses « mosselles » – derrière ce mot prononcé à l'anglaise, se cache le mot « muscles » ; on parle ici de pectoraux et de biceps que l'on bandait en forçant le plus possible et qui, malgré des efforts louables, restaient bien cachés. Ce qui était bien visible cependant, c'était la grimace comique qui, seule, résultait de la contraction de notre chétive musculature. Ou, sinon, c'était à qui démontrerait le meilleur savoir-faire :

– *P'pa, regarde, je marche sur les mains !*, clame Michel, l'acrobate de la famille.

Luc, qui ne voulait pas être en reste de l'attention paternelle, le relançait :

– *P'pa, m'man, regardez comment je fais rouler ma roue de tracteur...*

Franchement, faire tourner ce pneu, cette « roue », malgré qu'elle fût énorme et lourde à manipuler, était beaucoup moins spectaculaire que chacune de celles qu'exécutait Michel en tournant plusieurs fois sur lui-même. Parfois les enfants réclamaient, comme une faveur spéciale, la participation de papa Joseph à leurs activités, de « scrub », de badminton, ou de fers. Vous auriez dû voir leur joie et leur enthousiasme lorsque ce dernier daignait accepter l'invitation !

Je revois les trois ou quatre bécanes accotées, adossées sur le mur de la maison, celles qui ont servi de cobayes à l'apprentissage de ce moyen de locomotion pour tous les garçons et toutes les filles du lieu et ce, à tour de rôle. Le bicycle « de gars », celui qui nous obligeait nous les jeunes apprentis cyclistes à insérer une jambe dans son cadre si on voulait poser nos pieds sur les deux pédales, ce bicycle-là y est toujours. Il y a aussi un bicycle « balloune », à gros pneus, mais à « barre de fille », donc plus facile à conduire. J'y vois encore une bicyclette de petit format, dite

*Mustang*, dotée d'un siège banane et d'un guidon à poignées hautes, donnant à son cavalier l'air, ou presque l'air, d'un vrai « *biker* », d'un motard. Pour faire plus vrai, on attachait à la roue arrière, avec des épingles à linge, des paquets de cigarettes vides aplatis qui, en frottant les rayons de la roue arrière en mouvement, faisaient un bruit semblable à celui d'un moteur. Cette cour-là a vu éclore et se développer les premiers désirs d'amour de tous ces adolescents tout d'abord mal dégrossis, mal informés et maladroits, – on a un peu, beaucoup, appris sur le tas, en « tâtonnant » oserais-je dire ; puis elle a favorisé l'émergence d'amourettes plus ou moins sérieuses, et elle a généré un certain nombre d'intrigues plus prometteuses pour, finalement, produire quelques liaisons plus solides, plus profondes, durables qui, elles, ont engendré des mariages entre ceux et celles qui l'ont fréquentée. Mais qui d'entre vous en sera vraiment surpris ? Qui s'y frotte, s'y pique, non ?

Avant d'emprunter la petite rue Hamel pour aller rejoindre le chemin Hemming et filer vers le dernier droit de ma vie, je regarde vers la gauche au loin pour revoir en pensée tous ces jeunes, dont j'étais, qui ont joué dans le sable du « *pit* », qui ont cueilli des mûres et des bleuets, ou qui se sont rendus dans le bois pour y aller jouer à Tarzan et aux autres héros de notre jeune temps. Puis je regarde à droite et je revois, au bas de la rue, près des trois « boîtes à malle » rotatives de tôle grise – selon qu'elle était tournée ou non, il y avait, ou non, du courrier à l'intérieur –, la presque vingtaine d'enfants attendant l'autobus. Il en fut ainsi chaque matin de la semaine durant les mois de septembre à juin de la fin des années 1950 et de toutes les années 1960 : une cohorte de plus jeunes rejoignant, au début de chaque nouvelle année scolaire, les plus vieux qui, forts de leur expérience, les toisaient de haut, les ignorant même du haut de leur petit mépris de grands.

Je me revois fauchant le foin du petit coteau bordant notre terrain et longeant la rue Hamel puis le chemin Hemming. Beaucoup de cette herbe était devenue trop longue faute d'y passer la tondeuse régulièrement ; il fallait donc, deux fois par été, la couper avec la longue faux à deux manchons dont le fil de lame était préalablement affûté par les soins experts de papa. J'avais développé une certaine expertise en ce domaine du fauchage et, à l'occasion, on me confiait le même travail du côté de nos voisins Hamel, contrat rémunéré de quelques sous celui-là. Faucher me donnait l'air d'un personnage de Ringuet dans son chef-d'œuvre très campagne québécoise *Trente arpents* : j'étais *Luc fauchant sa récolte de blé mûr*. Je revois aussi papa Joseph, plusieurs années plus tard, assis droit comme une barre de fer sur son tracteur de ferme de couleur rose (! ? !) à l'achat selon les dires de ma sœur Chantal, mais repeint rouge et vert au pinceau (tel père, tel fils). Avec cet engin, sur lequel il avait fait poser une gratte mobile par monsieur Gérard Côté, son ami propriétaire du garage automobile éponyme sis sur le boulevard Saint-Charles à Saint-Charles, papa Joseph poussait la neige pour dégager cet espace au bénéfice du « postillon » disions-nous alors pour nommer le facteur de la poste. Non, il n'aimait pas, papa Joseph, qu'on le comparât à monsieur Douglas, l'avocat pas très futé des *Arpents verts,* conduisant son tracteur à roues de fer ! Mais il était difficile pour quiconque le voyait de ne pas faire ce lien...

Rendu au bas de la rue Hamel, je revois pleins d'amis glisser en bas de la côte voisine de la maison, assis ou debout selon son degré d'audace, qui en traîne sauvage, qui en soucoupe, qui en « *crazy carpet* », qui sur un carré de carton découpé dans une grande boîte. Ce jour-là, c'est à qui se rendrait le plus loin, le record absolu étant une glissade partant d'en haut et se terminant dans le fossé situé de l'autre côté de la route (un guetteur se tenant bien sûr sur le bord du chemin à l'affût de toute automobile approchant). J'entends aussi les cris de joie ainsi que les protestations des joueurs et joueuses de hockey patinant sur la rivière Saint-François, sur un périmètre rectangulaire de glace qui y a été préalablement déblayé de la neige qui la recouvrait. Un petit groupe célèbre le but gagnant compté par l'un des ses coéquipiers, alors que l'équipe adverse proteste véhémentement contre la façon non réglementaire dont ce but aurait, selon eux, été marqué. Cette partie se conclura comme très souvent ces « *games* » se terminaient c'est-à-dire par la défection de plusieurs joueurs dont le nez, les oreilles et les orteils, d'abord endoloris, devenaient engourdis par le gel intense sévissant cette journée-là. À moins vingt, moins vingt cinq degrés centigrades, nous n'avions jamais besoin qu'une sirène retentît pour déclarer qu'un match de hockey était terminé... Ah, au retour dans la maison chauffée, décrire le bonheur de sentir la chaleur du poêle à bois ainsi que la chaleur des soins d'une maman inquiète pour nos extrémités blanchies dangereusement par le gel : orteils, doigts, oreilles et nez !

ଓଞ୍ଚୋ

Le déjà vieil ado de 67 ans, le quasi septuagénaire que je suis, vient de terminer sa grande ronde virtuelle dans l'univers de son enfance, de son adolescence et de son jeune âge adulte. J'ai raconté cette histoire qui, vous l'avez compris, n'est pas juste la mienne, surtout pour faire revivre mon monde un instant, c'est-à-dire les personnes que j'ai côtoyées, rencontrées, fréquentées, et beaucoup aimées, et qui m'ont permis, petit à petit, pas à pas, peu à peu, un rire ou une larme à la fois, à avancer, chacune de ces personnes me faisant l'insigne honneur de me faire cadeau d'un peu d'elle-même, de sa présence, de son amitié. C'est grâce à toutes ces personnes que j'ai pu être l'enfant que j'ai été, que j'ai pu devenir l'ado et le jeune adulte que j'ai été ensuite et, ultimement, le « p'tit vieux » que je suis maintenant.

Désormais, nous, tous les enfants qui avons vécu, habité ou gravité autour de *Palace Hemming*, sommes devenus des hommes et des femmes d'âge mûr, d'âge d'or. Pour la grande majorité d'entre nous, les enfants sont élevés et nous sommes des grands-pères et des grands-mères ; il y en a même quelques-uns pour qui c'est bien « pire » : ils sont désormais arrière-grands-parents !

CB8O

Hommes et femmes d'aujourd'hui qui avez été, dans les décennies 1950, 1960 et 1970, les compagnons et les compagnes de mes jeux d'enfant, d'ado, et de jeune adulte, je vous salue et vous dédie ce livre-hommage, non sans un brin de nostalgie, et non sans verser quelques larmes mal refoulées.     **FIN**

\* Le 24 juillet 2019, j'y suis retourné au 2120 du chemin Hemming à Drummondville, croyez-moi, il n'y reste plus grand chose qui ressemble à mes souvenirs : je n'y ai reconnu ni la maison, ni la cour, ni le voisinage immédiat... Enfin, si peu de choses !

## Vraiment, un palace ?

Vous avez sûrement compris, chers lecteurs, chers lectrices, que la définition du mot « palace » que l'on retrouve dans les dictionnaires, « hôtel luxueux », ne s'applique qu'avec une bonne dose d'ironie à la vieille demeure bancale que je viens de vous décrire. Oui, il y avait beaucoup de choses dans cette grande maison, mais du luxe... point du tout, zéro ! Ce qui pouvait lui donner un peu l'allure d'un hôtel, c'est le va-et-vient continuel qui y sévissait, le brouhaha indescriptible des conversations qui s'y entendaient, les tonnes de bouffe qui s'y préparaient et qui s'y engloutissaient chaque jour, encore plus les jours de fêtes, ainsi que la quantité et la variété des personnes qu'on y accueillait, bien volontiers, pour jaser, manger et même pour coucher. L'hôtesse, maman Lorraine, était sans pareille dans le domaine de l'hospitalité ! Car maman aimait le monde, comme on disait alors... Dans la cour comme dans la maison, il régnait une atmosphère de vacances perpétuelles très appréciée de nos petits et grands visiteurs – mais beaucoup moins de Lorraine quand Joseph, son mari, travaillait de nuit. Oui, chez les Granger-Michaud, on aimait courir, jouer et s'amuser, se chamailler, se réconcilier, rire de bon cœur et chanter à pleins poumons et ce, tout ça dans une atmosphère de camaraderie qui s'est rarement démentie. En tout cas, moi, je le dis, haut et fort, j'ai apprécié au plus haut point mon séjour à : *Palace Hemming* ! Plus et mieux : j'y ai été heureux ! Bien sûr, être tassés les uns sur les autres comme nous l'avons été dans ce « palace » a généré son lot de chicanes, qui pour un morceau de nourriture, qui pour un jouet, qui pour une émission de télévision, qui pour ne pas faire la vaisselle, qui pour ne pas balayer, etc. (À mon tour de balai, une fois au moins, j'ai souvenir d'avoir rempli tout un sac de patates de 50 livres en saletés et cochonneries diverses qui jonchaient le plancher de toutes les pièces de la maison !) Quant aux difficultés et aux malheurs, plus ou moins grands, plus ou moins dramatiques, qu'ont pu vivre chacun de mes frères et sœurs, ils constituent des jardins secrets qu'il leur appartient, à eux et à eux seuls, de dévoiler... ou pas. C'est ici que je te dis adieu, ô mon cher, mon réconfortant, mon inoubliable *Palace Hemming* natal !

# Un dessert bon en « chiens » !

Aussi loin que je remonte dans le temps, il y a toujours eu des chats à la maison : mais que des chats de gouttière. La présence de souris, mulots, etc. aux alentours nécessitait certes celle de minous alertes et défenseurs de l'intégrité des lieux.

Des chiens ? Jusqu'à ce que nous descendions habiter au rez-de-chaussée, nous n'en avons pas eus... Un jour, papa Joseph arriva avec rien de moins qu'un grand danois : Sultan. Il était gentil Sultan mais, dehors, enchaîné à la maison, ses jappements étaient assez intimidants pour quiconque aurait eu de mauvaises intentions. Lui succéda un chien boxer\*, Joey, dont le visage méchant et l'attitude imprévisible ne me plaisaient pas ; et je n'étais pas le seul ! Il suffisait à mon frère Pierre de s'en rapprocher pour faire gronder dangereusement ce cabot. Voyait-il en ce maigrichon un peu turbulent, un assemblage d'os alléchants mis à sa disposition ? Quand Pierre était dans la maison, je voyais le chien, étendu, le fixer, le surveiller, le regard menaçant... Prêt à bondir...En tous cas, moi, je craignais pour mon frérot ! Mais lui aussi finit par partir... le chien pas Pierre... Et sûrement pas à cause de l'attachement exagéré qu'on a pu avoir à son égard, mon frère et moi...

Pas très longtemps après cette libération, un chien provenant du bois situé derrière la maison s'en vint nous trouver : de toute évidence, c'était un chien errant et perdu. Il était sans médaille, donc sans possibilité pour nous d'alerter le propriétaire. Il avait faim... Nous avons donc décidé de l'héberger le temps que l'on retrouve son maître. Ce chien était un magnifique dalmatien, qui s'est avéré être d'une douceur sans limites. Tout le contraire de son prédécesseur...

Un exemple ? Tout le temps que Joey est demeuré chez nous, jamais n'avait-on vu au rez-de-chaussée un seul de nos deux chats qui étaient pourtant chez eux bien avant que ce foutu boxer tyrannique n'arrive... Au mieux, nos minous grimpaient-ils par l'échelle de secours pour atteindre sans danger le premier étage où, pour les accommoder, on avait installé litières et gamelles. Quand le dalmatien, lui, s'est couché pour la toute première fois sur une couverture disposée sur le plancher du rez-de-chaussée près du poêle, un miracle s'est produit : les deux chats sont venus rôder autour de cette visite canine inopinée, ont humé le nouvel intrus puis... se sont tout bonnement blottis dans la douceur et la chaleur de sa rare fourrure et de la doudou. Idéaliste comme je l'étais, adolescent, je ne pouvais manquer de voir dans cet événement un modèle de bonne entente pour les humains de « toutes espèces ».

*\*Sultan n'était pas mort, non ! Selon papa et sa logique personnelle – concernant les sentiments et les émotions, papa était un Vulcain, comme Spock dans Star Trek : il ne les montrait pas ! –, on s'était déjà trop attachés à lui... il l'a tout simplement retourné à la fourrière...*

**FIN**

**2**

> Une rivière, un pont de trains, un barrage, des rapides :
> tout ça formait un terrain de jeu dangereux, périlleux même...
> Tout à fait à la mesure des jeunes aventuriers que nous fûmes.

# La mort est « rapides »

### Chapitre I – La Parole : Un fait divers

# La Parole
(Vox populi)

Le Journal hebdomadaire de Drummondville

Mercredi, 1er août 1966

**Drummondville - Deux morts par noyade.** Samedi dernier, deux jeunes garçons trop aventureux sont morts noyés dans les rapides de la rivière Saint-François à la hauteur du parc Woodyatt. On pense que les jeunes étourdis voulaient, par bravade, traverser la rivière croyant à tort, puisque le lit de la rivière était à son niveau minimal, qu'il leur serait facile d'en atteindre la rive opposée.

## Chapitre II – Le parc Woodyatt

E n ce début de samedi après-midi du 21 juillet 1966, il faisait beau et chaud. Très chaud même ; plus de quatre-vingt-dix degrés Fahrenheit (F$^o$) – un peu plus de 30 degrés Celsius –, mais on devait sans doute ressentir plus de 100 degrés F$^o$ à cause de l'indice humidex qui sévissait ce jour-là et ce, même s'il n'était pas encore « officiellement » inventé. En effet, il ne le fut qu'en 1979, par les Canadiens J. M. Masterton et F. A. Richardson du *Service de l'environnement atmosphérique*, ancêtre de l'actuel *Service météorologique canadien*.

Dans le parc Woodyatt de Drummondville, parc qui borde la rivière Saint-François à la hauteur de son centre-ville, se trouvait une foule de Drummondvillois et de Drummondvilloises de tous âges qui fuyaient l'ennui mais surtout la chaleur torride de leur logement. Ils allaient là pour y trouver, qui le plaisir des installations sportives et ludiques : balançoires, glissades, tourniquets, terrains de tennis, piscine, qui l'ombre du feuillage des grands arbres, qui une relative tranquillité, une quiétude trop souvent transgressée par la flopée d'enfants turbulents et de quelques bébés pleurnicheurs qui y avaient été emmenés par d'autres parents heureux que leur progéniture coure, s'amuse, patauge ou criaille bruyamment en dehors des murs étroits de leurs logements.

Il pourrait être intéressant pour le lecteur de ce récit de savoir que ce superbe parc urbain de Drummondville a été nommé en mémoire de James Blain Woodyatt, un canadien anglais né en 1886 à Brantford, Ontario. L'université McGill de Montréal lui ayant octroyé, en 1905, un diplôme en génie électrique, il rejoignit, quelques années plus tard, la Southern Canada Power & Co, une jeune entreprise de production et de distribution d'électricité présente dans plusieurs villes du sud-est du Québec. Au sein de cette société, Woodyatt s'imposa par ses qualités d'administrateur et de meneur d'hommes, tant et si bien qu'il en est devenu, à l'âge de 30 ans, le directeur général et un des membres du Conseil d'administration.

Woodyatt arriva à Drummondville alors que sa société venait d'acquérir l'usine électrique et le réseau de distribution municipal. Il entreprit alors la construction d'un barrage sur la chute Lord (vis-à-vis le centre-ville) et d'une première centrale qui entra en service en 1919. Ce barrage ainsi que tous ceux construits plus haut sur la rivière Saint-François régularisent depuis le débit d'eau de cette dernière et maintiennent les réservoirs à un niveau suffisant pour produire l'électricité dont les villes et villages riverains ont besoin pour s'éclairer et faire fonctionner leurs machines, hiver comme été.

Parallèlement à son travail d'ingénieur et de gestionnaire, Woodyatt voulut transformer en un parc public le vaste terrain s'étendant de la voie de chemin de fer jusqu'à la rue Saint-Georges. Mais quelques problèmes devaient auparavant être résolus : il fallait déplacer la route nationale reliant Montréal à Québec qui longeait de près, jusque-là, la rivière Saint-François ; on la construisit un plus loin de la rivière, sur le talus. Il fallait également déplacer et enfouir les ordures accumulées depuis des décennies dans le bas de la côte du Manoir Drummond. Tout ça fut effectué et terminé en 1929.

Le parc, baptisé *Woodyatt* sans surprise aucune, put donc ouvrir à l'été de 1930. On y installa des équipements sportifs : une patinoire, deux *courts* de tennis et un jeu de croquet (plus tard, une piscine publique). Au départ et pendant longtemps une possession privée, le parc Woodyatt fut finalement rétrocédé à la ville de Drummondville en 1967, pour la somme de  36 683 $, soit 5 sous le pied carré ; cette vente annulait un bail à long terme signé en 1960.

C'est sur une grande scène montée dans ce parc magnifique que se produiront chaque été, au début de juillet, des artistes de toutes nationalités du monde dans le cadre du *Mondial des cultures de Drummondville* auparavant appelé le *Festival international du folklore de Drummondville*, festival fondé en 1982 par des membres de la troupe de danse folklorique *Mackinaw*. Pendant les deux semaines qu'il durait, cet événement festif fort populaire attirait, bon an mal an, quelques centaines de milliers de visiteurs de partout dans le monde venus écouter et voir, admirer et applaudir la variété des couleurs et des rythmes de la diversité. Jusqu'à ce qu'on y mette fin définitivement à l'automne 2017 pour cause d'un trop grand déficit accumulé. Le parc Woodyatt était, et est encore, un magnifique parc urbain parce qu'il offre aux citadins, en plein centre-ville, une vue sans pareille sur la rivière et ses rapides et aussi par la beauté de ses immenses érables et la majesté de ses ormes centenaires qui deviennent, les jours chauds, des oasis de fraîcheur.

Mais, si vous le voulez bien, commençons notre récit.

Compte-tenu de l'absence de précipitations qui a caractérisé l'été 1966, le barrage de la rivière Saint-François ne laissait couler, à la hauteur du parc Woodyatt, que le strict minimum d'eau, celle retenue dans le bassin gardée jalousement et spécifiquement pour alimenter, en continu, les turbines et les génératrices de la centrale. Seul le chenal central d'une vingtaine de pieds de largeur tout au plus (environ 6 mètres) laissait couler un courant d'eau assez creux et rapide pour constituer un danger pour ceux qui voudraient le défier.

## Chapitre III – Quatre amis

Au parc Woodyatt donc, en ce jour brûlant de juillet 1966, au moment où commence cette histoire, il n'y avait pas encore de festival international, mais il y avait tout de même plusieurs centaines de badauds et quelques dizaines de pique-niqueurs. Certains étaient assis aux tables idoines mises à leur disposition par la municipalité et d'autres, arrivés trop tard, s'étaient installés sur les couvertures et nappes étendues sur l'herbe qu'ils avaient sagement apportées avec eux et sur lesquelles ils avaient déposé leurs paniers de victuailles et leurs sacs de rafraîchissement. Ceux qui n'ont pas apporté leur lunch, c'est qu'ils savaient que le petit resto du parc leur offrirait tout ça. On les voyait donc manger leur sandwich d'une main et, de l'autre, en alternance, prendre une gorgée de leur « liqueur », leur boisson gazeuse préférée, soit une orangeade *Fanta* ou *Crush*, un « *cream soda* » *Snow White*, un « *ginger ale* » *Canada Dry* ou un *7–Up* à saveur de citron-lime, puis s'essuyer le front avec un mouchoir, longtemps celui à la mode, le bleu à pois blancs, puis chasser d'un mouvement vif de va-et-vient les mouches ou les fourmis trop envahissantes.

La période des dîners tirait presqu'à sa fin puisqu'il était plus de treize heures. Le soleil, encore à son zénith, lançait des rayons sans aménité pour ceux et celles qui avaient omis d'installer un écran de protection entre eux et lui : arbre, ombrelle ou écran solaire. Bien sûr, on questionnait la bravoure et l'inconséquence de certaines gens, celles des joueurs et joueuses de tennis assez insensés pour affronter cette chaleur intolérable en faisant les efforts déjà durs requis par leur sport multipliés par dix sous ce soleil torride, à cette heure-là surtout ! On les voyait courir péniblement pour tenter d'atteindre des balles lancées loin d'eux sur le court de terre battue, ahaner péniblement, s'arrêter pour reprendre haleine et pour boire un coup d'eau et s'arroser le corps de ce frais liquide après chaque point. Leur front et leurs vêtements, ces derniers devenus leur peau presque tellement ils leur collaient au corps, dégoulinaient littéralement de sueur. Savaient-ils qu'ils risquaient l'insolation, voire le coup de chaleur à très court terme s'ils n'abandonnaient pas bientôt cette activité par trop exigeante sous cette température ? Bref, il fallait être fou pour jouer au tennis ce jour-là ! Personne dans le parc ne les enviait !

On plaignait aussi, mais à un moindre degré, ceux et celles qui n'avaient pas réussi à se trouver un coin d'ombre sous l'un ou l'autre des majestueux ormes et érables à sucre qui se trouvaient pourtant en très grand nombre dans le parc. Mais tous ceux-là, les négligents et les malchanceux, enviaient bien plus que tous les autres, réfugiés sous l'ombrée des arbres, ceux qui nageaient ou pataugeaient dans l'eau chlorée réchauffée par le soleil mais somme toute encore fraîche, rafraîchissante de la piscine et de la barboteuse municipales.

◌ঠ৪০

Parmi les protestataires de la chaleur excessive de cette journée-là se trouvaient quatre garçons du même âge ou à peu près : c'était, de toute évidence, quatre adolescents d'une quinzaine d'années, quatre amis.

Puisqu'il sera amplement question que de ce quatuor, faisons-en la connaissance tout de suite. Il y avait, en âge décroissant, Jacques, Michel, Luc et Jean-Paul ; le premier nommé était le frère du dernier, les deux du centre de la courte liste étaient frères également. À n'en pas douter, c'était des amis d'assez longue date : on le devinait par la grande spontanéité de leurs nombreuses chicanes qui tournaient toujours en réconciliations puis en parties de plaisir et, aussi, par la facilité avec laquelle le plus âgé du groupe obtenait l'adhésion des trois autres à chacune de ses indications, marquant par là la confiance presqu'aveugle que les trois autres avaient en lui. Jacques était le chef non élu de la petite troupe, mais leader implicitement accepté et reconnu comme tel.

Une telle confiance ne pouvait s'acquérir et se développer que par une longue série d'aventures et d'expériences communes par lesquelles Jacques, le mentor informel de la bande, avait démontré ses qualités de discernement et de leadership, un aventurier certes, mais un aventurier prudent. Quelles ont pu être les jeux, les activités et les expériences qui, au fil du temps, ont pu souder aussi solidement ces quatre jeunes hommes et faire qu'ils aient toujours du plaisir à jouer ensemble ? J'en ai énumérés un bon nombre dans le chapitre précédent.

Jacques et Jean-Paul, les amis de Michel et moi, Luc (oui, c'est l'auteur) étaient aussi leurs voisins immédiats : leurs demeures étaient bâties sur une même butte du chemin Hemming, chemin qui se trouvait du côté est de la rivière St-François. Déjà, plus jeunes, on les voyait souvent ensemble dès que l'occasion de s'amuser se présentait. Leurs terrains de jeux, ce furent d'abord les cours entourant leurs maisons, mais surtout celle de Michel et Luc, plus centrale, à quoi s'ajoutèrent rapidement le sous-bois, le bois lui-même puis le bord de la rivière Saint-François qui coulait juste en face de chez eux. Quand ils eurent eu grandi en âge, la rue, c'est-à-dire le chemin Hemming, commença à devenir, lui aussi, un lieu ludique pour nos quatre amis. Les jours d'été surtout, à pied ou à bicyclette, on les a vus arpenter ce chemin à la découverte de ses secrets : le dépanneur saisonnier Grondin et, plus loin, un poste d'observation offrant une vue magnifique de la rivière Saint-François, plus loin encore, un « camp de santé », un lac accueillant la baignade et, plus loin encore, une piste de go-karts...

Il arrivait que le démon du désœuvrement les incitât à mijoter quelques mauvais coups. Le chemin Hemming constituait souvent l'emplacement idéal à leur réalisation ; en voici trois exemples.

Un certain soir de surlendemain d'Halloween au milieu des années 1960, les quatre pré-ados marchaient sur le rempart de ciment longeant le chemin Hemming sur une longueur d'une centaine de pieds. Ils virent arriver de loin un inconnu qui, habillé de sombre, passa près d'eux. Ils entreprirent de se moquer de l'allure physique du quidam drôlement habillé en glissant ici et là dans leurs propos, des « *faces de singe* », des « *espèces de clown* » et autres insultes. Advint alors ce qui advient souvent, en de tels cas, à ceux qui crachent en l'air... :

*– Savez-vous qui je suis les jeunes ? Je suis un détective et j'enquête sur une affaire qui s'est produite hier. Des jeunes, le visage caché, ont sonné à la porte de plusieurs résidants du chemin Hemming et les a effrayés en criant* « Halloween, c'est l'Halloween ! », *puis se sont sauvés à toute vitesse. Vous ne sauriez pas qui ce pourrait être, par hasard ?*

Pris de court par l'interpellation, redevenus soudainement calmes, sérieux et polis, les « oiseaux moqueurs » descendirent de leur perchoir, le rempart, pour expliquer à cet enquêteur, – peut-être une police, qui sait ? – le plus sérieusement du monde, qu'ils avaient effectivement vu des jeunes frapper à certaines portes, la veille au soir. Ces jeunes, ils avaient présumé qu'ils provenaient de plus haut sur le chemin Hemming. Mais non, ils ne les connaissaient pas. Non, malheureusement, ils ne pouvaient pas l'aider plus. Oui, ils se disaient désolés ! Le détective sembla accepter leur témoignage, les remercia, leur rappela qu'il est téméraire et mal-élevé de se moquer des gens que l'on ne connaît pas, puis continua son chemin. D'abord inquiets, puis rassurés, les jeunes retournèrent dans la cour arrière des Granger, implorant le ciel que l'enquêteur eût réellement cru leurs menteries et qu'il ne viendrait pas embêter leurs parents avec cette histoire dans laquelle ils étaient bien évidemment... les seuls coupables !

Un autre soir, c'était l'hiver cette fois-là, ils décidèrent de bloquer le chemin Hemming avec de grosses boules de neige glacée formées par le passage de la charrue forçant ainsi les automobilistes à ralentir et à contourner ce barrage par le côté gauche où une voie juste suffisante mais malaisée avait été laissée. Eux, s'étant cachés à un endroit d'où ils pouvaient surveiller la scène, se réjouissaient malicieusement des manœuvres d'évitement improvisées et dangereuses effectuées par leurs victimes. Une autre fois, toujours en soirée, c'est une ficelle

qui fut installée sur toute la largeur du chemin... et si cela peut vous sembler a-
nodin et inoffensif comme méfait, sachez qu'à la noirceur, cette mince ficelle, à
la lumière des phares des autos, devenait pour le conducteur un câble d'au moins
un pouce de diamètre. Encore une fois, la réaction des automobilistes confondus
et paniqués suscitait chez ces jeunes étourdis des hourras de victoire.

Le dernier tour pendable suscitera moins d'indignation de la part des lecteurs.
Quelquefois, les jeunes déposaient un portefeuille sur le bord de la route, bien
engrossé de papier sans valeur. Les automobilistes qui circulaient vers lui ne
pouvaient manquer d'apercevoir cet irrésistible et dodu trésor. Combien de
ceux-ci s'y sont-ils laissé prendre ? Quelques dizaines tout au moins, dont ce ca-
mionneur conduisant ce qu'il est convenu d'appeler un « dix roues » et qui, a-
près avoir écrasé de toutes ses forces la pédale de frein jusqu'à les faire se
lamenter, descendit tout guilleret de son véhicule, tenta de mettre la main sur
le trésor abandonné, puis le vit l'envoler comme un mirage. L'hilarité qui saisit
ce chauffeur et qui fut partagé par les auteurs du coup ainsi que par des spectateurs bien postés au « balcon » que constituait pour l'occasion la galerie de la
maison des Granger, resta célèbre dans les annales de ce coin de pays. Pour sûr,
c'eût été digne d'être présenté à la télé à l'émission de gags *Juste pour rire*.

Résumons-nous : les cours de chaque famille, la forêt, la rivière, le chemin
Hemming, tout ça et plus encore, c'était désormais leur terrain de jeux, terrain
qui, on le comprend bien avec les exemples mentionnés plus haut, s'agrandissait en même temps que leur âge avançait. L'utilisation de bicyclettes, de bécanes serait mieux dire, leur permettait désormais de se rendre de plus en plus
loin, chaque agrandissement de territoire augmentant les tentations, donc le
nombre de dangers et leur importance. Conséquemment, le niveau d'inquiétude des mamans et des papas allait lui aussi en croissant.

La crainte de ces parents étaient tout à fait justifiée car, à maintes occasions, ce
quatuor d'amis avait multiplié les risques et rapporté à la maison sa kyrielle de
bobos à soigner : contusions, éraflures, coupures, etc. mais jamais rien de bien
grave. Cependant, qui a déjà été père ou mère comprendra ces parents-là qu'ils
aient pu, à l'occasion, imaginer et craindre un accident et des blessures plus sérieuses pour leur trop souvent entreprenante, aventureuse progéniture...

Ah, jeunesse qui se croit invincible, immortelle même...

CR80

Aller en ville en passant par la traverse des piétons annexée au pont des automobiles constituait une normalité que les quatre garçons de notre histoire

avaient, à la longue, trouvé banale et monotone, donc plate et sans intérêt. D'autres avenues, plus aventureuses, mais par conséquent beaucoup plus intéressantes, se présentaient à eux.

Par exemple, ils aimaient traverser la rivière Saint-François en utilisant le rempart en béton du barrage large de deux pieds, immense digue empêchant tout débordement du bassin d'eau et qui longeait la rive est de la rivière Saint-François sur un quart de mille environ. Au bout de ce mur, on se pendait par les bras pour accéder au barrage lui-même ; mais les plus audacieux, les plus téméraires sautaient tout simplement ! Longer le barrage, c'était plus coton : étrangement, la largeur du « marchepied » variait d'une section à l'autre comme si le constructeur de l'ouvrage avait coulé son ciment dans quelque dix moules différents. Sur quelques sections assez larges, on pouvait avancer sans problème comme sur un trottoir ; mais sur d'autres portions, un pied était relativement bien à plat sur le barrage, mais l'autre ne trouvait prise qu'en courbant la plante du pied vers l'intérieur au niveau de la cheville. Bref, on avançait d'un pas mal assuré un peu comme des éclopés, risquant à tout moment une chute d'une cinquantaine de pieds (une quinzaine de mètres) sur les rochers au bas d'un des côtés, ou une saucette dans l'eau affleurant le barrage de l'autre côté. Et tout au long de cette périlleuse randonnée, il leur fallait craindre une montée soudaine de l'eau de la rivière causée par l'ouverture des vannes de l'autre barrage, celui situé à quelques milles en amont.

Une autre alternative de traversée de la rivière comportant son lot d'imprévus était l'emprunt du pont des « chars », c'est-à-dire, le pont des trains, pour aller d'une rive à l'autre. Situé juste à proximité de celui des automobiles, sa chaussée était composée de traverses goudronnées posées à intervalles réguliers dont la principale caractéristique était de ne pas convenir au pas normal d'un individu : car il fallait marcher soit à très petits pas, soit en faisant de trop grandes enjambées. Dans un cas comme dans l'autre, me semblait-il, on risquait à tout moment de « s'enfarger », de perdre pied, de culbuter.

Vous devinez sans doute qu'il y avait pire ! S'il était malcommode de traverser la rivière par ce moyen alors qu'aucun train ne se montrait le « bout du nez », imaginez ce que pouvait être l'ampleur de l'émoi lorsque l'on découvrait, soit qu'on sentît le pont vibrer, soit qu'on entendît son sifflement caractéristique, qu'un convoi ferroviaire approchait ! Quand j'étais jeune, on contait que dans la portion sans structure de ce pont, un individu, pris de panique de n'avoir pas eu le temps de se rendre sauf au bout avant l'arrivée du train, aurait pris la décision extrême de se pendre par les mains aux traverses, tout son corps pendant dans le vide... au risque de devoir lâcher prise par fatigue et de se casser une jambe quelque vingt pieds plus bas... À cause des piliers-refuge, le stress était beaucoup moins élevé sur le pont lui-même ; on pouvait même se trouver chanceux de pouvoir vivre un tel moment, d'expérimenter un buzz aussi « trippant », et presque érotique... Vraiment ! (Cette comparaison, je la fais avec le recul du temps ; je n'y pensais pas alors.) En effet, quand on s'apercevait qu'un train s'en venait et qu'on se trouvait au milieu du pont, ce qu'il fallait faire c'est enlacer un des piliers de la structure métallique, le plus proche en fait, et tenter de ne faire qu'un avec lui. Le corps et la joue pressés fortement contre sa surface métallique, les jambes écartées car placées de chaque côté, le train passait tout près, juste derrière nous en fait, nous soufflant son haleine chaude, humide et huileuse dans le cou et dans le dos. Cette étreinte intime pouvait durer de moins de cinq minutes à plus de vingt minutes selon que le train était un court convoi de voyageurs ou un interminable convoi de marchandises. Oh oui, on l'aimait très fort notre pilier salvateur ! La première fois qu'on vivait cette halte obligée dans la traversée de ce pont, c'était une expérience inquiétante. Elle se rapprochait, par son intensité, des sensations que doit ressentir un amant lors d'une relation amoureuse, au moment précis où il entend les pas lointains du mari qui s'approche et qui viendra bientôt le surprendre, lui et son épouse adultère. L'époux éconduit, c'est le train qui rappelle, par sa présence bien sentie dans notre dos, qu'on n'a vraiment rien à faire à cet endroit et qu'un seul geste malencontreux du tartuffe le ferait reconnaître et lui serait fatal ! Nous, les jeunes du chemin Hemming, nous ne connaissions rien de l'amour encore, mais nous connaissions et aimions les émotions fortes liées à cette traversée comportant son lot de dangers. (Moi, Luc, cela m'effrayait au plus au point ! Je n'ai que très rarement traversé ce pont seul, sauf quand j'étais bien pressé peut-être...)

On se demandait parfois ce que pouvait bien ressentir le conducteur de la locomotive quand il constatait, lui, la présence incongrue d'un individu non désiré sur « son » chemin de fer ? Craignait-il un geste fatal d'un désespéré qui viendrait gâcher une journée qui se déroulait si bien jusque alors ? Certains parents auraient eu maintes raisons d'être sidérés par l'audace de leurs « jeunesses » et par leurs soi-disant exploits qui, s'ils leur eussent été rapportés ou s'ils les eussent surpris eux-mêmes à les réaliser, leur auraient valu de sérères remontrances plus, sans aucun doute, une pénitence des plus sévères ! Bien méritées !

En cette journée de juillet, les jeunes de notre quatuor avaient quatorze, quinze et seize ans, l'inquiétude parentale s'était émoussée quelque peu, considérant que l'on devait, par expérience, faire confiance à leur jugement : oui, ils étaient grands maintenant. Mais étaient-ils aussi grands qu'on pouvait le croire ?

### Chapitre IV – La traversée

Quand nos amis, vêtus d'un short, d'espadrilles et tenant dans leur main un tee-shirt moite de sueur et d'eau, arrivèrent au parc, leur premier souci fut d'aller se mouiller les pieds dans l'eau de l'étroit et peu profond bras d'eau qu'il fallait traverser pour atteindre l'île dite l'*Île aux Fesses*. Le lecteur n'a bien sûr pas besoin que l'auteur ajoute des précisions sur les raisons profondes, par trop évidentes, qui ont valu à cet îlot une telle dénomination officielle. La bande des 4 le connaissait bien cet îlot : pour eux, bien qu'il n'y eût aucun caractère sexuel à leur relation faite d'amitié uniquement, il lui avait ravi sa virginité depuis fort longtemps puisqu'aujourd'hui, ils l'exploraient pour une énième fois de leur vie. Ils longèrent sa rive, espérant qu'une rencontre inopinée ou qu'une découverte digne de leur intérêt se fît ; puisque rien ne survenait, et que l'île était de dimension fort modeste, ils en eurent vite fait le tour. Ils retraversèrent l'étroit bras d'eau mais restèrent sur le bord de la rivière. Tout en marchant, on y tint un conciliabule sur la suite des choses. Jean-Paul demanda à son grand frère :

– *C'est plate... Qu'est-ce qu'on fait maintenant ?*

Jacques sollicita l'avis de tous et n'obtenant aucune suggestion précise ou intéressante, proposa ceci à ses copains :

– *On pourrait traverser la rivière d'un bord à l'autre, il y a tellement peu d'eau. Il suffirait de sauter d'une roche à l'autre...*

Luc qui ne savait pas bien nager, n'avait pas vraiment envie de tenter cette aventure. Bien que timidement, il osa poser la question suivante :

– *Ça me semble quand même assez dangereux, non ?*

Ce qui n'empêcha pas Michel de renchérir sur la proposition de Jacques :

– *C'est vrai qu'il n'y a que le chenal au centre de la rivière qui semble poser un problème, mais peut-être pas tant que ça !* Son regard scrutait le lointain rapide.

Avec un peu d'impatience dans la voix, Jacques questionna à nouveau ses amis, histoire de connaître leur intérêt et leur audace :

– *Pis, finalement, qui est « game » pour traverser ?*

On entendit trois « *Moi !* » simultanés bien sentis et une quasi abstention silencieuse, Luc ne pouvant se résoudre à tenter cette expérience qu'il jugeait fortement périlleuse et dont il entrevoyait des conséquences néfastes qu'il lui faudrait expliquer éventuellement aux parents qui ne seraient pas contents, mais là pas du tout. Cependant, Jacques ayant décidé qu'on traversait, et ayant reçu un vote majoritaire, on traverserait. Luc tenterait donc de les suivre...

La première partie de la traversée était constituée d'un petit bassin d'eau qui, au jugé, ne semblait pas trop profond en son centre : à la ceinture ? Sous les épaules ? Pas plus, vraisemblablement. Jacques en premier, Michel en deuxième, puis Luc et Jean-Paul suivant derrière, tous quatre s'élancèrent à la file indienne dans le premier bassin d'eau, même si l'élan à se mouiller était nettement moins senti de la part des deux derniers nommés. Assez rapidement et facilement, cet obstacle d'eau fut franchi par les deux plus grands qui souffraient moins de la hauteur du niveau de l'onde. Aussi rapidement, Jean-Paul et Luc abandonnèrent le défi : plus petits que leurs aînés, l'estimation d'un fil de l'eau confortable sous les aisselles de leurs aînés devenait pour eux deux un fil de l'eau menaçant sous le menton. Ils revinrent donc, soulagés mais un peu penauds, en sécurité sur la grève. De participants qu'ils étaient il y a quelques instants, ils devenaient, pour les longues minutes qui suivraient, de simples observateurs d'un exploit ou d'une catastrophe à venir.

Une fois traversé le premier plan d'eau, Jacques et Michel continuèrent d'avancer avec détermination, cette fois-ci sur les rochers asséchés, sautant habilement de l'un à l'autre, choisissant chaque fois la cible la plus prometteuse pour se retrouver, à force de sauts et de rétablissements, quelque dix à quinze minutes plus tard, au bord du vrai défi : le chenal. Ce chenal qui, de loin, n'avait cessé d'inviter les deux protagonistes à une lutte à finir ; eh ! bien, ce chenal, ils l'avaient maintenant juste devant eux ! Et celui-ci franchi, rien ne pourrait plus alors les empêcher de se rendre jusqu'à l'autre rive, certainement pas les gros et petits cailloux tout à fait semblables, tout à fait pareils à ceux qu'ils venaient de vaincre assez facilement du côté ouest de la rivière.

Quelles étaient exactement leurs chances ? De loin, elles ne semblaient pas très bonnes. C'était du moins le sentiment de tous les badauds qui s'étaient peu à peu regroupés sur le rivage pour suivre la lente progression des marcheurs intrépides. L'appréhension qu'on pouvait lire sur les visages, les commentaires alarmistes et les exclamations d'effroi qu'émettait cette petite foule, amplifiaient l'inquiétude de Jean-Paul et de Luc, revenus eux sur la terre ferme, et qui assistaient, impuissants eux aussi, aux hésitations, aux tergiversations, aux chancellements, aux vacillements et, à quelques reprises, aux disparitions, heureusement temporaires, de nos deux « héros bien malgré eux » de l'heure.

Pendant plusieurs longues minutes, on entendit des *Oh !* et des *Ah !* de terreur puis une voix de femme, une maman sans doute, poussa ce cri déchirant :

– *Mon Dieu ! Ils sont perdus !*

De nos postes d'observation sur la rive, bien que plus de cent yeux scrutassent l'horizon, on ne voyait plus ni Jacques, ni Michel...

## Chapitre V – Le dénouement

**Mercredi 1ᵉʳ août 1966.** Les gros chiffres de la grosse horloge de garage *Castrol* au contour vert, accrochée au mur de la cuisine du deuxième étage d'une maison du chemin Hemming, indiquaient cinq heures de l'après-midi. Parce que papa Joseph voulait souper à cinq heures, c'était... le souper, soit le moment où la famille s'était installée autour de l'immense table de chêne aux pattes de lion pour y déguster le souper préparé par maman Lorraine. Tout à coup, exigeant le silence, papa Joseph fit une lecture :

– *Dans le journal, il est écrit que deux jeunes se sont noyés dans la rivière Saint-François la fin de semaine dernière à la hauteur du parc Woodyatt ! Les malheureux ! Qu'est-ce qui a bien pu leur passer par la tête pour oser tenter quelque chose d'aussi dangereux ! Les parents de ces petits gars-là doivent être complètement atterrés ! Ah, les têtes de linottes ! Les jeunes,* – et à ce moment-là, papa regardait plus spécifiquement ses garçons – *j'espère bien que vous, vous ne ferez jamais une chose pareille !*

☙❧

Michel et moi, son frère Luc, on s'est regardés l'un et l'autre : deux regards qui indiquaient nettement qu'il ne fallait rien dire de notre aventure de la fin de semaine qui précédait justement celle du drame de ces deux adolescents ; l'œil de Michel semblait implorer un peu plus celui de son jeune frère puisque, lui, il s'y était rendu jusqu'au chenal du centre de la rivière.

Jacques et Michel avaient bien tenté de le traverser, cet espace de rivière, étroit somme toute, mais tout en courants traîtres et en rapides, perdant pied à maintes occasions sur les roches glissantes de mousse, disparaissant à quelques occasions au regard des badauds de la rive. De loin, on les avait vu forcer, s'obstiner, lutter, s'agripper à une aspérité de rocher, se soutenir de la main et, chaque fois, réussir à se redresser comme par miracle. Mais rapidement, il leur fallut se rendre à l'évidence : ils n'avançaient plus et, surtout, ils n'iraient pas plus loin ! Au moment où il parut évident pour les observateurs riverains, et ils étaient maintenant fort nombreux, que les deux hardis comparses avaient abandonné leur aventure osée, – on voyait leur silhouette s'agrandir peu à peu puis, après un moment, on put distinguer leurs visages – dès lors, la foule ressentit un grand soulagement. Les deux aventuriers, désormais hors de danger, avançaient sur les rochers du rivage, tout dégoulinant, tout aussi fiers que déçus, soutenant les regards réprobateurs qui semblaient vouloir les fusiller. Et, dans les circonstances, après autant d'émoi causé par la crainte d'assister à un drame, il s'en est fallu de peu qu'on applaudît leur échec ! Finalement, on se dispersa : les deux aventuriers étaient désormais sains et saufs, donc le spectacle était terminé !

Heureusement, cette-journée-là de la traversée manquée, moi, Luc, je n'ai pas eu à expliquer à mes parents que mon frère Michel, plus aventureux, plus audacieux, plus téméraire que moi, avait été emporté par les rapides de la rivière Saint-François ! Mais, je l'avoue : j'avais vraiment eu très chaud ! Ouf !

∝≫∝

Non, les infortunés adolescents, de qui le journal *La Parole* de ce mercredi 1ᵉʳ août 1966 relatait la noyade, n'étaient pas mon voisin et ami Jacques ni mon frère Michel ; les malheureux parents n'étaient pas ceux de Jacques et de Jean-Paul, ni les nôtres. L'accident de noyade relaté dans le journal était survenu le week-end précédant son insertion dans la presse, soit une semaine, jour pour jour, après « notre » essai avorté. Mais, tous les quatre, nous fûmes incapables de nous sortir de la tête une certaine inquiétude concernant les motivations des deux ados malheureux : avaient-ils assisté à notre tentative infructueuse du samedi d'avant ? Si oui, est-ce elle, est-ce nous qui leur avions inspiré l'idée qu'ils pourraient réussir là où nous avions échoué ?

Nous espérions évidemment que non... mais cette question, légitime, est demeurée sans réponse, une énigme taraudante, douloureuse, gênante, cul-pabilisante, lourde comme la chaleur avant un orage. Comme le ressac qui frappe les rives de la rivière Saint-François les jours de grands vents, elle n'a pas cessé de nous hanter, de nous obséder, le reste de cet été 1966.

Mais, pour nous, les quatre voisins et amis, Jacques, Michel, Jean-Paul et moi, qui avions vécu une aventure semblable, la vie continuait...

# FIN

**C'est avec beaucoup d'émotion que je dédie ce court récit à la mémoire de mon intrépide, audacieux, hardi, aventureux, mais quelquefois téméraire, frère Michel décédé le 4 novembre 2015 de la maladie d'Alzheimer ; il n'avait que 64 ans.**

# Un dessert : un soufflé ou un soufflet ?

Grandir, vieillir... Mûrir... Sortir enfin de l'enfance pour un jeune garçon comme moi qui avait peur de tout et de rien, qui était devenu très tôt dans son enfance le chien de poche de son grand frère Michel. Ce dernier semblait bien avoir hérité de tout le reliquat parental de courage et d'audace... Et quand lui, Luc, est venu au monde, il ne devait plus rester qu'un seul gène... le gène « gêné » !

Bref, très jeune donc, j'ai commencé à suivre Michel dans ses aventures : j'allais où il allait et je faisais ce qu'il faisait, du moins quand cela ne me faisait pas trop peur ! Quand il me semblait que Michel, seul ou avec d'autres, voulait risquer sa vie, et la mienne, je passais mon tour, non sans culpabiliser quand même un peu... La traversée de la rivière Saint-François en est un bon exemple. Quand, un été, Michel et Jacques Collard décidèrent d'aller cueillir du tabac en Ontario, je ne les ai pas accompagnés : il se contait alors trop d'histoires de rivalités sanglantes entre anglos et francos : cela me terrorisait. Je ne tenais pas à être passé à tabac !

Mais quand Michel et Jacques entrèrent dans les cadets de l'air, je fis comme eux malgré le peu de plaisir que me procurait la « *drill* » qu'on nous obligeait à faire chaque semaine. Et, à peu près à la même époque, mon frère et Jacques commencèrent à sortir, à voir et à fréquenter des filles, et là, pour moi, ça s'est corsé.

Je me retrouvais seul à la maison les vendredis soir alors qu'eux allaient veiller je ne sais trop où... mais ça semblait si le fun ! Un certain soir, je risquai donc de les suivre puis de m'incruster à la gang qui s'était formée. Moi, j'avais du plaisir même si ma gêne des filles continuait à me paralyser ; mais je faisais des efforts louables... Mon humour semblait plaire aux gars et je me sentais accepté... Vraiment ! À tel point que je crus bon de m'imposer à chaque week-end... Et c'est bien vrai que nous avions du fun ! Puis Michel délaissa le groupe pour vaquer à d'autres occupations. Je me retrouvais tout à coup sans alter ego... et je survivais... Wow !

Un jour, plusieurs mois après mon entrée dans cette gang – nous nous étions baptisés les *Chemises vertes* – on jasait comme ça, une bière en main :

– *Tu sais Luc, au début, on trouvait ton humour un peu beaucoup agaçant, on acceptait mal ta présence, mais t'es chanceux, avec le temps, on a fini par t'accepter...*

Je venais d'être intronisé par mon évêque, le chef des *Chemises vertes* : d'abord un soufflet, suivi d'une parole d'inclusion. Au-delà de mon étonnement de n'avoir jamais remarqué quelque signe de rejet de qui que ce soit pendant plus d'un an, ma joie et ma fierté étaient grandes ce jour-là : je devenais enfin un membre « confirmé » et à part entière de ma gang de « *bikers* »... à bicyclette ! Une confirmation n'est jamais sans douleur... il y a toujours une baffe à la clef. **FIN**

# 3

Mon premier « char ».

Photo : Annonces classées (Aucun © indiqué)

## « *Si j'avais un char !* »

### (...Ça changerait ma vie ?)

(Steve Faulkner, alias Cassonnade)

Ma première voiture était comme celle-là, mais brune et... très rouillée. Pour camoufler les trous de rouille des ailes avant, j'y avais collé des sacs de déchets en plastique verdâtre. Les appliques Valiant étant disparues de la carosserie, je l'avais rebaptisée : « *Ma Plymouth pas de nom* ». Comme dans mon souvenir, et chose assez rare, l'antenne de la radio se trouvait sur le « hood », côté conducteur.

## A) POUR LE MEILLEUR ET POUR LE PIRE !

### Chapitre I – L'occasion du siècle !

C'était le début du printemps de l'année 1972, il y avait encore beaucoup de neige au sol. Une petite annonce classée publiée dans le journal La Parole, l'hebdomadaire de Drummondville, avait accroché mon regard scrutateur : quelqu'un indiquait qu'il vendait une auto mais là vraiment pas cher ; c'était une Plymouth 1961 manuelle « pas de nom » – vraiment ? –, au prix raisonnable de 100$. Comme je n'étais pas riche du tout et assez proche de mes dollars et cents durement gagnés, c'était là, me semblait-il en tout cas, une occasion, une aubaine à ne pas manquer.

Depuis si longtemps esclave et tributaire des automobiles et autres moyens de locomotion des autres, il m'apparaissait que vingt ans était l'âge tout indiqué pour me rendre acquéreur d'une première automobile et sacrifier cent dollars de ma précieuse cagnotte me semblait fort acceptable. Cette acquisition me semblait être un super achat et ce sur trois plans : un, comme je l'ai déjà mentionné, enfin des déplacements en toute liberté ; deux, l'apprentissage du « métier » de conducteur et, finalement et surtout, la découverte éventuelle d'une âme-sœur se laissant charmer par l'ivresse de folles randonnées en Plymouth, langoureusement blottie contre le chauffeur, c'est-à-dire, moi, bien sûr, rayonnant de bonheur... Je rêvais, par optimiste et anticipation, à des balades dont je serais l'heureux automédon et le héros ! (Pour les ballades, je dus éventuellement ressusciter la radio, aphone, en vissant dans le trou orphelin de l'antenne, une tige de métal puisée à même le trésor paternel de « cossins métalliques divers »... Ce n'était pas très chic, mais ça marchait !) Je me sentais déjà devenir James Dean pilotant son bolide ! Rien de moins !

Je téléphonai donc au vendeur et, avec les renseignements reçus, me rendis voir de visu cette bagnole qui pourrait devenir mienne dans les prochains jours. Plus qu'à moitié enneigée, je devinais qu'il n'était pas question ni d'une voiture de luxe ni de course. Mais telle qu'elle était, je la croyais tout à fait d'adon et elle correspondait tout autant tout à fait à mes modestes moyens et à mes non moins grands et nobles objectifs. J'avais pourtant une inquiétude : cette automobile fonctionnait-elle encore ? Le propriétaire de l'auto, piqué au vif par ma question, s'offrit à la déneiger suffisamment pour me faire la démonstration de sa fonctionnalité. Le moteur partit du premier coup et ce, bien qu'elle eût hiberné là pendant plus de quatre mois ! Cela fit grande impression sur moi et me convainquit de la pertinence de mon achat... Et semai quelques doutes sur l'intelligence de ce monsieur qui se délestait à vil prix d'une voiture aussi formidable. J'étais Arsène Lupin, gentleman-cambrioleur, commettant le vol du siècle ! Ce n'était pas rien... Nous allâmes sur le champ conclure la transaction à la Société de l'automobile. Une fois les modalités officielles de transfert terminées, j'avisai l'ancien proprio que je reviendrais avec quelqu'un chercher la voiture car je ne possédais qu'un permis de conduire temporaire valide pour trois mois : un conducteur en règle devait donc m'accompagner. Il me dit qu'à ce moment-là, l'auto serait garée sur le côté de la route devant chez lui et que je n'aurais qu'à prendre les clés sous le siège du passager. Je pensai qu'il me fallait donc faire vite car il n'était pas question que je me fasse voler ce nouveau bien chèrement acquis... La crainte, tout autant que la hâte, me firent passer une mauvaise nuit...

J'étais donc devenu propriétaire d'une voiture de marque Plymouth « pas de nom » – c'est ainsi que je l'ai toujours nommée mais, selon mes recherches sur Internet pour ce récit, il semble bien que ce ne pouvait être qu'un modèle Valiant 1961 –, deux portes, plutôt d'un brun chocolat au lait, un peu rouillée au bas de chaque côté en arrière, et beaucoup rouillée de chaque côté aux ailes avant, défaut qu'on ne voyait pas, l'auto enneigée. Autres caractéristiques de ce joyau : il se trouvait, sous le capot, un moteur penché de 6 cylindres en ligne de 170 pouces cubes (2,8 litres), animé par un bras de transmission manuelle rattaché à la colonne de direction, c'est-à-dire au volant ; de plus, il était doté d'une pédale d'embrayage, d'une « *clotche* » (1), très désajustée par l'usage. Les quelques défauts ci-haut mentionnés m'importaient peu, car dans mon enthousiasme, dans mon aveuglement devrais-je dire, je ne voyais que la beauté, les qualités et, surtout, au-delà de la ferraille et de son usure, j'entrevoyais les possibilités relationnelles illimitées de cette automobile ! J'extrapolais, je visualisais, je rêvais : « *Les filles en raffoleront !* » On dit que l'amour est aveugle... J'étais immensément amoureux !

Oui, j'étais fier de mon acquisition et j'étais confiant qu'elle me permettrait de réaliser rapidement tous les objectifs, les rêves, qui me l'avaient fait choisir.

## Chapitre II – Un peu mêlé, tu dis !

Lorsque j'en pris possession, l'auto roulait sur des pneus d'hiver « sur la fesse », c'est-à-dire usés jusqu'à la corde. La venue de la belle saison m'obligea à la chausser de pneus d'été ; j'avais acquis du propriétaire, en même temps que la voiture, ces pneus – pas neufs eux non plus – déjà montés sur jantes. Par souci d'économie, je voulus faire ce changement de roues moi-même, chez moi. Je m'installai dehors près de l'entrée de notre garage, installai par précaution des blocs sous les roues arrière pour immobiliser la voiture pendant l'opération, puis commençai à jouer du cric que j'avais placé tout près de la roue avant, côté chauffeur. Vous auriez du entendre les grincements qu'émettaient la voiture à chaque coche du cric : la roue avant n'était pas encore soulevée du sol que, déjà, je craignais que l'auto ne se brisât en deux ! Ébranlé mais déterminé, je l'ai soulevée un peu plus encore, un pouce pas plus... juste pour voir... en fait, pour entendre, pour constater que les grincements se transformaient maintenant en craquements inquiétants... Mon véhicule semblait vouloir implorer mon indulgence, sinon me mettre sérieusement en garde :

– *Luc, mauvais chiro, tu ne vois pas que j'ai les os fragiles ? Par pitié, arrête ! Cesse de me faire souffrir...! N'entends-tu pas les craquements de mon « squelette », mes gémissements et mes cris de douleur ? Pitié !*

Mais c'est bien plus par peur que par pitié que j'ai inversé le loquet du cric, ai redéposé l'auto sur ses quatre roues, me jugeant incapable de terminer l'opération sans danger... pour moi ! J'irai dans un garage... un vrai garage !

En si peu de temps, je venais de perdre un peu de ma fierté et un peu de ma confiance virginale et indéfectible envers mon véhicule...

ଔଚ

Je me vois conduisant ma Plymouth « pas de nom », la plupart du temps seul à bord, sans supervision, bien que mon permis ne me le permît pas, apprenant peu à peu les rudiments de la conduite manuelle, celle-ci fortement compliquée par une pédale de transmission, la fameuse « *clotche* », qu'il me fallait pousser jusqu'au plancher pour qu'elle acceptât de faire son travail en me permettant de changer de vitesse. Un jour de ce même début d'été, je revenais chez moi et, pour accéder à ce « chez-moi », il fallait tout d'abord monter la côte de la rue Hamel qui y donne accès. Ce qui, jusqu'à ce moment précis, n'avait jamais posé problème. Comme à l'habitude, au bas de la susdite côte, la voiture se trouvait en troisième vitesse puis, compte tenu de la pente relativement abrupte, la voiture décélérait m'obligeant à mettre la transmission en deuxième position pour, finalement, franchir les derniers mètres en première vitesse... Cette fois-ci encore, la voiture accepta le premier changement de vitesse réclamé et nécessaire. Ensuite, comme à l'accoutumée, l'auto continua de ralentir en haut de la pente et m'indiqua qu'il y avait urgence à débrayer en première. Mais cette-fois, l'opération me fut refusée ! Plus rien à faire ! Le bras de transmission ne voulait plus libérer la deuxième vitesse ! Dans le dernier tiers de la côte, le régime du moteur ne pouvant plus entraîner la voiture plus haut, elle s'étouffa et le susdit moteur s'éteignit. Fini ! Kaput ! Comme ça ! Tout bêtement ! Platement ! Sans même m'avertir ! J'étais perplexe, sans voix et, surtout, je ne comprenais pas pourquoi mon « auto de rêve » me jouait un tel coup bas, me laissant sans voix, sans ressource et, surtout, penaud au beau milieu de la côte, exposé aux regards moqueurs.

C'était une situation très gênante car, pour empirer la chose, il y avait vraiment des spectateurs... j'étais donc très gêné ! Je débarquai, ouvris le capot, examinai les leviers et les engrenages suspects sans reconnaître où se trouvait le problème... J'imaginais le pire lorsque mon voisin et ami Jacques me voyant la tête sous le capot vint s'enquérir de la situation. Le mieux possible, je lui expliquai ma panne et ma peine ; Jacques se pencha sous le capot, exécuta quelques gestes experts mais mystérieux pour moi. Il m'invita ensuite à retourner dans l'auto. Je tournai la clé, j'empoignai le bras de transmission... Miracle ! Tout fonctionnait bien à nouveau. Je pus terminer l'ascension de la côte Hamel et aller garer mon auto à l'endroit réservée à celle-ci dans la cour des Granger. J'étais content et rassuré. Dire que je l'avais presque condamnée, mon auto, sans enquête ni procès... Je débarquai et, craignant une récidive de mon véhicule, je demandai à mon voisin magicien de la mécanique, de m'expliquer plus en détails l'énigme du blocage et, surtout, les gestes magiques qu'il avait posés, qu'il fallait poser.

– *Ah !*, dit-il, *fais-toi-z-en pas, c'était juste les vitesses qui s'étaient mêlées !
Viens, je vais te montrer comment on fait pour les démêler.*

Et il me montra... C'était salissant, mais c'était facile ! Mais il fallait le savoir...

Fierté et confiance (comme on dit au base-ball) : une prise !

## Chapitre III – « Embarque, embarque ma belle... »

C'était un beau vendredi soir d'été de 1972, j'avais rejoint ma gang et nous avions veillé, probablement au club *Le 400*, la discothèque branchée de Drummondville, à cette époque-là. La soirée dansante, bien arrosée comme tant d'autres qui l'avaient précédée, se déroulait normalement, agréablement. On a dansé, puis dansé, puis dansé encore sur tous les hits de l'heure. En bonne compagnie, le temps passe vite... Arriva alors le « *last call* » de 3 heures du matin ; nous décidâmes d'aller prendre une collation quelque part dans un restaurant ; Christine Pizzéria, sis sur la rue Hériot, fut longtemps notre resto préféré du haut de la ville. À Drummondville, en haut de la ville signifie qu'il faut monter une côte dont la dénivellation, pas tant longue ni abrupte que ça tout de même, doit approximer la centaine de pieds tout au plus.

Rien de bien terrorisant : on n'est pas à Québec, ni à Sherbrooke quand même !

Cette fois-là, nous allions ailleurs, plus loin ! J'offris de voiturer qui voulait bien embarquer avec moi, rêvant d'une âme féminine qui se laisserait attendrir et convaincre... Personne ! Bon ! Un peu de déception à surmonter... Je m'installai au volant, un peu pompette, mais pas trop quand même... et je suivis la caravane, bon dernier. Celle-ci emprunta la rue Georges vers l'est pour tourner vers le nord, à gauche sur le boulevard Saint-Joseph. Nous arrivâmes en vue de la côte... Une toute petite pente de rien du tout à monter... Dernier en lice, je manquai le feu vert et je dus m'arrêter au bas de l'icelle. Mes amis, eux, continuèrent leur chemin. « *Je les rejoindrai bien assez vite !* », me dis-je in petto, affichant une confiance illimitée en la puissance de mon bolide, cette confiance n'étant en rien fondée sur quelque expérience récente. Je l'ai déjà dit : l'amour aveugle est excessivement confiant... J'étais donc très, immensément, excessivement confiant !

J'étais donc arrêté au feu rouge juste au bas de la côte du boulevard Saint-Joseph, rongeant mon frein, inquiet, déçu de n'avoir pu prendre un élan ; anxieux aussi, car j'anticipais la difficulté que j'aurais de surmonter cet obstacle priant intérieurement pour ne pas que mes vitesses s'emmêlassent dans la pente, surtout pour ne pas que la voiture « stâllât », et tombât en panne dans son ascension. Ironiquement, ce soir-là, on eût cru que ma voiture possédait un détecteur d'ivresse puisque j'étais incapable de la faire avancer rapidement : passer de la première vitesse à la deuxième, c'est-à-dire accélérer de 0 à 15 km à l'heure, pour pouvoir engager le deuxième rapport, prenait un temps que je jugeais non conforme aux spécifications d'origine du fabricant et même pire que d'habitude.

Cet entêtement à ne pas accélérer normalement était très gênant puisque, même à cette heure avancée de la soirée, il y avait des automobilistes derrière dont les moteurs montraient quelques signes d'impatience devant autant de lenteur, pour ensuite, tannés, las d'attendre un miracle qui ne se produirait pas, me dépassèrent en faisant vrombir leur engin en guise de moquerie et de mépris.

La dévotion est souvent récompensée mais elle a un prix : l'auto décida à mon grand dam de s'immobiliser dans la côte, elle soufflait misérablement, lorsqu'un miracle se produisit. J'entendis même le bruit de l'effort que Dieu dut fournir pour me venir en aide : ça a fait « Pouf ! » et « Bang ! » J'aurais pu croire que ma voiture avait explosé mais, comme j'étais toujours vivant, cela me soulagea d'avoir été épargné. Et, ô surprise !, ô miracle, même ! Une énergie inconnue, insoupçonnée, une ardeur toute nouvelle sembla tout à coup animer l'auto que je conduisais : tellement, qu'elle franchit les derniers mètres de la pente avec une facilité aussi déconcertante qu'inexplicable... Comme rien n'est gratuit en ce bas monde, j'observai que deux nouveaux bruits, forts, continuels, mystérieux donc inquiétants, accompagnaient désormais le deuxième souffle de mon auto : celle-ci grondait fort et pétaradait bruyamment, presque joyeusement, comme si elle traînait une longue cordée de boîtes de conserves « matrimoniales ». Perplexe, je me garai sur le côté de la route et jetai un coup d'œil sous la voiture pour reconnaître les problèmes : le pot d'échappement, détaché de sa partie arrière, traînait misérablement sur l'asphalte ! Cela expliquait les deux bruits continus consécutifs qui les avaient précédés : pouf et bang ! Maintenant, malgré ce que je savais, je n'étais que partiellement rassuré. De plus, il me semblait probable que mon miracle me coûterait plusieurs sous...

Conscient du retard que cet événement m'avait fait prendre, je continuai mon chemin et me rendis au resto où, depuis plusieurs minutes déjà, mes amis s'étaient regroupés et... ne m'attendaient plus ! En fait, ils avaient déjà presque terminé leur repas. Je m'installai à une table, racontai mon aventure, qui fit rire la compagnie ; mais, déjà, il fallait partir. Je savais bien qu'il me serait impossible désormais, dans la condition nouvelle de ma voiture, de convaincre quelque jeune fille que ce soit de la raccompagner chez elle.

Je vous confie dès maintenant un secret : les seules filles à avoir accepter que je les véhicule dans ma bagnole, ce furent ma mère et mes sœurs... Quand il n'y avait pas moyen pour elles de faire autrement. C'est tout ! Non, jamais de promenade, de balade avec une amie, ou une amoureuse... Ô, tristesse infinie...

Fierté et confiance : deux prises !

## Chapitre IV – « Bonjour, la police... »

Il me fallait donc rentrer chez moi, triste, déçu, penaud. J'entrevoyais ce retour à la maison avec un peu d'inquiétude. À cette heure fortement matinale, soit un peu avant l'aube, il n'y a pas beaucoup de circulation en ville sinon celle de rares retardataires comme moi, celle des employés de bars et de clubs qui retournaient chez eux après qu'ils aient eu balancé la recette de leur soirée et quelques voitures de police faisant leur ronde nocturne pour s'assurer que ces retours à la maison se déroulaient dans l'ordre.

Tout au long du chemin, je résolus de prier encore une fois ma bonne étoile, mon ange gardien... qui me soutinrent bien volontiers pour les deux tiers du trajet que j'avais à effectuer puis qui, sans raison apparente, me lâchèrent une fois rendu au carrefour après lequel pourtant je pouvais espérer une libération totale de toutes mes craintes.

Voici le fil des événements.

Je venais d'immobiliser mon véhicule au feu de circulation situé en haut de la rue Hériot, coin Marchand, lorsque je vis une voiture de police garée dans le bas de celle-ci, endroit où je devais inévitablement passer pour me rendre chez moi. L'option, exclue dès qu'elle s'est présentée à moi, était de tourner à gauche pour aller prendre le boulevard Saint-Joseph par la rue Marchand, puis de me rendre jusqu'à l'Autoroute 20, traverser le pont puis emprunter la rue Monplaisir puis le chemin Hemming... un détour de près de 10 kilomètres ! Je ne m'en sentais ni le courage, ni la capacité, peut-être même que mon réservoir à essence lui non plus n'en n'avait plus la capacité, allez savoir...

J'imaginais aussi mon tuyau d'échappement faire des flammèches et du bruit sur un trajet d'une telle longueur ainsi que le nombre potentiel d'autos de polices que je pouvais statistiquement rencontrer : je décidai de prendre au plus court et de braver la seule force constabulaire qui se trouvait au bas de la côte !

Et à Dieu vat !

Dans mon délire, j'avais la certitude que les policiers m'attendaient, tels des loups surveillant la malheureuse et innocente brebis. Il me semblait invraisemblable qu'ils n'entendissent point les bruits pétaradants de ma voiture qui brisaient pourtant pruyamment le silence de la nuit. Conclusion logique : on m'arrêterait, et on examinerait le véhicule pour en découvrir ses défauts évidents : la rouille omniprésente sur sa coque et le « *muffler* » bruyant et traînard. Je les imaginais renifler l'haleine du conducteur de cette épave rendue fétide par l'alcool et les cigarettes. Bref, j'envisageais le pire... Et si cela se produisait, le petit oiseau de nuit que j'étais était cuit, cui-cui, même !

Je n'avais que quelques secondes, tout au plus une minute, pour inventer un « *modus operandi* » salvateur. Ce que, en fonction de mon état, je fis avec une rare intensité ainsi qu'avec une non moins grande efficacité.

Une solution alternative s'offrit d'elle-même : je pouvais descendre la côte en position neutre, sans peser sur la pédale de gaz pour réduire au maximum le bruit du résonateur, tout en exerçant une certaine pression sur le frein pour éviter de prendre trop de vitesse et pour éviter les flammèches ainsi que le bruit causé par de frottement du résonateur sur le sol. Finalement, j'affecterais avec le plus d'aplomb possible l'attitude confiante et décontractée du conducteur peinard, n'ayant vraiment rien à se reprocher.

J'avais grandement besoin de Dieu et de tous les saints du ciel pour faire tourner au vert, au bon moment, le feu de circulation du bas de la côte Hériot près de laquelle se trouvait la voiture de police ; je devais tourner à droite sans devoir m'arrêter car stopper à ce feu de circulation me serait fatal ! Heureusement pour moi, Dieu ne dormait pas encore ! Contre toute vraisemblance et en défi total de toutes les lois de la probabilité, ma stratégie a fonctionné ! Avec l'accélération contrôlée que je prendrais grâce à la gravité, je pouvais espérer me dérober à l'intérêt des policiers après avoir tourné sur la rue du Pont, qui descend elle aussi dans sa première partie. Il fallait que le feu de circulation collaborât... et c'est ce qu'il fit ! Et la police ne vit rien, n'entendit rien, donc ne fit rien ! Je leur passai sous le nez tel l'homme invisible conduisant un char invisible... Qui protège l'honnête citoyen, je vous le demande ?

Arrivé chez moi, fatigué, éreinté après une dure journée et une rude soirée, mais tellement soulagé, je garai mon tacot derrière l'auto de mon père, qu'il avait arrêtée, lui, devant la porte du garage. Demain est un autre jour... et je me disais qu'effectivement le lendemain je verrais bien mieux, éveillé et dégrisé, l'étendue des dommages et des réparations qu'il y aurait à faire.

Fierté et confiance : fausse balle... mais toujours deux prises !

## Chapitre V – Son chant du cygne...

Après tant d'émotions, je dormis comme un loir jusque vers midi le lendemain. Encore enveloppé des brumes de l'alcool et du sommeil, on me pressa de déplacer mon véhicule pour laisser passer celui de papa garé devant. Je m'habillai sommairement, pris mes clés, insérai la clé idoine dans l'ouverture du contact, mis en marche le moteur, appuyai sur les deux pédales pour embrayer et... surprise, stupéfaction et déception : les deux pédales s'enfoncèrent jusqu'au plancher sans que j'eusse exercé de pression véritable ! Cet enfoncement m'était familier pour la pédale d'embrayage, la « clotche », mais pour la pédale de freins, c'était nouveau, en fait, c'était une première ! Je sortis du véhicule, me penchai pour regarder sous la voiture, derrière ; je constatai qu'un tuyau de freins avait été coupé, vraisemblablement par le résonateur détaché de sa gance. Une large flaque d'huile salie luisait sur le sol ; toute l'huile à freins, selon mon estimation, était répandue par terre... Je n'en menais pas large...

Fort mécontent mais résigné, je me fis aider par un de mes frères pour pousser mon char sur le côté droit du garage, là où il ne risquait plus de nuire aux allées et venues des autres véhicules encore fonctionnels de ma famille. En bonus, à cet endroit, il serait moins visible ! Bien fait pour lui !

Fierté et confiance ? « *Strike out !* » Retiré ! Chagriné, déçu, contrarié, dégoûté, découragé, bref, piteux et dépité, j'allai me recoucher !

# Chapitre VI – Mon char est mort !

Commença dès le lendemain une évaluation détaillée des bris et des dégâts de la voiture malade et, bien sûr, une estimation des sous nécessaires à sa remise en condition de rouler... Les freins, l'embrayage, la tôle percée par la rouille, des pneus d'hiver à acquérir éventuellement... à vue de nez et même à vue de tous les autres organes du corps : le prix trop élevé dans les deux cas. Mon char n'en valait plus la peine ! Son ramage s'était détérioré lui aussi et il ne valait guère plus que son plumage !

La Plymouth 1961 resta en pénitence à son lieu de remisage jusqu'à ce que, peu de temps après, papa Joseph la trouva gênante, encombrante et dérangeante. Il m'en glissa un mot lors d'un souper et on convint qu'il appellerait la remorqueuse de la cour à « *scrap* » pour qu'on vienne chercher la loque métallique, désormais juste bonne pour la ferraille.

Quand le « *towing* », la remorqueuse appelée par mon papa Joseph bien tanné de voir cette loque métallique défigurer sa cour, vint faire son boulot, j'étais absent de la maison. J'aurais pourtant tant aimé faire des adieux officiels et bien sentis à cette automobile usagée – dire « usée jusqu'à la corde » aurait été plus approprié, j'en conviens – qui m'avait fait rêver pendant quelques mois d'été, mais qui n'avait pas tenu toutes ses promesses : pas d'aventures ou de belles histoires d'amour comme dans les films de James Dean et de tant d'autres films de bagnoles, ou comme dans les contes vantards de mes chums de gars. Non, décidément, il est clair que les filles dont j'ai tant rêvées n'ont pas été au rendez-vous !

Pas de « wow ! » non plus émanant de mes amis ou de mon entourage ; ceux-là qui possédaient également un véhicule conduisaient quelque chose de beaucoup plus digne de ce nom d'automobile : un modèle plus récent, plus sportif, plus esthétique, et quoi encore de plus et de mieux...

Oui, j'aurais bien aimé lui faire mes ultimes adieux à cette première voiture qui m'avait initié à la conduite automobile et à l'inconduite des jeunes femmes qui m'entouraient... J'aurais pu lui faire les tatas de circonstance lorsqu'elle aurait été accrochée à la dépanneuse. Je revins de la ville, un jour d'automne, en fin d'après-midi, je jetai un coup d'œil mélancolique du côté du garage et j'eus un choc terrible : ma bagnole n'y était plus... Elle ne fut rien de plus qu'un amour passager, éphémère, d'un seul été... une amourette !

Papa Joseph s'en était débarrassé pour le seul prix de la tôle d'acier.

Adieu donc, veaux, vaches, cochons, couvée, et surtout, voiture magnifiée, portée aux nues, en laquelle j'avais mis tellement d'espérances...

ભ્ઠ

Ah ! mon premier « char », c'est vrai que tu n'as pas été à la hauteur de mes attentes, mais tu m'auras cependant, et à tout le moins, permis de pratiquer suffisamment ma conduite automobile pour me permettre d'obtenir un permis de conduire officiel. Ai-je besoin de vous dire que l'examen pratique sur route a été fait avec une autre voiture, soit avec la toute belle et toute sportive Ford Fairlane GT 500 bleu clair à transmission manuelle au plancher dont mon oncle Serge était l'heureux et fier propriétaire. Avec raison !

J'ai pu aussi, le temps que ma Plymouth 1961 rouillée « pas de nom » fut en ma possession, me déplacer de façon autonome, donc de n'avoir pas à faire du pouce ni à quémander de transports. Mais surtout, cette Plymouth aura eu l'insigne honneur d'avoir été la première automobile que j'aurai possédée dans ma vie...

Voilà ! C'était là une histoire d'amour-haine que je tenais à vous conter !

## B) MA COUR À « *SCRAP* »

### Chapitre I – Toyota Corolla

À la longue, advint un temps où ma conjointe Ginette et moi-même sommes devenus las, agacés, exaspérés, « ben » tannés des problèmes récurrents des voitures d'occasion que nous avions possédées. Voici pourquoi...

La première coupable de cet état d'esprit fut la Toyota Corolla bleu pâle de Ginette, celle-là même (la voiture, pas Ginette !) qui venait de nous déménager, elle, nos plantes et moi, de Montréal vers la Mauricie. Elle n'était plus bien jeune : il me fallut superposer une mince tôle d'aluminium à la sole des bas de portes de chaque côté de cette voiture pour en cacher la rouille devenue par trop évidente – anecdote : mes ciseaux à tôle étaient tout neufs, fraîchement acquis en solde de la quincaillerie P. A. Gouin, sise rue des Forges à Trois-Rivières : à mon grand dam, ils cassèrent au niveau de la charnière dès le premier coup de ciseau ! Ils n'avaient même pas entamé une petite tôle de quelques millimètres d'épaisseur ! J'étais sidéré... Je les ramenai au magasin fort de mon argument-massue : des ciseaux à tôles, même *made in Taïwan*, ça devrait bien être bâtis pour couper de la tôle, non ? Eh bien, sachez qu'il me fallut tout mon « petit change » pour convaincre le vendeur d'au moins me permettre de procéder à un échange ! Non, pas pour d'autres ciseaux pareils ! P. A. Gouin fut incendié peu de temps après (en 1979). C'était une précaution à prendre car les inspections surprises, les opérations « minoune » é-taient choses fréquentes. Cet après-midi-là, je voulus déposer un paquet assez lourd sur la banquette arrière : à mon grand dam et à ma non moins grande surprise, le pied que je déposai alors sur le plancher de l'auto le transperça et ne trouva du so-lide que rendu à l'asphalte sous l'auto ! Je soulevai le tapis : les deux « cuvettes » ar-rière du plancher étaient fortement rouillées. Que faire ? Je taillai deux planches de contreplaqué de bonne épaisseur à la taille voulue, c'est-à-dire un peu plus large que le trou à réparer, et les déposai dans chacune des deux cuvettes du plancher arrière. Puis je remis le tapis à sa place. Je ne veux pas me vanter... mais je crois bien que ce plancher à l'arrière de la Toyota n'avait jamais été aussi solide ! Je venais d'accroî-tre, à moindre coût, la durée de vie de notre véhicule. Mais nous savions bien, Ginette et moi, que ce n'était tout de même qu'une question de temps, de très peu de temps.

Cette bagnole a décidé de nous laisser en plan le 20 juillet 1980, au pire moment qu'on peut imaginer puisque nous partions ce matin-là pour notre lune de miel dans les Laurentides mauriciennes. La Toyota nous lâcha dès que nous eûmes embarqué sur l'autoroute 55 nord, c'est-à-dire à moins d'un kilomètre seulement de notre point de départ, de notre domicile de Trois-Rivières-Ouest. Le moteur : boucane et kaput ! Dépités, il fallut appeler mes beaux-parents qui vinrent nous secourir, puis nous prêtèrent généreusement leur voiture pendant une semaine.

Exit et à la casse, méchante, décevante, traîtresse Toyota Corolla !

## Chapitre II – Plymouth Brougham

Peu après, pour la remplacer, nous avons acquis une Plymouth Brougham 1974, de couleur rouge à toit de cuirette vinyle noir et à sièges de velours pour le luxe, voiture que j'ai dû, plus tard, repeindre au complet à cause de certaines plaques de rouille apparues sur la carrosserie. J'avais trouvé, en magasin, une couleur assez semblable à l'originale me semblait-il du moins, peinture que j'ai appliquée au pe-tit rouleau, s'il-vous-plaît ! C'était l'automne, et comme il faisait frisquet, un peu trop frisquet, la peinture sécha en laissant sur la carrosserie une pigmentation picotée qui ressemblait à celle d'une peau de pêche ; cela me valut maints sarcasmes de la part du voisinage immédiat, de mes amis et des membres de nos deux familles.

Autre source de déception : le klaxon... Intercepté dans une « opération minoune », il s'avéra que ce mécanisme demeura muet au moment où on le sollicita. C'était peu de chose et c'était facile et peu coûteux à réparer. Bref, j'étais assez content de n'avoir reçu du policier un avis de réparation de 24 heures que pour ce seul pro-blème. Au garage, on m'expliqua le problème en ces termes : « *C'est le « relay » qu'il faut changer.* » Ce qu'est le « *relay* », ou « relais » en bon français, pourquoi

il se trouvait derrière le coffre à gants, et quelle était son utilité... Je l'ignorais a-
lors, je l'ignore encore aujourd'hui ! Toujours est-il que le mécanicien, le jour même, changea la pièce dès qu'il la reçut. Heureux de l'ouvrage effectué et du prix a-
bordable de la réparation, je sortis du garage et me rendis sans détour au poste de
police leur asséner la démonstration de ma bonne volonté et de ma coopération.
J'entrai dans le poste et expliquai au policier à la réception la raison de ma présence. Il me suggéra d'avancer mon véhicule près de la porte d'entrée et d'action-
ner le klaxon. Ce que fis mais non sans avoir au moins testé le mécanisme une fois
auparavant... Il ne marchait pas ! Muet le « criard » ! Je le réessayai une fois, deux
fois... la troisième fois, il fit son ouvrage... Hésitant, je décidai de jouer le tout pour le
tout : j'avançai l'auto devant la porte du poste de police où se tenait déjà le policier
de faction, fit une courte prière, pesai sur le klaxon... et fus très rassuré d'entendre
un « hon-hon ! » sonore et bien senti... Le flic me fit signe qu'il était satisfait et que
je pouvais partir. Ce que je fis avec un énorme soulagement, d'autant plus que,
rendu à plus de cinq cents mètres du poste, mon klaxon, sollicité à nouveau, n'é-
mit aucun son... Mais le vrai malheur vint du moteur. Celui de cette Plymouth,
bourré d'huile épaisse STP dès l'achat par le vendeur malhonnête, avait la malcommode et très désagréable idée fixe, au premier changement pour de l'huile
ordinaire, de cesser de fonctionner en plein milieu de la côte cachée de Notre-Da-
me-du-Mont-Carmel, forçant le chauffeur, moi, à arrêter, à chaque fois, sur le bord
de la route pour le repartir. Comme je faisais, pour mon travail, l'aller-retour St-
Louis-de-France/Shawinigan-Sud chaque jour de la semaine pour mon travail, je ne
la trouvais pas drôle du tout ! Ce moteur malade et obstiné fut confié à un garagiste de
confiance et c'est un copropriétaire incrédule, dubitatif, et un brin railleur, qui apprit de l'autre copropriétaire, son épouse, que la réparation requise, soit un moteur complet réusiné, coûterait 1000 $ ! Le copropriétaire que j'étais dut, après
beaucoup d'insistance de l'autre copropriétaire, sa conjointe Ginette, s'incliner
devant le fait brut et brutal et se résoudre à la coûteuse réparation du susdit moteur moribond. Voici le compte-rendu de notre conversation de ce matin-là, mon
épouse Ginette se trouvant au garage, et moi, à la maison, prenant l'appel :

– *C'est une blague ! ? ! Avoue-le ?,* m'exclamai-je, quelque peu beaucoup ébranlé.

– *Non, ce n'est pas une blague ! Un moteur ré-usiné, ça coûte ça 1000 $.*

– *Je ne dis pas qu'un moteur ré-usiné ne vaut pas 1000 $, je dis que je ne
te crois pas quand tu dis que notre auto en a besoin d'un !*

– *Combien de fois faudra-t-il te le répéter, Luc : c'est sérieux, notre garagiste Jean-Louis Gagnon me dit que la réparation du moteur actuel coû-*

*terait plus cher que l'installation d'un moteur ré-usiné qu'il peut installer pour 1000 $ ! Alors, je te pose la question : qu'est-ce qu'on fait ?*

— *(...)* Note : s'il n'y a rien entre les 2 parenthèses, c'est que j'étais sans voix !

Je ne pouvais rien ajouter car pendant tout le temps qu'avait duré notre conversation, moi je ne cessais de fixer la date du jour indiquée au calendrier... J'étais sonné, mais toujours un brin incrédule... Que croire ? Qui croire ? J'attendais, j'espérais encore une réfutation, qui pourrait générer un grand rire, réfutation qui ne vint malheureusement pas ! Sachez que cette conversation-là, Ginette et moi l'avons eue le 1er avril 1982 : jamais de ma vie je n'avais autant désiré que tout cela fût vraiment un canular, une farce. Je vous en prie, SVP, dites-moi que c'est un **poisson d'avril** !

Espoir très « chèrement » déçu... : 1 000 $... Quand même !

## Chapitre III – Ford Tempo

Une troisième déception m'attendait : l'auto suivante s'appelait Ford Tempo, deux portes, du début des années 1980. Je trouvais que mes enfants, encore en bas âge, seraient en sécurité assises toutes les trois sur la banquette arrière, incapables qu'elles seraient d'ouvrir les portes. Tout allait bien lorsque... Un jour d'été, alors que nous étions garés dans le stationnement du dépanneur pas très éloigné de notre domicile, il me fut impossible de repartir le moteur. Je n'obtenais que des clics du démarreur... Le moteur, lui, ne faisait aucun effort pour tourner. Rien ! Étions-nous en train de revivre une autre histoire d'horreur impliquant la mort précoce d'une de nos autos ?

Bien non ! L'expert de la dépanneuse du CAA, le *Club Automobile Canadien*, appelé à la rescousse, prit note des explications qu'on lui fournit avec un trémolo d'inquiétude dans la voix ; l'expert demanda qu'on ouvre la malle arrière. Il retira la garniture du côté chauffeur, farfouilla de quelques gestes précis mais mystérieux puis demanda qu'on tourne la clé... L'auto repartit sur le champ ! Comme une neuve ! Elle vivait encore, telle une auto/Lazare ressuscitée sur un simple commandement de Notre-Seigneur Jésus-Christ/CAA !

Cet expert du CAA, stoïque tout autant que bien renseigné, nous ramena illico dans le monde réel, pas toujours simple, en nous apprenant que :

— *Certaines autos de Ford de l'année de la vôtre sont munies d'un dispositif antichoc fermant automatiquement l'alimentation d'essence afin d'éviter que le moteur explose lors d'un solide accident frontal.*

– *Alors*, argumentai-je, *pourquoi ce dispositif antichoc s'est-il déclenché sans raison... puisque nous n'avons rien heurté ?*

Sa réponse fut franche, immédiate, directe et laconique :

– *Sans doute le dispositif fait-il défaut, mais ça, c'est à vous de voir !*

Plus tard, au garage, on évalua que le changement de ce dispositif, plus complexe qu'il paraissait, coûterait plusieurs centaines de dollars... Après mûre réflexion, on ne le fit donc pas réparer, puisque le gars du CAA nous avait montré comment accéder au bouton magique. Un soir, vers 22h00, je revenais du stade de base-ball de Trois-Rivières lorsque l'auto s'arrêta et commença à fumer ! Je roulais alors sur le chemin Masse, j'étais presque rendu chez moi... Je dus me garer sur le bord la rue, tournai la clé pour arrêter le moteur, sortit, ouvrit le capot, éteignit le feu qui s'était déclaré sur le bloc-moteur. Je laissai reposer quelques minutes et voulus repartir... en vain, le moteur, lui, refusait de collaborer. Je tentai à plusieurs reprises la manœuvre « pousser le bouton magique dans la malle arrière »... en vain ! J'allai appeler le CAA chez un résident qui se trouvait être un collègue de travail. On m'avisa d'un délai de 30 à 45 minutes. Patiemment, j'attendis... il était tard, il faisait froid, j'étais légèrement vêtu. J'attendis... longtemps... longtemps... J'étais là, j'étais las aussi, et je tendais l'oreille au moindre bruit lointain d'un moteur...

– *La remorqueuse s'en vient... Oui... Non... Peut-être... Un autre bruit... Cette fois-ci, ça y est ! C'est vrai... Non, ahhh ! Encore un espoir déçu. J'attendis...*

La remorqueuse ne vint pas. Et j'étais gelé jusqu'à la moelle des os !

Cela devait bien faire une heure et demie que je poireautais. Il était désormais bien trop tard pour déranger à nouveau le bon samaritain qui devait bien dormir à cette heure-là. Je me résignai à partir à pied vers chez moi, non sans me retourner de temps en temps tout le temps que ma voiture fut dans mon champ de vision. Quand j'arrivai chez moi, quelque 30 minutes plus tard, transi et grelottant, je téléphonai au service de dépannage.

– *Ah ! Monsieur Granger, excusez-nous, on vous a oublié ! Désolé... Mais, là, on vous envoie quelqu'un tout de suite ! Restez sur place !*

– *Non, sûrement pas*, rétorquai-je sèchement, *laissez faire ! Je suis chez nous... Il est près de 2 heures du matin, je suis transi, je suis fatigué, je me couche ! Je vous rappellerai demain matin... Merci... Bonne nuit !*

Peu après cet incident de la Ford Tempo, nous avons acheté notre toute première voiture neuve, une Hyundai Sonata 1994. Nous avions eu, et amplement, notre quota de surprises, de désagréments et de problèmes causés par les caprices et la fragilité des voitures usagées.

## Chapitre IV – Hyundai Sonata (neuve)

Commençait, désormais, une nouvelle ère : celle des caprices et des problèmes des voitures neuves. Car la Hyundai Sonata 1994 quatre portes bleu foncé eut l'insigne honneur de devenir notre premier véhicule neuf à Ginette et à moi ! La Sonata de Hyundai ? Une machine dont il n'y a rien à dire sinon qu'elle a été à la hauteur des attentes mises sur elle... du moins jusqu'au moment où nous fîmes un voyage en famille le long de la rive sud du fleuve Saint-Laurent en empruntant sa côte nord pour le retour à la maison. Je ne craignais pas les pentes abruptes fort nombreuses que je prévoyais y rencontrer puisque, avant d'entreprendre ce périple, je m'étais assuré, chez le concessionnaire, du bon fonctionnement des quatre freins et, on n'est jamais trop prudent, du frein à main.

– *Je veux qu'ils soient A1, rien de moins !*, précisai-je, usant du jargon familier aux vendeurs d'autos. *Et, s'il le faut, remplacez toutes les pièces douteuses, vous avez mon feu vert. Vous n'avez même pas besoin de m'appeler !*

Jamais, au grand jamais, je n'aurais cru qu'un garagiste muni d'un tel contrat en blanc fût capable de résister à la tentation de tout changer et de présenter la « totale » à son client ! Parce que c'était un vendredi, lui, il résista !

Nous descendions une des pentes les plus spectaculaires du village de Saint-Irénée à la Malbaie, un pied ferme sur la pédale de freins, confiant dans la qualité de mon freinage fraîchement examiné et réparé, lorsqu'une boucane bleuâtre abondante surgit de sous l'auto et nous submergea au point de nous cacher le chemin devant ! Il fallut stopper au bas de la côte. Je n'en croyais pas ni mes yeux, ni mon nez ! Que s'était-il donc passé ? Je patientai quelques minutes, histoire de calmer quelque peu ma colère – moi aussi je boucanais ! – et refroidir mes freins qui semblaient avoir terriblement souffert. Puis, je repartis, roulant lentement, freinant tout doucement, « délicatement », puis roulant à nouveau, freinant un peu moins délicatement, et ainsi de suite, jusqu'à ce qu'un minimum de confiance reprenne place en moi.

Nous repartîmes, avec en tête, la mienne, la ferme résolution de ne plus faire d'escale nulle part, même pas quelques minutes à Tadoussac. J'annonçai cette décision à ma famille. L'atmosphère n'était plus à la fête dans l'habitacle de la voiture, les enfants maugréant contre leur père trop affecté, bougonneux, surréagissant selon elles, à un incident qui, à leurs yeux d'enfants non responsables, leur semblait somme toute bénin, puisque de toute façon la voiture freinait. Le lendemain du retour à la maison, je me présentai chez Hyundai pour poser quelques questions, mais surtout pour qu'on me montrât l'état de mes freins. L'auto montée sur le « *lift* », le mécanicien enleva les quatre roues, dévoilant l'état des dommages : un cylindre de frein arrière coulait, l'autre, de l'autre côté, était « *jammé* », bloquée complètement. Les disques de freins d'en avant, neufs, avaient pris, en chauffant, les couleurs de l'arc-en-ciel tellement ils avaient été sollicités dans les côtes pour pallier les défaillances de leurs collègues de derrière. Quant aux freins arrière, je me permis l'observation suivante :

– *Ceux-là ne me semblent pas très neufs... et à vous ?*

– *Monsieur Granger, l'autre jour, nous n'avons pas eu assez de temps pour les changer ; mais on pensait vraiment qu'ils feraient la job.*

Zéro sur dix pour le jugement et la compétence ! Maintenant, quelques questions pour mesurer son empathie-client :

– *Donc, les freins à l'arrière, il faut les remplacer, n'est-ce pas ?*

– *Oui... Les deux freins ne fonctionnent plus... Ça pourrait être dangereux !*

Je pensai, mais n'osai pas l'exprimer haut et fort :

– *Tiens donc, on dirait qu'il ne le sait « qu'aujourd'hui » que des freins usés c'est dangereux...* Je le relançai :

– *Mais compte tenu de ce que je vous avais demandé de faire avant de partir en voyage, du danger encouru, du stress causé par la crainte d'un accident que nous, ma famille et moi, avons vécu par votre faute, il me semble que je suis en droit de réclamer un escompte sur les réparations, qu'est-ce que vous en pensez ? Vous n'êtes pas d'accord avec moi ?*

Il ne me répondit rien. Rien ! Sinon un faible et misérable « *Désolé* », qui m'a semblé alors tellement peu sincère, qui sonnait tellement faux. Suite à cet incident, ma conjointe et moi avions la certitude d'avoir possédé une Hyundai Sonata, et même une Hyundai tout court, assez longtemps... D'un commun accord, et sans regret, nous nous en débarrassâmes en l'échangeant pour le véhicule qui suit. Je venais d'apprendre qu'une voiture neuve ne nous mettait pas à l'abri de pépins inattendus et bizarroïdes... Hyundai ? Bye bye !

## Chapitre V – GM – Saturn (neuve)

À la fin du printemps 2000, nous acquîmes une Saturn 2000 toute neuve et toute grise pâle qui, elle, dès sa première sortie familiale, nous révéla sa manie de « *shaker* », de vibrer comme le fait toute fusée dans les premières secondes de son lancement... Si on avait décollé vers Saturne, on aurait compris, on aurait accepté... Mais nous, nous ne envolions par pour aucune autre planète, on se dirigeait tout simplement vers Trois-Rivières...

On roulait à un peu plus de 70 km à l'heure sur la route 157 entre Saint-Louis-de-France et Cap-de-la-Madeleine, lorsque tout à coup la carcasse de l'auto se prit pour une machine à laver mal balancée... Ce fut une expérience étrange, désagréable, inquiétante, mais surtout inexplicable, la première fois que ce phénomène se produisit... soit quelques jours seulement après son acquisition ! Ce tremblement était accompagné d'un bruit d'enfer. J'arrêtai la voiture sur le bord pour vérifier si quelque chose ne s'était pas décroché en dessous. Je ne voyais rien mais décidai quand même d'aller en parler au concessionnaire le jour ouvrable suivant... qui, justement, s'adonnait être le lendemain.

Chemin faisant, sur l'autoroute, j'ouvris les fenêtres de derrière qu'après mûre réflexion, je soupçonnais d'être à l'origine du problème. La voiture reprit sa danse de St-Guy sonore et se comporta, tout le temps que les fenêtres étaient baissées, comme un épileptique en crise. Ma conviction était faite !

Chez le concessionnaire, le mécano de service m'écouta attentivement, mais avec quand même un peu de scepticisme et un brin d'ironie dans le regard. On fit ensemble un test de route assis dans une Saturn tout à fait semblable à la mienne et le « saint Thomas », aux yeux tout à coup dessillés, tomba des nues... Cette Saturn-là aussi avait le même défaut ! Ce défaut n'était en fait que la compression de l'air entrant par les fenêtres de derrière et causant, en tournoyant dans l'habitacle, une vibration sonore qui augmentait en force et en désagrément au fur et à mesure que la vitesse du véhicule augmentait.

On venait de découvrir un trouble normal ! Toutes les Saturn de ce modèle affichaient un fort « vibrato » dans les mêmes conditions de conduite ! Mais, il suffisait de laisser les fenêtres arrière fermées pour l'éviter... Et tant pis pour les clients trop chiches qui avaient refusé l'option « air conditionné » !

L'autre trouble récurent de notre Saturn était son moteur qui s'emballait à des moments inopportuns, quand on voulait s'arrêter, très souvent. Combien d'examens, de tests, d'auscultation, d'expertises et d'essais routiers faits en vain : le problème pouvait sembler réglé en sortant du garage du concessionnaire, puis à un moment donné, le cheval finissait toujours par s'emballer. J'en ai eu marre de ces « à un moment donné » et suggéré à ma conjointe de nous en défaire durant une de ces courtes périodes où la malade semblerait guérie. Elle a préféré la garder ; je le lui ai donc laissé le véhicule dans les arrangements de notre séparation. Finalement, le problème s'est résolu de lui-même, mais par le fait d'un accident de la route, une collision qui aurait pu être fatale pour elle-même et pour l'une de nos filles. Elles s'en sont sorties indemnes, Dieu en soit loué !

Mais l'auto, elle, ne survécut pas et fut déclarée perte totale ! Ben bon !

## Chapitre VI – Hyundai Accent

De mon côté, une fois séparé, j'acquis une petite Hyundai Accent usagée qui me fit le coup d'un « *check engine* » qui s'alluma deux fois et ce, au même endroit. À quel endroit ? J'entends déjà quelques plaisantins dire qu'ils se sont sans doute allumés dans le tableau de bord du conducteur... Oui, mais, ce que je veux mettre en « lumière » ici moi, c'est que le petit témoin en question s'est manifesté deux fois à une semaine d'intervalle juste à l'entrée de la bretelle de l'autoroute 20 menant à Saint-Léonard d'Aston alors que je revenais d'une visite à Drummondville. Il y avait là une coïncidence étrange que je ne pouvais expliquer.

Le garage Canadian Tire consulté peu après de deuxième « *check engine* » me fit part de son diagnostic. La machine électronique sur laquelle on avait branché le moteur de mon véhicule était formelle : il fallait changer les deux dispositifs antipollution dont le malfonctionnement devait, sans erreur de diagnostic possible, causer le problème. Cette réparation, on l'évalua à au moins 400$ soit, pensais-je, à peu de chose près, la valeur de la voiture elle-même !

Je déclinai l'offre... peu alléchante au demeurant. Et décidai d'aller chercher un deuxième avis au petit garage du boulevard St-Alexis situé pas très loin de mon ancien domicile et que je fréquentais parce que c'était des amis – un plus pour la confiance – qui en étaient les propriétaires et que leur tarif horaire était peu élevé. On y fit l'inspection visuel du problème, et un mécanicien sagace et observateur finit par remarquer que la ligne d'essence était fortement pliée, puis émit alors l'hypothèse que le mélange air-essence ne devait pas être optimal, et conclut que cela devait logiquement et fatalement déclencher ce signal de « *check engine* ». Non seulement ce mécanicien eut-il raison sur toute la ligne, mais le petit bout de tube en caoutchouc qui fut installé sur la blessure ne me coûta, en définitive, que la somme risible et symbolique de 10$ !

Ah ! Petit$ coquin$ de chez Canadian Tire-lire...

## Chapitre VII – Dodge Shadow

Amis lecteurs et lectrices, je vous entends ricaner : « *Comment, dans une vie normale, devient-on propriétaire d'une Dodge Shadow de plus de 10 ans d'âge ?* » Je vais vous le dire : quand on a un ami comme Jean Doré qui s'est fait aussi persuasif qu'un vendeur d'autos d'occasion, cela peut arriver. Je vous le dis, méfiez-vous de vos amis !

Jean possédait cette voiture usagée qu'il avait fait mettre en ordre et pour lequel il détenait un document du garage attestant de son bilan de santé *A-1 plus*. Il savait que je voulais me départir de ma Hyundai Accent et il me « picossait » allègrement et sans arrêt pour que j'achetasse son auto.

– *Luc, c'est une magnifique occasion, ne manque surtout pas ça !,* ne cessait-il de me dire et de me redire, jusqu'au harcèlement, enfin presque.

Son enthousiasme, et mon essai routier, me convainquirent : j'achetai ! Ce fut au grand déplaisir de ma blonde Monique qui ne comprenait pas que j'aie pu troquer ma Hyundai Accent pour un tel bazou ! Je n'eus pas besoin de cette voiture bien longtemps, préférant de loin conduire la Mazda Protegé de Monique pour qui je devins le chauffeur attitré. Je remis donc les clés à ma belle-fille Caroline, qui était bien contente, elle, de pouvoir profiter de cette voiture pour aller travailler. Étant serveuse au restaurant *Chez Auger*, au centre-ville de Shawinigan, elle garait donc sa voiture le plus près possible de cet établissement dans une zone sans limite horaire et ce, pour toute la journée.

Un soir, Caroline revint à la maison, tout énervée : quelqu'un avait tenté de lui voler sa Shadow ! On voyait nettement les traces d'effraction sur la porte du côté conducteur. De toute évidence, le malfrat sans ambition avait été surpris et avait manqué de temps. Nous ne le savions pas alors, mais ce n'était que partie remise. Quelques jours plus tard seulement, le voleur, le même ou un autre, on ne le saura jamais, réussit son coup cette fois-là : l'auto n'était plus à l'endroit où ma belle-fille l'avait garée ! Qui pouvait bien s'intéresser à ce point à une voiture de « pépère » vieille de plus de dix ans ? Un dealer ?

La voiture fut retrouvée quelques jours plus tard au centre-ville de Shawinigan, débarrée et le système de démarrage cassé. De toute évidence, le ou les voleurs connaissaient bien leur métier. Je fis réparer la voiture et Caroline, bien que peinée – on lui avait volé ses disques CD – et inquiète, en reprit la possession et l'usage. Pourquoi, après cette tentative de vol avortée n'avions-nous pas conclu qu'une mesure de sécurité additionnelle s'imposait ? Je ne sais pas... Du jello dans le cerveau... Mais notre négligence à installer un système de protection fit que l'auto fut volée à nouveau ! C'est Francis, le frère de Caroline, qui la retrouva au centre-ville de Shawinigan. La police la fit remorquer à la fourrière sise dans le rang Saint-Mathieu à Shawinigan pour qu'on y recherche d'éventuelles empreintes.

D'une conversation que j'eus avec le propriétaire du garage-fourrière, je compris ceci : un, le voleur n'avait qu'à appuyer sur la porte pour débarrer la porte et accéder à l'intérieur où d'un seul coup de marteau il cassait le système de démarrage, connectait les fils qu'il fallait et le tour était joué : il se sauvait avec la voiture. Aussi simple que ça ! Mais mieux encore, il m'apprit que toute les voitures fabriquées par Chrysler Corporation de ce modèle ou de modèles équivalents, par exemple, la Plymouth Sundance et la Chrysler Reliant K étaient toutes aussi faciles à voler. Et, de son index qu'il dirigeait de la gauche vers la droite, il me dit :

– *Je dois bien en avoir une bonne dizaine de ces autos-là dans ma cour !*

Une fois réparée à nouveau, on fit l'achat d'une barre de volant qui, si on l'eût acquise et installée après la toute première tentative, nous aurait sans doute évité bien des sous et bien des soucis! Quelque temps après, Monique et moi nous achetions une Honda Civic toute neuve et abandonnions la Mazda Protegé – ça s'écrit vraiment comme ça ! – à Caroline qui fut, dans les circonstances, tristement heureuse d'abandonner sa Dodge Shadow à la machine à aplatir de la cour à « *scrap* », qui transforme les autos en cubes compacts. Enfin, et désormais, la Dodge Shadow ne lui ferait plus « ombrage »...

## Chapitre VIII – Honnêtement, les vendeurs d'autos...

Je suis là à vous parler de mes anecdotes de chars alors que je sais bien que vous tous, amis lecteurs, en avez sûrement vécu d'aussi mauvaises ou d'aussi cocasses... Peut-être même de plus mauvaises et de plus cocasses ! Exemple, j'ai entendu Robert C., un collègue de travail, parler d'un moteur de camionnette d'une marque américaine, fraîchement sortie de chez le concessionnaire dont le moteur, et celui qui l'a remplacé, ont rendu l'âme en quelques jours d'utilisation seulement ; après le deuxième incident, ne voulant plus de son citron, il perdit je ne sais plus combien de milliers de dollars pour obtenir l'annulation de son contrat d'achat ! Un autre collègue, Jean Pierre – *pas de trait d'union (il se reconnaîtra)* – D., m'a conté que les portes de sa « Chevrolet Beretta deux portes » pourtant toute neuve, tombaient à cause de charnières trop faibles pour les soutenir ! Et j'ai encore le souvenir, tout aussi drôle, d'un essai routier d'une voiture de luxe de marque *Infiniti* dont le logo métallique apposé à l'arrière se détachait facilement, à la main ! Je revois encore l'animateur, étonné, ironique et moqueur, qui montrait aux téléspectateurs ces quelques lettres « détachées » perfides, qui en disait tellement long sur la qualité de finition des voitures de cette marque, pourtant prestigieuse !

⋄⋄⋄

On le sait tous très bien : le monde de l'automobile recèle son lot d'honnêtes gens mais, malheureusement aussi, fourmille de vendeurs et de mécaniciens que les stratagèmes, les arnaques et les « gammiques » ne rebutent pas. Plus haut, je vous ai parlé du vendeur, un tout petit revendeur de voitures d'occasion en fait, qui avait bourré le moteur de ma Plymouth usagée d'huile *STP* « épaisse » pour en camoufler un problème d'usure important ; pour clore ce chapitre, je vous présente le cas d'une autre auto usagée supposément entièrement vérifiée, remise en ordre et certifiée A-1 que voulut nous vendre, que nous vendit en fait le concessionnaire Chrysler trifluvien. Ma conjointe m'appela le lendemain de la signature du contrat pour me dire qu'ayant remarqué que le moteur fumait, elle se rendait chez le concessionnaire de qui nous l'avions acquise. Pis, ajouta-t-elle, le témoin « *check engine* » s'étant allumé avant d'arriver à bon port qu'elle arrêta le véhicule pour s'enquérir de la procédure à suivre. Au téléphone, on lui dit qu'il n'y avait pas de danger à rouler le dernier demi-kilomètre qui lui restait à faire. Ce qu'elle fit. Le lendemain, le garage nous indiqua qu'une réparation majeure était nécessaire : il fallait changer, à prix fort, le joint d'étanchéité, le « *gasket* » de tête du moteur. L'arrangement tordu qu'il nous proposa alors était celui-ci : rouler au moins 300 kilomètres avec le véhicule puis, osa-t-il ajouter :

— *Revenez nous voir une fois ce kilométrage atteint, nous ferons payer la réparation par la compagnie Chrysler via sa garantie « voitures d'occasion ».*

En toute connaissance de cause, sachant que le problème préexistait avant la vente et, surtout, afin de ne pas avoir à payer lui-même la réparation, après nous en avoir vanté le bon état en long et en large, ce garage nous offrait de comploter avec lui pour frauder la propre compagnie dont il était le concessionnaire trifluvien attitré ! Bravo pour l'honnêteté et l'éthique...

— *Ça se fait couramment dans le domaine de l'usagé.* », nous confia-t-il, pensant amoindrir ainsi sa minable et répréhensible culpabilité à nos yeux.

Nous tombâmes quand même dans le piège, en signant ce maudit contrat d'achat, sauf que, le lendemain, le remords me rongeant, je décidai de retourner chez le concessionnaire et de mettre fin à cette arnaque à laquelle il voulait m'associer. Je me revois argumenter avec le vendeur, imperturbable et même un peu scandalisé, qui campait sur sa position :

— *Monsieur Granger, puisque le contrat est déjà signé, je n'y peux plus rien ! Je regrette... Vraiment, je ne peux rien faire pour vous... Désolé...*

Je lui redemandai puis, en raison de son refus obstiné, j'exigeai de voir son patron qui, fort heureusement pour moi, était présent en ce lundi matin. À ce dernier, je débitai à nouveau mes arguments et mes appréhensions, exigeant la résiliation pure et simple du contrat qui nous liait. Il y eut, bien sûr, une forte résistance, ils argumentèrent ; ils étaient deux dans le grand bureau à tenter de nous amadouer, moi et ma conscience. Je fis alors quelques menaces, claires et directes, de communiquer la situation au journal *Le Nouvelliste* et obtint, de haute lutte, la reddition de l'ennemi. Nous déchirâmes simultanément nos copies respectives du contrat. Puis, j'émis un long soupir de soulagement... Poignées de mains... Bon débarras ! Salut ! Bye !

Dehors, je sentais que l'air était plus pur... Je m'en fus, soulagé, content...

ෙ෯෨෩

Je vous fais une confidence pour conclure cette histoire : cette auto usagée que l'on venait d'acheter, bien trop précipitamment, chez ce concessionnaire Chrysler aux valeurs floues et un peu trop « intriguant » à notre goût, cette voiture, dis-je, était de couleur beige foncé à l'extérieur et d'un jaune indéfinissable tirant sur l'orangé fadasse à l'intérieur. Elle était laide... Mais laide... Non, c'était bien pire que ça : elle était horrible ! En fait, je suis encore bien en deçà de la vérité : elle était plus que laide... même plus qu'horrible : elle était à vomir ! Comment avait-on pu se convaincre que d'acheter une telle auto serait une bonne affaire ? ¡ Yo no sé ! ¡ Éramos stupidos y cretinos ! [2]

# FIN

[1] Page 103. Je crois qu'il est plus que temps d'informer les lecteurs que mes anglicismes pourraient surprendre, incommoder, et même rebuter, qu'au temps de ma jeunesse, beaucoup de ceux-ci ou de mots « franglais » se glissaient dans nos conversations, résultat de deux siècles de colonisation anglaise. Les boss, les patrons des usines du Québec d'alors étaient des Anglais, leurs employés s'adressaient à eux en anglais et, tous les jours, ces derniers communiquaient entre eux dans un charabia français « joualisant » incluant de nombreux termes techniques anglais rattachés à leur domaine d'emploi souvent entremêlés, agrémentés, de nombreux sacres et blasphèmes. C'était ainsi dans les usines de pâtes et papier, dans les usines de textile et c'était ainsi dans les garages pour automobiles. C'était avant que la Loi 101, faisant de la langue française la seule langue officielle du Québec, fut votée le 26 août 1977, loi qui força, parmi beaucoup d'autres choses, la francisation des lexiques associés aux professions et aux métiers. Quant aux sacres, ils n'ont pas totalement disparu ; ils sont encore très utiles aux Québécois quand ils veulent ajouter un peu de « superlatif » à l'expression de leurs idées, de leurs sentiments, mais surtout pour bien imager leurs colères et leurs déceptions.

[2] Page 123. Il me fallait bien justifier les 2 cours d'espagnol que j'ai suivis. ¡ Olé !

# Un dessert « pour la route »...

Un été (celui de 1971 vraisemblablement), j'ai travaillé au *Bureau des véhicules automobiles* de Drummondville ; à mon guichet, j'accueillais les personnes, surtout des jeunes comme moi, qui désiraient obtenir un permis d'apprenti conducteur. Certains jours, il se formait des lignes de clients et d'accompagnateurs qui, partant de mon guichet au sous-sol, se terminaient presque à la porte d'entrée du bureau des véhicules ! J'étais populaire...

Il y avait toutes sortes de procédures administratives à respecter ainsi qu'un questionnaire assez long portant sur des aspects de la santé des aspirants conducteurs qui pouvaient avoir une incidence sur la faculté de conduire un véhicule. Je devais lire à haute voix chacune de ces questions, toutes fort personnelles, et qui, pour plusieurs d'entre elles, si elles étaient répondues par l'affirmative, recalaient ipso facto le candidat.

Il comportait une question surtout qui, toujours mal interprétée, suscitait instantanément chez tous mes « clients », un recul de surprise, le quiproquo et des protestations immédiates, outrées et véhémentes :

– *Faites-vous usage ou avez-vous déjà fait usage de médicaments ou de drogues ?* »

Jamais, au grand jamais, un candidat ne m'a-t-il répondu, candidement :

– *Je suis découvert... Puisque vous voulez le savoir, je fume du pot tous les jours et je « sniffe » une ligne de coke une fois par semaine.* »

La question, même si elle n'était pas banale dans sa formulation, référait surtout, mais sans exclure l'addiction, à une éventuelle situation médicale temporaire ou permanente du prétendant chauffeur. Quoi qu'il en soit, systématiquement, je recevais, des mères accompagnant leur fils (ou leur fille), choquées, fâchées, offensées, voire offusquées, cette même réponse indignée :

– *Jamais de la vie, mon fils ne prend pas de drogues, vous saurez... Car je l'ai bien élevé ; mon gars, c'est vraiment un bon garçon !* »

Dans tous les cas, la procédure disait que je n'avais pas à argumenter ; je cochais la case « non », même si, sur cet aspect en particulier, ma connaissance du « bon garçon » en question pouvait être meilleure, plus à jour, disons, que celle de la mère...

De toute façon, les bons garçons tout comme les mauvais garçons devaient signer leur déclaration assermentée. L'éventuel faux témoignage leur appartenait...

⌘

Dans ce Bureau des véhicules automobiles de Drummondville, en 1971, il y avait deux évaluateurs de conduite sur route. Les deux étaient sévères sans aucun doute, mais l'un d'eux l'était plus que l'autre : celui-là s'appelait monsieur Croisetière. Ce dernier était un gros homme d'une cinquantaine d'année qui avait une caractéristique particulière : il ne souriait jamais ! En fait, il avait toujours l'air fâché, et on le disait pointilleux, insensible et redoutable. On croyait même que le taux d'échecs plus élevé de ses candidats à l'obtention d'un permis de conduire était lié plus à l'intransigeance qu'il affichait qu'à la performance réelle de ses élèves.

Bref, si l'on eût pu choisir son examinateur, ce dernier aurait été mis au chômage dans la semaine qui eût suivi tant sa réputation était mauvaise.

Toutes les formalités administratives complétées avec succès, l'examinateur sortait, s'assurait que l'automobile du client était en parfait état de rouler ; le cas échéant, il s'assoyait coté passager et notait sur sa fiche, tout au long du trajet qu'il désignait au candidat au fur et à mesure, les mérites du chauffeur, ses omissions, ses oublis et ses maladresses.

Un homme se présenta un jour... Il était âgé de 80 ans, une lettre l'avait sans doute contraint à venir passer tous les tests d'habiletés requises pour maintenir son droit de conduire un véhicule automobile. Tout d'abord, il lui fallut passer des tests de la vue qui l'obligèrent à aller consulter son opticien et à faire modifier les verres de ses lunettes. Il revint une semaine plus tard pour des tests de réflexes... et c'est là que tout a commencé à se gâter pour lui.

Quand la lumière de l'appareil à tester les réflexes s'allumait, il devait peser du pied sur une pédale. Son temps d'exécution était vérifié. Il devait réussir le temps requis trois fois de suite. Ce qu'il n'arrivait pas à faire. Je le savais, tout le monde dans le bureau le savait et ce, bien que les tests se fissent en privé dans une salle fermée. Comment ? L'homme était aussi sourd qu'il était myope, au point que l'examinateur devait crier pour lui communiquer ses instructions. Lui, ratant tous ses groupes de trois essais commençait à perdre patience et se mit à hurler et à sacrer son mécontentement.

On lui donna finalement, avec un peu de pitié sans doute, le feu vert pour le test sur la route. Quand il revint, c'est monsieur Croisetière qui lui fut désigné...

✎

M. Croisetière, au naturel fondamentalement taciturne, bougon et un tantinet peureux, ne débordait pas de joie d'avoir été assigné à un homme de 80 ans, bigleux et sourdingue, ayant difficilement réussi ses tests de réflexes, s'étant difficilement dépatouillé de ses examens théoriques et médicaux, et qui, tout comme l'examinateur, n'avait pas envie de rire. L'octogénaire grogna donc plus qu'il dit : « *En bas, j'ai la voiture de mon fils pour passer l'examen de la route.* »

– *Allons-y, l*ui fut-il répondu laconiquement et sans enthousiasme aucun....

La scène à laquelle nous assistâmes cet après-midi-là restera gravée à jamais dans la mémoire de ceux qui en ont été les témoins. Quinze minutes environ après être sortis, l'examinateur bedonnant, talonné de près par son client, rentrait, en trombe, dans le bureau. Furieux, ce dernier déversait à haute voix, sans se formaliser du public présent, une litanie d'injures sur monsieur Croisetière qui, aussi vite que lui permettait son corps grassouillet, alla se réfugier derrière le comptoir. Là, au moins, devait-il penser, il serait à l'abri des sévices physiques.

– *Vous êtes juste des trous de c... tous autant que vous êtes...* éructa l'octogénaire, *je vois clair dans votre jeu : vous vous êtes tous donné le mot pour m'empêcher de récupérer mon permis. Ben, allez donc tous au diable !* (Note de l'auteur : l'expression ultime entendue était beaucoup plus ordurière que celle-là !)

Il déversa sur tous les employés présents toute la hargne, tout le dépit et toute la colère qu'il avait accumulés depuis sa première visite ; il hurlait qu'on l'avait trompé, qu'on l'avait niaisé, qu'on l'avait « barouetté » et qu'on lui avait perdre son temps. Il était hors de lui... Quand il eut fini, le vieux client partit, suivi de près par son fils qui lui, ne disait rien... Ce dernier avait bien compris que son véhicule, examiné du pare-choc avant au pare-choc arrière, était loin d'être conforme au code de la route... Il planifiait sans doute, mentalement, une petite visite au garage...

Vous ne serez pas étonnés : le vieil homme en colère n'est jamais revenu...

ೞ৪ಐ

À l'automne de 1972, c'était à mon tour de passer l'examen de la route ; tout l'été, j'avais conduit mon véhicule Plymouth « pas de nom » que je viens de vous présenter au chapitre 3 de ce bouquin, et je me sentais fin-prêt !

Assis sur le banc de la salle d'attente, je priais Dieu et tous ses saints que mon examinateur ne fût pas monsieur Croisetière... Hourra ! Ma prière fut exaucée : c'est l'ex-collègue le plus sociable des deux qui m'invita à le suivre.

Ce dernier m'avait reconnu bien sûr, et la balade qu'il me fit faire dans les rues de Drummondville fut des plus simples, des plus faciles et des plus agréables, la conversation portant surtout sur les nouvelles personnelles de l'un et de l'autre. Il faut dire aussi que j'avais quelques connaissances des choses à faire, et à ne pas faire, avant, pendant et après la « ride ». Le tour fini, nous revînmes au bureau.

J'obtins donc, moi, illico et sans aucun problème un permis... de classe chauffeur, SVP ! C'était, pour moi, « *quand jeunesse savait et pouvait* » mais, surtout, « *quand jeunesse connaît bien le bon gars qu'il faut à la bonne place !* »...

**FIN**

L'école Garceau, telle qu'elle était quand l'auteur y fit ses 6 premières années d'études primaires.
Photo : ophq.gouv.qc.ca

**4**

10e année « scientifique »
Collège Saint-Frédéric
Drummondville, Québec
Titulaire : Frère Olivier Desjardins
(dans le cercle : l'auteur)
Photo : Archives de l'auteur

# « *Sunshine reggae* »
### (Laid Back)

### Chapitre I – L'âge de Pierre...

Images : Clipart & publicdomainpictures.net

Transportons-nous, si vous le voulez bien, en 1969, à l'automne de cette année-là plus précisément. Je venais d'avoir mes 17 ans et fréquentais la classe de 11e année scientifique de l'école St-Frédéric, une école d'élèves exclusivement de sexe masculin tenue et dirigée par les Frères de la Charité, congrégation religieuse qui s'est installée à Drummondville en 1906. Cela ne signifie pas que je n'ai eu dans cette classe que des professeurs clercs, pères ou frères ; non, plusieurs profs laïcs mâles y enseignaient aussi. On est à l'école ? Voici un court cours d'histoire. L'implantation de l'usine de textile *Canadian Celanese* à Drummondville – là où mon papa, Joseph, a fait toute sa carrière de travailleur et de superviseur – en 1926 laissait présager une hausse importante de la population scolaire dans un proche futur. La commission scolaire fit donc construire une nouvelle école de 2 étages briquelée, à toit plat, l'Académie David ainsi nommée en l'honneur de l'honorable Athanase David (1882-1953), secrétaire de la province de Québec, école qu'elle inaugura en 1928. Renommée *École Saint-Frédéric* en 1936, le bâtiment fut agrandi d'une aile gauche en 1948, puis d'une aile droite et d'un gymnase en 1955. Dans cette ultime configuration, l'école Saint-Frédéric, désormais publique, comportait une trentaine de classes et pouvait accueillir quelque 800 élèves. Elle était comme ça quand j'y fis mes 10e et 11e années dites « scientifiques » – il y en avait aussi des « générales » et des « classiques ». Au moment où se déroule la présente histoire, une autre institu-

127

tion scolaire drummondvilloise enseignait aux jeunes garçons du même âge : le Collège Saint-Bernard, inauguré en 1962, lui aussi administré par les membres de la même congrégation, les frères de la Charité. D'abord juvénat, puis école secondaire pour garçons seulement en 1964, le Collège Saint-Bernard est devenu, en 1968, évolution sociale oblige, une institution mixte.

Le lecteur doit aussi savoir, sinon se rappeler, qu'en 1969, le groupe britannique les Beatles, qui faisait la pluie et le beau temps sur tous les hit-parades de la musique pop du monde, était à leur apogée, que tous les adolescents qui rêvaient d'être populaires s'achetaient une guitare et voulaient reproduire la musique de ce quatuor et, bien entendu, leur image. Chez les personnes de quarante ans et plus, les Beatles avaient la réputation d'être des « pouilleux », et c'est vrai qu'ils avaient les cheveux assez longs pour l'époque où les cheveux courts coupés en brosse dominaient la mode adulte. Ce besoin, pour toute une nouvelle génération de se différencier de la précédente, s'exprimait partout dans le monde, et Drummondville bien sûr ne faisait pas exception. Beaucoup de jeunes garçons portaient donc les cheveux « *à la Beatles* », quelques-uns les portaient même plus longs qu'eux encore. Je vous conte tout cela parce que l'élève Pierre Go, que j'appelle ainsi pour préserver son anonymat, faisait partie de ces susdits « quelques-uns » dont la chevelure dépassait de beaucoup le collet de sa chemise, aux grands dam et déplaisir des frères de la Charité du Collège Saint-Bernard qui, possiblement à cause du caractère quelque peu élitiste et assez aisé de leur clientèle, y voyaient matière répréhensible et punissable. Pierre avait beau essayer de contourner ce règlement sévère en insérant la portion illégale de ses cheveux à l'intérieur de son collet, la chevelure revêche ressortait à tout moment : Pierre se faisait donc servir avertissement sur avertissement. Du haut de ses 17-18 ans et de ses 5 pieds 11 pouces, il tenta bien d'argumenter avec la direction du collège sur l'inanité d'un tel règlement diabolisant les cheveux longs ; cela, plaidait-il, n'affectaient en rien l'intelligence et la performance de la personne qui les arborait. Il avait bien raison mais, comme le rappelle si pertinemment le vieux dicton : « *Dura lex, sed lex !* » (La loi est dure, mais c'est la loi !) Bref, Pierre Go ne voyait pas où était le mal et, comme il n'en voyait pas, il tint tête aux Frères et refusa obstinément de se conformer à cette règle qu'il jugeait rétrograde et injuste. Du côté de l'accusation, on rejeta d'emblée ses arguments et l'on fit avertir les parents. Il faut croire que les parents de Pierre, à l'instar des Frères, furent impuissants à le convaincre, ou leur rejeton de courber l'échine ou la direction de l'école St-Bernard d'être tolérants à l'endroit de leur progéniture car l'intimé, après plusieurs mises en demeure d'obtempérer, fut expulsé de l'école en plein milieu de la session scolaire d'automne. Il dut donc trouver une autre institution qui l'accepterait tel qu'il était : beau, grand, intelligent, mais chevelu ! Cette institution, moins sévère, s'avéra être l'école Saint-Frédéric, mon école. À ce dernier endroit, même si les Beatles n'y étaient pas plus populaires, autant chez la direction cléricale que chez le personnel enseignant, une longue crinière d'étudiant ne semblait pas être un motif à vouloir couper les cheveux en quatre...

## Chapitre II – Une classe « pas de classe » [1]

Quoique mon aîné d'un an, mon frère Michel se retrouvait dans la même classe que moi : il avait dû renoncer à faire sa « première » onzième année à cause d'une mononucléose qui l'avait rendu faible et anémique. La mononucléose est une maladie provoquée par le virus Epstein-Barr qui frappe surtout les adolescents et les jeunes adultes. Parmi ses manifestations importantes, il y a le mal de gorge, une très grande fatigue et une sensation de faiblesse dans tout le corps qui accable le malade durant quelques semaines, voire quelques mois. Michel, lui, s'est senti fatigué et faible pendant rien de moins que toute une année ! La mononucléose est aussi appelée « maladie du baiser » car elle s'attrape principalement par l'échange de salive lors des baisers. Le malade est trop affaibli pour exercer les sports et les activités physiques qu'il aime, et il ne peut pas non plus riposter aux moqueries, aux sarcasmes et aux « étirements de pipe » dont on l'accable ; à cet égard, puisqu'il est question d'infection par la salive, on peut dire que, pendant quelque temps, mon frère Michel en a vraiment « bavé », passez-moi l'expression ! Oh, ce qu'il s'est fait taquiner à propos de sa maladie pas ordinaire ! Mais comme avec le temps tout s'émousse, tout s'estompe, tout passe, les symptômes de la maladie et les quolibets de l'entourage ont finalement pris fin. Et mon frère Michel put enfin – en fait, il dut, dès qu'il le put – retourner à l'école.

Lors de cette onzième année-là, notre professeur titulaire se nommait monsieur Raoul Pépin. Monsieur Pépin devait avoir un peu plus de cinquante ans, il n'était pas grand, son crâne se dégarnissait et, surtout, il se dégageait de sa personne une bonhomie bon enfant et maladroite qui, j'en fus sûr et certain dès le premier jour, le desservirait rapidement, et toute l'année, comme professeur auprès des jeunes indisciplinés que nous annoncions être déjà le jour même de la rentrée scolaire.

Des professeurs hors-norme, j'en avais déjà eu quelques-uns durant ma « carrière » d'élève et d'étudiant. À l'école Garceau, il y eut madame Dupuis, ma maîtresse de 2e année qui avait comme méthode d'enseignement de nous faire entrer le français dans la caboche en suivant le chemin, improbable : doigts, gorge, tête et, pour plusieurs, les yeux aussi. Je m'explique. Lors des dictées, la consigne était de lui remettre, au fur et à mesure et l'un après l'autre, notre copie pour correction ; nous nous tenions debout près de son bureau, une main levée vers elle à l'horizontale, paume vers le haut. Une règle de 16 pouces en main, madame Dupuis lisait mentalement notre écrit et nous gratifiait d'un coup de cette règle (les doigts meurtris) faite d'un bois franc solide – souvent un brasse-peinture fourni par nous via la quincaillerie *JP Blanchard* située tout à côté ! – et ce, à chaque faute que ses yeux rencontraient ; à la fin, on savait combien on avait commis de fautes... Il suffisait de compter les coups reçus... Le truc bête, c'est qu'elle ne nous indiquait pas où on les avait commises. Sa lecture terminée, affectant une attitude offusquée, outragée même, elle déclamait, haut et fort : « *Allez corriger vos fautes, monsieur Granger !* » Ainsi la classe elle-même n'était pas dupe du nombre de fautes commises par le « délinquant » : tous ne savaient pas écrire parfaitement, mais chacun savait compter des coups de règles jusqu'à 20. Il était devenu évident pour les élèves que nous étions que le terrorisme et l'humiliation (la gorge serrée) faisait partie intégrante de la pédagogie de cette « maîtresse ». Un élève qui, comme moi, faisait peu de fautes de français, quoique stressé quelque peu, pouvait retrouver les 3 ou 4 fautes lui ayant valu sa pénitence de 3 ou 4 coups de règle (la tête devait travailler vite et bien), mais le compagnon de classe qui, lui, avait eu le malheur d'en commettre une vingtaine, déjà blessé dans son corps et dans son orgueil, comment ferait-il pour identifier les siennes ayant tellement « foiré » sa dictée la première fois ? On en a vu certains qui ont reçu de madame Dupuis, une deuxième raclée semblable à la première, ou même pire, qui croyaient pourtant avoir corrigé au moins quelques fautes ; c'était peut-être vrai, mais leur méconnaissance de la langue de Molière étant ce qu'elle était, ou à cause de l'énervement, pour chaque faute réelle corrigée, ils en commettaient une ou plusieurs autres. Et les condamnés se présentaient à nouveau, à leur corps défendant, à un deuxième tour de flagellation « manuelle » musclée : c'était la « règle »... et elle était « solide », croyez-moi ! Certains, plus sensibles, étaient incapables de retenir quelques cris et quelques larmes... ( les yeux rougis ). Il nous apparaissait très clairement, à nos yeux d'enfants, que madame Dupuis prenait à la chose un certain plaisir sadique... certain ! Mon bulletin de 2ᵉ année indique, pour un mois où cette technique fut appliquée à chacune des matières, une note globale de 100%, soit le résultat d'une note de 100% obtenue pour chacune des matières étudiées. Et je n'étais pas le seul dans ce cas, un collègue élève, Luc Michaud, fils du docteur Jean-Berchmans Michaud, ex-maire de Drummondville, avait aussi obtenu cette note cumulative parfaite ; ce Luc et moi convoitions chaque mois avec la même ardeur la place honorifique du bureau situé le plus près de celui de notre chère « maîtresse ». Ce mois-là, on a donc dû faire appel au hasard pour déterminer l'heureux gagnant ! Trois années plus tard, nous apprendrions avec stupeur que tous les deux, le père et le fils Michaud, notre compagnon de classe de 5ᵉ, étaient décédés dans l'écrasement, le 17 février 1963, d'un avion Cessna que le docteur lui-même conduisait. Il y eut aussi madame Cormier, ma maîtresse de 5ᵉ année, à l'intransigeance, frôlant la méchanceté, qui, déçue des résultats de ses élèves aux examens de fins d'année du Ministère de l'Éducation eut l'excellente idée de détruire toutes les copies d'examens et de les jeter tout bonnement à la poubelle ! Quelle mauvaise « bonne idée » ! Dans mon souvenir, dès l'an d'après, elle fut interdite d'enseigner, du moins, ne la revit-on plus jamais à l'école Garceau.

L'école Garceau était une institution résolument religieuse : les sœurs – bizarrement, une sœur de cette école qui enseignait la 1ʳᵉ année s'appelait Sœur Jean-Louis, prénom de mon grand frère ? – y enseignaient la religion catholique tous azimuts, ainsi que tous les commandements de Dieu et de l'Église qu'on devait connaître par cœur et auxquels on devait obéir à la lettre sous peine de pécher, « capitalement », véniellement ou mortellement. On y respectait les nombreuses fêtes religieuses et on y priait comme si l'on nous voyait, déjà, toutes et tous, embrigadés dans les ordres. Alors que chez nous, on n'était pas contraints au chapelet en famille radiophonique quotidien, l'école nous imposait régulièrement le supplice du rosaire : trois chapelets complets, c'est-à-dire 30 fois le *Je vous salue Marie*, intercalés de maints *Notre-Père*, de quelques *Gloire soit au Père* et d'une litanie d'intentions destinées à exorciser le monde méchant et démoniaque dont nous faisions partie. Ce rosaire collectif, c'était à chaque fois une longue épreuve accomplie debout, chapelet à la main qu'on égrenait grain à grain ; immanquablement, à chaque fois, certains élèves plus faiblards ne manquaient jamais de s'évanouir. On nous menait aussi, régulièrement, à l'église Saint-Frédéric, tout à côté, pour y entendre une messe de ci ou une messe de ça, ou pour subir certains rites auxquels étaient astreints les jeunes catholiques baptisés de cette époque : première confession, première communion et celui de la confirmation, cérémonie pendant laquelle l'évêque lui-même venait allumer, d'un léger soufflet sur la joue, la flamme du zélateur du Christ que nous devions devenir, chacun de nous, à ce moment précis. Dire que, malgré tous ces salamalecs et bondieuseries auxquels j'ai été soumis, j'ai pu rêver d'être prêtre, un certain laps de temps du moins... Cette école Garceau, où j'ai fait mes six premières années du primaire, appliquait une discipline sévère : peu d'élèves prenaient le risque de transgresser de façon évidente les règles de politesse et d'obéissance établies par la direction de cette institution. On y marchait les fesses serrées... dans le seul sens, ici, qu'on avait peur ! Et, parlant de marche, vous souvient-il que, pendant les récréations, alors que nous les enfants jouions aux billes, à la corde à danser ou à autre chose, les religieuses marchaient sur deux lignes droites, les unes faisant face aux autres, une ligne avançant, la 2e reculant puis, arrivées au bout du chemin disponible, celles qui reculaient avançant et celles qui avançaient reculant... tout cela dans un ordre « militaire » parfait. Les religieuses pourraient-elles aller jusqu'à prétendre avoir inventé la première « danse de ligne » ? Ce qui ressemblait aussi au monde militaire, c'était les « combats » auxquels les petits élèves étaient régulièrement conviés à participer. On nous plaçait en large cercle tout autour de la classe et la maîtresse, à tour de rôle, posait une question aux écoliers ; quelqu'un répondait-il erronément ou ne connaissait pas la réponse, il se voyait obligé de retourner à sa place et à assister, comme spectateur passif, au reste de la « confrontation », « mort au combat » ! Je me souviens d'en avoir gagné de ces combats, car à l'apprentissage du « par cœur », à la mode à cette époque là, j'étais pas mal bon – on apprenait par cœur, le catéchisme (les commandements de Dieu et de l'église), le français (la graphie des mots), les mathématiques (les tables de multiplications), etc.

Hormis le prof esseur d'économie maxiste-léniniste s'habillant l'hiver comme Sherlock Holmes et possédant une Rolls Royce, un prof délinquant avéré dont je me souviens est celui de mathématiques en 5e année, M. André Bousquet, qui, à tous les lundis matin, nous contait des aventures abracadabrantes censées lui être arrivées durant le week-end. Il y allait fort quelquefois dans l'enflure et dans l'exagération... Mais cela nous le rendait tellement sympathique. Il était un peu notre capitaine Bonhomme à nous. Il nous distrayait durant la 1re partie des 2 heures que durait son cours... et, tout à coup, de conteur un peu bonasse, il redevenait le maître sévère : « *Les jeunes, maintenant on arrête de poser des questions et on commence à travailler...* » On aurait bien aimé que tous les professeurs fussent comme lui... drôle et exhubérant, mais exigeant et rigoureux. J'avoue que cet ordre et cette discipline que l'on pratiquait à l'école Garceau me convenait assez bien ; quoique exagérés et sans répit, c'était, somme toute,rassurant. On ne voyait que peu de dérapages dans les comportements des enfants entre eux et envers les adultes. Il se commettait bien quelques injustices de-ci de-là, comme la fois où nous attendions l'autobus du retour à la maison, en rang et en silence s'il vous plaît ! Ça jasait quand même un peu, autour de moi, tout bas... Devant cet état de fait, je me permis de participer aux murmures de la conversation. Mal m'en prit, la sœur surveillante décréta : « *Les enfants, allez jouer dans la cour, sauf monsieur Granger à qui il faut, semble-t-il, apprendre à respecter les consignes.* » Planté là comme un piquet, j'étais gêné et honteux d'avoir été le seul à me faire prendre... Offusqué aussi... Punir et humilier faisaient partie de l'arsenal d'apprentissage de nos maîtresses, laïques comme religieuses. Une autre fois, un matin, je me sentis mal ; j'attendais impatiemment que la cloche de la récréation retentît pour me ruer vers la toilette, et quand cela se produisit, je me retrouvai assez loin dans la ligne des petits « envieux ». Trop loin en fait car tout ce que j'avais mangé décida de remonter et de s'étaler sur le plancher, ironiquement, juste devant la porte de la toilette... Oui, ironiquement, car c'était à mon tour... Alors que je vomissais, ma bretelle décida, elle, de se casser juste au-dessus de la pince : l'élastique finit sa course en plein dans mon visage. Je pensais bien avoir atteint là mon top d'humiliation, lorsque j'entendis le commentaire suivant d'une professeure derrière moi : « *Espèce de cochon, tu n'aurais pas pu te retenir encore un peu ! Allez, va-t-en chez toi !* » Je me revois, petit garçon blessé, honteux, marchant sur le chemin du retour, pleurant ma vie en tenant d'une main la bretelle mesquine et traîtresse rendue inutile. Mais, tout ayant une fin, cela, le séjour à l'école Garceau, prit fin lorsque, autant les garçons que les filles, nous fûmes mutés dans deux écoles du village voisin, Saint-Charles-de-Wendover. Je venais de terminer ma 6e année.

Au collège Saint-Charles, en 7e année, – car dans mon temps, il y avait effectivement une 7e année –, j'eus un professeur titulaire en soutane, frère Bertrand, qui commençait toutes ses classes en nous faisant entonner le psaume du jour, une sorte de prière chantée en pseudo-grégorien. Pour nous les jeunes, c'était inintéressant et... risible. Cela devint rapidement hilarant car le frère Bertrand, non seulement chantait fort, mais il chantait faux ! Très faux ! Comme s'il avait une maladie de la voix. Pas une seule note qui sortait de sa bouche n'était juste, pas même la toute première alors qu'il prenait pourtant la peine de l'établir d'avance avec un diapason buccal ! Et lui, il voulait qu'on le suive, nous ses élèves, sur le chemin criard et dissonant tracé par lui. Les élèves retenaient mal une envie de pouffer de rire qui éclatait parfois et ce, au grand dam du frère qui rouspétait et disputait notre manque de dévotion et de collaboration. Chaque premier vendredi du mois, il y avait assemblée de toutes les classes de l'école au gymnase pour ce qui s'appelait le salut à nos deux drapeaux, le fleurdelisé déployé pour la première fois en janvier 1948 et l'unifolié canadien, ce dernier venant tout juste d'être créé et adopté par le parlement fédéral. Cette cérémonie se terminait systématiquement par une invitation faite à tous par le directeur d'entonner l'hymne canadien composé par Adolphe-Basile Routhier pour les paroles et Calixa Lavallée pour la musique. Moment redouté mais pourtant si attendu entre tous : dès que frère Bertrand entamait, sans aucun complexe, l'œuvre sacrée de sa voix aussi fausse que puissante, la salle devenait sans voix, puis hilare, prise d'un rire tout à fait incontrôlable et, bien sûr, tout à fait irrespectueuse à l'égard du frère mais, aussi et surtout, à l'égard de nos symboles nationaux. Et nous, comme on avait hâte au premier vendredi du mois suivant ! Honte sur nous ! Pour moi, cette 7e année, tout comme les suivantes je dois le dire, fut marquée par une indiscipline estudiantine généralisée qui ne prit jamais de récréation. Certains de mes compagnons de classe venaient de doubler et même de tripler cette 7e année... Ce n'était donc déjà plus des enfants, c'était des hommes, du moins physiquement à défaut de l'être psychologiquement. Aucun diktat des professeurs, ni même leurs menaces d'aller rencontrer le directeur ne purent jamais en venir à bout. En voici une preuve. Un jour, le frère Bertrand, notre titulaire, exaspéré des frasques d'un élève, exigea de celui-ci qu'il sortît illico de sa classe. Ce que l'autre, frondeur, refusa net ! S'ensuivit une altercation oratoire des plus animées et des plus colorées. Puis, devant l'insistance du frère, l'étudiant en question, semblant abdiquer, se leva de son siège, s'avança puis, lorsqu'il fut rendu à la hauteur du professeur en soutane, il se planta devant lui, le toisa plus qu'il le regarda, le menaça de l'index de la main droite et lui tint le discours suivant : « *Vous êtes chanceux, Frère Bertrand, car si vous ne portiez pas de* " barniques " (de lunettes), *je vous mettrais mon poing dans la figure !* »

Il me semble me rappeler qu'à ce moment-là, il tutoyait le frère gros comme le bras... au poing refermé qu'il lui présentait sous le nez, vindicatif...

Autre exemple. Une enseignante de musique de cette époque encore un peu yé-yé venait faire sa classe en mini-jupe ; elle ne put résister plus de deux semaines aux « siffleries » et aux moqueries coquines des garçons pré-pubères et polissons que nous étions devenus. Elle fut rapidement remplacée par un autre professeur, un jeune homme qui ne fit, lui, qu'une semaine... Puis ce fut un professeur régulier qui vint faire la surveillance durant cette période devenue, le temps de l'intérim, une période d'étude. Celui qui vint finalement nous enseigner la musique fut, pour le reste de cette année scolaire, nul autre que le directeur régional de la musique, monsieur Gilles Fortin. Monsieur Fortin était grand, il était fort, il était costaud, il était sévère... Lui, il connaissait la « musique ». Le fun était terminé...

C8∞

Un événement survint durant l'année scolaire qui suivit, la 8e donc, qui fut à l'origine d'un début de relâchement, rapide et continu, de mon intérêt académique et qui occasionna, peu à peu, année après année, une baisse marquée au niveau de mes résultats scolaires : le professeur titulaire me plaça tout en arrière de la classe, au beau milieu du groupe de compagnons reconnus pour leur indiscipline et leur délinquance. Pour justifier sa décision, qui moi me consternait au plus au point, il déclara ceci autant à mon intention qu'à celle de toute la classe :

*– M. Granger, vous êtes un gars sérieux : je sais que vous, vous ne vous laisserez pas déranger ni par les frasques de vos voisins, ni par leurs simagrées.*

Ben oui, chose, moi je suis fait en bois... En fait, j'étais atterré !

Je commençai donc à décevoir les professeurs qui mettaient beaucoup d'espoir dans cet élève pourtant studieux jusque là. Un que je décevrai sans qu'il le sache, c'est mon titulaire de 9ᵉ année, monsieur Yvon Bourgeault, qui fut l'un des meilleurs maîtres que j'ai pu avoir durant toutes ces années : il était sévère mais tellement respecté, sinon craint, de tous ses élèves, bons comme mauvais. Un jour, il m'a dit : « *Luc, si toi parmi tous les étudiants à qui j'ai enseigné, tu ne fais pas d'études universitaires, je le ressentirai comme une gifle.* » Le ton péremptoire, catégorique et surprenant de cette déclaration me fit l'effet d'un coup de pied au cul. Cela me hanta une bonne partie de ma vie, d'autant plus que, quelques années plus tard, j'ai quitté l'école sans finir mon collégial... Je pensai à lui, lorsque dans le cadre de mon travail de fonctionnaire fédéral, j'aurai l'occasion de suivre quelques cours de comptabilité à l'université du Québec à Trois-Rivières. Le tout premier soir, assis inconfortablement sur ma chaise d'universitaire, je repensai à monsieur Bourgeault... J'avais l'impression très nette, à cet instant même, d'avoir rempli un contrat tacite passé entre lui et moi. Allez savoir pourquoi, quelque 20 ans après qu'il m'eut ainsi très clairement défié, j'étais soulagé...

## Chapitre III – « *Trois p'tits tours et puis s'en vont...* »

Permettez-moi deux anecdotes « récréatives ». En 10ᵉ année, le « coup du bureau déplacé » a été réalisé une fois, une seule fois, à l'encontre de notre professeur titulaire de 10ᵉ année, frère Olivier Desjardins, qui appuyait son enseignement sur une distribution quotidienne aux étudiants de feuilles mobiles : le savoir, une étape à la fois. Un matin, sous le regard amusé de tous ses collègues collégiens, quelque mauvais garnement de la classe, glissa le pupitre professoral juste qu'au bord de l'estrade sur laquelle il était installé. « Sur le bord » voulant dire ici, les deux pattes de devant en équilibre précaire, tout prêts à perdre « pieds », oserais-je dire. Et ce qui devait arriver, arriva : tout enthousiaste de débuter sa journée, frère Olivier Desjardins, les bras archi-pleins de feuilles volantes, monta sur sa tribune, et jeta sur le bureau, plus qu'il la déposa, sa montagne de papier. Cela suffit à briser l'équilibre précaire : toutes ses feuilles volantes se mirent à... voler et, telles des feuilles d'automne, se retrouvèrent éparses et pêle-mêle sur le sol... de la classe... Ai-je besoin d'ajouter qu'une journée de cours gêné et pénible suivit la « ramasse » imposée par notre professeur, rouge de colère... contenue puisque, personne ne le sait mieux qu'un religieux, la colère est un péché capital.

135

Une autre farce estudiantine récurrente de cette année-là consistait à déposer, sur la chaise de chacun de nos professeurs, avant leur arrivée, une braquette, une punaise, le piquant en l'air. Le résultat était toujours le même, du moins la première fois qu'ils se faisaient jouer ce tour : « *Ayoye !* » Puis, l'expérience acquise amenait chaque professeur à bien examiner sa chaise, ainsi que la position de son bureau ; il ne s'asseoyait plus qu'une fois ce double rituel de vérification effectué. À une occasion, nous eûmes la surprise de voir un professeur s'asseoir sur la braquette, et... rien ! Pas un mot, pas un son, pas un cri ! Le petit objet à courte pointe avait bien pénétré son pantalon, mais à un endroit où il ne pouvait pas le sentir : en plein... En compensation, nous eûmes l'immense plaisir – et l'étonnement – de le voir déambuler dans les allées de la classe, tout son cours durant, avec la pointe bien installée juste au centre de son derrière...

Ce qu'on a pu rire dans son « dos » !

Ceci dit, faisons ensemble un saut temporel et retrouvons-nous l'année d'après, dans la classe de 11ᵉ année de l'école Saint-Frédéric.

Pour se présenter, monsieur Raoul Pépin expliqua qu'il était à la retraite, qu'il était gentleman-farmer car il possédait une ferme quelque part dans une zone rurale de Drummondville, à Saint-Germain-de-Grantham, si je me souviens bien, qu'il enseignait les mathématiques par plaisir et comme hobby et qu'il était le professeur titulaire de cette classe, de notre classe. Il nous parla de la discipline sévère qu'il voulait y instaurer par le moyen d'un système punitif graduel : toute incartade ou conduite répréhensible, vaudrait à son auteur un « X » au tableau à côté de son nom et une pénalité au bout de 5 inscriptions de ces « terrifiants X ». Alors qu'il annonçait cela, personne ne croyait vraiment que ce système pénal fonctionnerait car on voyait bien que la bouche de monsieur Pépin prononçait des paroles sévères, mais que toute sa personne exsudait de bonasserie. Effectivement, il s'avéra qu'il n'eut aucun contrôle sur la liesse tumultueuse et indisciplinée qui régna toute l'année dans notre classe de fous ! Plus encore, les plus délurés d'entre nous, et on fut nombreux à s'y essayer, ont osé tutoyer ce professeur et l'appeler par son prénom, Raoul, alors que lui ne s'adressait à nous qu'en nous vouvoyant et qu'en nous faisant du « monsieur » gros comme le bras !

Dans cette classe de onzième année de SaintFrédéric qui était la mienne, il y avait donc mon frère qui reprenait l'école là où il l'avait laissé avant sa « maladie d'amour », plus des compagnons ayant gradué de la même dixième année que moi plus aussi quelques nouveaux, dont des personnages étranges, certains fantasques, farfelus, bizarroïdes, hors-normes, des extraterrestres presque.

Commençons par monsieur Blais : Blais était un élève, calme, effacé, qui se vêtait comme un comptable, mais pas n'importe lequel : le très coloré et très « carreauté » Mario Duquette qui, dans le téléroman radio-canadien *Du tac au tac*, était un personnage folichon brillamment interprété par le comédien Michel Forget. À l'instar de son idole, l'étudiant Blais portait un habit à carreaux chaque jour, le lendemain et le surlendemain, toujours le même habit à carreaux... ou un autre, mais très semblable... Et son nez fort et long ainsi que son attitude nonchalante incitaient aux blagues et aux « farces » ; ses compagnons lui faisaient donc des blagues et des « farces ». L'une d'elles consistait à intervertir, avant son arrivée en classe, son pupitre et sa chaise d'élève avec ceux du professeur. Quand ce dernier arrivait et qu'il constatait la substitution, on l'entendait déclamer d'un ton de faux reproche : « *Monsieur Blais...* », interpellation directe qui resta toujours sans effet notable sur qui était nommé et qui n'a jamais inquiété personne. Et monsieur Blais, bien installé dans la chaise professorale, était invité à rétablir les choses dans leur état normal, ce qu'il faisait sans se plaindre et sans récrimination contre qui que ce soit, même si toute la classe se bidonnait de le voir faire sous les yeux amusés de l'instituteur lui-même ! C'est qu'il était fait fort, ce monsieur Blais ! L'autre blague récurrente faite à monsieur Blais consistait à disposer sa mallette brune à poignée sur une planchette de bureau qui était insérée sous une fenêtre à guillotine de la classe. Évidemment désireux de récupérer sa mallette, monsieur Blais ouvrait la fenêtre et, au premier mouvement du carreau d'icelle vers le haut, la malicieuse mallette chutait et se retrouvait dans l'herbe de la cour. Monsieur Blais devait donc demander à monsieur Pépin la permission d'aller récupérer son bien... Ce qui lui était accordé non sans des fous rires nourris des autres étudiants et, encore une fois, non sans un sourire en coin du professeur...

Dans cette même classe, il y avait également deux cas particuliers : messieurs Drouin et Boucher. Vulgaires et mal-élevés, ils s'étaient d'emblée assis côte à côte – car, on le sait bien, qui se ressemblent s'assemblent. Ces deux zigotos-là s'entendaient à merveille pour faire les pires cochonneries : sacrer comme des charretiers, cracher par terre ou sur les murs ou dans la vitre de la fenêtre de la porte d'entrée de la classe – étrangement, personne ne la nettoyait (un ordre de la direction ?) –, projeter partout, sur les murs, au plafond et sur les gens, des boulettes, préalablement mouillées à la salive, à l'aide d'une sarbacane improvisée constituée d'une des parties détachables d'un stylobille, quoi d'autre encore...

De plus, ils trichaient allègrement et ouvertement lors des tests et des examens : on les voyait ouvrir leur palette de bureau dans lequel était ouvert leur livre de référence pour y trouver les réponses aux questions posées. S'en apercevant quelquefois, monsieur Raoul leur adressait les reproches suivants : « *Monsieur Drouin, monsieur Boucher, s'il-vous-plaît...* » C'était tout ! Aucune menace relative à un échec pour tricherie... Il n'en fallut pas plus pour que cette fausse admonestation professorale passât pour un encouragement et toute la classe, ou presque, fit comme eux. Moi-même, j'ai tenté l'expérience lors d'un examen de géométrie plane alors qu'il fallait reproduire un théorème : pas une seule fois monsieur Raoul n'a relevé la tête de sa lecture et ne m'a surpris... pourtant, j'étais assis dans la première rangée, en avant de la classe, presque devant lui ! Les batailles de boulettes mouillées étaient une des activités préférées des élèves de la classe de monsieur Raoul : pendant que celui-ci, face au tableau, effectuait une démonstration mathématique en le « noircissant à la craie blanche » de plein d'opérations et d'équations mystérieuses, la quasi-totalité de ses élèves, inattentifs et désintéressés, participaient plutôt à une guerre soutenue et fort distrayante de projectiles que venaient de déclencher nos deux hurluberlus. Il fallait admirer, et craindre aussi, la précision avec laquelle certains obusiers tiraient leurs projectiles de leur courte sarbacane improvisée : il en venait de partout, on en recevait sur le corps, derrière la tête, en pleine face même ! Pouah ! C'était écœurant... mais, moi aussi, j'y participais à ce feu d'artifices de boule de papier mouillé, à ma plus grande honte aujourd'hui... (Euh... Non, pas tant que ça...)

Tous ces événements se passaient sans susciter de réaction significative de monsieur Raoul et cela, même quand un projectile soufflé par un plus audacieux ou un plus maladroit, allait se coller sur le tableau, mettant tout à coup en évidence une partie de sa démonstration mathématique. Au pire, dans ces cas-là, le professeur, légèrement exaspéré, déclamait sentencieusement mais sans se détourner du tableau mural : « *Monsieur Drouin ! Monsieur Boucher !* Il ne se trompait jamais, car il y avait un truc : le ou les coupables, c'était presque toujours ou monsieur Drouin, ou monsieur Boucher... ou tous les deux ! Quelquefois, j'avais droit moi aussi à un : « *Monsieur Granger !* » Mais comme il y avait 2 « monsieurs » Granger dans la classe, mon grand frère Michel me servait de faire-valoir, d'exutoire, de caution à mes bêtises ; c'était bien commode de pouvoir me disculper en accusant frérot et, lui comme moi, en avions fait un jeu fraternel. Une fois, cependant, monsieur Raoul prit en défaut mon frère Michel : une peccadille bien sûr, mais qui lui valut quand même une inscription punitive, un cinquième « X » au tableau noir. Donc, une pénitence, un pensum devait s'ensuivre : il aurait donc à faire un exercice supplémentaire durant le week-end et ne pourrait rentrer en classe, le lundi matin suivant, qu'après avoir remis ce travail au professeur. Je n'attendais que cette occasion pour lancer, haut et fort, un « *Quand maman va savoir ça, Michel... c'est sûr que tu vas être privé de dessert pendant au moins une semaine !* » Repartie enfantine qui prit la classe par surprise, qui me valut des rires nourris de mes compagnons, et même un sourire du professeur... ce qui ne l'empêcha pas d'inscrire cinq « X » à la file, d'un seul coup à côté de mon nom ajouté au susdit tableau des pénitences et de m'accabler d'un pensum ipso facto... Et ce malgré cette belle marque de solidarité fraternelle...

Puis advint un jour, alors que l'indiscipline et la bonne humeur habituelles régnaient dans la classe de monsieur Raoul, c'est-à-dire que le professeur enseignait à des élèves qui ne l'écoutaient pas, que la porte s'ouvrit : c'était le directeur de l'école ! Cette fois-là, il ne venait pas espionner la classe ou morigéner un ou des élèves dissipés qu'il avait observé de son poste devant la petite fenêtre de la porte de classe, quoique l'envie et les bonnes raisons ne devaient pas lui manquer ; non, il entrait accompagné d'un jeune homme assez grand, mince, bien mis et à la longue chevelure. Ce jeune homme élégant, nous apprit le directeur, serait notre nouveau compagnon de classe ; il se nommait Pierre Go. Ce qu'il ne nous dit pas, c'est pourquoi ni comment un élève qui venait d'être expulsé par les frères de la Charité du Collège Saint-Bernard pour port « illégal » de cheveux trop longs pouvait, aussi facilement, être accueilli et accepté par les frères de la Charité de l'école Saint-Frédéric avec une chevelure, une crinière qu'il n'avait même pas coupée ! Allez donc comprendre quelque chose à la charité chrétienne ! Moi, je trouvais que c'était « un peu tiré par les cheveux ! » Les présentations de Pierre Go à la classe terminées, le directeur sortit, le cours reprit et la foire, interrompue quelques instants par la présence de l'autorité suprême, reprit elle aussi de plus belle ! Monsieur Go alla s'installer au seul bureau libre de la classe à côté de l'élève Denis Fontaine et assista, incrédule, éberlué, à un spectacle de clowneries, de bouffonneries et de pitreries pour lui aussi inattendu qu'étrange. Bienvenue à l'école Saint-Frédéric, M. Pierre Go !

ꝏꝏ

Trois choses encore pour clore cette entrée en matière un peu longue. Après sa première classe de math tout en turbulences, en tours pendables et en niaiseries, l'élève « monsieur » Pierre Go retourna voir le directeur :

– *Ne m'aviez-vous pas affirmé que je devais être intégré dans votre meilleure classe de onzième scientifique ? Alors que, clairement, ce n'est pas le cas : non, on dirait une classe de débiles mentaux ! Vraiment !*

Un. Il lui fut répondu que cette classe, notre classe, était la meilleure et la plus forte des deux « onzième » scientifiques de l'école Saint-Frédéric. C'était donc à prendre ou à laisser ! Si cela ne le satisfaisait pas, il pouvait toujours aller se faire couper les cheveux et retourner d'où il venait ! Il resta... Deux. À la fin de l'année, il fut de rigueur pour chaque élève de vider et de nettoyer son bureau : les bureaux de messieurs Boucher et Drouin furent considérés irrécupérables tellement ils étaient salis, maculés, crottés et éraflés ! On les a cependant obligés à nettoyer la flaque de crasse séchée de forme ovale située sous leurs deux bureaux, flaque qui résultait de tous leurs crachats, mêlés à la boue de leurs bottes, qui s'étaient accumulés et incrustés sur le linoléum depuis le tout début de l'année scolaire.

Trois. Quant au professeur titulaire, monsieur Raoul Pépin, toute une surprise l'attendait le dernier jour de classe. Lui qui avait fait preuve d'une gentillesse et d'une patience extraordinaires et démontré une résilience sans faille et sans limite tout au long de l'année scolaire, il reçut de ses étudiants une boîte de ses cigares préférés en guise de cadeau d'adieu. Sur la carte qui l'accompagnait, il put lire :

– *Pour vous dire merci, monsieur Raoul Pépin. De vos étudiants reconnaissants.* »

Comme quoi il n'est jamais trop tard, même pour une classe d'élèves impolis, tapageurs, tumultueux et indisciplinés, de faire montre d'un peu de... classe !

## Chapitre IV – Météo : du « *sunshine* » même en soirée !

Pierre Go avait une prestance, il montrait une assurance que je ne possédais pas et que je lui enviais. Lui était extraverti et sérieux, moi intraverti, mais blagueur pour cacher ma gêne. Sans doute pour justifier le principe qui affirme que quelquefois les contraires s'attirent, lui, le bourgeois un peu « *dandy* » et moi, fils d'ouvrier, complexé mais admiratif, avons fait un peu de millage ensemble. Une fois, à son invitation, qui fut une surprise pour moi, j'allai chez Pierre Go où il me fit écouter un disque du groupe Led Zeppelin, son tout premier album aux sonorités de guitares rock et blues et de voix hautes et puissantes tout à fait nouvelles, puis un autre, celui des Moody Blues, *To our children's children's children*, dont la musicalité de rock doux, planant et céleste, ainsi que l'univers profond des textes me plurent sur-le-champ et totalement. Pour moi, les Moody Blues étaient rien de moins que des Beatles améliorés ! Ce dernier groupe fut pour moi, littéralement, un coup de foudre... Dans mon adolescence et tout au long de ma vie, je fis avec les Moody Blues un long voyage d'amour : j'étais « accro ». Je me revois, excité au max, me dépêchant d'acquérir chacun de leur tout dernier LP disponible, et m'impatientant, dès après son écoute, qu'on en annonçât un suivant. Je n'ai jamais été déçu de leur musique sauf pour les disques qu'ils ont enregistrés au retour d'une séparation de quelques années. Mais quelle musique merveilleuse, inspirée et profonde ils ont créée durant une certaine période de leur carrière ! *Nights in white satin* est sortie en 1967 : quelle belle musique !

Il flottait encore, dans l'air de 1969, des relents de 1967 et de l'exposition universelle de Montréal, la *Terre des Hommes*, de l'amour libre, le rêve de cohabitation pacifique de tous les peuples de la planète où les Beatles avaient entonné le nouvel hymne de l'amour universel : *All you need is love*. Les hippies vivaient dans des communes où ils partageaient leurs biens et leurs conjoints, en écoutant de la musique psychédélique ou planante sous l'effet de la boisson, de la drogue, cannabis et acide principalement. Puis 1969, rappelez-vous, c'est quand même l'année du grand rassemblement des jeunes à Woodstock, USA ! Le LSD, drogue fabriquée à partir de l'acide lysergique, était très populaire chez les jeunes et l'on s'en procurait, à l'époque, c'est ce qu'on me disait du moins, assez facilement. Il était tentant d'essayer... mais, ce qu'on essayait tout d'abord, c'était la marijuana, ou mari, ou cannabis, ou pot[2], et ce sous deux formes principalement : celle du tabac que l'on roulait en cigarettes à bouts écrasés, ou en petits cubes, du hash disait-on alors, qu'on allumait et qui, en se consumant lentement, dégageait une fumée qu'on aspirait par le nez, qu'on humait. Sous ses deux aspects, on pouvait atteindre pour une heure ou deux, un certain degré d'intoxication euphorisante qui nous permettait d'améliorer la vision qu'on avait du monde. Tout devenait beau, tout devenait plaisant, tout devenait surtout drôle...Très drôle, même, lorsqu'on était en bonne compagnie. Cela a bien dû m'arriver moins d'une dizaine de fois de fumer du cannabis... en tout cas, ce furent là mes premières expériences de la drogue qui, au total, ne furent pas si nombreuses que ça, je tiens à le préciser. Une fois, avec mon ami Richard Leclerc, nous étions allés planter notre petite tente dans un endroit assez isolé d'un camping du chemin Hemming ; il faisait beau et nous avons fumé le pot que nous avions apporté pour amplifier le plaisir de camper. On était novices dans ce domaine ; on voulait expérimenter cette drogue dans un endroit bien sécurisé. Munis de nos guitares respectives, nous avons donné un concert qui devait être des plus poches pour tout mélomane externe, mais qui nous a semblé à Richard et à moi bien supérieur à tout ce qui a pu se faire à Woodstock ! Et nous avons ri comme des fous à des blagues qui devaient être aussi poches pour tout autre auditeur, mais qui nous ont semblées, à nous, sous l'effet de la drogue, bien meilleures que toutes celles de Claude Blanchard et de Gilles Latulippe réunis ! Dans ce milieu paisible et sécuritaire, il m'a semblé bien agréable de vivre cette expérience du pot. Oui, je m'étais beaucoup amusé !

જ80

Mon ami Pierre Go., lui, m'invita, lors d'une belle journée de cet été 1969, à un autre genre d'expérience, nouvelle et bien particulière pour moi :

– *J'ai du bon « sunshine », me dit-il ; on pourrait le partager si tu veux. Tu vas voir comment c'est une expérience bien le fun !* », m'avait-il affirmé quelques jours plus tôt pour me convaincre de l'accompagner dans un voyage sur l'acide. En ce début de soirée de samedi, je me retrouvai donc avec Pierre au bord de la rivière St-François pas bien loin de chez moi, bien content qu'il me fît l'honneur de son amitié mais quand même un peu inquiet pour ce qui devait suivre. Assis chacun sur notre souche ou notre roche, tout en regardant le soleil se coucher sur la rivière au-dessus des deux ponts de Drummondville, nous parlions de cette société nord-américaine qu'il fallait changer du tout au tout. Des guerres qu'il fallait arrêter. Des injustices qu'il fallait réparer. De la folie des hommes, de l'appât du gain et du pouvoir, de la méchanceté qui sévissait, de la pauvreté et de la misère dont on ne s'occupait pas... Bref, l'actualité de cette année-là nous donnait amplement de matières à réflexion et à discussion pour nous, les deux jeunes idéalistes, sans pouvoirs mais pleins de rêves et de bonnes intentions, que nous étions.

Pour nous aider à mieux percevoir et à saisir les émotions qui nous habitaient, quoi de mieux que d'ingérer un bon « cap d'acide » comme on disait dans le temps ; Pierre sortit de sa poche un cachet orangé, le trancha en deux morceaux identiques et partagea l'un deux avec son disciple du jour, c'est-à-dire moi. Tout de même, j'étais inquiet : je craignais les effets négatifs que pourraient avoir sur moi cette substance hallucinogène, malgré les paroles rassurantes et les encouragements répétés de mon ami expérimenté :

– *Attends voir, d'ici trente minutes, le monde va être beaucoup plus beau, plus léger, plus cool ! Tu vas voir : tu vas planer, tu vas « flyer » !*

– *Combien de temps vont durer les effets de la drogue ?* », osais-je demander à mon ami car, malgré ses paroles rassurantes, moi, je ne l'étais pas, rassuré.

Pourquoi j'hésitais ? Parce que j'étais un être inquiet et peureux de nature, état que je camouflais malhabilement en faisant le faraud et le clown. Mais moi, je me connaissais bien : j'étais un clown triste... Et je me rappelais, avant même d'avaler ce « demi-soleil », cette information glanée je ne sais où : l'acide lysergique amplifie les sentiments et les sensations de l'usager, bons ou mauvais. Si une joie pouvait se transformer en bonheur, une peur, une crainte pouvait devenir une phobie ; une peur pouvait devenir une angoisse, une détresse incontrôlable et insupportable.

– *Combien de temps ? Environ huit heures d'effet... Dont la moitié au top du high...* », fut la réponse, toute stoïque, de mon compagnon de « voyage » sans nul doute très expert en la matière ; dans ma tête, ce que j'entendais, c'était : six à huit heures d'inquiétude multipliée par dix, par cent, par mille peut-être ! J'étais dans un état d'esprit négatif – ce qui ne semblait pas très bon pour la suite immédiate des choses. Pourtant, Dieu sait que je ne voulais pas m'annoncer à moi-même, juste avant le fait, un « *bad trip* » long et pénible... Ça promettait ! Pendant une bonne heure, Pierre et moi avons été admiratifs des couleurs changeantes et merveilleuses du crépuscule magnifique qui se déroulait devant nos yeux. Moi, je serais bien resté là captivé par ce spectacle de la nature que je voyais pourtant régulièrement de mon domicile, donc qui m'était familier... Aujourd'hui cependant, la beauté des couleurs du soleil couchant et leur reflet sur l'eau de la rivière en étaient amplifiées par les effets de la drogue sur mon imagination : le ciel était littéralement en feu ! Pierre et moi étions en stance extatique !

Le soleil flirtait avec l'horizon, et j'entrevoyais une expérience d'acide, somme toute et contre toute attente, calme et sereine, lorsque mon ami demanda :

– *Où est-ce qu'on pourrait aller pour avoir du plaisir ?*

Bonne question qui nous amena tous deux à formuler toutes sortes d'idées et d'hypothèses. Finalement, c'est l'une des miennes qui fut retenue :

– *On est samedi*, lui rappelai-je, *et ce soir, il y a des courses à l'autodrome Drummond. Ça pourrait être intéressant de regarder les automobiles courir sur la piste ovale : il y a le bruit, puis les gens qui sont fans de ce sport... Ça pourrait être « trippant » et nous faire « freaker ». De plus*, ajoutai-je, *j'ai travaillé deux étés à cet endroit à faire des patates frites, je connais la propriétaire et elle nous laissera sûrement entrer gratuitement par la cuisine. Qu'en penses-tu ?*

Dès qu'il se fut dit d'accord avec ma proposition, nous partîmes à pied, empruntant le sentier longeant la rivière et menant au pont. Nous nous rendîmes sur le boulevard St-Joseph qui menait, en direction nord, vers l'autodrome. Nous fîmes du pouce, un généreux inconnu nous embarqua ; il faut savoir qu'à l'époque où se déroulent ces événements, les automobilistes, en général, avaient peu de motifs de craindre les autostoppeurs ou, tout peut-être simplement, étaient-ils plus compatissants que ceux d'aujourd'hui ? Où les deux, qui sait ! Nous arrivâmes finalement à bon port et ce, au moment même où la première course de bolides venait d'être lancée. Nous nous dirigeâmes vers l'entrée dérobée de la cuisine que je connaissais, m'y introduisant le premier afin d'obtenir la permission d'utiliser ce passage. Je rencontrai la propriétaire de la concession, madame Grenick qui, après que je lui aie eu demandé si mon ami et moi pouvions nous rendre dans les estrades en empruntant ce raccourci, me dit, fébrilement :

*– Luc, c'est toute une chance que tu sois là ; Roger est tout seul pour faire cuire les patates frites ; j'aimerais que tu l'aides. Mais pas pour toute la soirée, non, non… Que ton ami aille voir les premières courses, et tout de suite après l'intermission, tu seras libre d'aller le rejoindre. Qu'est-ce que tu en penses ?*

Que pouvais-je bien objecter à cette demande ?

*– C'est OK !,* lui répondis-je, après avoir expliqué à Pierre les conditions particulières de la gratuité de notre admission.

*– On se revoit à l'entracte alors…»* me répondit-il ; mais je sentis un brin d'amertume, de déception et de résignation dans sa voix.

Je me revois, en plein « *high* », faire face à mes deux poêles à frire, allumant le feu à « *high* », puis les oubliant à « *high* » jusqu'au moment où Roger (Filion) survint in extremis et paniqué pour empêcher l'accident : il venait de réaliser qu'une forte fumée s'élevait au-dessus de mes poêles dont j'avais bien évidemment perdu le contrôle, plongé que j'étais dans mes pensées, et dans un état second. Mon huile brûlait ! Si j'avais introduit un panier de patates blanchies coupées en frites dans cette huile surchauffée, j'aurais fort probablement fini ma soirée à l'hôpital des grands brûlés à cause des éclaboussures ! Merci Roger ! Toujours est-il que toute la soirée je fis semblant de faire des frites puisque toutes mes actions étaient épiées et corrigées par Roger qui comprit bien que je n'étais pas en état de faire la cuisine. Re-merci Roger ! Je restai quand même longtemps devant les poêles, tellement longtemps qu'à l'intermission, Pierre est venu au comptoir de service pour savoir où j'en étais avec mon mandat.

*– Quand est-ce que tu t'en viens-tu Luc ? Je m'ennuie ! C'est plate en maudit dans les estrades, tout seul, en tout cas !*

*– Donne-moi* encore *quelques minutes et je serai enfin libre !,* lui répondis-je, mais pas plus sûr qu'il le fallait sur le travail qu'il me restait à faire.

Finalement libéré de ma tâche culinaire, j'allai rejoindre mon ami qui n'en pouvait plus de rester dans cette enceinte où il n'avait rien trouvé d'intéressant dans le cadre de son « voyage ». Moi aussi, j'étais ailleurs… car « *higher* ». Ayant chacun notre voyage pour des raisons différentes, et sans que j'aie eu prêté attention à quelque course que ce soit, nous nous dirigeâmes vers le centre-ville de Drummondville par le même moyen économique qu'à l'aller : l'autostop.

Ici, je dois mentionner que trois heures s'étaient écoulées depuis l'ingestion de ce comprimé de couleur orangé qui était sensé métamorphoser ma vision de la vie. À cette étape, j'étais supposé expérimenter maintenant le haut, le top, le « *high* » le nirvana de mon odyssée sur l'acide ; mais, jusqu'à présent, je n'avais encore rien ressenti qui pût me renverser. Pour être juste, je devais tenir en compte les circonstances qui avaient prévalu dans la première phase de mon « *trip* », je me devais donc d'être indulgent et, surtout, attentif aux effets qui prévaudraient dans sa seconde moitié « effective ». Il me fallait faire un petit effort...

CRICO

Le généreux conducteur nous débarqua Pierre et moi, à la jonction du boulevard St-Joseph et de la rue Marchand, rue que nous avons empruntée pour nous rendre, à pied, au centre-ville où il devait sans doute régner l'atmosphère de fête habituelle du samedi soir. Nous tournâmes rue Lindsay en direction nord. Nous marchâmes ainsi en direction de la rue des Forges. Au loin, sur le trottoir juste en face de la discothèque le *Nana France* – l'adresse, 402 Lindsay, correspond bien –, nous pûmes nous rendre compte qu'il y régnait une atmosphère animée, tendue, agitée, houleuse, ponctuée de cris et de sacres. Oui, ça brassait là-bas, et pas à peu près ! Nous étions encore trop loin pour reconnaître les acteurs de ce brouhaha si tant est, bien sûr, que nous les connaîtrions. Nous étions à quelque 100 pieds de l'altercation lorsque je m'écriai : « *Mais..., je sais qui sont ces gens-là !* » Je voyais, mon voisin et ami Jacques Collard tentant de contrôler la colère intempestive de Raynald Perreault. Pour quelles raisons ce dernier était-il hors de lui à ce point ? C'est ce que je ne tarderais sans doute pas à savoir. Nous nous sommes approchés...

– *Qu'est-ce qui se passe ?* , questionnai-je sur un ton que je voulais le plus normal possible. Jacques me répondit, fébrilement :

– *C'est Raynald qui a sans doute voulu faire le fanfaron en entrant dans la discothèque... le* « doorman » *– c'est-à-dire le* « videur » *qui portait bien son nom pour la circonstance – l'a brutalement et littéralement éjecté au bas de l'escalier. Mais là, je n'ai pas le temps de t'en dire plus long, il est comme fou... pire, il veut remonter...* Et, se retournant vers le matamore, il cria :

– *Calme-toi donc, Raynald ! Tu vois bien qu'il ne te laissera pas entrer !*

Raynald, se débattant comme un diable dans l'eau bénite, braillait :

– *Crisse, j'ai rien fait... Lâche-moi, j'vais aller lui parler à cet esti...-là !*

Bref, il ne me semblait que l'altercation fût en voie de se résoudre... Raynald était maintenu loin du gorille par plusieurs mains robustes et secourables. « Secourables » est le mot approprié, car le squelette maigrichon recouvert d'une fine peau blanche de Raynald ne mesurait que cinq pieds cinq pouces et pesait à peine 150 livres alors que l'ensemble de la structure musculaire du portier devait faire plus 6 pieds et dépasser les 200 livres sur le pèse-personne. Dans cette situation, il était peu probable que l'histoire sainte se répétât : personne ne croyait vraiment que Raynald/*David*, frondeur certes mais frêle et aux capacités amoindries par l'alcool, pouvait avoir gain de cause contre ce formidable et sobre portier/*Goliath*. Pour son bien, il fallait donc le maintenir solidement : il en aurait pris pour son rhume ! Il voulait continuer à faire le bravache... donc, on le tenait bien ! Mais il y avait quand même fort à faire pour le retenir car, aussi minuscule qu'il pouvait être, il se débattait avec une énergie insoupçonnée. Jacques se retourna vers moi :

– *Luc, tu arrives juste au bon moment... tiens donc mon manteau pendant que je m'occupe de Raynald... Maudit, qu'il est malcommode à soir !*

Sans réfléchir aux conséquences possibles de cette action – comment d'ailleurs pourrait-il y avoir des conséquences à un acte aussi anodin que celui-là ? –, je pris le manteau tendu et, quelques instants après, d'accord avec mon ami Pierre Go nous décidâmes de nous éloigner du lieu de l'altercation et de continuer notre marche en ville. Cela faisait mon affaire car la police – l'effrayant poste de police était presque en face de la discothèque –, s'approchait alors du lieu de l'altercation, gyrophares tournoyant. Tout en nous en éloignant, je dis à Pierre dans quel état m'avait mis la chicane à laquelle nous venions d'assister.

– *Pour une première expérience, c'en est toute une ! Je pense que j'ai suffisamment vécu d'émotions bizarroïdes et j'ai juste envie de m'en retourner chez moi. De toute façon, qu'y a-t-il d'autre à faire ? Juste rester assis à attendre que l'effet se dissipe ?*

Pierre essaya bien de me convaincre du mal-fondé d'une telle décision :

– *Tu es bien trop amoché pour tenter une chose pareille, Luc ; je ne pense pas que tu en sois capable, en tout cas, pas tout de suite... Tu devrais attendre...*

– *Pierre*, l'interrompis-je, *tu n'es pas sérieux là ! Je sais très bien où je demeure et quel chemin il me faut prendre pour m'y rendre. Chez nous, c'est... chez nous... et je sais où c'est, voyons donc !*

Comme pour m'en convaincre, je refaisais mentalement le trajet de retour à la maison, trajet que j'avais mille fois effectué.

– *Pierre, essaie même pas de m'en dissuader, car c'est décidé : j'en ai assez d'être dans cet état-là, je m'en vais ! Je m'en vais à la maison ! Bye !*

– *Je doute fort que tu en sois capable, Luc... essaie donc d'être raisonnable...*

Là-dessus, nous nous dîmes à la prochaine et nous nous séparâmes. Cependant, j'avais toujours sous le bras l'encombrant manteau de cuir brun de mon chum

Jacques. Que faire ? M'en débarasser en l'abandonnant quelque part : impossible ! Je décidai donc de retourner à la discothèque pour remettre à Jacques ce qui lui appartenait. Ce que je vis en m'approchant du lieu du « crime » me causa une vive inquiétude : la police municipale était toujours là ! Sans jeu de mots, ne sachant que faire, je « *gelai* » sur place... quelques instants. Les couleurs alternantes du bleu, du blanc et du rouge des gyrophares, caractéristiques immanquables d'une intervention policière, me figèrent sur place. Il me revint alors à l'esprit que j'étais sous l'effet d'une drogue forte, que cela devait sûrement se voir au stade où j'étais rendu et que des policiers expérimentés sauraient facilement le reconnaître. Moi qui avais la phobie des policiers, même à jeun, j'avais tout à craindre dans mon état actuel. Ma crainte était peut-être loufoque, irrationnelle, mais pour moi, elle était réelle.

Je fis donc brusquement demi-tour ! Trop rapidement... J'en avais intérieurement la certitude... Ah ! On avait dû le voir le mouvement brusque... Mais peut-être pas... La police semblait tellement concentrée sur l'autre événement... Pour en être sûr, il eût fallu que je me retournasse... mais cela aussi aurait paru louche... J'avais pris le parti de rebrousser chemin, je devais donc continuer à déambuler comme si de rien n'était... Tiens, comme si j'avais oublié quelque chose quelque part... Ce que je fis, sans trop de conviction... Mais, me dis-je, si on me le demandait, qu'est-ce que je pouvais bien avoir oublié ? Mes clés ? Mon paquet de cigarettes ? Et, où pouvais-je bien avoir oublié ce que j'étais en train de décider que j'avais oublié ? Dans une discothèque... Peut-être... mais laquelle ? Dans un club... lequel ? Il me vint à l'esprit, toujours troublé, que ce n'était là que de très mauvaises idées, car une simple fouille corporelle dévoilerait le mauvais subterfuge et rendrait la police plus méfiante encore à mon égard... On m'examinerait plus à fond et, qui sait, on découvrirait que j'étais complètement givré...

Pendant tout ce temps où je fus préoccupé par ces réflexions, j'avais marché au point que j'étais arrivé à l'intersection de la rue Saint-Jean. C'est bien trop vrai, j'ai toujours le manteau de Jacques... Ça me fait deux manteaux... et ça me fait « *freaké* »... Si la police me voit avec deux manteaux, c'est logique qu'elle pense que j'en aie volé un... Du moins, elle serait en droit de me demander pourquoi j'ai sur moi ces deux manteaux... et je m'imaginais bredouiller une réponse nébuleuse et insensée... Et là, bien sûr, elle découvrirait dans quel état je suis... Elle voudrait savoir, la police, si j'avais de la drogue sur moi... On me fouillerait... Ou, n'en trouvant pas, elle me demanderait qui m'en avait fournie... Une nuit de prison... de la torture peut-être pour me permettre de réfléchir et d'avouer...

Enfin, j'eus une idée : mettre le manteau de Jacques par-dessus le mien, comme ça on ne pourra pas savoir ni deviner que j'en ai deux... Coudonc, j'ai donc bien l'air énorme, avec ces deux épaisseurs de manteaux... C'est sûr que ça doit paraître... C'est suspect ça... Je pourrais mettre le mien sur celui de Jacques... Le mien n'est pas en cuir, il ne devrait pas trop attirer l'attention... En-dessus, en-dessous, ça me grossit pareil ! À moins de m'en débarrasser quelque part... Je ne peux pas faire ça à Jacques voyons, un manteau de ce prix-là ! Retourner sur le lieu de l'incident et le lui remettre ? Hors de question !... Mon dieu, je suis coincé !... Que faire ? Pendant que je sassais et ressassais en boucles ces sombres pensées et ces réflexions amères, je parcourais une rue, puis une autre, tournait à droite ou à gauche, sans réfléchir, sans motif particulier ; je marchais comme un automate... En fait, inconsciemment, mon corps cherchait, mais en vain jusqu'alors, le chemin qui me mènerait à la libération de mon esprit. Il me vint alors justement à cet esprit que, juste à déambuler comme ça, seul, à cette heure avancée de la soirée, errant sans but fixe, et ce depuis plusieurs minutes déjà, cela pourrait avoir déjà attiré l'attention... de la police notamment... Parce que, oui, je devais avoir l'air louche pour tout observateur le moindrement... observateur :

– *Pourquoi fait-il et refait-il le même chemin ? C'est quoi son trip ?*

– *Regardez... Ce gars-là est en train de préparer un mauvais coup... En tout cas, il a l'air plus que louche...*

– *Observez-le... il est constamment à regarder derrière lui comme s'il craignait quelque chose ou quelqu'un ? C'est pas normal, ça !*

– *Pour sûr, il n'est pas « clean » ; il doit cacher quelque chose...*

Ben oui, les petits malins, j'ai quelque chose à cacher... c'est un manteau, M-A-N-T-E-A-U, MANTEAU, tabarnouche... Contents... là ! Grrrr ! À la fin, abattu, épuisé, mais surtout tanné de me torturer le ciboulot, je pris une décision, ferme et non négociable : « *C'est dit, je m'en vais chez moi !* » C'est à cet endroit seulement que je pourrais retrouver la paix dont j'avais désormais un immense, un viscéral, un vital besoin. Comment avais-je pu ne pas y avoir pensé avant ? Mais, bon dieu, je l'avais déjà eue cette idée brillante ! C'est la rencontre fortuite de Jacques Collard et de Raynald, et tout le brouhaha qui les entourait, qui me l'avait fait oublier et qui a déclenché ce désordre dans ma tête. Ah ! Comme je détestais cette perte de contrôle de moi-même ! Oui ! À cet instant-là, je l'avoue, je l'avais vraiment mon « voyage » !

## Chapitre V – Un long chemin de croix...

Le voyage de retour à la maison fut long et pénible. Je rappelle que j'étais encore sous la forte influence d'une pilule d'acide nommée « *sunshine* » et que mon ami Pierre Go, expert en la matière, m'avait bien mis en garde plus tôt dans la soirée :

« *Crois-moi, Luc, tu ne seras pas capable de te rendre chez toi dans cet état ; il vaudrait mieux pour toi d'attendre que l'effet se soit presque estompé.* »

Je me devais de « rapailler » tout ce qu'il me restait de concentration et de volonté pour entreprendre ce simple parcours que j'avais pourtant fait avec succès des centaines de fois à jeun et, quelquefois même, en état d'ébriété. Je mis mentalement au point ma stratégie de retour en me remémorant le trajet : rue Hériot, rue Bellevue, descendre la côte du bout de cette rue, remonter jusqu'à la voie ferrée, traverser la voie ferrée, me rendre jusqu'au chemin, puis jusqu'au pont, emprunter le trottoir piétonnier du pont, traverser la rue au bout du pont, puis faire le reste du trajet sur le chemin Hemming, un demi-mille jusqu'à mon domicile situé rue Hamel. Fort de cette image mentale GPS somme toute assez claire du chemin à faire, je commençai sa mise à exécution. Il ne me restait plus qu'à me convaincre que chacun des pas que je ferais me rapprocherait d'un dénouement heureux : le retour chez moi !

Je me trouvais sur la rue Brock, donc tout ce que j'avais à faire c'était de prendre à droite sur la rue des Forges puis tourner à gauche sur Hériot. Ça me semblait des plus faciles... Quelques instants plus tard, la rue Bellevue se présenta à moi tel que prévu. Tout semblait bien être désormais redevenu sous mon contrôle :

– *Ah,* pensai-je alors, *il s'inquiétait vraiment pour rien mon ami Pierre...*

Juste pour me contredire, il se produisit, à partir de là, un phénomène que je n'arrivai pas à comprendre malgré les efforts de concentration que je faisais : la rue Bellevue, si courte habituellement, mesurait tout à coup, au jugé, au moins cinq fois, peut-être même dix fois sa longueur habituelle ! En fait, je pouvais à peine en distinguer l'extrémité au fond, là-bas, au loin... Étrange...

Un peu ébranlé, mais toujours résolu, je marchai, et marchai, et marchai ; plus j'avançais sur la petite rue Bellevue, plus elle s'allongeait ! Il me sembla tout à coup que je n'en verrais pas la fin ! Le peu de raison qui me restait me convainquit que cela ne pouvait être qu'une illusion, une hallucination, et qu'il me fallait continuer. Ce que je fis, mais plein d'appréhension pour la suite. Mais j'avais raison : j'arrivai finalement au bout, pour constater, ô bonheur indicible, que le sentier qui d'ordinaire s'y trouvait... s'y trouvait bien ! Mais, ô horreur, le val peu profond que je devais normalement y trouver s'était transformé en précipice et le sentier, lui, plus à pic, se trouvait bordé des deux côtés d'une étrange et inquiétante jungle ! Je rassemblai le peu de résolution qui me restait pour affronter ce nouveau défi inattendu : descendre minutieusement la pente qui n'en finissait pas de descendre puis, après, remonter une pente de « même longueur ».

J'entrepris la descente... Vous dire que j'y ai pris plaisir, serait mentir. Ce bout de parcours du retour à la maison effectué à la noirceur ne m'avait jamais plu, même à jeun : on trébuchait inévitablement sur les dénivellations du sentier causées par la présence de racines d'arbres. Dans ma condition physique et psychique actuelle et à la presque totale noirceur, je devais craindre une chute à chaque pas que je faisais. Je descendis lentement... à pas de souris... Je me devais de surveiller également la dizaine de malfaisants qui s'étaient embusqués dans les broussailles de chaque côté et qui n'attendaient que l'instant propice pour se jeter sur moi. Dans mon état, je savais être incapable de me défendre en cas de guet-apens... Rendu au bas de la côte, je pris une bonne respiration, puis j'entrepris la remontée...

Ce bout-là du sentier fut somme toute plus aisé. Donc, quand je parvins tout en haut, à hauteur de la voie ferrée, éclairée par un réverbère de rue, je poussai un grand soupir de soulagement : pour moi, le pire était passé. Le reste du trajet se ferait désormais sur le plat et à la lumière. J'étais un peu épuisé au physique comme au mental, mais tellement heureux de ma performance, du moins pour l'instant... Qu'en serait-il du reste du trajet ? Je n'avais pas fait la moitié du chemin à parcourir pour me rendre chez moi que, déjà, je pouvais conclure que la damnée pilule orange avait multiplié par cent les distances que j'avais à parcourir, et par mille les peurs et les phobies qui vivotaient au fond de moi, relativement anodines, que je réussissais pourtant à contrôler facilement quand j'étais dans mon état normal. Comme disait l'optimiste Yogi Berra : rien n'est vraiment fini tant que ce n'est pas... fini. Il avait raison : mon calvaire n'était pas terminé ! J'arrivai au pont qui traverse la rivière Saint-François. Mes sens me jouèrent le même tour que pour la rue Bellevue : quelqu'un avait étiré le tablier du pont ! Il me semblait d'une longueur démesurée... Mais je discernais quelque chose comme une embouchure au loin ; encouragé, je me lançai... Avais-je le choix ? Mes premiers pas sur le trottoir de bois, jouxtant la travée des automobiles, furent pénibles : les planches, ajourées et mal fixées, bougeaient dans tous les sens, et me donnaient l'impression d'être sur le pont d'un bateau, frêle et bancal. Cette illusion de voguer sur l'eau était occasionnée par le fait que je voyais les rapides couler à bonne vitesse sous moi par les interstices des traverses de bois. À jeun, c'était une expérience assez plaisante quoique un peu intrigante ; dans mon état de divagation avancée, c'était rien de moins que paniquant ! Je pressentais vraiment, dans ma confusion psychotique, que le pont pouvait s'effondrer et se rompre sur les roches qui se trouvaient quelque cent pieds plus bas ! Je devais donc me hâter à joindre l'autre bout de ce pont maudit. Comme si l'état d'urgence venait d'être signifiée, je me mis à marcher vite, à courir presque, tenant d'une main que je voulais la plus ferme possible la main courante du garde-fou pour me garder du vertige que je ressentais sur ce trottoir instable, et dont les planches, mal fixées, semblaient pianoter sous chacun de mes pas. J'eus de la chance : je finis par joindre l'autre rive, toujours vivant ! Traverser la rue au bout du pont fut facile : il m'a suffi de vérifier, on n'est jamais trop prudent, dix fois plutôt qu'une seule, qu'aucune auto ne venait ni de la gauche ni de la droite. Il ne me restait alors qu'à gagner l'ultime phase de mon combat : celui contre le chemin Hemming, chemin qui, je le rappelle, conduit à mon chez-moi, donc au salut ! Là encore, l'effet d'allongement des choses fut au rendez-vous. Je fis avec détermination les premiers pas du demi-mille de ce chemin, sursautant au moins bruit, appréhendant le passage de toute voiture conduite par quelqu'un qui me reconnaîtrait et qui voudrait me prendre à son bord. Je ne voulais vraiment pas me montrer à quiconque sous cet aspect de dégradation qu'il m'eût fallu expliquer. Je savais que je rencontrerais chemin faisant le fameux panneau de signalisation routière que monsieur Maurice Collard, – le père de mon ami Jacques, celui-là même dont je détenais indûment le manteau de cuir – qu'il avait pris pour un homme qui, les bras croisés, l'attendait pour lui chercher noise. À plusieurs reprises, il avait conté cette rencontre avec force détails, en la saupoudrant de traits d'humour et de sacres bien sentis, soulignant surtout le soulagement qui avait été le sien quand la confusion se fut dissipée :

– *J'étais prêt à me battre jusqu'au bout !* avait-il conclu, « mort » de rire de la frousse irrationnelle qu'il avouait avoir ressentie alors ! Cette histoire m'avait fort impressionné... Mais, sachant tout cela, il me paraissait impensable de tomber dans le même « panneau », si je puis oser un calembour facile. Mais il était écrit quelque part que rien ne serait facile pour moi cette nuit-là... Mentalement préparé à cette vision sans importance qui trottinait tout de même dans mon esprit, je scrutais l'horizon pour vérifier s'il n'y avait pas, malgré tout, une part de vérité dans ce récit ! Peut-être quelqu'un se tenant près du panneau s'était-il sauvé en raison de la stature de monsieur Collard... Si c'était un individu, réel, fait de chair et d'os, ferait-il la même chose quand il me verrait ? Se sauverait-il ? Fallait-il que je m'inventasse une attitude d'homme fort ? En fait, comment on faisait ça, déjà, avoir l'air fort ? Juste bomber le torse serait-il suffisant ? Ah, comme je détestais la misère, la difficulté que j'avais à rationaliser des choses et des concepts pourtant tous si simples... Enfin, j'arrivai à la rue Hamel, ma rue ! Je montai cette courte rue en pente qui, elle, resta courte, les effets de la drogue devant commencer à s'estomper, enfin ! Presque joyeux et tout à fait soulagé, je montai le sentier grimpant menant à ma cour, ouvrit la porte salvatrice de ma maison, déposai le manteau de cuir de mon ami Jacques sur la pomme de la rampe d'escalier qui donnait accès aux chambres à coucher du palier supérieur et, complètement vanné, j'allai m'asseoir sur la berçante qui se trouvait à l'entrée du salon. J'étais sain et sauf, et fort heureux d'avoir fait mentir mon ami Pierre ! Je saluai distraitement ma grande sœur Rachel qui, assise au salon sur le fauteuil paternel, regardait le film de fin de soirée à la télé. Je fis semblant d'être intéressé par ce film mais attrapai le « fixe » assez vite. Je fus brusquement sorti de ma songerie par ma sœur qui, lorsqu'elle constata, par la fenêtre, qu'une auto de police s'engageait sur la rue Hamel puis, par une autre fenêtre du même salon, que cette auto s'arrêtait dans la cour des voisins Hamel. Elle s'écria, rien moins qu'intriguée :

– *Mais c'est Jacques Collard qui sort de l'auto !*, s'écria-t-elle... *Puis ça, c'est Raynald Perreault. ! Mais qu'est-ce qui a bien pu se passer ce soir ?*

Cette question, fort pertinente, posée par Rachel, il me semblait que c'était à moi qu'elle l'adressait... Je balbutiai donc, maladroitement, idiotement :

– *Euh... je l'sais ben pas !*...

Moi, terrifié, je restais collé sur ma chaise, jouant l'indifférent ; je tentais désespérément de calmer le bouillonnement d'émotions qui me bousculaient :

– *Et dire que je pensais avoir trouvé la quiétude et la paix du foyer... Jacques demeure sur la petite rue précédente, Raynald, lui, sur la petite rue suivante, pourquoi bon Dieu ont-ils indiqué à la police de prendre ma petite rue à moi ? Pis le manteau, je ne l'ai pas volé ! C'est Jacques qui me l'a donné en garde.*

Il me fallait bien dire quelque chose à ma sœur pour désamorcer la situation :

– *Je ne le sais bien pas ! La police n'est sûrement pas là pour moi, puisque, moi, je n'ai rien fait !*, ânonnai-je sans conviction, bêtement, niaiseusement...

Comme chacun rentra chez soi et que la police s'en alla finalement, je crus plus avisé d'aller me coucher plutôt que de risquer de m'entendre poser d'autres questions embêtantes qui me feraient proférer d'autres inepties qui ne feraient qu'aggraver la suspicion de ma sœur à mon égard. Dans mon lit, je lâchai un ouf ! bien senti et je m'endormis du sommeil du juste... enfin du pas si juste que ça, mais tellement soulagé d'avoir survécu à la soirée de fou qui fut la mienne ! Juste avant de sombrer dans un monde de rêves psychédéliques, couché dans mon lit, bien ancré dans un état de grâce, de paix et de sécurité, je me souviens d'avoir senti mon âme sortir de mon corps, me donnant l'impression que je lévitais... Insensé non ? Oui, et très inquiétant, car dès que cette sensation d'ascension s'intensifiait au point de me rapprocher du « nirvana », mais, très – trop ? – cartésien, je forçais mon esprit à décrocher. J'avais bien trop peur de ce qui pouvait suivre...

## Chapitre VI – La conclusion

« *Plus jamais la drogue !* », me suis-je promis à mon réveil, vers midi, midi et quart, le lendemain même de cette aventure folichonne, rocambolesque. Durant cette soirée de la veille où tout avait été de travers, le LSD que j'avais ingéré avec un mélange de crainte malgré que je fût accompagné de mon ami Pierre Go qui, lui, « *connaissait ça !* », cette drogue, dis-je, avait, à chaque étape de mon « voyage », amplifié les effets des petits démons qui squattaient d'ordinaire mon esprit dont, entre autres, la peur injustifiée, incontrôlable car viscérale, que j'avais alors de la police et, aussi, en bonus, le manque de confiance en moi.

C'est en me répétant cette ferme décision de ne plus prendre d'acide que j'allai remettre à mon voisin Jacques ce qui appartenait à mon voisin Jacques, c'est-à-dire le manteau de cuir brun accroché au poteau de la rampe d'escalier depuis la veille. Ce manteau, qui m'avait hanté, torturé toute la soirée, était la preuve tangible que je n'avais pas rêvé... J'en profitai pour me renseigner sur ce qui c'é-tait passé pour Raynald dans cette discothèque sachant que lui, Jacques, n'avait pas vécu l'événement à travers le filtre déformant de la drogue. Alors, pourquoi Raynald est-il ressorti de l'établissement manu militari ? La réponse :

– *Raynald, il était juste trop pressé d'y entrer... sans payer !*

Cঙৎৎৎৎৎ

« *In vino veritas* », peut-être, mais sûrement pas « *In medicamenti stupefac-tivi* ». Mon expérience était concluante : pour cette drogue dure et malfaisante qu'est l'acide lysergique, le SLD, ainsi que, j'imagine, toute autre substance stu-péfiante du même genre, ou plus forte, je décidai d'appliquer, depuis ce jour-là, un « *Vade retro Satanas* » bien senti, bien ferme et bien résolu !

Non, pour sûr, le voyage, le trip, effectué cette fois-là en compagnie de mon ami Pier-re Go n'en a vraiment pas valu la peine ! Pour simplifier au maximum, il est clair que, pour moi, cette histoire de « *high* » s'était très vite transformée en « *Aïe* » !

## FIN

[1] Page 129. En fait, histoire d'alléger mon récit, j'ai, ici et là, entremêlé des faits, tout à fait véridiques cependant, relatifs aux 10$^e$ et 11$^e$ années du Secondaire, et j'ai condensé en une seule expérience mes 2 expérimentations de drogues dures – « malheureuses et regrettables épreuves », je tiens à le rappeler – en une seule.

[2] Page 141. Depuis le 17 octobre 2019, la consommation du cannabis est légale au Cana-da ; au Québec, depuis le 1er janvier 2020, elle n'est permise qu'aux personnes de 21 ans et plus. Les autres drogues, dites « dures », sont, quant à elles, toujours illicites.

# Un dessert « pris par le nez » !

J'étais en Secondaire V au Collège Saint-Bernard à Drummondville. Parmi les cours obligatoires de ce degré scolaire, il y avait celui d'anglais. Dès le premier jour de classe, notre professeur, fort sympathique au demeurant, nous avait indiqué de bien prendre note que nous aurions à affronter, systématiquement, des tests quotidiens sur la matière vue la veille. Il nous engageait donc à bien nous y préparer.

Après quelques semaines, nous avions compris le procédé : c'était de courts examens corrigés sur un total de points qui pouvaient varier chaque jour. Un matin, on recevait notre copie corrigée sur 8 points ; le lendemain sur 3, le surlendemain, sur 5. Ce que nous avions compris, le prof nous l'avait sans doute expliqué, c'est qu'à la fin de la session, la somme de tous les totaux de tous ces « sous-tests » journaliers totaliserait... eh oui, vous l'avez deviné, 100 points. Aussi simple que ça... Pas de calculs savants ni compliqués à faire... *Simple is the best*, disent les Anglais, avec une certaine pertinence. Lui, le prof, semblait bien vouloir appliquer ce sage conseil dans sa pratique...

Les jours se suivaient, relativement semblables, mais les résultats de nos tests eux variaient, immanquablement, inlassablement : sur 5 un jour, sur 7 le lendemain, sur 10 le surlendemain, etc. Un bon jour, – un bon jour ?, pas si sûr ! –, quelle ne fut pas ma surprise de me voir remettre, un test corrigé sur un seul point... 1 seul petit, tout petit, minuscule, microscopique point ! Pour ce test, j'avais obtenu la note parfaite de 1 sur 1 ! Pour bien comprendre la suite, sachez que j'avais pris l'habitude, dès la session commencée, de m'asseoir dans la première rangée de cette classe d'anglais. Le prof était là, debout, juste devant moi... Comment aurais-je pu résister à l'envie, irrésistible, d'ironiser sur la situation. « *J'imagine monsieur, ayant reçu aujourd'hui la note de 1 sur 1, que demain, si je m'applique comme il faut, je pourrais recevoir une note parfaite de zéro sur zéro !* »

Au moment même où la classe se mettait à rire de mon intervention, je fus incapable d'éviter le dictionnaire anglais-français lancé dans ma direction... *Right on the nose...* Paf sur le pif ! Pif qui s'est mis à saigner abondamment à mon grand dam et à celui du trop prompt professeur d'anglais qui, lui, regrettait déjà son geste trop impulsif.

Je fus invité à aller aux toilettes pour faire cesser le saignement et quand je revins en classe, un mouchoir sur le nez, le professeur se confondit en excuses pendant quelques minutes le temps que le sang coagule et que la douleur s'estompe un peu...

Ce professeur d'anglais est, vous vous en doutez bien, celui qui, parmi tous les maîtres et maîtresses qui m'ont enseigné, m'a le plus « marqué »..., physiquement parlant, bien sûr ! Pourtant, étrangement, je ne me souviens pas de son nom. Commotion cérébrale peut-être ? Ce qui est sûr cependant, c'est que depuis ce jour fatidique, l'anglais, je le parle un peu du nez...                    **FIN**

# 5

Photo : Bibliothèque multimédia Microsoft

## Monsieur Camiré

Il ressemblait à ça le camion de M. Camiré... ce « truck » qui avait un « lousse » phénoménal dans le volant !

### Chapitre I – « *Mon dieu, donne-moé une job* »... d'été

C et été-là... mais lequel était-ce ? Je ne m'en souviens pas précisément. C'était peut-être l'été de mes quinze ans ou celui de mes seize ans... Il est certain cependant que c'était l'été qui a suivi celui de la déclaration que m'a faite mon père après que je lui eus demandé un peu d'argent pour mes cigarettes et une petite sortie : « *Tu vois ce cinq dollars ? Je te le donne... Prends-le ! Mais les prochains billets, tu vas les gagner par toi-même !* » Fin de la discussion. Convenons ensemble, à défaut d'archives et de souvenirs solides, que le récit que je m'apprête à vous faire se passa durant les deux étés de 1967-68 et commençons-le sans plus de digressions ni d'a priori.

Un jour que je mentionnais à mon ami Raymond St-Jacques que, acculé au pied du mur par mon père, désormais, je devrais me trouver du travail pour pourvoir à mes besoins, petits et grands, il me dit ceci :

– *L'été passé, je travaillais comme homme à tout faire pour mon voisin monsieur Camiré et je compte lui dire que je n'y retournerai pas cette année. Ça pourrait peut-être t'intéresser. Il me payait 15 cents de l'heure...*

155

– *Quinze cents de l'heure, ce n'est vraiment pas beaucoup !*, rétorquai-je, me montrant ainsi très peu intéressé.

– *Peut-être*, continua mon ami, *consentirait-il à monter son salaire cette année, qui sait ? Il faudrait lui demander.*

– *Serais-tu d'accord pour me présenter à ce monsieur Camiré ?*, ajoutai-je peu convaincu quant à la concrétisation d'une association d'affaires avec cet employeur qui me semblait quelque peu radin, très proche de ses « *cents* ».

La rencontre avec monsieur André Camiré se fit quelque temps après et, ô surprise !, dès le premier contact, l'accord se fit sur une rétribution de vingt-cinq cents de l'heure et sur plus ou moins une vingtaine d'heures de travail par semaine. Je ferais des sous et j'aurais des vacances, le meilleur des deux mondes. Cela me convenait donc parfaitement, d'autant plus que son domicile était situé, comme le mien, sur le chemin Hemming et qu'il me suffisait de cinq à dix minutes à pied, moins à bicyclette, pour me rendre chez lui. Cette proximité était un avantage non négligeable, indéniablement ! Je n'avais pas encore commencé ce boulot que déjà j'élaborais, comme la Perrette de la fable de La Fontaine, des plans pour dépenser les cinq dollars hebdomadaires que je m'apprêtais à gagner bientôt ! Une petite fortune... Rien de moins !

## Chapitre II – Monsieur Camiré

Permettez-moi donc de vous présenter monsieur Camiré. Monsieur Camiré, André de son prénom, devait avoir soixante ans quand j'ai commencé à travailler pour lui. Il était plus petit que moi qui faisais dans les cinq pieds, neuf pouces ; il avait le visage rondelet et le ventre bien enveloppé. La calvitie ne lui avait laissé que quelques mèches de cheveux grisonnants et épars. Il s'habillait de vêtements usés qui semblaient avoir été portés pendant bien des années. C'était un homme au visage triste, n'esquissant que très rarement un sourire timide, et qui disparaissait aussi rapidement qu'il arrivait. Je ne me rappelle pas de l'avoir vu ou entendu rire. Cette tristesse, je le découvrirais assez vite au fil des conversations que nous aurions durant nos fréquentations, pouvait provenir de chacune ou de toutes les raisons suivantes : monsieur Camiré vivait séparé de sa femme qui était aussi la mère de ses deux enfants, enfants qu'il ne semblait pas voir souvent, que personnellement je n'ai jamais vus à son domicile malgré mes nombreuses présences. Je ne lui connaissais pas d'amis,... bref, monsieur Camiré était un homme seul...

Monsieur Camiré était à la retraite, mais retraité de quelle entreprise ? Je ne crois pas l'avoir jamais su. Il n'était pas très riche mais était propriétaire d'une maison sise sur le chemin Hemming. Mais lui, il préférait vivre dans le garage aménagé en « garçonnière » bâti derrière cette maison, pour bénéficier d'une entrée supplémentaire d'argent sous la forme d'un loyer ! Il possédait aussi une voiture datant de plusieurs années, ainsi qu'un camion de marque Ford (ou Chevrolet, ou Dodge) qui avait connu, il y a belle lurette de cela, des jours meilleurs. J'y reviendrai à ce camion dans le contexte d'un chapitre ultérieur.

Tel que je l'ai connu, monsieur Camiré était un homme terne, éteint, sans énergie : il faisait tout mesurément. Il était réservé, gêné même, mais c'était un homme doux, et en cela je lui ressemblais beaucoup. Jamais je ne l'ai vu se fâcher, jamais il n'était impatient. Il parlait peu et lentement à tout le monde sur un ton monocorde, presque sans expression. C'était un homme effacé et, du moins c'est ainsi que je le pressentais, meurtri par la vie. Le bonhomme, tel qu'il paraissait, ne payait pas de mine et portait quelquefois à rire et à se moquer. Cette souffrance intérieure, je la sentais sans vouloir la connaître vraiment : j'avais mes petits problèmes personnels sur les épaules, je n'étais donc pas du tout disponible ni enclin à y ajouter les difficultés d'une personne de son âge.

## Chapitre III – « *Fume, fume, fume...* »

Je ne vous l'ai pas dit encore : monsieur Camiré fumait. Quand je dis qu'il fumait, je veux dire qu'il fumait sans cesse, tout le temps, une cigarette après l'autre, l'une remplaçant l'autre, celle devenue mégot allumant la suivante. C'était comme ça, toute la journée, du lever au coucher, ses levers et ses couchers à lui, pas ceux du soleil ! Il ne devait sans doute pas exister une seule photo de lui sans une cigarette au bec ! Il était une machine à fumer ! Je n'en revenais pas de sa consommation addictive mais ne le critiquais pas : au contraire, moi qui avait aussi l'habitude de fumer, je m'accommodais très bien de ce défaut car, si mon nouvel employeur pouvait-être quelque peu chiche sur le salaire qu'il octroyait, il était très généreux en matière de cigarettes : il m'en offrait volontiers et régulièrement, à mon grand plaisir. Appelons ça un avantage marginal lié à mon emploi, avantage non imposable de surcroît ! Bien sûr, monsieur Camiré fumait selon des moyens financiers qui étaient limités, je le rappelle : il se faisait donc des cigarettes à la main. Une bonne partie de sa journée, le matin ou le soir, il s'assoyait sur son sofa élimé, et faisait des corvées de clopes qui duraient au moins une heure de temps. Une partie de ses soirées se passaient à cette activité pendant qu'il regardait la télévision. Pour se faciliter un peu la tâche, il s'était procuré une petite machine qui pouvait fabriquer cinq cigarettes à la fois. C'était beaucoup et peu à la fois car, considérant son rythme effréné de fumage, cinq cigarettes ne le contentaient qu'une demi-heure environ. Il devait donc en prévoir un bon stock.

Faites le calcul : une cigarette brûle en sept ou huit minutes tout au plus ; 30 minutes divisées par 7... Monsieur Camiré pouvait donc, et « facilement », fumer une bonne dizaine de cigarettes pendant l'heure qu'il en « roulait » une centaine ! Combien devait-il en fabriquer selon vous pour se fournir toute une journée ! Faites le calcul... C'était ahurissant et assez exceptionnel. Est-ce que l'envie de fumer le réveillait la nuit ? Je ne le sais pas de façon certaine, mais cela serait que je n'en serais aucunement surpris...

Avec le temps, à partir du moment où on s'est mieux connus, je l'ai aidé à renouveler son inventaire quotidien de cigarettes faites maison ; ça me paraissait la moindre des choses, et cela me déculpabilisait de fumer sans pudeur et sans vergogne autant de ses cigarettes. Et, même en son absence, je pigeais avec le même sans-gêne, avec son autorisation cependant, dans sa boîte *Player's* ou *MacDonald* où il stockait ses cigarettes...

## Chapitre IV – Vivre dans un garage

Je l'ai mentionné plus haut, monsieur Camiré vivait dans son garage plutôt que dans sa maison. Cette dernière, sise sur Chemin Hemming et portant le numéro civique 1952, l'année de ma naissance – heureux présage ? –, cette maison-là, il la louait. Il s'était, lui, aménagé un deux pièces et demie dans une des deux moitiés du garage aux murs recouverts de tôles peintes argent, garage situé juste derrière la maison, l'autre moitié faisant l'office pour lequel il avait été bâti, c'est-à-dire que cette moitié-là, c'était un vrai garage. Il s'y trouvait un bric-à-brac inimaginable d'outils et de pièces usagées ou de seconde main : des bocaux de clous plus ou moins rouillés et de différentes grosseurs et longueurs, certains arrachés aux planches et conservés « tels que crochis » par le marteau ou la barre à clous. D'autres contenants étaient remplis de vis, d'écrous et de tarauds disparates et désassortis. Il y avait des « canisses » de gazoline, d'huile, de graisse et de produits de nettoyage : térébenthine, *Varsol*, *M. Net*, savon à mains, etc. Il y avait, accrochés aux murs ou au plafond, ou empilés, sans ordre ou pêle-mêle sur le plancher, des tiges et des feuilles de métal, des bouts de bois et des planches, des pièces de rechange d'autos et de camion et cent « patentes », mille « gogosses » et un million de « cossins ». Tout ce fourbi, usé, rouillé, détraqué ou défectueux, constituait un trésor inestimable aux yeux de mon monsieur Camiré. Oui, monsieur Camiré, c'était tout un « ramasseux »...

Au milieu de cette portion « garage » du garage, il y avait un grand trou rectangulaire de la hauteur d'un homme qui servait, quand une réparation ou un entretien était requis, à avoir accès, via une échelle, au dessous d'une voiture sans avoir à la soulever à l'aide d'un cric.

⋐⋑

On accédait à la partie maison de cet édifice par une porte avec fenêtre à six petits carreaux masquée à l'intérieur par un petit rideau décoloré. On se retrouvait alors, dès l'entrée franchie, dans un très petit salon-cuisine-cuisinette dont les murs en feuilles de simili-bois de couleur foncée étaient peu décorés : quelques tableaux d'occasion et un cadre avec une photo de ses enfants. Une causeuse défraîchie et une table basse se trouvaient juste à droite en entrant dans le living-room devant lequel, pas très loin, se trouvait un petit meuble sur lequel était installé un téléviseur noir et blanc. L'éclairage de la pièce était assuré maladroitement par une seule autre fenêtre à quatre carreaux de vitres mal peinturée et mal lavée située juste à côté de la porte et par une ampoule vissée dans son socle blanc terni. Un peu plus loin, se trouvait une petite table de cuisine que côtoyaient deux chaises droites bancales et, tout à côté, un vieux poêle électriue et un vieux frigidaire. Tout ça laissait tout juste la place nécessaire pour se frayer un passage jusqu'à la pièce du fond : la chambre à coucher. Celle-ci, seule autre pièce éclairée d'une fenêtre, était meublée d'un lit simple, tête et pied en tubulures à la peinture défraîchie, d'un bureau-commode pour le linge surmonté d'un miroir. Une microscopique garde-robe, une petite penderie, était creusée dans un des murs et un rideau délavé cachait les vêtements qui y étaient entreposés. Tous les meubles de toutes les pièces, fortement élimés et flétris par le temps et l'usure, sentaient la brocante et l'encan. Entre les deux grandes pièces s'insérait une minuscule salle de bain, un placard presque, dans laquelle se trouvaient une toilette et un lavabo. Mais de bain et de douche, point ! Monsieur Camiré ne devait, ne pouvait donc se laver qu'à la « mitaine » !

C'était ça, l'humble château Camiré... On eût pu croire que ce monsieur avait inventé la simplicité volontaire. Mais non, selon toute évidence, il vivait tout à fait en fonction de ses fort modestes moyens financiers.

La maison ainsi que le garage étaient bâtis sur un terrain assez grand où poussait une pelouse rare et maigrichonne sauf sur le devant de la « vraie » maison faisant face au chemin public : là, seulement, la pelouse était belle. La surface du reste du terrain n'était que sol sablonneux, terreux ou rocheux sur lequel jaillissaient ici et là, selon la saison, quelques fleurs sauvages, notamment des pissenlits, du trèfle, des marguerites, des boutons d'or, et des mauvaises herbes tels du plantain, des rhubarbes du diable, du chiendent, etc. Comme il se faisait, toute la journée durant le printemps, l'été et l'automne, des allées et venues continuelles du terrain à la maison-garage de monsieur Camiré, la poussière y régnait en maîtresse, la boue, les jours de pluie, et il fallait balayer et laver régulièrement les prélarts des planchers de la maison pour lui procurer des instants précaires et momentanés de propreté.

Pour les deux prochains étés, mon domaine à moi serait cette maison-garage et, surtout, cette cour poussiéreuse ou boueuse où l'on retrouvait des tas et des amas de madriers et de planches, de bois de corde, de roches, de débris de toutes sortes, tout ça ayant valeur de trésor d'Ali Baba pour mon patron. Tout ce matériel disparate et hétéroclite devait un jour servir à quelque chose, foi de monsieur Camiré, lui qui avait plus d'un talent et qui exerçait trente-six métiers.

### Chapitre V – Au travail !

Le premier job qui m'a été confié par mon nouveau patron fut de peindre les moulures, les cadres des fenêtres et des portes de sa maison-garage qui, il faut le reconnaître, en avaient bien besoin. Il me munit donc d'un pinceau et d'un gallon de peinture à l'huile dont les dégoulinures extérieures m'indiquaient qu'elle était de couleur vert pâle. Il me montra l'endroit où se trouvait l'échelle à utiliser pour les surfaces en hauteur puis quitta en voiture faire une commission ; il m'indiqua qu'il serait absent pour une bonne partie de la journée.

J'allai chercher l'échelle et fit la constatation qu'il lui manquait un barreau et que d'autres menaçaient de casser. Il me faudrait donc porter une attention particulière sur ce point tout au long de mon travail. Puis j'ouvris le contenant de peinture pour constater que celui-ci avait déjà été entamé de beaucoup et que le contenu avait déjà été dilué. Y en aurait-il assez pour faire le travail au complet ? J'en doutais fortement avant même d'avoir commencer ! Bah, me disais-je, au besoin mon boss me fournira un autre « gallon » de cette peinture !

Mon plan consistait à commencer à peindre tout ce qui se trouvait à ma portée, accroupi, debout, puis jusqu'à bout de bras ; j'utiliserais l'échelle pour terminer l'ouvrage. Ce plan, je l'exécutai tel qu'imaginé.

À mesure que mon travail avançait, mon angoisse de manquer de peinture augmentait. Je ne cessais de me demander si je n'avais pas exagéré la quantité de peinture apposée durant la première heure. Pourtant il ne me semblait pas possible d'en étendre moins compte tenu du faible degré de viscosité de celle-ci.

Il fallait bien aussi que le résultat paraisse quelque peu, non ? J'en étais encore à cogiter ces préoccupations légitimes, il restait à peu près le tiers des surfaces à colorer, lorsque monsieur Camiré revint. Soulagé, je lui demandai s'il n'avait pas un autre pot de peinture pour que je puisse terminer le travail. Étonné qu'il pût me manquer de peinture, monsieur Camiré ouvrit la porte de son garage, dénicha un pot de térébenthine, l'ouvrit et en versa une partie du contenu dans ce qu'il restait de peinture dans mon gallon. D'un ton qui ne semblait exprimer rien d'autre que sa grande satisfaction d'avoir trouvé un expédient qui lui permettait de ménager quelques sous, il me dit :

– *Voilà ! Comme ça, tu devrais en avoir assez pour terminer ton ouvrage...*

Il eut raison... mais tout ce que je peinturai dès lors jusqu'à lécher le fond de mon gallon et jusqu'à extraire de mon pinceau l'ultime goutte, l'ultime molécule, l'ultime atome de ce mélange de térébenthine faiblement coloré, tout ce que je peignis, disais-je, passa du plus que vert pâle à presque plus de vert du tout. Ce changement de couleur se voyait, de la cour, de la rue... Il eût fallu que je commençasse à peindre toute la devanture du garage en premier... pour faire le changement de teinte derrière. Et il eût aussi fallu que je ménageasse la peinture dès le début... Bref, je n'étais pas du tout content de mon travail et je m'attendais à une critique bien sentie de mon boss. Pourtant, je m'en étais fait pour rien : monsieur Camiré ne me fit aucun reproche. Peut-être trouvait-il que je m'étais bien débrouillé pour une première journée ; peut-être même était-il content que je ne me fusse pas pété la « marboulette » en utilisant son échelle édentée... Mais peut-être trouvait-il mon travail tout à fait acceptable et satisfaisant selon ses normes à lui, tout simplement ! Peut-être n'était-il pas trop difficile sur le résultat... Ainsi en irait-il de tous les autres travaux que je ferais désormais pour lui. Je sais, ça fait beaucoup de « peut-être » pour vous dire que je m'en étais bien tiré cette journée-là.

À défaut d'être riche, monsieur Camiré avait développé un sens pratique et un sens de l'économie à nul autre semblable. Et il n'était pas « critiqueux » pour 25 cents ! Pour 25 cents de l'heure... je le rappelle !

## Chapitre VI – Bois de corde et bois de sourcier

Quand je fus engagé chez monsieur Camiré, mon contrat d'homme à tout faire stipulait que je travaillerais l'été, c'est-à-dire durant la saison où ce monsieur avait du travail à me fournir, soit de l'entretien-réparation de sa propriété au sens large, ou soit du fait de ses pratiques extérieures. Car il avait des pratiques et des clients mon boss : il vendait et livrait du bois de corde, il faisait aussi du transport général, et il était émondeur et coupait des arbres à ses heures.

J'ai mentionné plus tôt que monsieur Camiré possédait un camion Ford (ou Chevrolet ou Dodge), d'une quinzaine d'années au moins, de couleur rouge rouille qu'il utilisait justement dans le cadre de ses nombreuses occupations. Parlons-en donc dès maintenant de cet engin qui sera pour toujours, pour moi, un personnage indissociable de cette histoire. Ce camion Ford (ou Chevrolet ou Dodge), presque aussi vieux que moi, ne payait pas de mine : lui était presque à l'agonie alors que moi j'étais dans la fleur de l'âge. Lorsque monsieur Camiré s'absentait, j'aimais aller m'asseoir du côté conducteur dans ce camion jamais barré – qui pourrait vouloir voler une telle loque ? Alors j'expérimentais : je pesais sur les pédales, je changeais de position le bras de transmission, j'enfonçais des boutons, je tournais le volant de droite à gauche. Comme je n'étais pas en âge de posséder mon permis de conduire, je rêvais... Je faisais semblant...

Un jour du premier été, mon travail consista à remplir de rondins de bois la benne du camion. Monsieur Camiré m'avait remis les clefs du véhicule et demandé de le reculer tout près du bois de chauffage qui avait empilé en vrac à la lisière de son terrain. Comme je lui dis que je ne savais pas conduire, il entreprit de me montrer comment. Pied gauche sur la « clotche », pied droit sur le frein, retrait de la manette pour donner un peu de « choke » au moteur, manette qu'il faudra renfoncer lorsque le camion aura démarré, clef dans l'ouverture et rotation de celle-ci pour lancer le moteur grâce au « starter ». Le camion geignait quelques secondes mais, malgré sa décrépitude avancée, il démarrait... Il ne fut pas besoin d'utiliser la manivelle pour lancer le moteur... Eh oui, une telle ouverture existait sur le devant de ce modèle-là, au cas où...

Monsieur Camiré finit de reculer lui-même le camion au plus près de la montagne de bois coupé, puis arrêta le moteur ; lui et moi débarquâmes. Il m'aida à installer les deux « clôtures » se fixant de chaque côté de la plateforme du camion puis je commençai à monter ma première rangée selon les recommandations pratico-pratiques qu'il me fit pour maximiser la quantité de rondins à corder dans la boite du camion. Il m'indiqua aussi dans quel sens il fallait placer les rondins pour que la cargaison soit le plus stable possible lors du transport. Quand il me crut instruit de toutes les connaissances indispensables, mon patron s'en alla vaquer à ses affaires et me laissa seul avec mon casse-tête. Je montai donc six rangées de bois de corde en n'oubliant pas de leur donner un certain angle vers le devant du camion ; ainsi on ne risquait pas – on risquait moins, serait mieux dire – de les voir débouler sur le chemin en roulant. J'avais terminé et étais assez fier de mon travail quand monsieur Camiré revint. Lui aussi applaudit mes efforts sauf qu'il trouva mes rangées trop basses : « *J'ai-*

merais bien tout emporter dans un seul voyage », me dit-il. Je devais donc relever mes rangées de bois. Ce que je fis avec beaucoup d'appréhension : mais si mon boss affirmait que son camion pouvait contenir plus de bois, qui étais-je pour le contredire ? C'était déjà la fin de l'après-midi : le temps de la livraison était venu. Monsieur Camiré s'installa au volant et nous partîmes. À tout moment, je regardais par la lunette arrière du camion, certain d'être témoin d'une catastrophe. Je me préparais mentalement à devoir ramasser la moitié de la cargaison. Je fis une courte prière, une supplication plutôt :

– *Au moins, que le bois s'écroule tout de suite dans la cour, ainsi il n'y aura pas d'accident sur la route causé par mon inexpérience !*

Le camion, suivant en cela les instructions précises de la surface ondulantes de la cour, – il me semblait tout à coup qu'elle n'était plus que trous et bosses –, entreprenait des mouvements amples et incontrôlés de tangage et de roulis mettant en danger à chaque instant l'ordre précaire de la cargaison. Ajouter à ce comportement déficient et étourdissant l'ampleur grotesque des manœuvres que le timonier devait faire pour ajuster la course de notre embarcation à ces fortes ondulations du sol et la maintenir à cap... Je nous trouvais aussi comiques, pathétiques aussi, que ces personnages loufoques des films muets, les *Keystone Cops*, que j'avais eu l'occasion de voir à la télé et qui conduisaient des camions d'urgence qui ne semblaient pas connaître la ligne droite. Sauf, qu'aujourd'hui, si une partie de la cargaison de mon navire tombait à l'eau, c'était moi, le pauvre moussaillon et moi seul qui devrais tout rembarquer à bord !

À force de tanguer et de rouler, nous parvînmes à la route asphaltée tout unie qui passait devant la maison et un répit nous fut accordé. Puis nous empruntâmes le boulevard Saint-Charles, en réparation, lui, sur presque toute sa longueur. Ce chemin n'était plus qu'une rivière de trous et de bosses. Trois kilomètres de détresse mentale à rouler à moins de 10 kilomètres à l'heure. Des automobilistes craintifs de voir choir notre bois sur leur auto, roulaient le plus loin possible derrière nous. D'autres, impatients, pestaient devant notre lenteur : en vain, car monsieur Camiré ne laissa personne nous dépasser, ni sur ce boulevard, ni sur la route 122 qui lui succéda. Enfin, la destination finale, l'entrée de la cour de notre client de Saint-Cyrille, fut en vue... J'anticipais avec un bonheur indicible ce moment béni où la cargaison aurait été débarquée sur le sol de l'acheteur... moment qui finit par arriver ! Et pas une seule bûche de perdue ! Ah ! Je connaissais enfin les grandes joies du travail bien fait ! Saint Jude m'avait entendu. Alléluia !

⋘⋙

Monsieur Camiré était aussi un sourcier. Ne cherchez pas ce métier dans la liste de ceux que l'on étudie au collège ou à l'université. Il ne s'y trouve pas !

– *C'est un don que j'ai*, m'expliqua-t-il ce jour-là, *je suis capable de trouver de l'eau dans le sol, peu importe sa profondeur. Je n'ai besoin que d'une baguette faite d'une branche de coudrier ou de saule coupée en forme de V. Depuis que je suis tout jeune, plein de gens et même des puisatiers de la région me consultent avant de se risquer à creuser un puits.*

J'étais très curieux et impatient de voir ce prodige malgré le caractère irrationnel d'une telle affirmation. Je ne pouvais pas consulter alors les conclusions d'expériences que l'on retrouve aujourd'hui sur le site *Wikipedia* :

« *Ce procédé divinatoire du sourcier, anciennement appelé* **rhabdomancie**, *du grec* rhabdos, *bâton et* manteia, *opérerait grâce à un mouvement « irrépressible » d'un pendule, ou d'une baguette de coudrier ou de noisetier, mouvement qui se produit dès que l'objet se trouve à passer au-dessus d'une eau souterraine.* (**N. de l'A.** : *a*ujourd'hui, on peut même voir des sourciers tenir dans chaque main la plus courte tige d'une broche rigide pliée à angle droit, les deux plus longues pointées vers l'avant ayant tendance, au-dessus d'un plan d'eau,  à se rapprocher l'une de l'autre, jusqu'à se toucher à leurs extrémités.) *Cependant, plusieurs expériences effectuées dans des conditions rigoureuses ont démontré que les sourciers n'obtenaient pas un résultat supérieur au... hasard ! Pour les sceptiques, les témoignages de réussite des sourciers s'expliqueraient en grande partie par une bonne connaissance du sol et de la végétation. Selon eux, toujours, le soi-disant sourcier exécute des mouvements musculaires inconscients et autosuggérés.* » Voilà pour la définition...

Je savais – je devinais – un peu tout ça alors ; je faisais donc partie des sceptiques. Mais monsieur Camiré avait tellement l'air convaincu et sa déclaration était si convaincante ! Et il y avait des clients qui, comme lui, croyaient dur comme fer qu'il avait effectivement ce don... Alors, le Luc cartésien, le « saint Thomas », que j'étais ne demandait qu'à voir pour croire... L'occasion se présenta par une belle journée chaude de la fin-mai quand, appelé à me rendre chez lui, il m'expliqua que l'eau avait gelé durant les grands gels de janvier privant ses locataires et lui-même de cette eau potable si indispensable. Il fallait donc trouver la ligne d'eau entre la maison louée, sa maison et le puits. Mon travail consisterait ensuite à creuser pour déterrer les tuyaux d'amenée d'eau puis, transformés en plombiers, on l'abaisserait des quelques pieds qu'il fallait pour qu'elle se retrouve en dessous du gel.

Quelques instants après qu'il m'eût tenu ce discours, monsieur Camiré s'éloigna, un canif en main, puis revint tenant une branche de saule se séparant en deux fines tiges formant un V, comme s'il tenait une fronde par le mauvais bout. Tenant toujours cet appareil d'une manière particulière, les bras tendus devant lui, il se mit à arpenter sa cour. L'exploration du terrain dura peu de temps, la « *baguette* » de monsieur Camiré se mit à osciller frénétiquement de haut en bas pointant de son moignon l'endroit où il me faudrait commencer à pelleter. De petits piquets, fichés en terre, en signaleraient précisément l'emplacement et le parcours. Monsieur Camiré le sourcier s'arrêtait donc à intervalles réguliers pour planter des petits pieux qui formèrent à la longue une ligne relativement droite sur le sol. Puis, rendu vers le fond de la cour, il s'écria :

– *Ça tire en maudit... C'est sûr que le puits se trouve ici, juste en dessous.*

À l'endroit indiqué par la baguette frémissante, il planta son dernier piquet. Moi, bien que fort sceptique de la valeur de toute cette mise en scène, je me mis à l'ouvrage. Comme on m'avait engagé pour cela, creuser, j'ai creusé !... Ce jour-là, mon ami Richard Leclerc était venu me prêter main forte. Moins de quinze minutes ont suffi pour enlever un peu moins de trois pieds de terre assez meuble que nous projetions avec la pelle de chaque côté du trou lorsque, tout à coup, quelque chose de dur rendit un son métallique : cette fois, ce n'était donc pas une pierre... Nous venions de découvrir la conduite d'eau juste à l'endroit indiqué par les frémissements de la baguette de mon patron sourcier ; je venais aussi de me découvrir une certaine admiration pour mon boss, il était fort en son genre, mon monsieur Camiré ! Quoique... En y repensant bien aujourd'hui, ce ne devait pas être la première fois que monsieur Camiré faisait creuser à cet endroit : peut-être alors était-ce plus un don de mémoire que le fruit d'une « *sourcellerie* » quelconque... Mais que pouvait bien valoir mon avis en regard de celui des nombreux clients qui l'engageaient justement pour qu'il exerce ce don à leur bénéfice ?

Anecdote : à un moment donné de notre journée de creusage, Richard avait les mains sales et voulait se décrasser quelque peu ; une guenille, un chiffon déjà un peu sali trônait sur un manche de pelle pas très loin. Mon ami voulut s'en servir... Monsieur Camiré intervint, en état de presque panique : « *Ne touchez pas à ça, c'est mon mouchoir !* » Oups ! Et ouf ! Il n'était pas très ragoûtant son mouchoir...

## Chapitre VII – L'arbre vert et l'émondeur gris

Un autre avant-midi de la saison estivale, nous partîmes, monsieur Camiré et moi, à bord de son Ford (ou Chevrolet ou Dodge) rustique, vers le domicile d'un client. Ce dernier demeurait dans un quartier de la ville où les maisons sont rapprochées les unes des autres et bâties sur de petits terrains. C'est du moins le souvenir qu'en a le garçon habitué aux grands espaces d'une cour immense. En bref, ce que le client demandait à mon monsieur Camiré, c'était de jeter par terre l'immense érable qui trônait, haut, fier, imposant, magnifique, au bout de son terrain.

*– Cet arbre est devenu encombrant pour mon voisin qui, depuis quelques années ne cesse de se plaindre à moi et à la municipalité de l'ombre qu'il projette chez lui et, surtout, des feuilles qu'il doit ramasser tous les automnes venus. Sinon, je le garderais, c'est sûr ! Un si bel arbre...*

Cet aveu du client fut suivi de négociations, entre le client et monsieur Camiré ou, plutôt, d'une confirmation des négociations déjà faites antérieurement. Quand on se fut mis d'accord, mon patron et moi allâmes chercher dans le camion tous les outils et l'appareillage nécessaires à l'opération mise à bas : une échelle, une longue corde, la scie à chaîne, une hache.

*– Luc, va accoter l'échelle sur l'arbre, monte et va attacher cette corde au tronc le plus haut possible,* me fut-il commandé. Ce que je fis. Une fois redescendu, monsieur Camiré continua ses explications :

*– Je vais faire une encoche sur ce côté-ci du tronc ; c'est ce qui donnera la direction dans laquelle l'arbre va tomber. Toi, tu tiendras la corde et quand je te le crierai, tu tireras aussi fort que possible. Cet arbre-là, on va le faire tomber vers le coin de la maison, par là !*

Il me semblait, à moi, qu'à ce moment-là précis, monsieur Camiré pointait son index vers l'endroit le plus éloigné disponible... Pendant que j'écoutais les instructions que mon boss me donnait, je regardais l'arbre, j'estimais sa hauteur ainsi que les probabilités qu'il tombât dans cette cour trop exiguë sans faire de dommages. J'essayais surtout de me souvenir du truc géométrique que j'avais appris à l'école et qui avait trait aux propriétés particulières des triangles rectangles. J'étais très fâché d'avoir oublié ce théorème de géométrie plane que j'avais pourtant appris par cœur ! La théorie m'eût été bien utile ce jour-là... Voici ce que mon cerveau a enregistré du discours de monsieur mon boss, qu'il répétait à mon attention, alors que je n'écoutais que de façon fort distraite :

*– Je vais faire une encoche à cet arbre autour duquel tu auras d'abord attaché, le plus haut possible, une corde « pas » assez longue. Peu importe l'encoche de direction de tombée dont je viens de parler, l'arbre atterrira, au choix : sur le voisin de derrière, sur le voisin de droite, sur le voisin de*

*gauche ou, au mieux, sur moi, ou sur la maison du client, brisant au passage fils électriques, clôtures, cabanons, balançoires, ou blessant au passage un jeune homme assez fou pour tenir une corde moins longue que l'arbre à abattre, c'est-à-dire moi !*

Bien entendu, je savais que ce n'étais pas les paroles que monsieur Camiré avait réellement prononcées... Car, comment vous dire, j'étais inquiet... très inquiet ! Je me sentis donc le devoir de valider quelques points de détails avec mon inconséquent, mon malavisé monsieur Camiré qui osait défier les lois de la géométrie élémentaire et qui s'apprêtait à faire, j'en étais certain, une énorme et coûteuse bêtise. Je me sentis l'obligation de lui faire part de mes inquiétudes, de mes appréhensions et, surtout, de ma conviction profonde :

– *Selon moi, cet arbre-là est bien plus grand que la cour, il va donc tomber sur moi et sur la maison du client. On ne serait pas mieux de le mesurer précisément cet arbre avant de l'abattre ? Ou de le couper en deux en premier à la hauteur permise par l'échelle ?*

Nous tenant debout tous les deux adossés à la maison, notre regard allait alternativement du pied de l'arbre jusqu'à sa cime, calculant, évaluant, soupesant, estimant les probabilités. Ce double examen conforta mon patron, lui, dans sa décision de l'abattre d'une seule coupe, moi, tout à l'opposé, il me jeta dans l'abîme de toutes mes craintes. Convaincu, monsieur Camiré me lança ce défi :

– *Je te parie ma chemise, moi, que les branches de la cime tomberont à plus de cinq pieds de la maison.*

– *Comment pouvez-vous en être si sûr ?*, lui demandai-je, sceptique.

– *Ce n'est quand même pas le premier arbre que j'abats dans ma vie...*, me fut-il aussitôt répondu, non sans un léger agacement dans le ton de sa voix.

– *Dans des conditions comme celle-ci ?*, demandai-je.

– *Fais-moi confiance, Luc, des abattages, j'en ai fait de bien plus hasardeux... Mais pour réussir ce coup-ci, tu dois suivre mes instructions : dès les premiers instants, tu dois retenir l'arbre de tomber vers son penchant naturel en le tirant de toutes tes forces vers toi, quand je te le dirai. Tu comprends ?*

– *Et bien soit !*, pensai-je, mais encore peu convaincu. *J'aurai au moins essayé. Moi, je ne suis que l'employé... À dieu vat !*

Le temps du « zigonnage » et du « brettage », de la valse hésitation étant fini, on se mit à l'ouvrage. Monsieur Camiré fit son entaille, se rendit derrière l'arbre et commença à tronçonner : « *Tire en masse ! Surtout, n'arrête pas de tirer !* », me cria-t-il, le plus fort possible, voulant couvrir le bruit que faisait sa scie mécanique. J'entendis de loin un craquement, signe que l'arbre commençait à faiblir ; je le sentis frémir au bout de mes bras. Il résista autant qu'il put mais, au bout de quelques secondes seulement, trop de ses fibres ayant été tranchées, l'arbre dut abandonner la lutte : je le vis, ce géant, se jeter sur moi, comme pour me punir d'avoir accepté d'être le complice de ce forfait. Hypnotisé par la situation, je figeai sur place au lieu de prendre mes jambes à mon cou dès lors que l'arbre tombait au bon endroit, c'est-à-dire vers moi et qu'il n'y pouvait plus rien changer... Les yeux agrandis par la terreur, je vis ses branches s'approcher, s'approcher encore, puis encore plus pour finalement fouetter le sol à quelques pieds seulement de moi... Le vent chaud que firent ses feuilles avant de toucher le sol me gifla et me fit croire que l'érable, tout à l'heure si vivant et si majestueux, tenait à me prendre à témoin qu'il rendait ainsi son dernier souffle...

Les prédictions de mon patron s'étaient avérées justes à quelques pouces près... Il ne se gêna pas pour me rappeler la précision de son pronostic. Quoique... J'ai cru sentir dans son ton de voix et son non-verbal un peu de soulagement... Bref, rien ni personne, sauf l'arbre, n'avait été ni touché, ni brisé, ni blessé. J'en étais tout ébaubi et émerveillé... Mais il restait à mettre en pièce le cadavre de plus de soixante pieds de longueur qui gisait sur le sol. Et cela, c'était mon travail pour le reste de la journée. C'est du moins ce que m'a indiqué monsieur Camiré qui, après m'avoir recommandé la prudence dans l'utilisation de la hache, du sciotte et, surtout, de la scie mécanique, m'avisa que lui devait partir pour quelque occupation qu'il n'a pas jugée utile de me mentionner. Cependant, il me serait permis de la connaître avant la fin du jour... Car quand mon patron revint vers 16 heures, j'avais terminé de couper l'arbre en bûches grossières, les branches en rondins, et toutes les branches trop petites et les feuilles avaient été mises en tas. Il descendit du camion, s'en vint vers moi et m'en remis les clés. Il était un peu « pompette » !

– *Quand tu auras rempli la boîte du camion, c'est toi qui conduiras pour le retour,* marmonna-t-il, *moi, je ne m'en sens plus capable.*

Je rappelle au lecteur qu'il est toujours question du camion Ford (Chevrolet ou Dodge) dont la conduite accusait une forte déficience. Quant à monsieur Camiré, lui, il titubait quelque peu ; voilà donc pourquoi il voulait que ce soit moi qui conduise pour le retour à la maison ! Je réitère que je ne possédais pas de permis de conduire et que ma pratique de conduite se résumait à quelques avancées et reculs de cette épave sur roues et ce, seulement dans l'étroite cour de son propriétaire. Et qu'il était près de 17 heures, 5 heures de l'après-midi, l'heure de pointe ! Installé au volant, je ne payais pas de mine. D'autant plus que je visualisais le trajet à faire avec cette épave ambulante ainsi que les obstacles à franchir durant ce trajet. J'avais beau essayer de me convaincre que si monsieur Camiré avait réussi à conduire son camion en état d'ébriété jusqu'au client, j'avais, moi, au moins une toute petite chance de réussir à le ramener à la maison.

À ce moment-ci de mon récit, je ne peux que vous inviter à me suivre ! Contre toute attente, c'est moi qui suis au volant du camion chargé des branchages et des outils qu'il nous fallait ramener à la maison. Quitter le quartier où résidait le client était assez facile, les rues étaient assez larges et le trafic presque inexistant : je pouvais dévier de la trajectoire rectiligne normale sans trop de danger. Le camion se balançait d'un bord puis de l'autre, moi tâchant à chaque déviation de ramener mon bolide du bon côté de la ligne centrale. Mon passager aimait était boire un verre et plus qu'à l'occasion... Quelqu'un qui aurait reconnu le véhicule eût pu penser que c'était son propriétaire aviné qui conduisait... tellement le véhicule zigzaguait de droite à gauche. Mais non, c'était moi, son employé, et tout à fait à jeun ; seulement, mon inexpérience avait le même effet sur ma conduite automobile que l'alcool sur celle de mon patron !

Tout de même, j'ai pu rejoindre la rue Cockburn, artère beaucoup moins large, mais tellement plus achalandée. Chaque arrêt sur ce bout de chemin m'était un calvaire du seul fait qu'il fallait débrayer pour ralentir ou arrêter, puis ré-embrayer. Le moteur hésitait, émettait des teufs-teufs de vieillard asthmatique et menaçait à chaque manœuvre de caler. Au bout de Cockburn, il fallait tourner à droite sur Hériot, cette rue du centre-ville de Drummondville qui devient ruelle tant elle est étroite lorsque des voitures sont stationnées de chaque bord. Il fallait tourner, je tournai donc en deux tours de volant aller-retour et j'usai de toute ma concentration pour maintenir la bête revêche sur le droit et étroit chemin. Je me rendis aux feux de circulation situés à quelques deux cents pieds plus loin, sans égratigner aucune voiture ni menacer aucun piéton et j'eus la chance de pouvoir tourner à gauche sans devoir arrêter. Nous roulions maintenant sur le Chemin du Pont. Je lorgnai du côté de mon passager : à ma droite, mon patron dormait. Il ne me serait plus d'aucune utilité désormais... alors que ses conseils eussent été les bienvenus... Car je devrais bientôt affronter le vieux pont dont les caractéristiques les plus inquiétantes sont : super étroit et accessible en effectuant une double courbe en S. Oui, on entre dans ce pont étroit en tournant !... Pour le lecteur incapable de visualiser ces particularités, on pourrait presque affirmer que le pont a été construit à côté de la route ! L'ingénieur malicieux qui a conçu ce piège aurait mérité d'aller en enfer du seul fait de l'enfer qu'il a fait vivre chaque jour depuis son ouverture, à tous les automobilistes qui l'ont emprunté ou qui l'empruntent encore. (À l'origine érigé pour les carrioles à chevaux et les piétons, deux autobus qui se rencontrent au milieu de ce pont doivent s'arrêter, refermer leur miroir respectif, avancer avec circonspection... c'est dire à quel point ce seul pont du centre-ville de Drummondville fut longtemps une entrave désagréable pour le traffic automobile.) Je me mis mentalement en communication avec l'univers :

*– Luc, tu dois stopper le camion avant d'accéder au pont pour vérifier si l'accès est libre car si une voiture peut en sortir, si une voiture peut y entrer, deux voitures ne peuvent pas faire ces deux manœuvres en même temps, l'une rencontrant l'autre ! Sur le pont, tu dois rouler droit, très droit et le plus à droite possible ; mais attention au miroir ! Mais, au final, il est quand même préférable que tu aies abîmé le miroir du camion de monsieur Camiré que d'avoir éraflé ou percuté un véhicule circulant en sens inverse. Rappelle-toi que tu n'as pas de permis...* Mais, me disais-je encore in petto, *rouler droit avec cette charrette bringuebalante avec un volant aussi « lousse », mon dieu, est-ce possible ?*

Mais ce le fut, possible, puisque je le fis !... Nous parvînmes au bout du pont, tournâmes à droite sur le chemin Hemming ; j'engageai enfin le camion dans la cour de monsieur Camiré et, hébété mais soulagé, je poussai un « *ouf !* » bien senti et bien mérité. Les cahots prononcés de la cour qui secouèrent le camion eurent raison du sommeil éthylique de son propriétaire. Je stoppai le véhicule, arrêtai le moteur. Comme sortant d'un demi-brouillard, mon boss me félicita pour ma journée de travail et m'invita à revenir le lendemain. Je le remerciai, le saluai et partis vers chez moi. Il faisait chaud, j'étais en sueur, j'étais fatigué, j'avais envie d'une douche, d'un lunch et d'une bonne nuit de sommeil.

## Chapitre VIII – En guise de conclusion

J'ai œuvré deux étés comme « homme engagé » chez monsieur Camiré : le premier été au salaire de 25 cents l'heure, le deuxième, au tarif de 40 cents l'heure. Ce salaire, il me fut accordé sans réelle protestation de monsieur Camiré qui avait appris à me connaître et à me faire confiance... Ou, tout simplement, jugeait-il qu'à ce salaire, il ne trouverait personne d'autre... C'était pareil pour moi : mon boss pouvait bien avoir les défauts que je vous ai confiés tout au long de mon récit, mais à aucun moment durant ces deux étés il n'a été injuste envers moi et jamais il n'a tenté quelque geste déplacé. C'était un homme calme, au parler bas et doux, qui ne semblait pas connaître ni l'impatience, ni la colère, qui ne sacrait pas ni ne blasphémait. Et il me payait mes heures sans rechigner... J'aimais bien, ce monsieur Camiré et j'ai bien aimé travailler pour lui...

C'était un homme d'humeur égale, bonasse, patient, indulgent aussi. Si quelquefois je me suis surpris, seul ou avec d'autres, à me moquer de lui, de ses manies de vieux garçon et de sa façon particulière et originale de vivre, je dois dire que sa mélancolie me rejoignait. Sans trop savoir pourquoi, moi aussi je souffrais de ce spleen qui provient d'une certaine inadaptation à un monde que l'on juge incohérent ou trop injuste ; un monde qui, me semblait-il, permettait tout aux riches et refusait tout aux moins nantis. Visiblement, ostensiblement, monsieur Camiré vivait pauvrement. Pourtant, jamais je ne l'ai entendu se plaindre de ce fait. Il vivait selon ses moyens limités mais il ne semble pas avoir manqué du nécessaire et de l'essentiel. Il pouvait même se payer, le samedi, le luxe de quelques fantaisies et d'une soirée dansante. Mais pour moi, il a été un patron assez riche pour rémunérer sans délai et sans récriminer les heures de services que je lui disais avoir faites. C'était un homme de qui j'ai appris la valeur du travail et de l'argent gagné à la sueur de son front. Et, croyez-moi, l'été quelquefois, je suais tant il faisait chaud !

Les journées de canicule, il arrivait que mes voisins et amis Jacques, son frère Jean-Paul et mon frère Michel passassent devant moi, tout sourire, un sac contenant leur costume de bain et une serviette à la main. Ils me saluaient, je le sentais avec un peu d'ironie et de pitié, sachant que moi je suerais sang et eau tout l'après-midi alors qu'eux se baigneraient tantôt dans l'eau chlorée et rafraîchissante de la piscine municipale du parc Woodyatt. La tentation alors était forte alors pour moi de déserter mon travail... Je vous le dis en vérité, il fallait vraiment que j'en aie besoin de ces deux dollars que me mériteraient les efforts physiques de mon labeur effectué sous un soleil de plomb ! C'est grâce à ce monsieur Camiré que j'ai pu relever, deux étés durant – à 40 cents de l'heure, le 2e été ! –, le défi lancé à moi par mon père : j'ai gagné dans ce job de garçon à tout faire assez d'argent pour me payer mes sorties de fins de semaines et mes propres cigarettes. Oui, fini pour moi le « quêtage », le « bummage » des CDA, les économiques « *Cigarettes Des Autres* », qui t'avaient presque toujours un arrière-goût de gêne et de honte ! Bien sûr que je ne tiens pas compte des clopes que j'ai pu « dérober » à mon employeur : ce privilège, je le considérais comme un avantage social lié à mon emploi, au très bas salaire de base, je tiens à le rappeler. Et je rappelle que j'avais sa permission... Grâce à ce job, j'ai pu me payer des babioles et des sorties avec, en prime, un petit quelque chose qui me tenait beaucoup à cœur : un peu de considération et de respect de mon paternel. Oui, chaque billet de deux dollars gagné, à la dure, chez ce monsieur Camiré, en valait cent pour moi.

Pour tout cela, je ne pourrai jamais vous remercier assez, cher monsieur Camiré !

# FIN

# Un dessert « fumant » !

Je l'ai déjà mentionné dans le *chapitre 1* de ce livre, mes grands-parents maternels demeuraient au rez-de-chaussée de la même maison que nous, et nous, les Granger, vivions juste au-dessus. À l'époque de mon récit, mon grand-père Jean-Patrick Michaud fumait des cigarillos légèrement parfumés alors que moi, âgé de douze ou treize ans au moment de l'anecdote, faute de salaire ou d'allocation, je fumais ce que je pouvais... mais, comme j'étais pas mal tout le temps sans le sou donc « é-clopé » financièrement, mes *béquilles* étaient principalement des cigarettes de marque « CDA», « *Celles Des Autres* », disions-nous alors. J'avoue que « bummer », quémander des cigarettes devenait à la longue un peu gênant...

Il arrivait donc que j'aie envie de fumer bien que j'eusse zéro cenne noire qui m'honorât ; il me fallait donc faire preuve de débrouillardise, et qui dit débrouillardise pour un « drogué », dit, quelquefois, action vilaine et répréhensible... Ce fut mon cas, au moins une fois... Je savais dans quel tiroir de quel bureau de sa chambre à coucher pépère Michaud entreposait ses boîtes de petits cigares. Comment je le savais ? Je n'en suis plus très sûr... peut-être l'avais-je vu les y déposer, peut-être avais-je fouillé un tout petit peu... peu importe...

Cette « fois»-là, en question, en l'absence prolongée de mes grands-parents et de mes oncles partis en Ontario visiter qui leur fille et leurs petits-enfants, qui leurs neveux et nièces, Michel et moi avions été invités à aller faire un tour quotidien en bas pour vérifier que tout allait bien ; quand c'était mon tour de garde, je me permis de combler mon addiction à la nicotine en subtilisant quelques-uns des si délicieux cigarillos appartenant à mon grand-père. Eh oui !... Et à plusieurs reprises... Peut-être ai-je considéré cela comme une sorte de récompense légitime ?... Bref, cette semaine-là, j'ai fumé tout mon content, si bien que, finalement, j'en avais trop pris car, au retour de mes grands-parents, on s'aperçut assez vite du larcin. Quand je fus interrogé sur la disparition mystérieuse de ces boîtes de cigarillos, j'osai mentir à mes grands-parents :

– *Ce n'est pas moi et comme ce n'est pas moi, ça doit être Michel...*

Quel raisonnement méchant et idiot ? Mais surtout, quel énorme mensonge, gros comme le bras, étant donné qu'il était bien connu que mon frère Michel ne fumait pas. Michel a-t-il même été interrogé ou réprimandé ? Mais d'autre part, comment a-t-on pu gober une telle menterie ? Fut-ce par bonté grand-parentale que l'on a tout simplement décidé de passer l'éponge ? Peut-être bien...

Le fumeur « fumiste » manqué que j'étais ne fut pas inquiété par personne, sauf par sa conscience qui, elle, l'irascible, la « boquée », ne le lâcha pas de sitôt ! **FIN**

Roger
M A S S Y
Paysagiste

Dessin : educol.net

# 6

Photo : Bibliothèque multimédia

# Monsieur Massy

### Chapitre I – Doux printemps

J'ai travaillé une partie d'un été, celui de 1969, pour une entreprise de paysagisme, la Pépinière Henner, dont le ou les propriétaires étaient français ou d'origine française (Henner serait un patronyme d'ascendance alsacienne). À cette époque, quelques membres de la famille Henner travaillaient eux-mêmes chez les clients, c'est-à-dire que les patrons ne craignaient pas de mettre eux aussi la main à la pâte.

Il n'y a pas grand chose à dire sur le premier été de ce travail que j'ai exécuté pour cette entreprise, travail qui était, vous vous en doutez bien, très physique et très salissant. Sinon, que j'ai fait mes premières armes dans ce nouveau métier, saisonnier bien sûr, que j'y ai fait aussi mes premières ampoules aux mains, mes premières douleurs aux genoux et à d'autres muscles qui étaient demeurés cachés jusqu'à ce moment-là.

La plupart des travaux de paysagisme qu'il fallait exécuter étaient de nature résidentielle : gratter et déchaumer les gazons dès que la fonte des neiges était terminée et, dès que les premières chaleurs estivales se pointaient : préparer des terrains pour accueillir la semence ou la tourbe de pelouse ; planter, tailler, émonder et couper des arbres ; réaliser et désherber des rocailles et des plates-bandes ; tondre, installer ou réparer des clôtures. Bref, nous attendait tout l'été une grande variété de travaux manuels que l'on exécuterait au grand soleil la plupart du temps.

Ce job physique me plaisait vraiment, et je m'y donnais à fond.

Je me souviens, en outre, que j'y ai travaillé en compagnie d'Alain Daneault, un copain qui a fait la 7e du primaire et les 8e et 9e années du secondaire avec moi au collège St-Charles de St-Charles-de-Drummond, puis la 10e année du secondaire à l'école St-Frédéric. Tôt le matin, les deux cyclistes que nous é-tions se rejoignaient à l'entrée du vieux pont de Drummondville, lui partant de St-Charles, moi du Chemin Hemming, puis nous nous rendions ensemble à la place d'affaire de la pépinière située à plus de quatre kilomètres de là.

Je me rappelle très bien qu'un des clients de la pépinière Henner était une résidence pour personnes âgées située à Warwick, près de Victoriaville. On se rendait à cet endroit aux deux semaines pour y faire l'entretien paysager. Alain et moi étions affectés au désherbage d'une immense, impressionnante et magnifique rocaille fleurie. Tellement « immense » qu'on y avait lui et moi du travail pour toute une journée.

Il nous fallait donc dîner sur place. La première fois, Alain et moi, avions apporté un lunch composé de quelques sandwiches, d'une boisson gazeuse, on disait alors une liqueur, et d'un gâteau Vachon pour dessert. Quinze minutes suffisaient amplement pour engloutir cette nourriture riche en calories mais pauvre en tout le reste. Nous croyions donc n'avoir à attendre qu'un seul petit quart d'heure pour que le patron sonne le retour au travail.

C'était sans compter sur cette particularité culturelle de nos patrons : étant d'origine française, manger constituait un moment important, incontournable et privilégié de leur journée dont nous ignorions tout du rituel. Nous les vîmes s'asseoir sur le gazon, installés à une table de fortune composée de leurs deux ou trois immenses contenants thermos qu'ils avaient vidés de leur contenu. Et quel contenu : des bouteilles de vin rouge, plusieurs sortes de fromage, des blancs, des jaunes, des fermes, des mous, et des viandes froides, des pâtés de foie gras, et des baguettes de pain... et des desserts faits maison... Ils en ont eu pour près d'une heure et demie à engloutir cette montagne de boustifaille, non seulement parce qu'il y avait beaucoup à manger mais aussi parce qu'ils ont pris un malin plaisir à déguster leur repas et à siroter leur vin avec une lenteur désespérante ; mon *chum* Alain et moi, on ne peut plus impatients de recommencer à travailler, n'avons pas su trop quoi faire pour écouler tout ce temps libre : une heure et un quart !

Et on ne nous a jamais invités au banquet dînatoire des *boss*, des patrons...

## Chapitre II – « *L'été indien* »

Au milieu de cet été-là, j'ai travaillé pour un voisin, un autre, monsieur Roger Massy ; ce monsieur possédait une petite entreprise de services en paysagisme et, à ce titre, il faisait travailler quelques employés dont son fils aîné Alain, et il m'engagea, moi, qui avais déjà l'expérience de deux mois.

Un important contrat dont je me souviens est le « tourbage » des abords du boulevard Lemire aussi appelé, à l'époque, le 4ᵉ Rang de Drummondville, dans sa portion comprise entre le boulevard Jean-de-Brébeuf et la rue St-Pierre, aussi nommée la Route 122. Le boulevard venait d'être refait à neuf ; notre travail c'était de poser, sur le terreau déjà étendu, des laizes de tourbes de chaque côté, sur toute sa longueur : deux fois 3,2 kilomètres.

Le premier matin, nous les employés de monsieur Massy étions donc réunis coin boulevard Jean-de-Brébeuf, côté est, et boulevard Lemire, point de départ de ce contrat qui devait se dérouler sur quelques semaines. Pour le poseur de tourbe que j'étais alors, c'était un long chemin de croix de plus de six kilomètres pendant lequel je devrais me déplacer sur les genoux principalement. Un « oratoire Saint-Joseph » plat à parcourir en position prosternée !

Le premier camion, qui nous avait livré les rouleaux de tourbe, était à moitié vidé lorsque survint monsieur Massy. Il était accompagné d'un petit homme aux cheveux coupés à l'« Iroquoise », il avait sur la tête une houppe centrale de cheveux en brosse nettement définie par un rasage à nu du reste du « coco ». On nous le présenta : il s'appelait Denis X et il venait d'être engagé. Nous devions l'intégrer à l'équipe dont il devenait le sixième membre, et lui expliquer le travail à faire. Pour bien se démarquer, il déclara, candidement, d'une voix haut perchée que l'on trouva, dès les premiers mots prononcés, fort agaçante :

– *Les gars, j'sors de prison !* » Et le gars se mit à rire, mais rire d'un rire de crécelle, long, spécial, surprenant, loufoque et désagréable, qu'on trouva, sur-le-champ, bizarre, étrange, déplaisant et insupportable : « *Iiiiiiiiiii...* » Ouche ! Plus qu'un numéro, un phénomène ! Ça promettait ! Je vous raconterai plus loin ce qu'il faut savoir sur cet individu prénommé Denis ; c'était un personnage, un numéro, un extra-terrestre, une « bibitte » aussi bizarre qu'originale, c'était un *drôle de pistolet* qui venait de nous être présenté et imposé. Avec lui, on pouvait déjà imaginer qu'on irait de surprise en surprise...

Dès le départ, ce lundi, et quatre jours de suite, nous avons reçu du fournisseur des camions remplis de tourbes solides quoique coupées un peu en biseau. Pour l'information du lecteur, on appelait tourbe une pièce de pelouse d'une verge carrée (un pied et demi par six pieds) coupée mécaniquement. Le mardi, un peu plus mal coupées et un peu plus encore les deux jours suivants et ainsi de suite jusqu'à jeudi. Ce jour-là, il était devenu difficile, mais pas impossible, de manipuler les tourbes sans les briser. Malgré cela, le contrat se déroulait assez bien sous un soleil généreux et, ne serait-ce que pour cette raison, nous étions heureux !

Puis le vendredi matin, voila qu'on nous livre des laizes de tourbes trop épaisses d'un côté, trop minces de l'autre, tellement minces qu'elles étaient devenues friables. La procédure était fort simple : un compagnon prenait une laize dans le camion, la remettait à un autre compagnon hors du camion qui, lui, allait la porter au poseur de tourbe à genoux sur le sol. Tout au long d'une journée, les membres d'une équipe de trois s'entendaient sur les moments où une rotation des rôles devai s'effectuer.

Dès que le premier acteur, juché sur le camion, prenait une tourbe dans ses mains, cette dernière montrait des signes de faiblesse qui empiraient quand il la remettait au deuxième : à cette étape, la laize se fendait souvent en deux morceaux dont un tombait immanquablement par terre. Ce que recevait à installer le poseur ne pouvait plus prétendre se nommer « tourbe », tant elle était déchiquetée ! Comme il travaillait agenouillé, le poseur était dans la bonne position pour invoquer tous les saints du ciel... et il ne se faisait pas prier pour partager sa foi à voix haute !

Après avoir pesté tout l'avant midi, le mot d'ordre fut, après le lunch du midi, de ne plus poser cette tourbe maudite et d'attendre le boss, « incommunicado », qui devrait bien reconnaître le bien fondé de notre débrayage. Impuissants, tout l'après-midi fut consacré à tenter de nous accorder sur ce que nous devions faire et dire, certains argumentant qu'il fallait continuer de poser ces loques de pelouses, d'autres, plus nombreux, refusant de faire un travail qu'il faudrait recommencer tant il était de piètre qualité.

Nous pouvions les imaginer cet après-midi là, les automobilistes commenter ironiquement, juger notre paresse apparente : « *Tiens, on dirait vraiment des cols bleus de la municipalité en pleine in-action !* »

Il faut le dire : monsieur Massy était du genre à s'éclipser très rapidement d'un chantier. Il faisait facilement et rapidement confiance. On peut imaginer que ces absences étaient de nature officielle, pour affaires : recherches de nouveaux contrats, planification du travail, préoccupations budgétaires, etc. Sans doute y avait-il beaucoup de cela dans ses absences. De toute façon, il possédait ce droit divin de se prévaloir des prérogatives rattachées au « travail », à son statut de boss.

Je sais, pour l'y avoir accompagné dans le cadre d'autres contrats où nous étions seuls lui et moi, qu'il aimait se rendre à son bar préféré de Drummondville pour y prendre un petit verre de fort, du gin, je crois, accompagné d'un verre de lait prescrit par son médecin pour guérir son foie malade. Monsieur Massy buvait d'abord le poison, puis ingurgitait le remède. Ainsi apaisait-il sa conscience d'amateur de gin et de patient docile...

Ce vendredi-là n'avait peut-être pas fait exception : on n'avait pas revu monsieur Massy sur le chantier depuis le matin. Comme c'était jour de paye, on aimait croire qu'il était chez lui à préparer ou à faire préparer les enveloppes d'argent qu'il nous remettrait tout à l'heure à titre de rémunération bien méritée pour notre semaine de travail.

Le boss revint vers seize heures, Dès qu'il vit le camion encore à demi plein de tourbes et qu'il nous vit inactifs, il nous jeta un regard lourd de reproches. Il était mécontent et l'on savait devoir l'affronter. De sa grosse voix rauque, un peu étouffée, il questionna : « *Mais qu'est-ce qui se passe ici ?* » On lui montra la piètre qualité du matériel reçu, on lui fit une démonstration du processus et on lui fit voir le piètre résultat de la pose de cette tourbe mal coupée. On lui affirma qu'on avait appelé à son domicile à quelques reprises durant la journée espérant le rejoindre rapidement. On lui fit part de nos réflexions sur l'inutilité et le non-professionnalisme de continuer à poser ce matériel. On lui affirma pour le calmer, pour le rassurer, qu'on avait arrêté de travailler que vers 14 heures et demie...

Monsieur Massy examina attentivement les laizes de tourbe... et dut se rendre à l'évidence : nous avions raison ! Il eut la classe de nous payer les cinq jours complets, puis nous renvoya chez nous affirmant qu'il allait s'occuper du fournisseur. Effectivement, tout fut rétabli le lundi matin suivant et le chantier se continua et se termina sans autre aventure notable.

CRBO

Quelquefois, monsieur Massy obtenait en sous-traitance, des travaux de plus grande ampleur. Un de ces contrats devait être exécuté à Sorel : il fallait tourber les abords d'un nouvel échangeur et de quelques routes y donnant accès. On partait tôt le matin, vers six heures, six heures un quart pour pouvoir arriver sur le chantier sorelois aux alentours de sept heures. Quatre ou cinq travailleurs se tassaient dans une voiture conduite par Alain Massy, le fils du patron, aux allers et aux retours quotidiens.

Alain était plus jeune que moi de trois ans environ, mais malgré son âge, il était beaucoup plus extraverti que je pouvais l'être. Il assumait toutes les responsabilités que son père lui octroyait avec une évidente confiance en lui et en ses capacités. Alain dégageait en tout temps la bonne humeur et la joie de vivre et il aimait à blaguer. Moi, un peu trop taciturne et renfermé sur moi-même et toujours un peu insécurisé par les responsabilités, j'avais une certaine admiration pour mon jeune compagnon, qui se trouvait être mon boss de chantier en l'absence de monsieur Massy. À l'ouvrage, il ne prenait pas avantage de son statut : il travaillait autant sinon plus que chacun des employés. Impliqué comme pas un, il était facile d'imaginer qu'un jour, le fils succéderait à son père à la tête de ce business familial.

Cet été-là, le contrat de monsieur Massy dans la ville de Sorel se remplit donc dans le travail physique, dans la sueur, mais aussi dans la bonne humeur.

En 1970, on ne s'attachait pas dans une automobile et on y buvait assez librement puisque les lois étaient beaucoup plus permissives que celles qui prévalent aujourd'hui. Les vendredis, quand le chantier fermait pour la fin de semaine, notre petit boss Alain jugeait que « ses » hommes méritaient une gratification. On arrêtait à un dépanneur où il achetait une caisse de 24 bières bien fraîches que l'on buvait sur la route, de retour vers Drummondville.

Un plaisir « de gars » régnait dans la voiture, les blagues fusaient, pas toujours drôles, quelquefois trop salées à mon goût ; on riait quelquefois de bon cœur, d'autres fois d'un rire plus forcé. Mais on riait, comme des fous, comme des hommes de taverne, fatigués par leur rude semaine et intoxiqués par leurs deux ou trois bières avalées trop rapidement, l'estomac vide.

Une des facéties préférées d'Alain était celle-ci : la fenêtre de l'auto ouverte, il faisait semblant de reconnaître quelqu'un qui marchait sur le trottoir en le hélant puis en esquissant un signe de salut ostentatoire avec la main... main qui continuait son chemin jusqu'à ses cheveux qu'il lissait d'un air indifférent, le regard vite retourné sur la route... L'autre se laissait prendre au geste et saluait de la main non seulement une personne qu'il ne reconnaissait pas, mais une personne qui lui tournait la tête au moment même où il aurait pu le reconnaître. Les deux faces consécutives que faisait le piéton, tout d'abord la joie de pouvoir saluer un ami puis la surprise dépitée qu'il n'en soit pas ainsi, et qui comprenait qu'on venait de lui faire une blague, valaient à elles seules un million de dollars ! Cette blague-là, récurrente, Alain dût-il la répéter dix fois, cent fois, mille fois, elle me faisait toujours rire !

## Chapitre III – C'est déjà l'automne !

À la mi-octobre de ma première saison de travail pour cette entreprise familiale, il fallait terminer les jobs commencés ; ainsi, ce samedi-là, je me levai tôt et ce, malgré un mal de bloc carabiné qui m'embrumait les yeux et me tétanisait le cerveau, conséquences d'une soirée beaucoup trop arrosée et s'étant beaucoup trop étirée, jusqu'aux petites heures du matin.

Je me levai, m'habillai, me fis quelques « *toasts* » que je fis passer avec un café tiède puis, ne trouvant aucune bonne raison de retarder mon départ vers le travail, je sortis. Je me dirigeai lentement, à pas de tortue, à reculons presque, vers la maison des Massy, battant en lenteur la plus vieille et la moins rapide des plus grosses et impotentes tortues des Galápagos. Ah ! Comme j'aurais aimé ne pas avoir à travailler en ce samedi matin qui s'annonçait tellement long, tellement pénible... Mais moi, j'avais promis d'être au poste... Et une promesse, un engagement, c'est sacré !

Pendant que je marchais, je priais intérieurement le dieu des lendemains de veille, dont le nom m'échappait à ce moment-là, de me venir en aide :

– *Saint « Quelqu'un », par pitié, faites quelque chose pour moi !*

J'arrivai à destination. J'attendais dehors, devant la porte du domicile de la famille Massy, que mon boss ou que son fils Alain sorte.

Finalement, la porte s'ouvrit ; laquelle des sœurs Massy – Yolande, ou Hélène ? – sortit sur le seuil, je ne m'en souviens pas. Mais derrière elle, je vis que la famille était rassemblée et je devinai tout de suite, malgré mon état de fatigue éthylique et brumeuse, et aux visages graves et attristés que j'apercevais, qu'il devait s'être passé quelque chose de vraiment terrible. Et c'est à ce moment-là que, sans plus de détour, sans ménagement, une des sœurs se montra dans l'encadrement de la porte d'entrée et m'apprit que son frère Alain était mort la veille ! Quoi ? Alain... MORT ! ? ! C'est impossible ! Comment ?

J'avais dû mal comprendre... Je regardai les visages sombres et dévastés. Avant que je fusse capable de poser quelque la question, on me précisa avec force larmes qu'aux petites heures de la nuit, Alain avait été victime d'un face à face, – il était passager – les deux automobiles s'étant heurtées de plein fouet, dans la grande courbe de la route 122 qui mène à Saint-Germain-de-Grantham, un village situé à quelques kilomètres à l'ouest de la ville de Drummondville.

Je revins chez moi, abattu... Je m'installai sur la chaise berçante entre la « truie » et la cuisinière. Et j'attendis, là, perdu dans mes pensées... Alain, mort ? Il était vraiment trop jeune ! Lui qui aimait tellement la vie ! C'était absurde... C'était trop injuste ! Comment une chose aussi anodine qu'une imploration divine à ne pas travailler pouvait-elle se conclure par le décès d'un ami ? Bien sûr, je convenais d'emblée que ce n'était pas de ma faute mais, dans les brumes de ma grande fatigue et de ma stupeur, je ressentais tout de même une certaine culpabilité quelque peu ridicule, une lointaine responsabilité non fondée. Au fur et à mesure qu'ils se sont levés, j'ai informé mes frères, mes sœurs et mes parents de la triste nouvelle, ce qui leur fit beaucoup de peine, Alain étant un bon ami de la famille.

Je me souviens que ce funeste événement n'avait pas mis fin à notre saison de travail ; certains travaux devaient être faits ou terminés avant le gel. *The show must go on !*, dit-on... On a donc continué à travailler jusqu'en novembre, monsieur Massy et moi, mais l'ardeur, l'enthousiasme n'étaient plus au rendez-vous... Et une fois les quelques contrats mineurs terminés, on s'en fut serrer, remiser pour l'hiver tous les outils et les équipements.

La grande question que je me posai toute la saison froide : monsieur Massy trouverait-il la force, l'énergie, le goût même, de repartir son entreprise le printemps prochain, sans son fils Alain ?

### Chapitre IV – « *Mon pays, c'est l'hiver !* »

Lors d'un été antérieur, j'avais déçu mon père parce que, après un jour d'entraînement, je n'étais pas retourné travailler à la Celanese, usine de textile où lui occupait depuis plusieurs années le poste de contremaître. Il m'y avait obtenu un emploi d'été dans le département de l'expédition, le « *shipping room* » où, toute ma journée d'essai fut un cauchemar sans fin : de l'ouvrage en quantité surhumaine, pour dix employés au moins, en retard parce que deux des occupants de ce poste venaient de démissionner sans préavis obligeant la compagnie à former une relève rapidement. Après très peu d'entraînement, un autre garçon et moi avions étés lâchés « lousses » dans le département, comme on peut lâcher des acrobates sans expérience dans un numéro de haute voltige ; sans suffisamment de « *training* » ni d'instructions de travail, nous devions, nous semblait-il en tout cas, faire à deux personnes le travail de dix ! À la fin de la journée, force nous était de constater qu'il y avait autant d'ouvrage à faire qu'au début... peut-être plus même... Question : combien d'employés avaient, avant moi, refusé net de rester à ce poste ingrat ?

Ayant échoué à faire mes preuves, j'étais certain d'être « remercié » et, je l'avoue, cette pensée-là me plaisait bien... Mais à ma grande surprise, je fus invité à revenir le lendemain pour assumer seul le chiffre de nuit. Oui, seul ! Tout seul ! La nuit qui suivit fut un long et interminable cauchemar parsemé de boîtes qui tournaient au-dessus de moi pour m'écraser, cauchemar « agrémenté » de fortes crampes aux jambes à répétition qui me torturèrent jusqu'au petit jour. Il faisait presque nuit encore lorsque je me levai, et partis, – je me sauvai plutôt –, pour ne pas avoir à affronter le regard sévère et réprobateur de mon paternel qui, lui, travaillait de nuit et arrivait à la maison vers 7h30. La peur me fit fuir. J'allai réfléchir assis sur un banc du parc St-Frédéric, non pas pour décider si je retournais ou non à la Celanese, mais plutôt pour trouver la manière la plus appropriée d'annoncer ma défection à mon papa sévère qui ne manquerait pas d'être déçu, et dont je craignais la sévérité de sa réaction...

Dans mon for intérieur, je ne ressentais qu'une grande tristesse, celle de ne pas avoir été, de ne pas être à la hauteur de ses attentes...

CஜಐD

En ce nouveau printemps de 1971, monsieur Massy semblait bien m'avoir adopté comme son principal employé. Il me confia qu'il avait obtenu, comme sous-sous-contractant, un contrat dans les Laurentides dans lequel il me confierait un poste de premier plan : semeur de gazon au jet d'eau sous pression. J'étais intrigué, un peu apeuré cependant, par ce job qui m'était inconnu, mais bien content que monsieur Massy me fasse confiance pour l'occuper... Après un mois d'exécution de travaux de paysagisme locaux, il m'annonça qu'on partait pour Sainte-Adèle le lundi suivant. Son équipe comprendrait six employés dont le fameux Denis au rire hors norme dont il fut question lors du contrat du boulevard Lemire. Un minibus loué devait nous emmener tous, sauf lui le boss, sur le chantier laurentien les lundis matins et nous ramener chez nous les vendredis après-midis. Le logement et les repas seraient aux frais du « contracteur » principal, mais ça je ne l'apprendrais qu'une fois rendu sur place. Vers 6 heures du matin, le lundi suivant, cinq employés, dont trois de mes amis, Denis, Étienne et Jean-Claude Labbé, et moi, avions convergé vers la cour de monsieur Massy où se trouvait déjà le car de transport loué. Il ne manquait que l'autre Denis, le Deniiiiiiiiiis !, qu'on devrait prendre en passant par Saint-Germain-de-Grantham, village où il résidait. Nous nous assîmes assez confortablement sur trois rangées dans le bus, nos bagages à l'arrière, dans la partie fourgon, puis le bus se dirigea vers ce qui serait notre lieu de travail pour les 4 ou 5 semaines à venir : l'Autoroute des Laurentides, l'A-15.

Ici, un peu d'information me semble nécessaire. L'autoroute 15, d'une longueur de 163 km, se divise en trois sections : la portion de l'Autoroute 15 qui part de la frontière américaine, à Saint-Bernard-de-Lacolle est la continuité de l'*Interstate 87* étatsunienne jusqu'à l'échangeur Turcot sur l'île de Montréal. Puis elle devient l'*Autoroute Décarie* entre l'échangeur Turcot et l'Autoroute 40 (Autoroute Métropolitaine) ; là, l'A-15 se transforme en *Autoroute des Laurentides*, qui se termine à Sainte-Agathe-des-Monts, se jouxtant alors à la Route 117 qui lui était parallèle avant cette jonction.

Annoncés en mai 1956, les travaux de construction de l'Autoroute des Laurentides entre Montréal et Saint-Jérôme commencèrent à l'été 1957 pour se terminer en 1959. À la suite de la construction de ce tronçon de l'autoroute 15, les problèmes de congestions furent résolus à Montréal, à Laval et à Saint-Jérôme. Mais l'accès aux Laurentides demeurait toujours problématique ; les congestions se déplacèrent vers le nord, à l'extrémité de l'autoroute. En 1964, l'A-15 fut prolongée sur 24 kilomètres jusqu'à Sainte-Adèle. Finalement, la construction des 20 derniers kilomètres, entre Sainte-Adèle et Sainte-Agathe-des-Monts, commença au début de 1970. L'autoroute des Laurentides, l'A-15, devait tout d'abord être construite à travers le roc des montagnes qu'il fallut dynamiter sur une bonne partie de ce prolongement. C'est sur toute la longueur du tronçon Sainte-Adèle/Sainte-Agathe que nous, la gang de monsieur Roger Massy, étions invités à travailler en ce magnifique début d'été 1971.

Cর৪০

Notre bus arriva sur ce chantier au début de juillet 1971 alors que les gros travaux, même l'asphaltage, étaient terminés sur la presque totalité du tronçon final; nous, nous avions la tâche pas banale de colorer de vert les abords parfois très surélevés, fortement escarpés, de cette nouvelle voie.

Une surprise de taille nous attendait : tout là-haut, nous apercevions tout à coup une plaque de pelouse de tourbe posée sans doute l'année d'avant. Elle nous semblait surgir d'un cauchemar tellement il était improbable que des individus aient pu monter, avec leurs seuls bras, une à une, de lourdes laizes de gazon à cette hauteur. Nous nous mîmes à imaginer la difficulté du travail qui nous attendait, si cela devait être la technique utilisée pour tout le contrat !

Nous discutions des moyens mécaniques qui pouvaient faciliter ou dispenser de la montée tout là-haut des « verges », des laizes de tourbes de 25 à 40 livres ainsi que des balles de foin de 40 à 60 livres. Et les réponses que nous nous faisions entre nous n'étaient pas très encourageantes...

Moi, je savais être exempté de cette pénible corvée puisque je devais faire l'apprentissage d'un nouveau job : semeur. Monsieur Massy m'emmena en pick-up au lieu de remplissage du camion-citerne, me présenta le chauffeur qui ferait équipe avec moi et m'expliqua, dans ses grandes lignes, les aspects techniques du métier. Puis nous suivîmes le camion jusqu'à l'endroit où débuterait ma formation dite « sur le tas ». Nous grimpâmes sur la plate-forme aménagée à l'arrière du camion et sur laquelle était fixée la lance métallique. On pouvait diriger le jet d'eau dans toutes les directions gauche-droite, bas-haut, grâce à un dispositif de cardan doublement articulé. C'est le maniement de cette lance, d'où s'éjectaient l'eau, la semence et l'engrais contenus dans la citerne, qu'il me fallait vite apprivoiser.

Monsieur Massy fut lui-même mon instructeur : il me raconta qu'il avait exercé ce métier alors qu'il n'était qu'un tout jeune homme. Je devais donc le regarder faire les gestes initiatiques du semeur à la lance qu'à mon tour je devrais reproduire. Je m'accotai le derrière sur le garde-fou de la plate-forme et m'y agrippai des deux mains pour maintenir mon équilibre. Ainsi je pouvais très bien observer les mouvements de rotation elliptiques que mon patron imprimait au jet qui sortait de la lance, celle-ci propulsant, sous l'effet d'une impressionnante pression, le mélange « eau/semence/engrais » sur toute la surface du talus surplombant l'autoroute, aussi élevée fût-elle. Quant au camion, il avançait à vitesse réduite, permettant au semeur de bien projeter son arrosage sur toute la surface. Je trouvais a priori ce travail des plus intéressants et pas des plus difficiles ; dans mon for intérieur, je me voyais dans ce poste pour la totalité du contrat. Il ne me restait qu'à démontrer mes aptitudes, qu'à faire mes preuves. Monsieur Massy me tendit l'instrument : « *C'est à ton tour, Luc.* », me dit-il de sa voix rauque mais empreinte d'optimisme et de confiance en mes capacités ajoutant, avant que je ne commençasse, quelques précisions supplémentaires au visuel dont il venait de me gratifier. J'entrepris ce nouveau job remplis de bonne volonté... Mais la lance, elle, pour une raison que je ne compris jamais, ne fut pas aussi coopérative que je l'escomptais : j'avais bien de la misère à lui faire faire les mouvements fluides de haut en bas et de gauche à droite requis.

— *Tes mouvements sont trop rapides et trop saccadés* – ou, « *trop lents, ou pas asez larges* », c'est selon –, me disait mon boss. *Tu laisses des espaces sans semence* – ou, *tu en mets trop, tu gaspilles. Concentre-toi...* Je me concentrais...

Je modifiai mes mouvements pour les faire le mieux correspondre aux nouvelles indications reçues mais, à la fin de la journée, mon évaluation fut sévère. Par contre, monsieur Massy, plus conciliant, me dit de ne pas trop m'en faire :

– *J'en suis certain, demain, ça va aller mieux !*

Ce fut là les derniers mots que mon boss m'adressa en cette fin de journée, mais je sentis qu'il n'y avait pas mis beaucoup de conviction...

Le lendemain fut tout aussi ordinaire, les autres jours également. De l'avis de monsieur Massy, j'étais incapable de semer adéquatement ; je n'arrivais pas, me dit-il, à « *poigner le coup* » comme on disait dans ce métier. J'étais déçu de moi, mais pas autant que mon patron le fut et qui n'eut alors d'autre choix que de me retirer ce travail. Il m'envoya donc retrouver mes amis sur l'ouvrage manuel, physique et dur : toute la journée, monter des balles de foin pour recouvrir les surfaces ensemencées. Monsieur Massy (Dieu) me refusait le camion à lance (le ciel) pour me jeter, comme un vulgaire pécheur, sur la terre ferme (l'enfer). J'étais Adam devant quitter le paradis terrestre : je ressentis cette démotion comme un échec personnel et une dure baisse de statut social.

Sous le soleil de plomb qui sévissait cet été-là, monter les balles de foin sur les pentes escarpées de l'autoroute 15 était une corvée quasi inhumaine. Compatissant, monsieur Massy cherchait des moyens pour rendre notre travail plus supportable... Il en trouva un qu'il mit à l'essai : un engin muni d'un bras télescopique devait monter une à une les balles de foin jusque sur les « corniches ». Un problème se présenta : le bras de l'appareil, trop court, ne pouvait amener la balle tout à fait au-dessus de la corniche qui, je le rappelle, se transformait en falaise rocheuse d'une cinquantaine de pieds quand on regardait vers le bas. Pour compenser la longueur déficiente, l'opérateur imprimait un mouvement de va-et-vient à sa machine faisant ainsi balloter la balle haut perchée qu'on nous demandait d'attraper à deux avec les mains en « aventurant » le torse au-dessus du vide ! Un peu, non en fait, beaucoup trop, à mon goût !

– *Qu'est-ce que tu fais les mains dans tes poches ?*, me tança de sa grosse voix rauque monsieur Massy, furieux, ayant remarqué que je ne collabo-rais pas beaucoup à cette méthode qui me semblait, à mes yeux à moi, par trop risquée. Je bafouillai quelque excuse et quelques reproches sur la sécu-rité ; je compris, dès cet instant, que je n'étais plus dans ses bonnes grâ-ces, qu'il ne me regarderait plus jamais comme un remplaçant potable et potentiel de son fils. Surtout, le lien de confiance et de respect qui s'était installé au fil du temps entre nous venait de se briser, définitivement... Je savais aussi que, désormais, je n'aurais plus de plaisir à faire ce travail.

Mes amis, les frères Labbé, n'étaient pas plus réjouis que moi de travailler dans des conditions de travail aussi ardues rendues plus difficiles et pénibles encore à cause d'un soleil écrasant que nous devions affronter chaque jour ; eux et moi décidâmes, d'un commun accord et sans préavis, de « *jumper* », c'est-à-dire de quitter définitivement le chantier. On voulait fuir, littéralement... Moi, en tout cas... Ce que nous fîmes dès le matin du vendredi suivant, en prenant le premier autocar pour Drummondville via un transfert à Montréal.

## Chapitre V – En guise de 5ᵉ saison

Voilà ! Encore une fois dans ma vie, je décevais un homme qui avait démontré de l'in-térêt pour moi, qui avait mis beaucoup de sa confiance en moi et qui avait eu pour moi des ambitions et de la sollicitude. Je dois confesser que parfois même, je sur-pris monsieur Massy à me traiter comme si j'eus été son propre fils... enfin, pres-que ! Fils « adoptif » ingrat, je le fus : je me rendis coupable de trahison en abandon-nant cet homme qui, sous des airs un peu bourrus et des manières un peu rudes, avait montré de la considération pour moi et avait même échafaudé des plans d'a-venir pour moi, plans que j'avais fait échouer un peu par ma nonchalance et ma mol-lesse d'esprit, ainsi que par mon manque d'application, de dévouement et de fidélité.

Ah ! Vous dire à quel point je fus gêné le jour où je suis allé récupérer mon dernier chèque de paye au domicile des Massy... Pissou comme je l'étais, je dus choisir un moment où j'étais sûr de ne pas rencontrer mon boss des 2 dernières années.

J'étais honteux et je me suis fait tout petit, minuscule... Ah ! Comme j'aurais aimé être invisible, ou pouvoir envoyer un émissaire !...

**Note** : Un malheur n'arrive jamais seul dit le dicton... Au printemps de 197x, monsieur Roger Massy, qui avait été mon employeur durant deux étés et demi, décéda tragiquement, la chaloupe dans laquelle se trouvaient un ami et lui ayant plongé dans la chute du barrage situé en aval pas très loin de son domicile. Son ami s'en sortit vivant, pas lui... Une mort terrible qu'il n'avait pas méritée, et qui s'ajoutait, pour la famille, à celle d'Alain, son fils.

ଓଃ୫ଠ

Je ne peux pas terminer mon récit de ce chapitre sans vous faire part des deux anecdotes tragi-comiques suivantes.

Pour la première semaine de travail dans les Laurentides, je portais des culottes de *fortrel* qui, si vous êtes assez âgés pour vous en rappeler, est un tissu assez souple et élastique, flasque même à l'usage. Juché sur la plate-forme installée à l'arrière du camion d'ensemencement, j'étais attentif à chacun des mouvements de mon instructeur ne me doutant pas, qu'au même moment, le démon des porteurs de culottes de *fortrel* me choisissait comme victime : mon portefeuille, logé dans ma poche arrière droite en sortit sans que je m'en rendisse compte et tomba sur la chaussée. J'y avais entreposé dans ce portefeuille 100$ pour mes dépenses personnelles de la semaine qui, je ne l'appris que ce matin-là du premier lundi travaillé, se trouvaient être totalement payées par la compagnie qui m'avait engagé. Je me morfondis tout le temps que je fus dans le Nord cherchant désespérément mon « coffre-fort » perdu. Je scrutais chaque espace de route et bords de fossés, espérant un miracle. En vain ! Il semblait bien qu'il n'y eût pas de dieu pour les porteurs de culottes en *fortrel* ! J'étais fortement attristé de cette perte monétaire, substantielle pour moi, et le restai jusqu'au moment où, plusieurs semaines après mon départ du chantier, je reçus par la poste à mon domicile un paquet mal ficelé ; ce dernier contenait mon portefeuille, toutes mes cartes et mon permis, mais point, on s'en doute bien, de mes cinq billets de 20$. Heureusement, je n'avais pas encore entrepris de démarches auprès des autorités gouvernementales... Au moins ça !

Et pour vous démontrer comment je pouvais être distrait et inconséquent, ce même portefeuille-là, je le perdis trois fois durant ce même été. Vous avez bien lu : trois fois ! Les deux autres fois, ce fut au parc Saint-Frédéric sis en face de l'église Saint-Frédéric à Drummondville : je n'avais qu'à m'asseoir quelques instants sur un banc public, à rêvasser un peu et le mauvais génie du *fortrel*, défiant et le saint et l'église toute proche – saint Frédéric, bien sûr ! –, me subtilisait sournoisement tout mon avoir. Trois fois en quelques jours !

ⳍ⳾

La deuxième anecdote est plus élaborée car elle vous propose, tel que promis, quelques détails sur le fameux Denis « aux cheveux coupés en brosse à l'iroquoise » qui est venu un jour, vous vous souvenez, se joindre à l'équipe de « tourbeurs » du boulevard Lemire. Ce Denis-là avait une façon de parler, et de rire surtout, qui étonnaient par sa singularité : il parlait d'une voix haut perchée et riait presque toujours en étirant la voyelle « i ». Il se faisait beaucoup rire lui-même souvent même quand ce n'était pas drôle. Quand nous riions, c'était infiniment plus en réaction de son ricanement étrange et surprenant que pour la qualité intrinsèque de ses blagues. Par exemple, dans le bus qui nous transportait vers le chantier de l'Autoroute des Laurentides, à l'aller comme au retour, il s'assoyait sur la banquette arrière et ânonnait aux quinze minutes un :

– *Pise, pise* (pèse, pèse*) sur le gaz, on n'avance pas ! C'est lent... Si ça continue, i' va falloir changer de chauffeur... Iiiiiiiiiiii !*

Il advint qu'un lundi matin, jour de vengeance, il n'y avait que lui pour conduire le bus. Ah ! Comme il s'est fait casser les oreilles avec des « *Pise, pise, maudit branleux !* » Nous, les victimes, lui martelions de joyeux et toni-truants « *Pissou, pissou !* » la voix haussée de deux octaves. Quel malin plaisir nous avons pris, tout au long de la semaine, à lui servir « sa » médecine à lui ! Le pire, c'est qu'avec son comportement « méprisant » pour les autres conducteurs, on était en droit de s'attendre à une conduite digne de Gilles Villeneuve, quand lui il était au volant de la camionnette. Mais non, on a plutôt eu affaire à un chauffeur de charrette à foin tellement il conduisait lentement, roulant même bien en deçà des limites permises par la loi.

Une autre caractéristique gênante de cet individu était son comportement dans un restaurant. Au déjeuner, il commandait l'assiette du travailleur composée de trois viandes, d'œufs, de pommes de terre, de fèves au lard et de fruits de saison. Il y ajoutait une tonne de moutarde et de ketchup Heinz. Il fallait le voir hachurer et mélanger tous ces ingrédients disparates jusqu'à former une pâtée de texture peu invitante et de couleur d'un brunâtre indéfinissable et dégoûtant. C'est sans embarras aucun, qu'il y allait d'un :

– *C'est bon en maudit !... Y as-tu quelqu'un qui veut goûter à mon mé-lange ? Vous devriez l'essayer en tout cas ! C'est dé-li-ci-eux...*

Ceci dit assez fort pour que tous les clients et les serveuses l'entendent. Puis il partait à rire : « *Iiiiiiiiiiii* ». Et il répétait cette hilarante opération le midi, le soir et la recommençait le lendemain. Nous, ses compagnons, aurions bien aimé porter un masque sur le visage, nous faire tout petits, ou nous retrouver à une autre table, éloignée de la sienne...

Dernière information sur le personnage de Denis. Une ou deux années plus tard, je le rencontrai par hasard alors que je marchais sur un trottoir de la rue Marchand à Drummondville. Cette rencontre ne me plaisait pas beaucoup, mais comment l'éviter ? Le temps de réfléchir à un moyen d'évitement, il était déjà trop tard... Il m'avait vu... Nous nous sommes salués, nous nous sommes arrêtés question de prendre quelques nouvelles de nos parcours respectifs. Alors que je ne lui confiai que peu de choses banales, lui, bien en verve, avait décidé de me conter la totalité des péripéties de sa nouvelle vie et de sa nouvelle carrière, alors là pas banales du tout...

Après le paysagisme, il était devenu danseur nu « érotique » et ce, sous le sobriquet saugrenu et original de *Pitou la Botte*. Il faisait équipe avec *Bébé Papillon*, alias Thérèse B., une danseuse nue, une effeuilleuse pesant plus de 400 livres. Ils performaient dans les clubs du Québec un spectacle dans lequel lui tenait le rôle d'un chien : pitou piteux et craintif, il avançait lentement à quatre pattes vers sa maîtresse, cette dernière vêtue d'un déshabillé ample et transparent duquel débordait sa poitrine molle, plate mais volumineuse. *Pitou* se mettait à aboyer et *Bébé* simulait une sévère réprimande en le fouettant avec sa laisse. « *Les spectateurs* », me racontait-il, parsemant son histoire d'un chapelet de ses rires en « i » prolongés caractéristiques, « *adoraient ça et en redemandaient* ». Il me narrait tout cela sans gêne aucune : devenir danseur nu ou exhibitionniste après avoir été paysagiste suivait une logique tordue connue de lui seul !

Il faut comprendre que ce spectacle qui faisait se tordre de rire les spectateurs à chaque représentation tenait beaucoup moins de l'érotisme que du « *freak show* », à une époque d'ailleurs où le lancer de nains était une activité de divertissement légitime pas encore prohibée au Québec.

Au moment de la rencontre fortuite avec « Pitou », moi, j'aurais bien aimé me trouver ailleurs... donc je surveillais constamment du coin de l'œil les piétons qui s'approchaient espérant ne pas en connaître ni en reconnaître un seul ! J'écoutais, mais d'une seule oreille, préoccupé... Denis, alias *Pitou la Botte*, me contait anecdote sur anecdote, y entremêlant des détails de son spectacle, plus croustillants les uns que les autres, le nom des clubs où ils s'exhibaient Bébé Papillon et lui et les réactions infantiles du public savourant bruyamment chaque exploit du «*freakshow*» qu'on lui présentait. Il me vint à l'idée que tout ce laïus, ce discours inconsistant, ridicule et, malheureusement répétitif, était dans son ordre « logique » à lui et tout à fait à l'image des plats qu'il transformait immanquablement en bouillies dans son assiette. Comme il ponctuait régulièrement son récit de «*Iiiiiiii !*» sonores, prolongés, aigus et désagréables, je me demandai comment j'avais pu faire pour oublier si rapidement – ce devait être un blocage – ce rire aigu, agaçant, gênant pour qui l'entendait pour la première fois, – à bien y penser, les autres fois aussi – mais qui était tellement, trop unique pour être... *Iiiiiiii-noubliable !* ! !

Si, planté comme un piquet sur le trottoir, moi je me sentais inconfortable de me trouver tout à côté de cet hurluberlu dont déjà les seuls physique et coiffure attiraient l'attention, lui ne l'était pas du tout ! Il semblait, tout au contraire, très heureux d'avoir trouvé, ne serait-ce que pour un bref instant, un auditoire à qui déclamer, d'une voix forte et stridente et dans les moindres détails, les exploits obscènes qu'il réalisait en compagnie de sa partenaire éléphantesque. Moi je restais là, pétrifié, ne sachant que dire, n'émettant de ci de là que quelques onomatopées indistinctes tout au long du fleuve qui m'inondait de ses phrases interminables. Je détestais cette sensation d'attirer sur moi les regards désapprobateurs des piétons qui assistaient à la scène... Mais lui, le Denis, je crois qu'il se délectait du malaise qu'il me causait... il parlait fort, avec un enthousiasme que je n'avais aucune envie de partager... In petto, je cherchais désespérément un moyen de me tirer de cette situation abracadabrante, grotesque...

Tout au long de son discours, je détournais les yeux pour ne pas qu'il y vît l'inconfort, le malaise, la gêne et l'impatience qui devaient tapisser mon visage d'un rouge vif et éclatant... tellement, qu'il me semblait qu'il ne pouvait pas les manquer ! Ah, la peur du ridicule...

CƷ℘

Pour clore ce chapitre, deux questions, comme ça :

– *Pourquoi, si j'étais si offusqué, si scandalisé par la description de cette nouvelle carrière de « Pitou la botte », oui, pourquoi me souvient-il d'y avoir assisté à ce spectacle avilissant et dégradant ?* Et puis :

– *Qui parmi vous, chers lecteurs, dans votre vie, pouvez vous vanter d'avoir travaillé avec un artiste en devenir comme* Pitou la Botte *?*

Ici, le diablotin vert de *Juste pour rire* dirait : « *C'est fiiniiiiii !* » **FIN**

# Un dessert « dansant » !

Comment nous sommes-nous retrouvés autour d'une table d'un club de danseuses, mon oncle Serge, moi, et quelques autres dont je n'ai pas souvenir ? Je ne le sais pas. Une jeune danseuse nous servit chacun une consommation que nous lui payâmes avec ce qu'on avait sur nous. Moi, je n'avais que de la monnaie dans mes poches, monnaie que je comptai ; j'en avais assez pour couvrir le montant réclamé plus un pourboire couci-couça. Et, dans le tas de pièces, il y avait des cennes noires, des sous, que la serveuse ramassa avec une grimace de réprobation des plus évidentes. Quelques instants après, c'est elle qui montait sur la scène faire son show... À notre table, on jasait, on jetait un œil sur la danseuse, on plaisantait, on riait, on regardait en direction de la scène, et ainsi de suite. Tout à coup, la strip-teaseuse cessa sec de danser et jeta des yeux furieux dans notre direction : elle était très fâchée la dame !

*– Ça vient dans un club pour boire, ça n'a pas d'argent sauf du petit change, puis ça vient rire de nous autres pendant qu'on danse. Moi, j'endurerai pas ça, c'est certain !*

On aurait bien aimé nous excuser et lui expliquer que nous ne riions pas d'elle mais des blagues que l'on se faisait entre nous ; mais, comme en réponse à l'invective à haute voix que la fille nous avait adressée, un colosse, l'air menaçant, s'avançait vers notre table. Nous comprîmes à voir la face qu'avait cette montagne qui s'en venait vers nous, la vanité qu'aurait tout effort de conciliation : nous nous levâmes tous ensemble comme un seul bloc et sortîmes du club les jambes à notre cou...

Dans la foulée des « *freak shows* » qui sévissaient à une certaine époque au Québec, François Théberge, un ex-copain de classe, sa blonde et moi sommes sortis quelques fois dans un club de danseuses nues du village de Sainte-Brigitte-des-Saults. On y allait, ouvertement cette fois-ci, pour l'étrangeté de certains numéros et pour le plaisir de nous moquer des réactions du monde face au spectacle. On s'amusait ferme (quel adjectif à propos !) à plaisanter les spectateurs, surtout les originaux et les « excessifs », et à déplorer la piètre qualité du spectacle offert.

Dois-je avouer qu'un peu de voyeurisme me motivait ? Ben voyons donc ! Bien sûr ! Autrement je me serais contenté d'aller voir une partie de hockey de niveau sénior, là où de vrais coups vicieux sont permis sur la glace comme dans l'assistance... L'un comme l'autre sont des spectacles qui se situent au plus bas niveau de l'intelligence humaine. Au club, qui faisait le plus pitié : les femmes exploitées, ou les hommes éméchés qui leur bavaient dessus ? Et moi, j'étais là ? ! ?   **FIN**

# 7

# Un neveu
# en noir et blanc

Photo : Archives de l'auteur

*Suivi de :* Un dessert trop « brassé » ? **...page 196**

J e regarde une photo prise en face de chez nous sur la rivière Saint-François à Drummondville, probablement en janvier 1974. On m'y voit avec ma sœur Rachel et mes frères Pierre, Jean-Louis, Michel, bâtons de hockey en main, et Robert, ce dernier portant son attirail de gardien de but. Il y a également ma blonde de l'époque, Chantal Cloutier, ainsi que le fils de sa sœur, son jeune neveu noir de Los Angeles, Jimmy [1], lui aussi vêtu en « *goalie* », en cerbère. Comment une telle photo a-t-elle pu être prise ?

En 1967-68, avant le début de sa saison régulière, la Ligue nationale de hockey (LNH) a effectué la plus grande expansion du sport professionnel avec l'ajout de 6 nouvelles concessions : les *Seals* de la Californie, les *Kings* de Los Angeles, les *North Stars* du Minnesota, les *Flyers* de Philadelphie, les *Penguins* de Pittsburgh et les *Blues* de St. Louis se sont joints à la ligue pour porter à 12 les équipes évoluant dans la LNH. Rogatien Vachon fut échangé par les Canadiens de Montréal aux Kings de Los Angeles le 4 novembre 1971 où il joua pendant 7 saisons. Gardien de but d'expérience, « *Rogacheûnne Vécheûnne* », comme prononçaient très approximativement les commentateurs sportifs de langue anglaise, Rogatien Vachon, disais-je, a été un élément important et aimé des spectateurs des premières années de l'histoire des Kings, équipe qui lui a fait le grand honneur de retirer son chandail no 30 peu après qu'il eût eu pris sa retraite.

Le neveu de ma blonde Chantal, Jimmy, admiratif des exploits de ce cerbère francophone, le prit en affection et voulut lui ressembler. Il se fit acheter un équipement de gardien de but et joua à ce poste dans une des petites ligues de hockey mineur nouvellement créées à Los Angeles par suite de l'émulation générée par l'arrivée des Kings. Lors d'une conversation, il lui fut mentionné à ce neveu qu'au Canada, qu'au Québec, qu'à Drummondville, ville de sa tante Chantal, on patinait et on jouait au hockey sur la glace de la rivière. Comme on peut le penser, l'incrédule Jimmy fit comme saint Thomas qui, à l'annonce de la présumée résurrection de Jésus-Christ, mit en doute la véracité d'une telle affirmation ! C'est avec une bonne dose de scepticisme que Jimmy déclara : « *Je le croirai lorsque je le verrai par moi-même !* » *In English,* bien sûr ! Cela resta dans cet état de choses jusqu'au moment où il fut question, pour la belle-famille californienne de ma blonde, d'un voyage au Québec en plein cœur de l'hiver. On ne manqua pas de rappeler au jeune Jimmy, si ce périple se concrétisait, qu'il devait prendre soin d'apporter son équipement de gardien de but, s'il pouvait bien sûr se permettre ce « léger » surplus de poids dans ses bagages.

Puis vint ce jour particulier où la vérité devait être assénée au sceptique américain. Jimmy arriva chez nous, chemin Hemming, où chacun s'habilla selon sa fonction sur la patinoire : c'est à dire que les gardiens étaient bien équipés, tandis que les défenseurs et les attaquants ne portaient, eux, comme uniforme, que de vieux patins mal affûtés, des gants de tous les jours et une tuque. Anecdote : p'tits gars, pour nous garder au chaud le plus possible, nos sous-vêtements étaient faits d'une seule pièce avec boutons devant et boutons refermant un panneau bien pratique derrière. Il arrivait parfois qu'une envie soudaine nous surprenne alors que nous étions sur la glace. À la hâte, il nous fallait alors patiner de 50 à 75 pieds de glace pour nous rendre au bord de la rivière, marcher tant bien que mal sur autant de pieds dans la neige molle et profonde, monter une petite côte menant à la rue, traverser la rue sur l'asphalte, monter une côte plus haute encore menant à notre cour, faire la centaine de pas qui nous séparaient de l'entrée de la shed, monter la dizaine de marches menant à l'étage, puis ouvrir la porte de la maison. La chambre de bain, qui nous semblait à des kilomètres de la patinoire, était là, enfin !, juste à notre gauche... Si elle n'était pas occupée, on se dépêchait de se débarrasser de son gréement mais, souvent, dans l'énervement de l'urgence, les doigts encore gelés, déboutonner notre panneau arrière s'avérait trop ardu... C'était trop tard...

Mais revenons au hockey. Ce jour-là, nous sortîmes de la maison, descendîmes la côte menant à la rivière non sans qu'une certaine tension ne soit palpable du côté du néophyte de l'hiver québécois. On sentait en effet la crainte envahir Jimmy et celle-ci croître à l'approche de la rivière. Tout près, il devint évident qu'il n'était pas du tout convaincu qu'on pouvait marcher sans danger sur de l'eau glacée de rivière et, malgré nos encouragements répétés, il hésita jusqu'au dernier moment avant d'y poser le premier patin. Nous aussi vivions l'improbabilité d'une telle situation : un jeune afro-américain de Los Angeles, grand admirateur d'un gardien de but québécois et francophone, évoluant dans un sport totalement atypique qu'était le hockey sur glace pour cet état du sud des États-Unis, la Californie.

Oui, vraiment, qui eût pu imaginer une telle scène ?

L'hiver précédent, la glace avait prise sans qu'il eût préalablement neigé ; un froid excessif ayant perduré plusieurs jours avait figé la rivière Saint-François d'une glace lisse comme un miroir. Jamais n'avait-on vu un tel phénomène, qu'on n'a plus revu d'ailleurs. Michel et moi, quoique un peu craintif pour ma part, avons eu pour la toute première fois de notre vie la possibilité de nous rendre en patinant jusqu'à la paroisse Sainte-Thérèse quelque deux kilomètres plus en amont ! Ce que l'on ne se priva pas de faire bien entendu... C'était tout bonnement surréaliste ! Mais, pour une rare fois également, il nous était impossible de jouer au hockey sur la rivière glacée : un « *slap shot* », un lancer frappé aurait propulsé la rondelle jusqu'à des kilomètres plus loin, si l'intercepteur l'eût raté ! C'était extraordinaire, fascinant, mais totalement exclu d'aller quérir une rondelle à une telle distance de façon répétée... Je vous en parle et cela me rappelle le monologue de Michel *Hi Ha Tremblay* Barrette, *Une partie de hockey sur le lac Saint-Jean* (24 km de large, 44 km de long), partie qui pouvait durer jusqu'à plusieurs jours. Dans son texte, les joueurs qui participaient à une telle partie se faisaient des passes d'un bord à l'autre du lac et lorsqu'un de ceux-ci réussissait à se démarquer de ses adversaires, il s'engageait dans une échappée qui pouvait durer jusqu'à trois heures avant qu'il ne rencontrât le gardien de but adverse... C'était très drôle, mais il n'était pas question pour nous de jouer une adaptation « fluviale » de ce monologue. Mais le jour qui nous intéresse, il y avait suffisamment de neige sur la glace ; une patinoire avait été dégagée à un endroit où cette glace avait été déclarée adéquate. Un test d'épaisseur – un trou fait à la hache – venait en effet tout juste de démontrer sa solidité. Tout convenait donc parfaitement à la démonstration que l'on voulait faire au jeune californien... Mais ce premier pas, il fallait bien le faire sur la glace de la rivière, ce que firent, pour l'exemple, mes frères et mes sœurs qui se rendirent en patinant jusqu'à la zone dégagée de neige. Ma blonde Chantal et moi savions qu'il serait nécessaire d'accompagner le neveu dans son approche et qu'il aurait besoin d'encouragements tout au long de son « odyssée ». Cet américain du chaud Sud aurait été sans doute été plus à l'aise de s'élancer sur une glace « terrestre », sur une patinoire de quartier comme il en existe des milliers sous nos froides latitudes ou sur celle qui s'est formée deux années de suite (1979-1980) dans un terrain en cuvette qui se trouvait tout à côté de notre domicile à Trois-Rivières-Ouest.

Une telle patinoire sur sol solide voyait le jour à Trois-Rivières-Ouest, chez moi, lorsqu'une période de froid intense succédait à quelques jours d'un redoux pluvieux. Après, qu'il neigeât ou non, il y avait toujours plusieurs bras disponibles pour dégager la surface glacée dont ceux, formidables, de monsieur Corriveau, le beau-père de notre « propriétaire », de notre logeuse, madame Côté. Étonnamment, ce monsieur Corriveau, un retraité qui était âgé de plus de 65 ans, était mené par le bout du nez autant par sa fluette et frêle femme que par son autoritaire et aussi frêle belle-fille ; pourtant, lui, c'était un géant de plus de six pieds qui avait fait toute sa carrière, soit une quarantaine d'années, dans une usine de pâtes et papier trifluvienne. Armés d'une pelle surdimensionnée, ses bras et ses mains semblables à des pelles mécaniques te soulevaient, sans effort visible, un bloc de neige d'une grosseur équivalant à trois pelletées du plus fort parmi tous les autres patineurs venus prêter main forte au pelletage ! Juste avant cette digression dans le futur, que je vous prie de pardonner à l'auteur, nous étions rendus sur le bord de cette rivière de Drummondville, la Saint-François, glacée juste à point...

Le challenge tel que promis et accepté était celui de démontrer à un jeune Noir de la Californie qu'il était possible de patiner et de jouer au hockey sur une glace de rivière, rien de moins ! Comme on disait en géométrie au collège : **CQFD**, c'est-à-dire voilà « ce qu'il faut démontrer »...

Cঙৼৎ০

Le jeune homme se trouvait devant une décision difficile à prendre : devant l'inconnu, il hésitait... Pire, la peur, plus que le froid, semblait l'avoir « geler » sur place... Faudrait-il donc le « pousser » vers le large ?

– *Jimmy, tu n'es pas venu de ton lointain Los Angeles pour refuser de te « mouiller » une fois rendu si près... Allez, du courage !*, lui fut-il admonesté par moi dans un anglais hésitant et approximatif.

La version traduite devait être stimulante car le neveu fit un premier pas... puis un deuxième... puis un troisième... Un peu de courage lui revenait... Tout à coup, – ce qui suit ne s'invente pas, je le jure ! – un craquement formidable parcourut la glace de la rivière provenant du centre vers le bord, terminant diaboliquement sa trajectoire au pied même du jeune américain stupéfait qui fut cette fois si fortement saisi et ébranlé dans sa déjà défaillante foi qu'il « re-gela » sur place... Je le regardai : Jimmy était pétrifié et, de noir qu'il était, son visage était devenu blanc, plus blanc que celui de sa tante Chantal, presqu'aussi blanc que la neige qui l'entourait ! Craignant pour sa vie, rien de moins, Jimmy avait eu le réflexe de reculer vers la rive salvatrice. Tous les petits gains obtenus péniblement furent ainsi perdus. Il fallut donc ré-encourager Jimmy en lui expliquant que ce bruit assourdissant, ce phénomène était naturel et inoffensif, qu'il n'était rien de plus qu'un ajustement normal de la glace au froid ambiant, et qu'il ne fallait pas y voir de danger ni de menace « personnelle ». Que la glace, non pas estimée, mais bien mesurée, était en masse épaisse et solide et qu'il pouvait s'y engager sans crainte !

*– Look Jimmy, all other guys are over there on the ice and they are already skating as if they didn't feel any danger...* Cette évidence lui redonna courage.

ఌ∞ఌ

Quelle équipe a gagné ce match, laquelle l'a perdu ? Quels joueurs ont été les meilleurs sur la glace ? Qui a reçu la première étoile de la partie ? L'histoire n'a retenu aucune de ces statistiques. Et c'est très bien ainsi. Les participants de l'événement préfèrent, et de loin, se rappeler la satisfaction d'avoir participé, en ce jour frisquet de janvier 1974, et ce pendant près de deux heures, à un match de hockey qui sortait de l'ordinaire des jeunes résidants du chemin Hemming, événement qui ne risquait pas de se reproduire de sitôt ! Jimmy lui-même, le jeune Noir états-unien, y prit un plaisir qu'on était loin d'imaginer, ne serait-ce qu'en raison de son entrée hésitante et « fracassante » sur la glace, deux heures plus tôt ! Chose certaine, avant que ce match fût fini, il avait réussi à amadouer sa crainte viscérale de se retrouver au fond de la rivière.

ఌ∞ఌ

On peut s'amuser à visualiser le jeune yankee Jimmy de retour chez lui dans son Los Angeles natal racontant à ses coéquipiers l'aventure étonnante qu'il venait de vivre dans une petite bourgade perdue d'un Canada français improbable :

*– Écoutez les gars, j'ai non seulement marché sur l'eau d'une rivière mais j'ai aussi, sur cette rivière, pris part à un match de hockey sur glace. Oui, j'ai patiné sur une rivière ! SUR UNE RIVIÈRE !*

A-t-il su convaincre ses amis qu'un tel miracle est non seulement possible mais qu'il s'est réellement produit ? Et que ce miracle se répète chaque année en hiver, au Canada ? A-t-il su trouver les mots pour décrire cette expérience, inusitée pour un sud-américain, qu'il venait pourtant tout juste de vivre ? Où, au contraire l'a-t-on plutôt traité de fou et d'hurluberlu ? « *Eille, bonhomme, c'est pas la rivière qui est gelée, c'est toi !* » Je ne le sais pas... Ce que je dis, moi, aux sceptiques « locaux » qui pourrait être tentés de taxer mon historiette de trop saugrenue pour être véridique, qui pourrait même prétendre que je m'invente des souvenirs pour me rendre intéressant, ce que je leur dit moi, c'est : « *Eh, ho ! Vous avez vu la photo en page 191 ?* » En plus, j'ai des témoins !

Oui, encore **CQFD**... mais cette fois-ci pour : « ce qu'il **fallait** démontrer », et que je prétends avoir démontré... en noir et blancs, à part ça !

**FIN**

[1] Tout au long du récit, je l'ai appelé Jimmy, ne pouvant me souvenir de son vrai prénom.

# Un dessert trop « brassé » ?

Chaque équipe de hockey de la Ligure nationale de hockey (LNH) avait son « goon », son batailleur. Où les recrutait-on ? Peut-être dans un endroit comme celui-ci... Un jour, mes amis André, Michel, Denis et moi sommes allés à la Ronde de Montréal où se trouvait une grande brasserie bavaroise. Pourquoi étions-nous à Montréal ? Sans doute pour y faire notre habituelle tournée des magasins de disques usagés qui nous a permis, au fil du temps, rien de moins que de découvrir avant tout le monde, ou presque, des groupes tels que Uriah Heep, Genesis, Queen, Gentle Giant, pour ne nommer que ceux-là. Devant l'entrée de la brasserie se tenait un impressionnant « *doorman* », un portier format « gorille » qui jasait avec un policier de la ville de Montréal. Le cerbère nous gratifia d'un bref coup d'œil hautain puis se détourna pour continuer sa conversation avec son copain, le flic. Nous avions compris qu'il nous autorisait à entrer dans la brasserie, « sa » brasserie, sous réserve de déposer un billet nominatif dans la main droite qu'il tenait tendue vers nous. Chacun de nous y mis un billet d'un dollar espérant qu'il se satisferait de ces oboles. Puis, ayant payé notre laissez-passer, nous sommes allés nous asseoir pas très loin de l'entrée et avons commandé un pichet de bière au serveur qui vint se présenter à nous.

Pendant que nous sirotions notre houblon liquide, un brouhaha attira notre attention : le portier venait de refuser l'entrée à un couple qui, fort en colère, lui adressait quelques reproches bien sentis. Nous qui les regardions faire et dire, nous avons conclu que la main tendue du gorille venait sans doute d'être mal interprétée ; restée vide, cette main tendue devait s'avérer très inamicale ! Voulant entrer quand même, l'homme fut saisi par le colosse, « brassé » quelque peu, puis éjecté manu militari non sans avoir reçu une bonne taloche dans l'altercation. Projeté au sol, il se releva avec difficulté et, pendant qu'il faisait l'inventaire des bleus qu'il avait sur le corps, sa blonde, carnet en main, tentait de convaincre des témoins de l'événement de lui laisser leurs coordonnées pour une éventuelle action en justice. Nous, écœurés, mais nous jugeant impuissants, sommes sortis, voulant fuir ce lieu inhospitalier où l'on ne brassait pas que de la bière. André, comme nous un peu « pompette » mais plus scandalisé que nous, et prompt à vouloir que justice fût faite, criait après le portier, le poing tendu. Même à trois, il nous était difficile de le maintenir ! Rien à faire, André, outré à outrance, réclamait justice !

– *André*, l'a-t-on raisonné – si l'on peut appeler « raisonné » le fait d'avoir empoigné notre ami à trois et de l'avoir entraîné à bras-le-corps pendant qu'il invectivait encore et toujours le « *goon* » –, *regarde, André, le policier est toujours là tout à côté, il a tout vu, et il n'intervient même pas ! Viens, on s'en va au plus crisse ! On n'a vraiment plus rien à faire ici ! Laisse tomber... Viens-t-en, on « déguédine » !*

# 8

Astérix, Idéfix et Obélix
(Personnages d'Uderzo et de Goscinny)

# « Mourire »

*Suivi de :* Un dessert trop « chaud » ? ...**page 204**

I l arriva cet hiver-là (hiver 1966 ?), comme il arrive dans presque tous nos hivers québécois, qu'un redoux de quelques jours fit fondre la neige fin-décembre, début-janvier, durant le congé des Fêtes donc. Une pluie fine, continuelle, quand même assez froide, surtout très inopportune puisqu'elle mettait fin momentanément à toutes nos activités extérieures, au grand dam de maman qui devrait gérer tous nos couraillages, nos braillages, nos chialages ainsi que nos « criages » et nos tiraillages *dans* la maison.

Mais dès qu'est survenu le « regel » dû au retour des vents froids nordiques, il n'y avait pas de moins vingt ou de moins vingt-cinq degrés centigrades qui pouvaient nous empêcher de chausser à nouveau nos patins et d'aller – enfin ! – profiter de l'air « frais », de la manne glacée, don d'une Mère Nature changeante et capricieuse. Une Mère Nature qui devait bien avoir entendu les prières, les invocations et les supplications de l'autre mère, la nôtre, car Lorraine, on l'oubliait trop souvent à son goût, était la gardienne du sommeil de son mari !

Comme le froid n'était là que depuis peu, on savait que la rivière n'était pas encore gelée suffisamment, bien qu'elle semblât l'être en surface. C'était ce que l'on appelait une glace traîtresse qui risquerait à tout moment de rompre et de nous faire patauger dans l'eau qui se trouvait prise entre deux glaces. Qui plus est, il n'était pas question de jouer au hockey sur la rivière avant qu'il neigeât suffisamment car la neige était justement le matériau qu'on utilisait pour former les bandes de notre patinoire ; sans bandes, une rondelle même frappée avec peu de force et ratée par le gardien adverse risquerait de se retrouver au bout du « monde »... Étrangement, par contre, la situation était idéale pour s'adonner au patinage libre et presque sans limites *sur la terre ferme !* Le gel, qui avait succédé à la pluie, avait transformé notre cour, et les chemins, en véritables patinoires... Nous patinions donc dans notre cour, ce que nous tentions de faire le plus habilement possible malgré les nombreux écueils de gravelle affleurants qui, parfois, nous faisaient chanceler et tituber, ralentissaient notre élan d'un coup et qui, à la longue, amochaient la qualité du tranchant de nos lames, les émoussant jusqu'à la limite du fonctionnel. Papa Joseph aurait pas mal de travail d'aiguisage de patins à faire dans les prochains jours ! Oui, il fallait être tout un expert pour rester debout dans ces piètres conditions de glace.

En ce début de soirée, j'avais mis les patins que m'avait légués mon frère Michel qui, lui, les avait eus de son grand frère Jean-Louis ; ces patins de « secondes mains » provenaient originalement d'une donation de quelque organisme de charité drummondvilloise. En prime, nous avions reçu des bas et des gants de hockey ainsi que des chandails, tous défraîchis, que l'on aurait voulu se disputer en fonction de notre joueur préféré jouant pour le club Canadiens représenté par le numéro inscrit à son endos. Comme on aurait porté avec fierté le chandail bleu-blanc-rouge de nos héros, les joueurs vedettes du Canadien de Montréal, avec un CH bien en vue sur la Sainte Flanelle, héros qu'étaient alors le *Rocket* Maurice Richard, son frère le *Rocket-Pocket* Henri Richard, Jean Béliveau surnommé le *Gros Bill*, le gardien de but étoile masqué, Jacques Plante, et le très rapide Yvan Cournoyer, nommé à juste titre le *Road-Runner* ? Un hic cependant : les chandails dont on héritait, nous, étaient verts (couleur non présente sur le jersey du Tricolore) et trop souvent dépourvus de numéros ! Il fallait donc annoncer haut et fort au bénéfice des autres quel joueur nous prétendions être. J'avoue que moi, qui ne patinait pas bien, j'aimais me prendre pour le défenseur « défensif », Jean-Claude Tremblay, joueur au jeu intelligent et d'une grande finesse...

☙❧

Mais j'étais à des années-lumière de patiner comme ce Jean-Claude Tremblay... Tout comme mes frères et mes amis, j'essayais de patiner avec tout l'équilibre et toute l'élégance que me permettaient mon âge, mon expérience, les deux pointures de trop de mes patins mal attachés ainsi que les conditions de glace et la pénombre qui prévalaient. Par inadvertance, je mis un patin sur une bosselure de glace qui me fit perdre cet équilibre et toute élégance. Et je tombai à la renverse. Ma caboche frappa durement la surface glacée : je me mis à voir, à ma grande surprise, des étoiles. Pleins d'étoiles ! Des étoiles qui, par milliers, tournoyaient autour de ma tête ! C'était, j'essayais de m'en convaince alors, le même phénomène que celui vécu par les personnages de dessins animés, que l'on regardait abondamment alors à la télévision, lorsqu'ils recevaient un coup sur l'occiput ou dans la figure. Jusqu'alors, cette vision des conséquences me semblait être plus une allégorie qu'une réalité... Une invention quoi ! Mais non, c'était vrai ! Continuant à réfléchir, je me mis à craindre pour ma santé mentale puisque, dans tous ces cartoons « documentaires », la folie était la dure et inéluctable conséquence d'un tel choc, sévère, au cerveau. « *Noooon*, m'écriais-je, *je ne veux pas devenir idiot !* » (Je pensais ça, je devais donc l'être quand même un peu, idiot ; cela tendrait donc à démontrer que les cartoons disaient vrais... Raisonnement tortueux, mais il se tenait debout, lui !...) Je me relevai péniblement tout en me faisant ces noires réflexions et, surtout, je caressais de la main une bosse qui avait poussé sur mon crâne... Cela était fort douloureux. J'avais envie de pleurer... Mais je me retins, puisqu'on m'observait ! Je continuai à patiner mais avec encore moins de grâce et d'élégance, surtout, avec moins d'entrain, d'aplomb et de confiance. Toute mon attention se portait désormais sur cette glace traîtresse qui m'épiait et qui n'attendait, me semblait-il, que l'occasion de récidiver dans sa méchanceté. J'étais concentré, on ne le pouvait pas plus ! Mais là, on n'y voyait tellement plus rien... !

Il eût fallu vraiment que mes yeux fussent des lampes de poche ou les yeux de Superman pour apercevoir et éluder chacun des obstacles qui parsemaient mon par-cours : il faisait trop sombre... Peu importe où j'allais, il y avait une bosse, une crevasse ou une roche qui ne désirait rien tant que mon malheur ! Il n'aura fallu que quelques toutes petites minutes pour que je tombasse à nouveau. Ma tête heurta à nouveau le sol glacé au même endroit que précédemment, sur la « poque », sur la bosse que je venais tout juste de me faire ! Le manège d'étoiles se remit à tourner... Les larmes me vinrent aux yeux... Je me relevai, mais dus reconnaître ma défaite... Oui, j'étais vaincu ! Je rentrai à la maison, défis les lacets de mes patins et enlevai ces chaussures de malheur de mes pieds endoloris.

J'avais des pensées moroses lorsque tout à coup me vint à l'esprit que, dans les mêmes cartoons auxquels j'ai référé tantôt, tout personnage qui recevait un deuxième coup à la tête se trouvait automatiquement guéri des conséquences du premier choc, soit par magie, soit par quelque phénomène scientifique connu des seuls scénaristes de bandes dessinées et de films d'animation... Une médecine qui ne fit pas son travail instantanément tel que prévu car mon mal de tête, au lieu de disparaître, avait redoublé d'intensité... Si l'on ne peut se fier au « docteur » Obélix, à qui peut-on se fier, voulez-vous bien me dire ?

Je pris et relus la bande dessinée *Astérix et le combat des chefs* [1] récemment acquise dans laquelle Panoramix le druide devient fou après avoir reçu sur la tête un menhir qui ne lui était pas destiné lancé par Obélix. Ce dernier voudra, plus loin dans l'histoire, se racheter en lui en lançant un 2e, pour le guérir. Quel

trait de génie ! Ce qu'il fera, au grand dam de ses amis du village, tout à fait sceptiques de la méthode mais qui seront confondus... Enfin, c'est plus compliqué
que cela... Vous n'avez qu'à vous procurer ce numéro « drôlement » bien docu-
menté de la série Astérix (auteurs : Uderzo/Goscinny) si vous voulez en connaître toutes les revirements. De toute façon, moi, j'avais ma réponse... J'étais
rassuré... Je dormis donc comme un loir en oubliant, un tantinet, la douleur
lancinante de ma bosse... bossée ! Je savais que dès demain, je serais guéri !

ᘒᘓ

Ce que je ne savais pas encore, c'est qu'il m'était réservé une autre expérience
de vie fort peu banale : je « mourirais », c'est-à-dire que j'allais mourir de rire !
Enfin, presque... Permettez que je vous explique comment...

Le lendemain de l'incident des bosses, ou peu après, on s'est amusés la gang du
Chemin Hemming à descendre la côte glacée qui se trouve juste à côté de chez
nous. Certains avaient apporté qui leur traîne sauvage, qui leur traîneau ou leur
« crazy carpet », qui, les moins riches, leur boîte de carton « déboîtée ». Vous
dire à quel point la glissade dans cette pente a été populaire durant les hivers
des années 1960-70 constituerait un bel euphémisme : tous les soirs et tous les
week-ends d'hiver, ce site pentu était un pôle d'attraction pour les quelques
dizaines de jeunes, petits et grands de la « Côte », délimitée par les rues Florent
et Milton. Certains venaient même de plus loin, profiter de la côte et de l'ambiance qui y régnait ! Car il y avait là une animation joyeuse, grouillante et
bruyante qui contrastait grandement avec le sérieux et la solennité de la
période des devoirs à faire et des leçons à apprendre qui, les soirs de semaine,
devaient prévaloir sur le plaisir. « Chaque chose en son temps », aimait tant à
répéter notre chère et très avisée maman Lorraine.

Ce que je veux vous relater se passe en ce samedi tout spécial où la pente s'était
transformée, quelques jours auparavant, sous l'effet d'un redoux et d'un regel,
en patinoire lisse mais fortement bosselée, inégale. La descendre avec les appareils habituels listés plus haut était amusant du fait de la vitesse qu'on atteignait
dans de telles conditions de glisse. Pour certains d'entre nous, cela était pourtant insuffisant ! Pas assez de « thrill », pas assez d'adrénaline ! L'idée fofolle de
descendre la côte en patins avait été lancée... Il restait donc à savoir qui le premier oserait s'élancer ainsi sur la pente glacée ! Sans surprise, ce fut Michel qui
s'élança le premier... Contre toute attente, il contrôla d'un bout à l'autre sa descente en se mettant en « petit bonhomme » et en ralentissant habilement grâce
à la méthode dite du chasse-neige... mais sans neige ! Chacun, présent au spec-

tacle, put l'amirer et dut reconnaître qu'il venait d'assister à tout un show. Michel ne se fit donc pas prier pour afficher toute la fierté qu'il ressentait d'avoir été le pionnier en la matière. Et il avait raison de pavoiser : c'était un bel exploit !

Un deuxième courageux, notre voisin Jacques, fit un « copier-coller » de la descente de Michel. Son exploit était aussi méritoire... Mais, puisqu'il fut le deuxième à descendre, les applaudissements furent un peu moins nourris. Et puisque cela ne semblait plus constituer une entreprise aussi hasardeuse qu'on le pouvait croire, Jean-Louis, mon frère aîné ne voulut pas être en reste : il venait de se faire voler par Michel son droit d'aînesse en courage, et en intrépidité... il ne voulait pas avoir l'air plus pissou que son jeune frère. S'appuyant fermement sur le dicton : *jamais deux sans trois*, il s'élança donc, lui aussi, super confiant.

Trop confiant ! Beaucoup trop !

Dès le départ, Jean-Louis trébucha, un de ses patins ayant heurté une aspérité de la glace. Le patin resta pris une fraction de seconde, puis se libéra. Un seul patin touchait encore la glace. Plutôt que de s'affaler sur le sol alors qu'il venait tout juste de prendre son essor, Jean-Louis, obstinément, continua sa route vers le bas avec force longues enjambées incontrôlées. Il avait les bras qui tournoyaient comme un moulin à vent rendu fou et ses yeux devaient rechercher désespérément au devant de lui, auprès de lui, autour de lui, quelque bouée de sauvetage improbable dans ce désert glacé... Il eut le bonheur – car il semble impensable que ce pût être volontaire – de voir sa course bifurquer quelque peu vers la droite là se trouvait, aux trois quarts de la descente, un providentiel îlot de branches dégarnies de leurs feuilles. Un bosquet de minces tiges, tout au plus. C'était ça ou rien... Jean-Louis s'y jeta donc comme un plongeur se lance dans le vide... Il enlaça de ses bras grands ouverts le maximum de tiges qu'il pouvait sachant fort pertinemment qu'une seule ou que quelques-unes seulement d'entre elles ne suffiraient pas à freiner son élan. On vit le désespéré pénétrer de front dans ce bosquet, s'y affaler cul par-dessus tête et finalement, y terminer sa course folle... Je me souviens très bien d'avoir été le spectateur éberlué de cet exploit. Debout, sur mes patins, accroché que j'étais à quelques branches de la haie de Lucien Hamel, je n'avais rien manqué du spectacle qui m'était offert si généreusement. Je partis à rire dès les premiers pas de géants que fit mon grand frère, un rire qui se transforma en hilarité incontrôlable aussi rapidement que Jean-Louis descendait la côte. Puis, de voir Jean-Louis affalé les quatre fers en l'air dans le buis, je commençai à avoir de la difficulté à respirer, je manquais d'air, je hoquetais, j'étais sur le bord de m'évanouir. Que j'eusse les yeux ouverts ou fermés, je revoyais la scène tragi-comique en reprises continues. Il me semblait que je ne verrais pas la fin de mon fou rire : bref, j'ai bien failli, ce jour-là, mourir de rire ! Mais puisque je ne suis pas mort, merci Jean-Louis ! Saint Jude, patron des causes désespérées, s'était occupé de mon grand frère, alors que moi je cherchais dans le florilège des saints, qui pourrait m'aider, si je l'en priais, à me remettre de mon « drôle » de malaise. Finalement, après plusieurs minutes, je m'en remis... C'est alors qu'on me fit remarquer que c'était à mon tour de descendre...

– *Oh que non, merci !*, ai-je répondu ; ça ne me tentait plus du tout !

J'avais fait mon plein d'émotions pour ce jour-là... Deux patineurs avaient réussi l'exploit, un troisième l'avait raté... Je ne voyais pas ce que je pouvais apporter de plus à la science de la descente de côtes en patins. Je craignais surtout d'être le deuxième dindon de la farce... Je refusai donc tout net l'invitation à avoir l'air fou moi aussi... Pissou, je veux bien... mais pas fou !

De toute façon trop rire m'avait fatigué : j'allai tout de go ôter mes patins !

## En guise de conclusion : la revanche de la vie

Vint, plusieurs années plus tard, le moment d'expier ce grand fou rire.

Ma conjointe Ginette, son frère Denis et moi redescendions le Mont-Royal, la jolie montagne de Montréal, sur laquelle nous nous étions promenés en ce bel après-midi d'été 19xx. Jusqu'alors, nous avions emprunté les sentiers officiels pour l'ascension et pour une bonne partie de la descente. Il ne restait que quelques dizaines de mètres à faire lorsque l'on vit, à notre droite, une espèce de sentier escarpé certes mais tout de même praticable, qui nous séduisit. D'autant plus qu'il nous épargnerait, fatigués comme nous l'étions, presque un kilomètre de route. Youpi, que voilà un raccourci sans surprise, et attirant, exactement comme je les ai toujours aimés ! Nous nous aperçûmes toutefois, et rapidement, que l'escarpement était beaucoup plus prononcé que nous l'avions imaginé. Il faudrait donc porter une grande attention à chaque petit pas que nous poserions sur le sol. Cette fois-ci, c'était à moi qu'on avait confié l'ouverture de la marche... Je fis le courageux et m'engageai dans l'étroit sentier à pic. Derrière, suivaient dans l'ordre, mon beau-frère Denis, puis Ginette... Non seulement Denis Poisson était-il mon beau-frère, il était aussi mon partenaire régulier de tennis, un confident, un ami même ! J'aime croire que son geste n'était pas prémédité lorsque, sans raison apparente, mon cher beauf me bouscula, un peu, presque rien, une chiquenaude... mais suffisamment en tout cas pour que je perde pied et que je me mette à descendre la côte sans plus aucun contrôle. Cette pente-là, je la dévalai à grandes enjambées, cherchant désespérément, de mes yeux grands ouverts et paniqués, à attraper, de-ci, de-là, devant moi, à ma gauche comme à ma droite, une branche salvatrice qui aurait la bonté, mais surtout la force, de ralentir, voire de stopper ma folle équipée qui, déjà, m'avait amené au bord de la crise d'apolexie panique et qui, à son terme, risquait de me mener à ma perte. Tel mon frère Jean-Louis naguère, dont je me moquai si – trop ? – abondamment, je filais tout à coup, à mon tour, vers un destin rien de moins qu'incertain ! Oui, tout à l'heure, Jean-Louis serait vengé...

Après un temps infiniment long, j'atteignis le bas de la montagne, tout étonné d'y arriver sur mes deux pieds, sain et sauf ! Mais quand mes compagnons me rejoignirent, ils riaient à gorge déployée... pliés en deux ! Ont-ils ri presque à en mourir eux aussi, je le pense bien... Moi, je ne riais pas ; je les aurais volontiers étranglés, s'il ne m'était pas, à ce moment-là, venu à l'esprit cette grande leçon d'humilité de l'arroseur qui, toujours, un jour ou l'autre, se voit condamner à se faire arroser à son tour ! « *Fort bien*, pensai-je, *je rirai, mais plus tard...* » Pour l'instant, j'étais encore trop sous le choc. J'avais sûrement l'air très à pic d'avoir dévalé cette côte très à pic... Enfin, à tout le moins, j'étais heureux de m'en être tiré indemne physiquement... Psychologiquement ?... Pas sûr !

 જ8૦

Ces anecdotes m'ont appris deux choses : un, qu'une justice immanente existe bel et bien, et, comme eût pu le dire, à sa manière, le capitaine Charles Patenaude à son équipage du vaisseau spatial *Romano Fafard* après une autre aventure rocambolesque d'« *Une galaxie près de chez vous* » :

– *Quand tu craches en l'air... euh... ça se peut-tu que... le cochon vienne euh... faire... euh... ses besoins sur ton balcon ?*

Deux : aussi incroyable que cela puisse paraître, il est prouvé qu'on peut mourir de trop rire, c'est-à-dire, comme le suggère mon titre, qu'on peut « **mourire** » !

FIN

[1] (Page 199). Chez nous, on attendait avec impatience chaque parution de plusieurs bandes dessinées : bien sûr *Astérix* était l'une de celles-là ; il y avait aussi *Lucky Luke* (Morris), *Achille Talon* (Greg). Les *Tintin* (Hergé), quant à eux, étaient déjà tous sortis. Moi, je piaffais d'impatience de voir apparaître sur les tablettes les *Rubrique-à-brac*, les *Truc-en-vrac*, les *Dingodossiers* et les *CinémaStock* auxquels participait mon auteur/dessinateur préféré Marcel Gotlib, lui qui, plus tard, co-créera avec Lob un héros 100% français aux pouvoirs plus comiques que cosmiques : *Super Dupont*. Ajoutez à cette liste, *Iznogoud* et *Valentin le vagabond* (Tabary), et *Taka Takata* (Jo-El Azara), et vous aurez une bonne idée des lectures peu sérieuses qui étaient alors les miennes... Je tiens à rappeler que ces lectures, de même que la musique que j'écoutais ado, me permettaient de surmonter la grisaille de mes réflexions... Peut-être même m'ont-elles sauvé la vie...

# Un dessert trop « chaud » ?

Après mes études en Comptabilité - option finance, suivies au Cégep du Vieux-Montréal, je me trouvai un travail chez les comptables, *René de Cotret, St-Arnaud, Letendre, Frigon et associés* ; leur bureau était situé rue Notre-Dame à Trois-Rivières, en plein centre-ville. Un avantage à cette situation géographique, c'était la proximité du marché aux denrées où mes beaux-parents d'alors, Ernest et Yvonne Poisson, tenaient étal de boucherie ; et 2 jours par semaine, j'allais dîner avec eux. Ai-je besoin de vous convaincre que la viande que j'y mangeais pouvait difficilement être plus fraîche ? Certain client de mon beau-père mangeait même son bœuf haché rien de moins que...cru ! Et il mangeait son « tartare » avec ses doigts... Beurk !

Dans ce bureau comptable, mon travail consistait, en gros, à produire des états financiers et, au printemps, à compléter des déclarations d'impôts. C'est une période de grande activité et de grande fébrilité que celle que j'ai vécue lors de ce printemps de 1980 ; la quantité de travail était gigantesque et le temps supplémentaire était de mise et ce, presqu'à chaque soir. Puis arriva le 30 avril 1979, dernière journée permise aux particuliers pour poster leurs déclarations d'impôt sans pénalités. Ce jour-là, on travailla jusqu'à la limite, c'est-à-dire jusqu'à minuit. La tradition de ce bureau voulait qu'un lunch et des consommations gazeuses et alcoolisées soient fournis gracieusement au personnel : le buffet nous fut livré vers 17-18 heures. Lorsqu'il fut installé, les associés-comptables nous invitèrent à manger et à boire, sans gêne, ce que l'on fit, parcimonieusement, tout en travaillant. Personnellement, je dus boire plus, et plus que de manger car, au fil des heures qui passèrent, je perdis beaucoup de ma concentration : je faisais de plus en plus d'erreurs dans la transcription des données personnelles des clients sur l'immense feuille informatique qui alimenterait l'ordinateur situé à Montréal ou directement sur les déclarations que je complétais à la main. Tant et si bien que vers 22 heures, on m'ordonna de cesser de travailler : je nuisais plus que j'aidais ! Minuit sonna : c'était le moment béni pour tout comptable qui savait qu'il pouvait enfin décompresser, se reposer. On se regroupa autour du buffet, on mangea et on but encore et encore... jusqu'au moment où je me sentis mal. Monsieur Letendre me prit par le bras, m'emmena à l'ascenseur.

– *Viens Luc, on va aller faire le tour du pâté de rues. L'air frais te fera du bien.*

Nous sortîmes dans la rue. M. Letendre avait d'énormes difficultés à me maintenir debout... j'avais l'air d'un ivrogne et je débitais des propos incohérents... Nous fîmes quelques pas dehors mais, aussitôt découragé par l'ampleur de la tâche, monsieur Letendre me ramena à l'intérieur. Ou peut-être craignait-il de rencontrer quelqu'un qui l'eût reconnu ? C'eût été gênant pour lui. Mais j'y pense : c'est peut-être à ce moment-là que j'ai perdu le respect de mon employeur :

– *On ne peut pas lui faire confiance, il a un problème de boisson...*     **FIN**

# 9

## « *Avec vue* sur la *'Main', SVP* »

Image : illustrations.fr

### Chapitre I – L'assurance-chômage

I l m'est impossible de vous dire avec précision la première fois que j'ai mis les pieds dans l'appartement numéro 4 du 5700, rue Saint-Laurent à Montréal. Mais je crois bien que ce devait être en 1976. Ce qui est sûr, c'est que le 15 novembre 1976, j'étais l'un des trois passagers dans une auto dont je ne me rappelle plus la marque conduite par je ne me rappelle plus qui, mais je sais que c'était vers 20h30, plus deux autres choses : nous nous dirigions vers Montréal et nous écoutions attentivement les informations à la radio. Pourquoi ? Parce que ce jour-là était un jour d'élection provinciale : une bonne partie de la jeunesse du Québec avait grand espoir de voir se faire élire le premier gouvernement péquiste ayant promis de tenir un référendum à court terme demandant aux Québécois l'autorisation de faire l'indépendance du Québec. Et ça, ce n'était pas rien...

L'annonce anticipée habituelle survint bien avant la fin de la compilation du vote populaire, résolument nationaliste et souverainiste, soit vers 20 heures 30. Bernard Derome, l'animateur de Radio-Canada déclara alors :

– *Si la tendance actuelle du vote se maintient, le prochain gouvernement du Québec sera péquiste et il sera majoritaire.*

Je m'en souviens, il y eut dans l'auto un tollé enthousiaste de hourras de mes compagnons et moi, émoi qui a un peu fait zigzaguer la voiture sur l'autoroute.

À cette époque-là, le numéro 4 du 5700 Saint-Laurent était loué par 2 a-mies universitaires qui se partageaient les dépenses du logement. L'une d'elle était ma blonde, Chantal Cloutier, étudiante en ergothérapie, qui venait de délaisser l'université Laval de Québec, où elle avait fait sa première année, pour rejoindre ses compagnes à l'université de Montréal. La deuxième partenaire ? Aucun souvenir ! Ce soir du 15 novembre 1976, c'était Chantal que j'allais rejoindre au no 4 du 5700 Saint-Laurent à Montréal.

C'était la fin de cet été 1976, je venais de terminer ma formation collégiale intensive en « textile/chimie teinture », une année intensive de trois sessions consécutives de cours de concentration conduisant à un certificat de niveau collégial. Auparavant, en 1974-1975, j'avais travaillé une année entière à l'usine Dominion Textile de Drummondville comme « *warpman* » c'est-à-dire poseur d'ensouples de métiers à tisser dans la « *wave room* », la salle de tissage. Je venais d'être mis en chômage par la compagnie qui, par manque de contrats, avait fermé son quart de nuit. Il faut se rappeler qu'à cette époque, la situation du textile n'était pas rose, – elle ne tenait qu'à un fil ! – l'autre usine importante de cette ville, la Celanese, venant de congédier, pour la même raison, plusieurs centaines de travailleurs.

Étrangement, l'Assurance-chômage poussait des personnes vers de la formation dans ce créneau du textile et ce, malgré les mauvaises prévisions d'emploi : un conseiller de ce ministère m'avait même fait miroiter de réelles possibilités de carrière comme contremaître dans des usines de teintures industrielles. Enfin, comme on me promettait de payer chaque mois de quoi me payer un loyer à Saint-Hyacinthe où se donnait le cours, de quoi manger et de quoi me vêtir décemment, j'avais accepté la proposition de mon conseiller « en chômage ». Un an après, ayant obtenu le certificat qu'offrait cette option, il ne me restait plus qu'à rechercher la compagnie qui m'engagerait et me permettrait d'entreprendre une carrière dans le domaine du textile pourtant en pleine crise à cette époque-là. À tout seigneur, tout honneur, j'allai d'abord voir mon ancien patron de la Dominion Textile à Drummondville qui ne put que me confirmer leur situation précaire, et qui me fit comprendre qu'il ne pouvait donc pas m'engager. Toutes les usines locales me tinrent le même discours...

À la demande expresse de l'Assurance-chômage, j'assistai un vendredi après-midi d'automne à une séance d'information sur la recherche active d'emploi : on y apprenait entre autres choses que le ministère subventionnait les chômeurs chercheurs d'emploi désireux de travailler dans une autre ville où les chances de décrocher un job étaient meilleures. Au sortir de la période d'information, j'allai donc voir mon conseiller pour lui faire part de mon intérêt à participer à ce programme subventionné. Il me fit comme réponse, aussi succincte que sibylline, que je ne répondais pas aux critères du susdit programme. J'étais étonné, abasourdi même, déçu et perplexe : c'est donc tout piteux que je quittai son bureau, descendis l'escalier et sortis de l'édifice. J'étais dehors...

Planté debout sur le trottoir, méditatif, je ne me décidais pas à m'en aller ; une partie de moi, la moins timide, désirais une réponse plus étayée. Puis, avec une audace que je ne me connaissais pas, je tournai les talons, remontai l'escalier, me dirigeai d'un pas décidé vers mon conseiller et lui fit ce petit discours frondeur dont je suis encore assez fier aujourd'hui :

– *La conseillère, votre collègue qui vient tout juste de donner la formation à laquelle j'ai assisté, semblait formelle quant à la possibilité pour moi de profiter du programme de recherche d'emploi et vous, vous me dites que je n'y ai pas droit. Pouvez-vous aller jaser avec la dame en question et, je vous le promets, si à votre retour vous me confirmez que je suis inadmissible à la subvention, eh bien, je ne vous achalerai plus... je m'en irai. »*

Quand il revint, il avait le caquet bas et la face déconfite, comme s'il avait reçu un coup de poing. Moi, je décodais que je devais avoir marqué un point. Visiblement fâché, il me demanda avec brusquerie :

– *Où veux-tu aller chercher des emplois ?*

– *À Montréal..., je m'en vais justement là en fin de semaine ; je vais y passer toute la semaine prochaine.*

– *Et quelles usines comptes-tu visiter à Montréal ?*

– *Euh... je ne sais pas... avez-vous un bottin téléphonique de Montréal ?*

Pendant que je feuilletais l'immense bottin de la grande métropole et prenais note d'adresses de compagnies textiles susceptibles de proposer un emploi au jeune finissant que j'étais, mon conseiller fulminait : pour satisfaire mon « caprice » de dernière minute – on était vendredi, et il était passé 15h30, – il devait ré-ouvrir sa petite caisse qu'il avait balancée et fermée il y avait de ça un plus d'une demi-heure. Conscient d'avoir bousculé un fonctionnaire qui ne devait pas l'être très souvent, et qui n'aimait clairement pas les imprévus de dernière minute, je pris le chèque qu'il venait de me faire et qu'il me tendait, le regard courroucé. Le montant, assez substantiel, couvrait l'éventuel logement et mes faux-frais de transport et de restos pour plusieurs jours. Je quittai le bureau gouvernemental, la tête haute, le regard victorieux, le torse bombé, accordant à mon fonctionnaire attitré un gros merci, et quelques excuses timides pour le dérangement occasionné... J'étais aux anges !

Pour la petite histoire, la semaine suivante, je me suis mis à la recherche, dans un Montréal que je connaissais mal, de chacune des cinq usines correspondant aux cinq adresses inscrites sur mon bout de papier ; je ne réussis à me rendre qu'à trois d'entre elles. Les deux autres, je ne les ai pas trouvées alors qu'elles se trouvaient pourtant sur la même rue qu'une autre que j'avais visitée ! ? ! Une vérification sur la carte de la métropole me permit de comprendre que cette rue-là, sur laquelle étaient supposées se trouver les trois usines de textile, était divisée en trois tronçons séparés par de grands terrains vagues et par des pans de quartiers complets. Je n'ai pu trouver les numéros de bus municipaux qui s'y rendaient, les usines étaient trop loin, je ne m'y suis donc pas rendu !

Cette recherche ne m'avait pas permis de trouver de travail, mais j'avais suffisamment de sous pour payer une petite part du loyer à mes locataires. On accepta que je reste au 5700 de la rue Saint-Laurent. J'étais content, j'étais avec ma blonde. Étrangement, malgré la difficulté que j'ai pu rencontrer pour obtenir cette substantielle subvention et le formidable traumatisme que je semblais avoir causé à mon hargneux et « bougonneux » agent fédéral, il ne fit aucun suivi sur mes engagements de recherches d'emploi. Il a vraiment manqué une bonne occasion de se venger du « tort » que je lui avais causé....

## Chapitre II – Jobines inc.

Finalement, j'y passai l'hiver au 5700 de la rue St-Laurent... Après que l'argent reçu du fédéral se fut épuisé, je me mis en mode recherche d'un emploi, non spécialisé, quel qu'il fût. Et, en parallèle, je suivis quelques cours par correspondance dont un cours d'ouvrier-menuisier qui ne me mena nulle part, puis un autre de sténographie, et encore un autre de dactylographie dont je fis les niveaux 1 et 2. Fort de la réussite de ces derniers cours, je me crus capable de répondre « présent » à une annonce de la ville de Montréal qui désirait faire l'embauche de sténodactylos. Je me présentai donc un samedi matin à l'endroit désigné pour effectuer le test pratique et me retrouvai à mon grand dam et à ma plus grande gêne, entouré d'une centaine de femmes désirant tout autant que moi, sinon plus, ce job. Moi, ma référence et mon modèle était monsieur Dubouquet, le secrétaire particulier du curé Labelle dans le téléroman *Les belles histoires des pays d'en haut* ; je m'encourageais, je me motivais en me disant que cette profession fortement dominée par la gent féminine pourrait s'enorgueillir d'un homme... Il suffisait pour moi de démontrer ce dont j'étais capable !

On nous fit entrer dans le local aménagé de dactylos noires de marque *Underwood*. Ces machines dactylographes se situaient aux antipodes de celle que j'avais utilisée chez moi dans le cadre de mes cours par correspondance : machines immenses avec un clavier aux touches plus larges, plus longues et plus difficiles à enfoncer. Le responsable du test se présenta sur le podium, s'identifia, signala, avec une ironie mal camouflée, la présence et le courage d'un prétendant au poste de sexe mâle parmi toutes les femmes présentes – il ne me fut pas difficile de me faire tout petit, je fondais littéralement tapi dans mon petit coin ! Puis il offrit aux *participants* une période de 3 minutes d'adaptation aux machines. Petite vengeance « sexiste » et mesquine : le mot *participants*, je viens de l'écrire au masculin pluriel car il y avait « 1 » gars dans la salle, moi ; j'ai seulement appliqué la règle de grammaire française qui stipule que, dans ce cas, le masculin l'emporte sur le féminin. D'ailleurs, c'est tout ce que j'aurai gagné ce jour-là !

Dès qu'il donna le signal de départ, je sus reconnaître le bruit de la défaite : près de cent machines dactylographes opérées par des mains et des doigts experts mitraillaient les lettres de l'alphabet sur le papier devant elles, mais pas la mienne ! Moi, mon appareil n'émettait que des clics très peu sonores, hésitants et maladroits et cela, de façon espacée, inégale, irrégulière. J'étais mortifié ! Ce fut le même tintamarre qui se répéta après qu'on eût reçu le texte officiel à dactylographier, texte que je ne sus pas reproduire ni entièrement ni correctement. Quelques semaines plus tard, je reçus une lettre de la Ville de Montréal, fort polie, m'annonçant sans surprise mon échec au test et incluant, en guise de consolation, une considération éventuelle de ma candidature à d'éventuels autres postes. Éventualités qui, vous le devinez bien, ne se concrétisèrent jamais...

Tenace, je présentai à nouveau ma candidature à la ville de Montréal cette fois-ci dans l'espoir de devenir aide-mécanicien dans le domaine de l'automobile. Le premier test était une entrevue à passer devant trois personnes qui m'attendaient dans la salle où je m'étais rendu. Je fus surpris de la première question qui me sembla, a priori, d'une assez grande facilité à répondre :

*– Monsieur Granger, on vous demande de faire un changement d'huile sur une automobile, dites-nous comment vous allez procéder ?*

S'il y a au monde un travail mécanique simple à accomplir sur une auto, c'est bien un changement d'huile. Je pensai bien faire en allant immédiatement au combat sans prendre le temps de préparation offert par le jury... Par malheur, dès les premiers mots, la nervosité me paralysa la bouche. Je balbutiai :

*–Euh !... je monte l'auto sur le... euh !... je ne sais pas le nom en français...*

*– Dites-le en anglais alors...*

*– Euh !... sur le « lift », je dévisse le bouchon de la euh ! ... de la « tank » à l'huile sous le char... fa-que euh !... la vieille huile va tomber dans le... euh !... « bidon ? »* (En prononçant ce mot, je devinais qu'on devait bien se bidonner de l'autre côté de la table d'entrevue)... *et une fois vidée, je revisse le bouchon. Je baisse le...euh !... « lift », et j'ajoute de l'huile neuve en la versant dans le... euh !... ben, dans le « trou » fait pour mettre l'huile dans le moteur...*

*– Est-ce tout ?,* me demanda le juré du centre, sans montrer quelque émotion.

*– Euh !... oui..., enfin je crois bien...,* m'entendis-je dire, un peu désarçonné, sachant fort pertinemment que s'il me posait la question, c'est parce qu'il y avait d'autres choses à dire. Ma confiance tomba dès lors à zéro ! Résultat logique de zéro préparation, je fus incapable de répondre correctement à la deuxième et dernière question du test qui s'avéra un peu plus costaude et complexe que la première. Évidemment, vous vous doutez bien que je ne fus pas sélectionné...

Le printemps suivant, je lus une annonce classée d'un journal demandant un ouvrier pour faire l'installation d'unités d'air climatisé dans les fenêtres de l'hôpital Notre-Dame, sis rue Sherbrooke-Ouest, en face du parc Lafontaine. Aucune formation ni expérience n'étaient requises. Cette job, d'une durée prévue de trois semaines, me semblait parfaite pour moi. J'appliquai et l'obtint. Mais je n'étais pas le seul élu... Dès le premier matin, on m'apprit que je devrais faire équipe a-vec un deuxième engagé, à peu près de mon âge, qui se révéla, rapidement, être une personne possédant zéro confiance en elle-même, facilement tétanisée par les situations équivoques, un être sans colonne vertébrale, incapable de prendre quelque risque que ce soit aussi minime soit-il. Moi qui me croyais naturellement craintif et pas très assuré, par comparaison, je devenais l'autonomie et l'initiative incarnées ; sur la courbe de la peur, lui, il était moi, multiplié par mille ! Je devais lui paraître bien frondeur, fonceur et audacieux ! Par la force des choses, je dus l'être plus que lui ! Car je fus obligé, chaque jour, pire, à chaque instant de ce partenariat, de lui insuffler la dose de courage requise pour le faire avancer un pas après l'autre, de le diriger dans la bonne direction et, péniblement, je devais justifier, avec force conviction, avec force détails, chacune des décisions que « JE » prenais, car lui s'en montrait tout à fait incapable car dépourvu de toute initiative.

Techniquement, installer des unités de climatisation ne représentait pas un grand défi, chacune d'elles étant identifiée au numéro de la chambre dans laquelle elle devait être installée. Le seul challenge – mais quel défi ce fut ! – est venu de la configuration de l'hôpital lui-même : celui-ci, avec ses ailes édifiées à plusieurs époques, s'avéra être un labyrinthe impressionnant de couloirs hétéroclites et de passages secrets. Il y avait même, à un certain étage, une passerelle extérieure fermée faisant communiquer deux immeubles de cet hôpital. Mais tous les ascenseurs de l'hôpital ne menaient pas à cet étage ; cet ascenseur particulier, il fallait bien l'identifier, sinon il nous fallait redescendre au rez-de-chaussée et en essayer un autre... Quelquefois, un troisième ! Cet état de fait résultait des agrandissements effectués en 1929 et en 1950 de l'hôpital actuel construit en 1924, ce dernier remplaçant le tout premier construit en 1880.

Lâchés seuls après une demi-journée de coaching, mon compagnon et moi nous sommes assez vite et à plusieurs reprises butés à toutes sortes de difficultés : chemin perdu, plans imprécis, vitres de fenêtres cassées, unités de conditionnement d'air mal identifiées, unités échappées par terre et endommagées. Chacun de ces événements fut vécu par mon comparse comme un drame effroyable, insurmontable et traumatisant, passible selon lui, dans son esprit tortueux et craintif, de sanctions sévères, allant de la réprimande au congédiement, voire à la peine de mort, tellement tout lui semblait d'une excessive gravité ! Je me revois encore un matin dans l'ascenseur avec le chariot plein d'unités d'air climatisé en train de dire à mon compagnon paniqué :

– *Relaxe un peu ! Le boss, il est pas fou. S'il connaît bien son hôpital, il doit savoir que ce n'est pas facile pour un nouveau de s'orienter dans son labyrinthe de couloirs. C'est sûr qu'il va comprendre qu'on fait notre possible !*

Je vous le jure : si mon partenaire avait été seul pour faire le travail, il y serait encore aujourd'hui essayant de retrouver son chemin dans le dédale de couloirs qui le terrorisait, ne sachant que faire, incapable qu'il était de s'orienter, de chercher le « *guts* », le courage de demander son chemin à quelqu'un ou par où commencer son travail ! Ouf ! Sur le plan physique, les trois semaines de ce contrat me furent difficiles ; psychologiquement, elles me furent pénibles ! Je ne me voyais surtout pas y retourner à l'automne pour désinstaller les unités d'air climatisé pour les remettre à hiverner au sous-sol de l'hôpital... Risquer de retravailler avec le même individu comme compagnon de travail ? Jamais !

## Chapitre III – L'ouest ou le far-west ?

Tout cela me fit tout de même comprendre que je ne trouverais pas de salut financier sans soumettre ma vie à un électrochoc important. Il me fallait décider d'une nouvelle orientation de carrière plus prometteuse à long terme : je choisis de retourner à l'école, d'étudier en administration-finance : j'allai donc m'inscrire au Cégep du Vieux-Montréal, rue Ontario, qui m'accepta. Il ne me restait plus qu'à convaincre le ministère des prêts et bourses de m'en octroyer justement des prêts et des bourses, ce qui ne se fit pas aisément. La réponse que je reçus m'accordait un prêt de 500$ mais me refusait toute bourse sous prétexte que, malgré mes 24 ans, j'étais encore à la charge de mes parents. Il était évident que je ne pourrais pas contribuer à payer ma part du loyer avec ce seul montant de prêt.

Je me renseignai à fond sur les critères d'octroi des bourses et compris qu'on pouvait accepter un étudiant qui avait quitté le domicile de ses parents depuis plus de deux années. Dans une telle situation, on disait de l'étudiant qu'il était émancipé, affranchi de l'autorité parentale. Moi, je prétendais que c'était mon cas ; mais je devais plaider ma cause. Ce que je fis avec assez d'efficacité pour convaincre le département de m'octroyer une bourse dont le montant m'échappe mais qui fut suffisamment élevée pour réduire la contribution locative et alimentaire de ma blonde qui venait de dire au revoir à son amie colocataire qui quittait le logement. Ainsi, ce départ de l'amie effectué, nous restions seuls, ma blonde Chantal et moi. Moi, je trouvais que c'était très bien ainsi !

Ni Chantal ni moi ne possédions d'automobile. Pour économiser les quelques sous que nous gagnions, nous faisions du pouce plutôt que de prendre l'autobus pour nous rendre à Montréal. Faire de l'auto-stop n'est pas sans danger... Nous l'avons appris assez vite ! Un matin d'été, très tôt, notre bagage sur le dos, Chantal et moi venions de quitter son domicile de la rue Saint-Damien à Drummondville, où nous avions passé le week-end avec sa mère, madame veuve *Onil Cloutier*, pour nous en retourner à notre loyer de la rue Saint-Laurent à Montréal. Nous marchions sur le boulevard Saint-Joseph en direction nord, la première étape de notre voyage devant nous mener à l'autoroute transcanadienne, l'A-20.

Même si seulement quelques rares autos circulaient à cette heure-là, nous étions optimistes. Et, pour nous donner raison, une voiture sport américaine, assez récente, de celle que l'on remarque juste à son look, celle-ci y ajoutant la pétarade du moteur, s'arrêta. Chantal monta derrière, moi devant. Le conducteur était vêtu d'un habit chic rayé qui recouvrait une chemise d'un rouge uni et vif, il avait les cheveux ondulés bien peignés mais graisseux, il arborait ostentatoirement des bracelets aux poignets et plusieurs bagues à ses doigts et il « puait » l'eau de Cologne bon marché. Ainsi accoutré, il me faisait penser à un mafioso comme on en voit à la télé. Ce n'était qu'un jugement de valeur de ma part, je le savais bien ; du moins avait-il tout de même été assez gentil pour s'arrêter et nous prendre à bord de son bolide.

Nous roulâmes sur le boulevard Saint-Joseph jusqu'à la lumière rouge de la rue Saint-Jean, qui nous obligea à stopper. À gauche comme à droite de nous, des véhicules attendaient le feu vert qui les autoriserait à passer. Celui-ci tardait... Une auto de police de Drummondville s'arrêta au feu, à notre droite. Lorsque notre chauffeur l'aperçut, il se fit comme un déclic dans sa tête : « *Ah ! Le tabarn..., il est aussi bien de se tenir tranquille... crisse, sinon j'ai de quoi lui répondre...* » Et il plongea la main gauche sous son siège pour en extirper un revolver de belle taille qu'il tint prêt à intervenir, le doigt crispé sur la gâchette. Déjà complètement éberlué par cette réaction inattendue, l'autre fit pire encore : il se mit à pomper sa « pédale à gaz », ce qui faisait gronder son bolide, donc ce qui ne pouvait manquer, à mon humble avis que je gardai pour moi, d'attirer l'attention du ou des policiers. Était-ce ce qu'il voulait ? Ou avait-il perdu la raison ? La lumière devint verte pour les policiers qui passèrent l'intersection sans un regard vers nous. Étrange, non ? On dit parfois de la police qu'elle dort « au gaz » quand elle n'intervient pas sur le lieu d'un crime : nous venions, ma blonde et moi, d'en vivre un exemple patent ! Nous n'étions cependant pas mécontents de la conclusion de l'affaire : comme il n'y eut pas de fusillade, nous étions encore vivants ! Faisant presque comme si rien ne s'était passé, mais non sans une pincée d'inquiétude, nous avons repris notre périple vers l'A-20. Tout en conduisant, notre chauffeur nous a baragouiné quelques excuses et explications boîteuses que nous n'avons pas bien comprises puis il a remisé son fusil à l'endroit d'où il l'avait tiré. Quant à Chantal et moi, il nous tardait de savoir s'il se dirigeait vers Montréal ou vers Québec. Montréal, malheureusement, me semblait quand même une destination beaucoup plus probable que Québec pour un mafieux ! Cette fois-ci, pourtant je me trompais : je ne sais pas si le « *gunman* » a remarqué le long et profond soupir de soulagement qu'ont poussé ses deux passagers quand il leur a annoncé qu'il se rendait à Québec... Le trajet nous parut interminable malgré cette bonne nouvelle, et lorsque nous eûmes descendus de l'auto, il nous semblait, à Chantal et moi, que le ciel était plus bleu, que le soleil était plus beau, que la vie était plus belle...

Nous nous remîmes au travail un fois rendus sur le bord de l'autoroute 20 en direction ouest vers Montréal. Nous levâmes nos deux pouces de la main droite vers le ciel pour qu'on les voit bien. Un camion de transport de marchandise passa et s'arrêta assez loin de nous, tellement que l'on ne vit pas cette dernière manœuvre et qu'il fallut que le chauffeur nous signalât sa présence avec force coups de klaxon ! Il avait stoppé en plein sur la voie de droite obligeant les autres véhicules qui arrivaient derrière à le dépasser par la gauche. Chantal et moi nous mîmes à courir, comprenant qu'il y avait un peu de danger de s'être immobilisé sur l'autoroute même. Chantal embarqua la première sur la banquette avant et je fis de même après. Il ne restait plus qu'à partir... ce que le chauffeur ne fit pas ! Il voulait tout d'abord régler la question des présentations et connaître notre destination. « *Vous pouvez démarrer maintenant...* », lui dis-je, tentant par le ton de suggérer qu'un accident était si vite arrivé sur une autoroute quand on est arrêté trop longtemps sur une de ses voies. Ce qu'il finit par faire au bout de quelques minutes, minutes qui me parurent interminables !

Drummondville-Montréal, c'est un trajet d'environ une heure : nous eûmes donc le temps de lui conter l'aventure que nous venions tout juste de vivre. Contre toute attente, quand j'eus terminé le chapitre du revolver, il déclara :

– *Ah oui ? Moi aussi j'en ai un fusil, il est dans le coffre à gant. Tu peux regarder si tu veux.* Je répondis, ma sérénité quelque peu ébranlée :

– *Je n'ai pas besoin d'ouvrir le coffre, je vous crois sur parole monsieur...*, rétorquai-je, maudissant notre mauvais karma de la journée !

– *Je le garde au cas où, la nuit surtout, quelqu'un s'intéresserait à ma cargaison,* ajouta le chauffeur. Je lui demandai, fort curieux :

– *Et qu'est-ce que vous transportez de si important, au juste ?*

Puisqu'il était armé, j'imaginais qu'effectivementque la boîte de son camion devait bien contenir quelque chose de grande valeur, des bijoux, de l'argent, des lingots d'or, peut-être... Du moins quelque chose susceptible d'exciter la convoitise de gaillards tel notre précédent chauffeur. Il me répondit, candidement :

– *Des œufs... que je m'en vais porter à l'entrepôt de Steinberg. D'ailleurs, si ça ne vous dérange pas, arrivé à Montréal, je vais d'abord aller faire ma livraison. Ensuite, je serai libre, j'irai vous mener où vous voudrez.*

Croyez-le ou non, après l'avoir aidé à décharger sa fragile cargaison, non sans en avoir casser une partie à cause d'une dénivellation non apparente et malveillante du plancher, il nous a payé le dîner à Chantal et à moi puis, tenant parole, il nous emmena juste en face du 5700 rue Saint-Laurent, chez nous, à plusieurs kilomètres des entrepôts Steinberg ! Chez nous ! Wow !

Dans le domaine de l'auto-stop, j'avais appris, qu'en général, il n'y avait que les très gentils automobilistes ou les très mal intentionnés qui prenaient les « pouceux » à leur bord. Autres exemples. Dans l'aller d'un voyage à Sherbrooke, un commerçant itinérant accepta de nous embarquer ma blonde et moi mais, vu que tous les sièges intérieurs étaient pris, il ouvrit sa « valise » – c'était une « *station wagon* » ; bien qu'étonnés, nous nous y installâmes, inconfortablement recroquevillés... tout à côté d'un couple qui s'y trouvait déjà ! Nous nous y sentions à l'étroit et... ridicules ! Au retour, ce fut un chauffeur d'autobus de la compagnie Bourgeois de Drummondville qui nous embarqua dans sa voiture et qui fit le trajet Sherbrooke/Drummondville à plus de 130 milles à l'heure (la limite permise : 90 m/h), dépassant tout ce qui pouvait obstruer son chemin, c'est-à-dire, à cette vitesse, tout le monde devant lui et ce, même dans les courbes ! Un chauffeur d'autobus ! Même dans les pointes à 140 milles à l'heure, il se retournait vers moi, son passager de droite, pour me faire la conversation ! Ah ! Comme nous avons remercié le ciel d'être encore vivants au bout de ce périple fou. Une autre fois, le plus jeune des frères Labbé, demeurant assez loin sur le chemin Hemming, s'était, lui, jeté dans le fossé par la portière qu'il avait ouverte pour éviter les tentatives d'assauts libidineux d'un automobiliste qui l'avait pris à son bord !

Dans tous les westerns que j'ai vus dans ma vie, il y avait toujours un méchant et toujours un bon... et les deux étaient armés. Chantal et moi venions de vivre un western dans ce voyage vers Montréal... mais avec un happy end... Ouf ! Ce fut ce dernier voyage qui tua en nous toute envie de récidiver dans l'auto-stop !

## Chapitre IV – Au feu ! Ça sent drôle, non ? Police !

Chantal avait commencé à faire des stages subséquemment à ses études en ergothérapie. Tout semblait baigner dans l'huile pour nous deux. Il arrivait bien sûr que des incidents se produisent, tout de même nous résidions à Montréal, capitale multilingue, multiethnique, multiculturelle, et multi... tellement plein d'autres choses, en bien comme en mal ! Parmi les incidents vécus à Montréal, j'en ai retenus quatre, que je vous présente dans l'ordre chronologique où ils sont survenus : un feu, un robineux, un meurtre et un vol. Rien de plus, rien de moins ! Rien que des événements ordinaires... à Montréal !

ଓଃ৪ଠ

**Un feu...** une obsession pour les résidents montréalais que nous étions d'un de ces logements qui possédait derrière une remise toute en hauteur accessible par les locataires via une passerelle aménagée de la porte arrière jusqu'à celle-ci. L'escalier qui s'y trouvait servait de sortie de secours, mais malheureusement ce dernier était aussi facilement accessible par quiconque malintentionné qui circulait dans la ruelle adjacente. Le service d'incendie faisait pression lors de campagnes de sensibilisation répétées pour que tous les locataires de ces logements fassent le ménage de leur « shed » et qu'ils s'assurent d'y apposer un verrou de qualité. Ce que nous avions finalement fait.

Une nuit d'été, nous dormions profondément ma blonde et moi couchés sur le divan déplié et formant lit. Nous étions nus... Il faisait noir... Tout était tranquille... Soudain, des coups violents assénés à notre porte cochère nous tirèrent brusquement de notre sommeil. Je me levai aussi vite que je le pus, cherchai à l'aveugle de la main ma robe de chambre, ne trouvai que celle de ma blonde, trop petite, rose pâle avec des fleurs et des frisons, m'en revêtis au mieux, et me précipitai, ainsi accoutré, vers la porte d'entrée. Trop tard, celle-ci s'effondra littéralement par terre, juste devant moi... complètement abasourdi ! Je me considérai bien chanceux de ne pas l'avoir reçue en pleine gueule ou sur la tête !

Cette irruption subreptice était le fait des pompiers de Montréal alertés, m'a-t-on informé par après, par un ou une locataire de l'étage supérieur !

– *Il est où le feu ?*, s'écria le premier entré, grand, gros, une hache à la main.

– *Quel feu ? Il n'y a pas de feu ici ; ça ne sent même pas la fumée !*

En fait, il y en avait quand même un peu, de la fumée... sous forme de brouillard dans ma caboche mal réveillée ! Constatant finalement que j'avais raison, son compagnon pompier, aussi grand et aussi gros, cogna virilement mais avec beaucoup moins d'ardeur à la porte de notre voisin de palier que celui-ci ouvrit rapidement, bien avant qu'elle ne se brisât. À ce dernier, on n'a pas eu à répéter la question : chez lui, ça sentait la boucane !

– *C'est juste mon rôti qui a brûlé dans le four... l'odeur m'a réveillé et je l'ai sorti du four et j'ai dû le jeter à la poubelle... Là, tout est sous contrôle...*

Vérification concluante faite par les pompiers, ceux-ci s'en sont allés. Moi, je me retrouvais avec une porte brisée, détachée de ses gonds, étalée misérablement sur le plancher. Je la relevai, la reposai le mieux que je pouvais dans l'ouverture et retournai me coucher en me promettant bien sûr d'appeler le propriétaire dès huit heures le lendemain matin. C'est ainsi que le concierge vint réparer les dommages en minimisant au possible les coûts, à tel point que de longues cicatrices de l'aventure nocturne de la veille demeurèrent bien visibles après son passage. Ma blonde et moi, connaissant la pingrerie du propriétaire, donc pas surpris du tout, savions devoir accepter cette réparation de fortune telle qu'effectuée. La semaine suivante, nous revenions à la maison, Chantal et moi, d'un magasinage ou d'une sortie de divertissement, nous avons monté les escaliers tout en recherchant la clef ouvrant la porte de notre loyer... clef que nous ne trouvions ni dans son sac ni dans nos poches ! Et de Chantal de s'écrier :

– *Oh non ! Luc... Et mon rôti qui est dans le four ! ! !*

Panique... Nous avions beau réfléchir au meilleur moyen d'entrer chez nous sans rien briser, la remise, derrière, était barrée – à cause des pompiers ! –, et, de toute façon, la porte arrière aussi... Rien à faire... Rien ? J'ai dit à Chantal :

– *Je ne vois aucune autre solution... Écarte-toi un peu...*

Je pris mon élan et, avec l'épaule, je défonçai assez facilement la porte « maudite » dont, faut-il le rappeler, la résistance avait déjà été fortement hypothéquée par l'intervention brutale des pompiers, et ça quelques jours auparavant seulement ! Plus tard dans la journée, j'ai réparé cette porte pour une deuxième fois en deux semaines, le mieux possible, avec les quelques rares outils que je possédais, en suivant scrupuleusement le même principe d'économie de bouts de chandelles et la même technique de réparation amateur que ceux utilisés par notre avare de proprio ! Cette fois-ci, oui nous avions encore « *scrappé* » notre porte mais nous, au moins, nous avions la consolation d'avoir sauvé notre rôti !

⊰⊱

**Un robineux...** c'est quelqu'un marqué par la vie, qui vit dans la rue, qui se nourrit de peu sinon quelquefois de la charité des organismes tels les soupes populaires, qui dort dans la rue dans des abris de fortune et qui doit ce nom de robineux à la « *robine* », c'est-à-dire d'alcool de mauvaise qualité dont il s'abreuve souvent par addiction et qui, en l'intoxiquant, lui permet sinon d'accepter sa condition, du moins d'en amoindrir la souffrance. Aujourd'hui, on ne dit plus robineux, on dit plutôt un sans-abri, un sans domicile fixe, ou un itinérant. Des sans-abri, des sans domicile fixe et des itinérants, il y en avait pas mal plus à Montréal qu'à Drummondville, d'où je venais. À force d'en rencontrer sur notre chemin, au centre-ville de Montréal surtout, l'étonnement et la curiosité – une certaine crainte aussi – du phénomène du début laissait place, lentement mais inexorablement, à une non moins certaine indifférence... certaine.

Personnellement, j'en étais presque rendu là, à ce dernier stade, très voisin de l'insensibilité, lorsque se produisit l'incident suivant.

Au début de l'après-midi de cette journée-là, il pleuvait un crachin désagréable et j'étais bien content d'être enfin revenu chez moi après une demi-journée de cours au Cégep du Vieux-Montréal. J'ouvris la porte de la cage fermée de l'escalier desservant les trois étages de notre bloc. Dès le seuil de celle-ci franchie, une senteur forte, que dis-je, une odeur pestilentielle, de déjections, de boissons et d'odeurs corporelles agressa mes narines.

Comme je humais mais ne voyais rien, j'avançai pour emprunter l'escalier qui commençait au fond de ce « hall » en tournant vers la droite et je le vis, le sans-abri malodorant, étalé sur les premières marches, bloquant l'accès aux étages supérieurs : c'était un itinérant d'un certain âge vêtu de guenilles que recouvrait un long froc sale et usé. Même dans cette position inconfortable, l'homme semblait avoir réussi à trouver le sommeil ! La puanteur qui se dégageait de cet individu était puissante et insupportable et, déjà, elle semblait avoir envahi et imprégné chacun des trois étages.

– *Qu'est-ce que vous faites là ?*, m'entendis-je lui dire.

– *Whaaaat ?*, me fut-il répondu de la bouche pâteuse d'un homme fatigué, qui s'avéra de plus être en état avancé d'ivresse ; il semblait fort mécontent qu'on le dérangeât dans son sommeil éthylique. Je compris que je devrais, pour bien me faire comprendre et obéir, lui parler dans un anglais le plus simple et le plus clair possible, mais soutout démontrer de la détermination, de la fermeté :

– *What are you doing there sir ?*

– *It was raining outside, the door was not locked, so I came in... now, I'm tired... I want to sleep ; leave me alone...*

Sa voix était pâteuse, il mâchouillait lentement ses mots plutôt qu'il les prononçait. Je lui servis ces paroles lourdes de menace :

– *You cannot stay here sir ; if you stay, I will call the police.*

– *If you call the police, call station 49, that's my friends...* Je compris donc que la partie était loin d'être jouée et gagnée...

– *At least sir, let me go up to my apartment.*

Il bougea son corps péniblement, libérant un espace suffisant pour que je puisse passer. J'entrai chez moi. Songeur et un peu dépité... Je devais trouver un expédient... et le trouver vite ! Je réfléchis... Oh que je réfléchissais ! Et Chantal qui reviendrait bientôt de son travail... Ça va la traumatiser... Sûr ! Que faire ? Appeler la police ? C'était une bonne idée mais je craignais qu'elle tardât à se présenter. Il me vint une deuxième idée, meilleure ? Après avoir bien pratiqué mentalement les mots en anglais correspondant à cette nouvelle « bonne » idée, je redescendis jaser avec l'itinérant toujours évaché sur les premières marches.

– *Sir, I will give you one dollar if you go away so you can eat something.*

Sa réponse, qui vint plus rapidement que prévue, me surprit :

– *You want me to go... Give me 2 dollars to take the bus and I'll go.*

– *OK, but after you'll go right away !*

– *Hum ! Hum !...*

Je pris cette dernière onomatopée pour une acceptation de mon offre. Je remontai quérir le 2$ qu'il réclamait et redescendis.

– *This is a 2$ bill... If you take it, you go now, sir, OK ? This is the deal... Do you remember ?*

– *Yeeeesss..*, fut la réponse paresseusement émise par le clochard.

À ma grande surprise, mais à mon grand contentement, il se leva lentement, avec difficulté bien sûr, prit le billet, tituba plus qu'il ne marcha pour sortir du portique, et s'en fut... nous laissant en cadeau son odeur de vomi et de merde. Tenant la porte d'entrée ouverte, je suivis ses zigzags sur le trottoir pendant quelques minutes pour m'assurer qu'il ne revenait pas. Mais non, il ne revint pas ! Une fois le clochard parti, ça puait tout autant dans le « hall » d'entrée ; je préparai donc un petit laïus puisqu'au retour de Chantal, j'aurais bien sûr à lui expliquer le pourquoi de l'odeur et comment je lui avais évité une rencontre pénible... Pour la senteur, il fallut compter deux à trois jours pour qu'elle s'estompe et disparaisse elle aussi... enfin, qu'elle disparaisse presque...

CRUD

**Un meurtre ?** Peut-être bien, oui ! C'était une chaude nuit d'été ; elle nous avait obligés à laisser nos fenêtres ouvertes malgré le bruit dérangeant des véhicules de toutes sortes qui circulaient rue Saint-Laurent, direction nord. Nous avions enfin réussi à nous endormir, ma blonde et moi, lorsque nous fûmes brusquement réveillés, par un claquement sec, suivi d'un deuxième... Nous regardâmes le cadran le l'horloge : il était 2 heures du matin. Nous nous sommes regardés, mal réveillés, incertains et indécis, croyant bien avoir entendu le bruit caractéristique et fréquent d'un pot d'échappement d'un véhicule faisant défaut circulant devant chez nous. Mais comme une clameur ne cessait de grandir à l'extérieur, nous nous levâmes et allâmes à la fenêtre pour essayer de comprendre ce qui se passait dehors... et, bien sûr, pour satisfaire notre curiosité.

Les lumières combinées des lampadaires de rue et des néons du club de danseuses épelant une à une, puis toutes ensemble, les lettres colorées des mots *Le Sextuple* éclairaient un homme gisant par terre sur l'asphalte. Des policiers se trouvaient déjà sur place, – peut-être est-ce eux qui avaient tiré ?, – et prenaient les premières dispositions pour protéger la scène de crime des curieux qui commençaient à arriver. Une sirène d'ambulance vint à son tour troubler le sommeil des résidents, s'arrêtant le temps d'embarquer le corps puis, repartant en lançant de nouveau, dans la nuit, son cri lugubre qui s'atténua au fur et à mesure qu'elle s'éloignait du lieu du crime et jusqu'à mourir lorsqu'elle fut trop loin... L'homme, lui, était-il mort ? N'était-il que blessé ? Que s'était-il passé au juste ? Un règlement de comptes ? Une simple chicane de gars ivres ? Nous ne le sûmes jamais, mais une chose est sûre, l'un des pugilistes semblait avoir été bien outillé pour attaquer l'individu couché par terre, ou pour s'en défendre.

Ma blonde et moi, commencions à la trouver plus qu'inquiétante, la proximité de ce club de danseuses nues situé de biais, presqu'en face. Enfin, nous nous recouchâmes mais, incapables de chasser les idées sombres qui nous hantaient, nous n'avons pu, cette nuit-là, par peur de faire un cauchemar, nous rendormir.

CB&O

**Un vol.** Il y avait dans la métropole montréalaise, outre des clubs de danseuses, des cinémas, des salles de spectacles et des théâtres dont celui, peu connu, des *Voyagements*, sis plus bas sur notre rue Saint-Laurent qui fut, en mars 1979, le berceau de la pièce *Broue* acclamée pendant 38 ans par près de trois millions quatre cent mille spectateurs, un record Guinness encore à ce jour... À cette époque, Ginette et moi nous y sommes presque allés voir ce phénomène naissant : malheureusement, nous nous heurtâmes à une porte fermée, verrouillée : nous n'avons pas insisté et nous n'y sommes pas retournés. Oui, nous l'avons vu cette pièce, mais beaucoup plus tard... dans un autre théâtre !

J'ai parlé de Ginette... Ce n'est pas une erreur de ma part. À la fin de son stage en juin 1978, Chantal m'annonça qu'elle s'en allait pratiquer sa profession, l'ergothérapie,dans l'ouest du Canada. Elle me quittait ! Ce fut une surprise totale, un grand choc pour moi qui n'avait rien vu venir. Je crus un instant à une mauvaise blague de la part de ma blonde, histoire de me remettre, sur le nez, en toute justice, une partie de toutes celles que j'avais pu lui faire. Bien non, c'était du sérieux, et c'était du définitif ! J'étais vraiment déçu, et si triste...

Au même moment, je compris que Chantal et Ginette s'était un peu accointées, les torieuses, pour me concocter une transition de l'une vers l'autre. Ginette me fis des avances me démontrant qu'elle était très intéressée à me fréquenter et, je l'admets, malgré une certaine tristesse, je me suis laissé surfer sur sa vague et ce, pendant plus de 25 années finalement ! Du jour au lendemain, le « p'tit coq » que j'étais avait changé d'« ergo »... Depuis quelques années déjà, Ginette louait au mois, avenue Christophe-Colomb, un logement mieux ficelé que le mien situé dans un quartier de Montréal beaucoup plus tranquille que le mien, beaucoup mieux entretenu que le mien, et beaucoup mieux fréquenté que le mien. Avec le départ de Chantal, je restais seul à assumer le loyer de l'appartement de la rue Saint-Laurent. Après quelques semaines de fréquentations, il fut question pour Ginette et moi de demeurer ensemble : donc, il fallait se délester de l'un des deux loyers. Lequel ? Le critère location au mois, donc facilité à mettre fin au bail sans pénalité, l'emporta sur toutes les autres considérations qui auraient bien entendu fait pencher la balance pour celui de l'avenue Christophe-Colomb. Ginette vint donc, avec une certaine réticence, compréhensible, me rejoindre rue Saint-Laurent où nous vécûmes jusqu'à l'incident que je peux maintenant vous raconter dans le détail.

Ce matin du 24 décembre 1978, Ginette se rendait à sa dernière demi-journée de travail avant un congé des Fêtes bien mérité. Moi, déjà en congé, je restais à la maison, tranquille, à faire un peu de ménage, à préparer mon bagage et à jouer de la guitare. Mon frère Michel, pour nous rendre service, avec sa voiture sport « pas de pneus d'hiver » – merci pour le confort, merci pour la sécurité ! –, devait venir nous chercher vers le milieu de l'après-midi pour nous amener, Ginette et moi, à Drummondville où nous devions réveillonner chez les Granger, et y passer Noël. Peu après l'heure d'ouverture, vers 9 heures, je me rendis au dépanneur situé sur la rue transversale qui se nomme Bernard, pour y acheter de quoi fumer et de quoi lire : un paquet de cigarettes *Belvedere* ou *Mark Ten* ainsi qu'un journal. Puis je revins chez moi. Je m'allumai une cigarette puis me mis à jouer de la guitare. Jouer de la guitare m'amène toujours dans un autre univers plus virtuel que réel, comme dans une transe ; j'étais depuis quelques minutes dans cet autre monde lorsque des coups frappés avec force sur la porte d'entrée me sortirent de ma rêverie. Le temps que je me relève du confort relatif des coussins posés par terre qui constituaient mon sofa, comme c'était la mode – très économique – fin des années 1970, les coups redoublèrent en nombre et en intensité. J'eus pendant le court trajet du salon vers l'huis, le temps de me rappeler l'incident des pompiers... J'accélérai le mouvement et pus ouvrir la porte avant qu'elle ne s'arrachât encore une fois de ses gonds fatigués ! Se tenaient sur le seuil de ma porte, deux policiers de la ville de Montréal, gros et grands, aux visages sévères qui, la main sur l'étui de leur revolver, me demandèrent d'un ton inquisiteur, ton qui n'admettait pas l'esquive :

– *Vous venez d'où, monsieur ?*

Comme je ne comprenais pas le sens précis de leur question, j'eus envie de leur répondre que je venais de Drummondville mais, vu leur air féroce de l'animal que vous pensez – qui n'est ni le bœuf ni le cochon –, je me retins.

– *Qu'est-ce que voulez dire ?*

– *On sait que vous êtes sorti ce matin, vous avez été où ?*

– *Je suis allé au dépanneur...*

– *Quel dépanneur ?*

– *Au dépanneur coin Bernard. Pourquoi ?*

– *Êtes-vous seul ici ?*

– *Pour l'instant, oui, ma blonde est partie travailler, je suis seul... Vous pouvez entrer pour vérifier*, répondis-je, tout en lui indiquant de la main le long corridor menant à la cuisine.

L'un des policiers, inquisiteur, avança la tête comme pour vérifier mes dires tout en serrant un peu plus fermement sa main sur son gun :

– *Qu'avez-vous été faire au dépanneur ?*

– *J'y ai acheté des cigarettes et le* Journal de Montréal, *c'est tout !*

– *Ouais!... c'est bon... Ça a l'air OK... on s'en va. Bonne journée monsieur.*

– *Avant, est-ce que je peux vous demander ce qui s'est passé ?*

– *Un vol vient d'être commis au dépanneur où vous avez été ; ce sont vos traces de pas sur la neige qui nous ont menés jusqu'ici. Allez, maintenant, on s'en va ! Bonne journée !*

Je me retrouvais seul avec une émotion forte que j'avais contenue tout au long de cette entrevue : je me suis mis à trembler ma vie ! Je venais d'ouvrir ma porte alors qu'on la bombardait de coups de poings qui auraient pu être ceux de bandits... Heureusement pour moi, ce n'était que des policiers qui avaient eu la brillante idée de ne pas tirer au moment où la porte s'ouvrait. Je vécus le reste de l'avant-midi plongé dans un troisième monde, moins sympathique celui-là : après avoir démontré, à ma grande surprise, un calme extraordinaire, et inattendu, en face des deux policiers, je me retrouvais tout d'un coup plongé dans une transe panique dont j'essayais en vain de m'extirper. Plus question de continuer de faire de la musique. Et, quelques heures plus tard, c'est dans cet état d'abattement absolu que ma blonde Ginette me retrouva à son retour. Cet événement fut pour moi, la goutte qui fit déborder le vase de ma tolérance au stress de vivre à Montréal. Désormais, je devais haïr cette ville au point de vouloir à tout prix m'en échapper et je n'aurais de cesse de trouver une échappatoire, une destination, une voie de sortie attrayante qui plairait autant à Ginette qu'à moi. Un motif se présenta dès le retour des Fêtes, qui ne furent pas mes meilleures, je tiens à le dire. En effet, avant la fin de l'hiver, nos amis Lise et Yvon nous annoncèrent qu'ils s'en retournaient bientôt en Mauricie pour y exercer leur profession respective. Cette confidence alluma en moi, qui venais de terminer mes derniers cours au Cégep du Vieux-Montréal, une petite lumière de couleur vert espérance : Ginette et moi pourrions bien faire de même ! Pourquoi pas ? Qu'est-ce qui nous retenait à Montréal ? Rien ! Nous étions tous deux originaires de deux villes de moyenne dimension, elle de Cap-de-la-Madeleine, l'une des deux villes dortoir de Trois-Rivières, avec Trois-Rivières-Ouest, et moi de Drummondville, une ville qui souffrait alors d'un fort déclin économique et ce, depuis plusieurs années déjà.

Qui prend mari prend pays, dit le proverbe bien connu... Moi, je n'étais pas fermé du tout à l'idée de faire le contraire ! Il y avait peu d'établissements hospitaliers à Drummondville, le choix ne fut donc pas compliqué ; il ne fallait donc pas trop compter sur cette localité pour permettre à Ginette de se trouver facilement un travail en ergothérapie. Par contre, en Mauricie, à Trois-Rivières notamment, se trouvaient plusieurs hôpitaux d'envergure. Nous y cherchâmes donc, chacun de notre côté, un emploi et, chanceux, nous en trouvâmes chacun un rapidement.

En fait, déjà naguère, j'avais transformé le proverbe original : « *Qui prend mari prend pays* », par « *Qui prend femme suit sa dame* », une première fois pour suivre Chantal à Montréal ; alors, pourquoi pas une deuxième fois pour Ginette, originaire de la Mauricie et qui s'est déclarée tout à fait ravie et tout enthousiaste d'y retourner ? Nous avions même trouvé un logement : on s'en irait bientôt s'installer dans un loyer aménagé dans le sous-sol de la belle-mère de la sœur de Ginette, rue Lacerte à Trois-Rivières-Ouest.

**Note : j'ai vérifié sur Goole Map : ce n'est pas sans tristesse que j'y ai découvert que les logements du 5700 rue Saint-Laurent n'existent plus... Tout se transforme...**

## Chapitre V – L'assurance-chômage (bis)

Pour moi, le grand fun noir de mon aventure montréalaise se termina au moment du « grand traumatisme policier » de cet avant-midi du 24 décembre

1978. Après ce jour-là, je n'ai vécu que pour le grand moment de notre ultime départ et définitif de la Métropole vers la région de Trois-Rivières...

À peine un mois plus tard, les quelques meubles encore valables – je nous revois jeter du haut de la passerelle de notre cour arrière, dans la ruelle, notre loque de sofa-lit usé, maculé, éculé et déchiré, – et nos quelques effets personnels étaient entassés dans le fond d'un immense camion de déménagement qui ne nous coûta absolument rien. C'était l'Assurance-chômage qui payait cette dépense dans le ca-dre d'un programme de mobilité de recherche d'emploi étudiant auquel j'étais admissible, et auquel j'avais été admis. Et, à notre grande surprise, on vint, la veil-le du déménagement, emballer et mettre en boîtes toute notre vaisselle, avec au-tant de précautions que si c'eût été des vases Ming et de la coutellerie royale...

Le lendemain matin, le déménageur nous annonça que, malgré l'immense es-pace laissé vacant dans son camion dû à la « pauvreté » de notre mobilier et le peu d'effets personnels – le logement que l'on quittait étant semi-meublé, nous n'avions pas de poêle ni de réfrigérateur à transporter – et malgré le désiste-ment de son autre client du jour, bref, pour une question d'assurances, il refu-sait de transporter notre flore en pots. Nous avons donc entassé nos plantes dans l'auto qui, tout à coup, fut transformée en une jungle inextricable ! Ginette et moi étions assis sur les sièges avant de sa « plus très jeune » Toyota Corolla bleu pâle, tous deux entourés de plantes et de fleurs potifiées ; rectification, il serait beaucoup plus exact de dire que nous étions envahis par elles. Des plan-tes et des fleurs, la malle arrière en était remplie, et il y en avait sur le siège et sur le plancher arrière. Passager, j'avais installé entre mes deux jambes une plante d'une grande fragilité que je devais empêcher de se renverser. Pour se voir l'un l'autre, il nous fallait écarter de la main plusieurs des larges feuilles du dieffenbachia qui faisaient écran entre elle, le chauffeur, et moi. Entre autres qualités et expertises qu'elle possédait, ma future femme, la future mère des trois filles qui devaient éventuellement voir le jour durant notre union qui durera 25 années, Ginette n'avait pas un, mais les deux pouces vert foncé !

Ginette et moi étions vraiment très contents de quitter Montréal la métropole et son hyperactivité bruyante incessante, l'insécurité inquiétante, son inhumanité épisodique, ainsi que ses embouteillages quotidiens, ses affiches de parking de rue indéchiffrables et ses grèves du transport en commun trop fréquentes à mon goût et tellement perturbatrices. Quelques années plus tôt, j'avais été subventionné par l'Assurance-chômage pour effectuer des recherches d'emploi à Montréal, re-cherches qui n'avaient pas abouti ; cependant, j'y avais vécu, avec deux blondes, Chantal puis Ginette et ce, pendant quelque trois années, y trouvant peu d'emplois, mais y découvrant maintes activités de loisirs plaisantes et enrichissantes à faire (Montréal était aussi une mine d'or de magasins de disques et de livres usagés, 2 passions). Aujourd'hui, la même Assurance-chômage me subventionnait pour m'emmener en Mauricie où je venais de trouver un emploi de technicien comptable dans un bureau privé du centre-ville et portant le nom de chacun des associés : *René De Cotret, St-Arnaud, Letendre, Frigon et associés*. On m'y avait engagé en raison de l'obtention de mon récent diplôme d'études collégiales et en regard de mes résultats exceptionnels en administration/finance, résultats m'ayant valu la bourse de 500$ décernée chaque année par le département « Administration » du Collège du Vieux-Montréal à l'élève le plus méritant de sa cohorte : moi !

Je voulais tellement en finir définitivement avec tous ces jobs temporaires, ces emplois d'été, ces petites « jobines » mal payées et sans avenir : mon travail saisonnier comme aide paysagiste pour quatre employeurs distincts ; celui d'homme à tout faire chez monsieur Camiré ; celui de planteur de petites et grosses quilles et de marqueur de pointage ; celui de livreur du journal *La Tribune* pour les rarissimes et espacés clients du chemin Hemming (anecdote : le directeur de ce journal pour le bureau de Drummondville était le parfait sosie du *colonel Sanders*, l'inventeur du poulet *Kentucky*... Tout comme lui, il s'habillait tout de blanc, tout comme lui, il avait une moustache blanche et un bouc blanc au menton, en plus d'en imiter, canne à la main, la posture et la démarche) ; le job de livreur de tracts publicitaires (j'en avais, paresseusement, balancé une bonne centaine de ces tracts de l'assurance *Combined* dans une mare longeant le chemin Hemming, au grand dam de mon employeur qui en eut vent et qui me le reprocha plus tard, chez moi, devant mon père, lui aussi outré) ; le job saisonnier de cueilleur de pommes ou de fraises ; celui de « faiseur » de patates frites au « rond » de course de Drummondville ; celui de déménageur de matériel scolaire pour la *Commission scolaire de Drummondville* (un peu démolisseur aussi, car les jeunes étourdis que nous étions nous amusions à jeter les chaises et les pupitres du haut des escaliers... vraiment pas fort !) ; celui d'encolleur de fibre de verre dans une usine « champignon » de motoneiges, ouverte juste le temps d'épuiser les subventions gouvernementales (je n'y aurai travaillé qu'une seule journée... de retour chez moi, j'ai enlevé ma chemise devant mes frères et sœurs présents et l'ai déposée sur la table : tout imbibée de fibre de verre, elle tint « debout » tellement elle s'était rigidifiée !) ; le job de fonctionnaire en charge, pour un été, de l'attribution des permis temporaires au *Bureau des licences* ; celui de poseur d'ensouples, de « *warpman* », durant un an, de nuit, à la *Dominion Textile* (emploi qui fut suivi d'une formation en textile chimie/teinture au

Cégep de Saint-Hyacinthe et qui me fit rechercher, en vain cependant, un emploi dans ce domaine dans la grande ville de Montréal) ; le job, qui ne dura qu'une seule journée, de préposé à l'expédition à l'usine textile *Celanese* où mon père travaillait et un autre qui n'aura duré qu'un mois : poseur d'unités d'air climatisé à l'*Hôpital Notre-Dame*, rue Sherbrooke, à Montréal ; le « presque » job de vendeur d'encyclopédies après que j'eus eu répondu à une annonce du *Journal de Montréal* et qui m'amena à vivre un week-end extraordinaire de jeux de rôles (journée après laquelle, par peur, je refusai tout sec l'offre de devenir vendeur « itinérant » à Montréal) ; le job d'été de commis aux salaires au *Cégep du Vieux-Montréal*, travail qui préaugurait celui que je décrocherais après mes études collégiales, soit celui de commis comptable chez *René de Cotret, St-Arnaud, Letendre, Frigon et associés*, une firme sise au centre-ville de Trois-Rivières, où l'on m'a si peu fait confiance. Et « par si peu », il faut entendre : presque jamais...

Je faisais une réelle « overdose » de « *cheap labor* » et de travail instable sans avenir ; en optant pour ce bureau comptable de Trois-Rivières, j'étais sûr d'avoir tourné la page et de m'être fixé pour de bon dans un emploi régulier et solide. Avec ce diplôme collégial, la bourse de 500$, et ce nouvel emploi de technicien comptable, je croyais vraiment avoir conjuré le mauvais sort... Mieux, j'étais « crinqué » ! Il s'avéra que cet emploi ne fut pour moi qu'un autre travail ingrat et pas si bien rémunéré que ça. On fut, pour une raison qu'on ne m'a jamais donnée, sans doute déçu de moi puisque, à un moment donné, et jusqu'à mon renvoi, on ne me fit plus confiance ; dans les faits, on ne me confia que très peu de travail. Sur invitation de l'associé responsable du personnel, auquel j'étais allé confier mon malaise, je passai la presque totalité de mon temps à lire des livres de la bibliothèque du bureau ; certains d'entre eux, datant de l'âge « paternaliste » de la comptabilité et de la finance, expliquaient, de long en large, gros comme le bras, comme un plus un font deux, toutes les raisons qui autorisaient les comptables associés « mâles » à se comporter en rois et maîtres absolus dans leur bureau. C'était d'un pathétique absolu ! Et c'est ce même associé qui, avant les Fêtes, négocia le salaire annuel qui serait attribué à chaque membre du personnel : cette fin d'année-là (1979), je lui ai demandé un salaire symbolique de 10,000 $... Lui, inflexible, maintint mordicus son offre à 9 500 $, à prendre ou à laisser... Je crois avoir détecté dans son regard un certain désir que je refusasse son offre et un certain plaisir anticipé de mon éventuelle démission... Plaisir que je lui refusai, et ce, aussi mordicus que lui... Bref, quoique déçu, j'acceptai, faute de plan B plus intéressant, l'offre insuffisante et insatisfaisante qu'on me faisait. Mais à tout le moins, ce job constitua-t-il un tremplin important dans ma carrière puisqu'en mars 1980, après avoir été mis au parfum par ma logeuse, qui travaillait, incidemment, au bureau de l'Assurance-chômage de Trois-Rivières, de l'existence du Centre fiscal de Shawinigan-Sud et, surtout d'un concours d'embauche ouvert au public : je posai ma candidature.

Un mois plus tard, un magnifique vendredi matin ensoleillé de mai, je me revois demander à monsieur Letendre, l'associé responsable des ressources humaines, assis dans son auto stationnée devant la porte d'entrée de l'immeuble où se trouvait notre place d'affaires, fin-prêt à partir pour La Tuque avec deux commis du bureau, la permission de me rendre en après-midi au Centre fiscal pour y passer les examens. Comme il était pressé par le temps, il ne put qu'acquiescer sans discuter à ma demande. Juste à voir comment il m'a regardé en remontant sa vitre d'auto, je savais que mes jours étaient dorénavant comptés chez cet employeur. En fait, aurait-il refusé, que j'y serais tout de même allé... C'est donc sans réelle surprise aucune que, le lundi matin suivant, je fus convoqué dans l'immense bureau du grand patron monsieur René de Cotret qui, assisté de l'autre associé senior, monsieur St-Arnaud, me fit part de mon congédiement à effet immédiat ; il précisa tout de même que je recevrais deux semaines de salaire en compensation de l'absence de préavis légal. Il n'y eut pas de poignées de mains, seulement un silence et des regards indifférents. Je ramassai mes affaires, saluai et remerciai mes collègues, eux comme moi sous le choc, et quittai le bureau non sans ressentir un léger pincement au cœur... Quand mon aînée, Émilie, vint au monde, le 8 mars 1980, j'étais donc redevenu prestataire de l'Assurance-chômage et n'avais aucun moyen d'estimer correctement mes chances d'accéder un jour à la fonction publique fédérale. Par prudence, je me mis donc à la recherche d'un emploi... au cas où ! Recherches qui demeurèrent infructueuses et qui me valurent un été beaucoup moins joyeux que je l'aurais voulu. J'en étais rendu à prier que le dicton qui affirme : « *Tout vient à point à qui sait attendre...* », fut véridique... J'attendis et je priai... Début novembre, j'eus le bonheur de recevoir – enfin ! – cette fameuse lettre m'invitant à me présenter, le matin du 24 novembre 1980, au Centre fiscal de Shawinigan-Sud ; ce jour-là, je suis devenu fonctionnaire fédéral, employé de l'Agence du revenu du Canada ; j'y suis resté, chez cet employeur, pendant un peu plus de 30 ans soit, en fait, jusqu'à ce que je prenne ma retraite le 21 décembre 2010 à l'âge de 58 ans ! Chez ce dernier employeur, j'y vivrai du bon et du moins bon... mais tellement plus de bon que de moins bon !

Mais cela, c'est une tout autre histoire, histoire que je vous conterai peut-être une autre fois...

**FIN**

# Un dessert à l'étude ? Non, « aux études » !

Oui, j'ai fait mon collégial, beaucoup à Drummondville, un peu à Saint-Hyacinthe, et l'ai enfin terminé à Montréal... Comment vous dire... de 18 à 25 ans j'étais bien mê-lé dans ma tête. Laissez-moi vous expliquer mon tortueux cheminement d'étudiant.

**Automne 1970.** J'étais admis au programme général du tout nouveau Cégep Bourgchemin, campus de Drummondville, dont l'« immeuble » principal était cons-titué d'un agglomérat de « roulottes » préfabriquées installées à la hâte tout près de l'école secondaire Saint-Frédéric. Il y avait aussi quelques immeubles satelli-tes ailleurs : l'école Mayrand, le Centre culturel, l'École de musique, etc.

Les étudiants du niveau collégial étant exclus du service d'autobus scolaire, chaque jour de cours, beau temps, mauvais temps, il me fallait marcher de mon domicile du chemin Hemming vers l'un de ces immeubles et, quelquefois durant la journée, marcher encore vers un autre pour suivre un cours d'éducation physique ou de musique. Tous ces va-et-vient me déplaisaient royalement. Dans l'une des roulottes de l'immeuble principal, une table de ping-pong attira rapidement et irrésistible-ment mon attention et devint vite ma principale activité académique. Je consacrais tellement de temps et d'efforts à ce divertissement que j'arrivai à battre, avec le temps et de temps en temps, le joueur émérite qu'était le fils du représentant Mol-son pour la ville de Drummondville, Yves Lauzon. Bref, vous comprenez que j'avais commencé à perdre tout intérêt pour les études. Comme il y avait aussi une table i-doine à l'école Mayrand où je suivais un cours de français, cette dernière matière en souffrit beaucoup ; c'était pourtant une matière que j'aimais bien et pour laquelle j'avais toujours eu de bonnes notes. À la fin de la session, pour justifier la note d'é-chec qu'il m'attribuait, le professeur de « Roman français » me confia, non sans une pointe d'ironie triomphale : « *Vous savez monsieur Granger, je n'accorde pas de points aux étudiants qui préfèrent jouer au ping-pong plutôt que d'assister à mes cours.* »

Peu à peu, j'avais perdu toute motivation dans cette orientation, il me fallut donc faire un choix : quitter l'école ou réorienter mes études. Comme je jouais déjà de la guitare, il me semblait que l'option musique serait un choix plus naturel... plus intéressant en tout cas que la concentration dite « générale » qui elle ne mène qu'à l'université, donc éventuellement à un exode vers une grande ville : Québec, Montréal, au mieux Sherbrooke, exode qui me faisait bien peur, je l'avoue.

**Hiver 1971 et automne 1972.** Je devins donc étudiant en musique. Comme instru-ment secondaire, je choisis le piano ; pour pratiquer cet instrument, il me fallait me rendre tôt, très tôt, à l'école de musique, seul endroit où l'on mettait un certain nombre de ces instruments à la disposition des étudiants. Jamais, pas une seule fois, je n'ai réussi à m'accaparer de l'un de ces pianos : fut-ce à 8 heures, à 7 heures, ou même à 6 heures, quand j'arrivais au local, tous les pianos étaient déjà occupés par l'un ou l'autre des étudiants qui avaient la chance, eux, de demeurer... dans l'immeuble situé juste à côté de l'école de musique ! Là, plusieurs étudiants surdoués avaient établi ce qu'on appelait à cette époque hippie une commune. J'ai été invité un soir à un party qui s'y tenait... J'ai pu y admirer plein de mes confrères et consœurs qui exécutèrent plusieurs prestations musicales, en solo, en duo et en groupes. Il s'y trouvait, en autres virtuoses, Marcel Benoît, mon professeur de guitare, qui fit partie plusieurs années plus tard du groupe folklorique *L'Ensemble Claude Gervaise*, groupe dans lequel il jouait du luth avec une longue plume d'oie. Marcel avait comme élève son propre jeune frère, Jean-Marie, guitariste lui aussi, qui déjà performait avec aplomb dans des bands de musiques de danse locaux et que je reverrai quelques années plus tard, sur scène ou à la télé, accompagnant brillamment les chanteurs et chanteuses de l'heure au Québec. Oui, j'ai fréquenté des musiciens de classe élite : outre les deux déjà mentionnés, il y avait Jean Vanasse qui se fraiera un chemin honorable comme percussionniste et comme compositeur. S'y trouvaient aussi des pianistes de concert, d'excellents chanteurs et chanteuses, des professeurs musiciens attitrés de l'Orchestre symphonique de Montréal...

Autant de grands et petits génies qui gagnaient déjà ou qui gagneront bien leur vie avec leur art. Après la fête, aucun doute ne subsista dans mon esprit embrumé par un peu de marijuana : je dus reconnaître que je n'avais aucune chance de rivaliser ni avec la proximité de l'école de ces musiciens « *communisants* », ni, surtout, avec leur grand talent, leur expérience et leur détermination... Après cette soirée, je m'en retournai chez moi... émerveillé, mais piteux, découragé... À la fin de la session en cours, je délaissai ces études-là et cherchai un emploi. En 1973, je fus engagé comme journalier, de « nuit », à l'usine Dominion Textile ; j'y ai bossé un an, à changer des ensouples pleines pour des ensouples vides.

Je ne retournerai au cégep qu'à l'**automne 1975,** au collège Bourgchemin encore, mais au campus de Saint-Hyacinthe cette fois-ci... en textile chimie-teinture, qui est une orientation académique aux antipodes de la musique. Au printemps de 1974, le « *shift* » de nuit ferma, je perdis donc mon emploi à la Dominion Textile, où j'avais vécu, pendant l'année 1973, un certain plaisir monétaire – outre mon salaire de base, j'avais droit à une prime de nuit, une prime de vie chère, plus un bonus substantiel à la production. En tout cas, assez pour me faire oublier, un instant, toutes mes ambitions scolaires. Suivit en 1974, un grand bonheur « chômé » que je vécus en compagnie de ma blonde Chantal Cloutier, ...Tout cet été-là ne fut qu'une succession de plaisirs et de fêtes, financés par nulle autre que la Reine d'Angleterre !

À cette époque, le textile était un domaine d'emplois en forte récession mais on, l'Assurance-chômage, continuait d'envoyer des gens étudier dans cette branche pourtant bancale. Allez donc savoir pourquoi ! J'y resterai dans ce domaine en voie de disparition un an complet, soit trois sessions intensives composées exclusivement de matières « textiles », si vous me permettez le jeu de mot. J'ai conté ailleurs dans ce livre comment, à la fin de ce cours, l'Assurance-chômage avait subventionné mes infructueuses recherches d'emploi montréalaises dans ce domaine, je n'y reviendrai donc pas ici. Le résultat ? Je me retrouvais sans emploi encore une fois. On était en 1976, j'avais 24 ans : il me fallait faire quelque chose et vite !

Je demeurais alors à Montréal et je rêvais toujours d'un job régulier et rémunérateur. Après avoir butiné d'un emploi à faible salaire et sans avenir à un autre, je pensai bien faire en m'inscrivant, à **l'automne 1977**, en Administration - option finance au Cégep du Vieux-Montréal. J'espérais ainsi sonner une fois pour toute la fin de la récréation : je voulais pouvoir gagner ma vie ! Pour vous prouver ma détermination : à la fin de ce cours d'administration, à **l'hiver 1979**, je me suis mérité une bourse de 500 $ que le département finance de l'école remettait chaque année à un finissant qui avait cumulé les meilleures notes durant tout le programme – ma dernière récompense scolaire datait du primaire (3$^e$ année ?) –, et c'était un livre d'aventures enfantines, à moi remis par nul autre que le très vénérable inspecteur des écoles publiques, Hégésippe A. Tremblay, avec dédicace, s'il-vous-plaît !)

Puisque j'étais bon élève, on m'a octroyé un job d'été, deux étés de suite, au Cégep de Montréal même et, à la fin, **l'été 1979**, je décrochai un travail d'aide-comptable dans un bureau de Trois-Rivières. Finalement, un an plus tard, j'eus la chance de dégoter l'emploi « rêvé » : une carrière dans laquelle j'aurais les deux mains plongées, tout d'abord dans l'impôt puis, au fil des opportunités qui se présentèrent à moi, en communication. En effet, en **novembre 1980**, j'entrais au Centre fiscal de Shawinigan-Sud comme commis aux redressements fiscaux, pour n'en ressortir que 30 ans plus tard. Tout de même, ce nouveau travail ne me procurait qu'un bonheur mitigé : il me semblait que je venais d'être condamné à une sorte de travaux forcés où s'entremêleraient soumission, routine et ennui. Adieu pour toujours liberté et fantaisie. Je confiai mon malaise à mon père. Pour m'encourager, il dit : « *Moi, quand je suis à l'usine, je suis un prisonnier qui obéit aux ordres des patrons ; mais chez moi, je suis libre de faire ce que je veux. Prisonnier 8 heures, libre 16 heures... C'est pas si mal, non ?* » J'opinai. J'aurai donc fait 30 ans de « *prison* », un tiers de journée à la fois... sans compter que ma peine fut, pour la moitié de tout mon temps à faire au Centre fiscal, réduite à produire énormément de projets de communication et de formation qui mirent du baume à mon « incarcération ». J'ai bien gagné ma vie et, en bonus, j'ai pu faire de la musique en masse... Oh yeah !     **FIN**

# 10

L'Hôtel-Motel 400 à Drummondville ; la discothèque se trouvait au sous-sol (via l'entrée principale, à gauche). Image : Carte postale (1967)

Photo : (1972) origine inconnue

**« *C'est vendredi qui m'obsède !* »**

(Je suis là tremblant d'espoir...)

(Les Hou-lops)

1968-19XX. Les vendredis soir, *Le p'tit Cabaret* devenait, pour les mineurs, *Le Mini-Cabaret* : des orchestres y jouaient « live » les airs à la mode pour les jeunes ados en quête de sensations nouvelles... Sur la photo : deux membres des Holidays.

### Chapitre I – Les vendredis des autres

Les jeunes de la fin des années 1960 et du début des années 1970 suivaient la mode édictée par les Beatles, les Rolling Stones, puis par tous les groupes hippies qui leur ont succédé : jeans et vêtements colorés, cheveux et barbes longs et souvent hirsutes. Les « vieux », nos parents, associaient chaque membre de cette génération, toute poilue et haute en couleurs, à l'homme de Néandertal ; ils pensaient sérieusement, en ironisant et en condamnant notre génération, que l'évolution de la civilisation occidentale se terminait, dans les faits, avec la leur... Pourtant, à nos yeux critiques, notre génération qui ne se voulait qu'« amour et paix » contrastait fortement, positivement donc à notre point de vue, avec la leur qui n'avait été que « haine et guerre ». « *Vous, les parents et les grands-parents qui nous regardez de travers et de haut,* leur rappelions-nous, *vous avez fait deux guerres mondiales plus celles de la Corée et du Vietnam...* » Un bilan très peu honorable à nos yeux... Qui plus est, nous, les jeunes adolescents mâles en début de puberté et en âge dé-

231

sormais de procréer de la fin des années 1960, à l'ère des communes, de l'amour libre et du « *Faites l'amour, pas la guerre* », n'étions pour bien des aînés que des bêtes assoiffées et insatiables de sexe. Fort inquiets, nos parents, les miens aussi, ne se faisaient pas prier pour nous prodiguer des conseils qu'ils voulaient avisés et bien sentis... même s'il fallait toutefois décoder le message :

*— Les petits gars, avec les filles, pensez aux conséquences de vos actes <u>avant</u> de les commettre, car <u>après</u> il sera trop tard ! Il vaut mieux prévenir que guérir !*

Les descendants de l'homme des cavernes que nous étions, malgré tout, avions hérité d'un atavisme tenace : celui de nous tenir en gang ! Très tôt, à 15 ou 16 ans, dans ce nouvel apprentissage de la vie pré-adulte, il nous fallait faire comme les adultes. En fait, bien qu'on rejetât, en bloc presque, leur mode de pensée et leur façon de vivre, on adoptait volontiers certains de leurs comportements, ceux qui nous plaisaient ou qui faisaient notre affaire : fumer et boire, notamment, étaient alors des attributs acceptables de virilité. Je me souviens des vêtements qu'il fallait à tout prix acheter pour se considérer à la mode et se démarquer de la tenue vestimentaire des aînés : chandails à col roulé de couleur voyante ou chemises à motifs bizarres, bigarrés, pantalons super collants à pattes d'éléphant. Sans oublier les bottillons à talon haut dit « Patof » parce qu'ils ressemblaient à ce que chaussait le populaire clown Patof interprété par le comédien Jacques Desrosiers, personnage que l'on voyait régulièrement à Télé-Métropole. Et, effectivement, avec le recul, on avait un peu l'air de clowns dans nos « déguisements » trop serrés et si flamboyants des années 1970. Flamboyant saint *Sergent Pepper Lonely Hearts Club Band*, priez pour nous !

Étrangement, un certain temps, je portai un poncho sur les épaules et je me chaussai de bottes de cow-boy, bottes qui m'avaient été données... Tout cela me donnait un petit air mexicain même si je ne portais pas le sombrero ni n'avais le teint basané... Par malheur, malgré la pâleur de ma peau, mes compagnons ont commencé à se moquer en m'appelant Pancho Villa du nom d'un célèbre bandit mexicain du début du XX$^e$ siècle... Pancho par-ci, Pancho par-là... Rapidement, j'en eus assez et plein les basquets de faire les frais des sarcasmes de mon entourage ; je troquai donc tout cet attirail exotique pour des vêtements beaucoup plus conventionnels : non, je n'aimais vraiment pas être la cible des rieurs et des moqueurs. N'ayant plus de motifs, ils se turent... D'autre part, en ce qui me concerne, fumer était déjà un « fait accompli » et ce, depuis le tout début de mon adolescence ; je n'étais pas une exception, c'était chose encore courante dans les années 1960 et 1970 que de rencontrer de jeunes ados qui aspiraient la boucane de leurs clopes ou de celles des autres. À partir de 16 ans, nous voulions aussi boire autre chose que des liqueurs douces ! En effet, nous en avions un peu marre des verres de *Kool-Aid*, des bouteilles de *Pepsi*, de *Coke* (*Coca Cola*), de *Kik Cola*, ou de *Lucky One*, des orangeades *Fanta* ou *Nesbitt's*, du « *cream soda* » *Snow White*, des sodas citronnés *Canada Dry, Teem, Seven-Up, John Collins* ou *Mountain Dew*, et même de la « *root beer* ». Du jour au lendemain, on réclamait le droit de boire de la bière, de la vraie bière d'homme, en bouteilles ou en fût : de la *Carling*, de la *Molson Laurentide* ou *Canadian*, de la *Dow*, de la *O'Keefe*, ou de la *Labatt 50*, cette bière dont Olivier Guimond fils, dit Ti-Zoune, scandait régulièrement les mérites dans un commercial à la télé, avec son humour et son enthousiasme bien personnels, le pouce en l'air : « *La 50, y a rien qui la batte !* » Mais, au Québec, ne buvait pas d'alcool qui voulait dans un endroit public ! Avant le 1er janvier 1972, l'homme des tavernes québécois de cette époque devait avoir atteint l'âge de la majorité, soit 21 ans, pour avoir l'autorisation légale de fréquenter les débits de boissons alcooliques et, aussi incidemment, celui d'aller voter ou celui d'aller voir, dans les cinémas, des films cotés xxx, c'est-à-dire réservés aux adultes.

❈

En 1968, mes amis et moi, étions membres de la gang des « *Chemises vertes* », gang qui fut fondée autant pour être à la mode du temps que pour faire les durs, les « *toughs* » ; nous roulions à bicyclette, nous nous donnions des airs de « bikers »... alors que nous n'étions que des motards de pacotille ! C'est dans cette gang que je je fus accepté après avoir été assez longtemps tout juste « toléré ». Les consommations alcoolisées que nous prenions nous faisaient nous sentir plus pleinement des hommes, augmentaient notre capacité à nous amuser, et aussi, mais surtout, en tout cas pour moi, amoindrissaient mais sans l'inhiber totalement, ma gêne naturelle et paralysante vis-à vis de la gent féminine. J'étais le « suiveux » des Chemises vertes : non, je n'aimais pas tellement nos randonnées de « mauvais coups », somme toute assez anodins et sans gravité, mais j'appréciais au plus haut point nos fréquentations assidues, soit tous les vendredis soir, du *Mini-Cabaret*, établissement dansant dont il sera question plus loin.

Mais, parlons tout d'abord de ma timidité envers les filles...

Il n'y avait pas d'éducation sexuelle dans les écoles que j'ai fréquentées dans la deuxième moitié de la décennie 1950 et dans la première moitié de la décennie 1960 : l'école primaire Garceau était gérée par des sœurs religieuses, les écoles secondaires Saint-Charles et Saint-Frédéric, par des frères religieux ; ni les uns ni les autres ne se préoccupaient de renseigner leurs étudiants sur cet aspect de la nature humaine occulté, il faut dire, par leur vœu de chasteté. La religion nous enseignait que le sexe était sale... point ! (Au primaire, il fallait prononcer prudemment la lettre Q « ke » et non pas « ku » ; on voulait ainsi préserver nos oreilles et nos têtes de toute association indécente.) Non, on ne parlait pas de « ku » à l'école !

À leur décharge, le programme du ministère de l'éducation était assez muet sur le sujet. Malgré qu'on arrivât à la fin de la période du Québec appelée la « *Grande Noirceur* », sous le règne trop long de Maurice Duplessis venant tout juste de « passer l'arme à gauche » – pas mal, ça, pour un dirigeant de droite –, nos professeurs masculins et féminins en longues robes nous enseignaient encore que la seule pensée de certaines parties intimes du corps humain constituait un péché d'impureté qu'il fallait réprimer sinon confesser au prêtre, dans les détails et ce, dès que possible. Enfant, on nous enjoignait même de dormir les deux mains au-dessus des « couvertures » afin d'éviter les involontaires touchers impurs sur soi-même. Il y avait là, nous disait-on, dans ce péché dit « capital », de la graine (sic) de péché mortel. Même si nous n'avions alors qu'une dizaine d'années, on nous sermonnait régulièrement qu'une place en enfer était réservée aux impurs et aux pervers ! Oui, le sexe était laid, malsain et répréhensible, point final. Ce « mal » que le sacerdoce de ces éducateurs d'âmes leur refusait en vertu d'un vœu absolu de chasteté, certains l'ont caché difficilement sous l'épaisseur de leur robe blanche, brune ou noire, du moins si l'on en croit les histoires d'horreur dévoilées au public plusieurs années plus tard. Mais alors, ce qui leur était refusé, l'amour physique, ils le défendaient bien sûr aussi à toutes leurs ouailles, grandes et petites.

Comment émerge-t-on de l'enfance, période innocente et heureuse car sans tracas sexuels, sans désirs amoureux, pour se retrouver de plain-pied dans la tourmente d'un monde cent, mille, un million de fois plus complexe et troublant : celui de l'adolescence ? Ce dernier mot à l'air anodin donne une faible idée de ce que fut mon apprentissage de la gent féminine. Autant les filles furent pour moi mystérieuses et complexes, autant je fus mystifié et complexé ! Où et comment trouver l'amour, le vrai amour dans les nombreux et trop rapides changements physiques et psychologiques qui troublaient le jeune garçon prépubère que je devenais à l'aube de mes 13-14 ans ? Mais, en fait, qu'est-ce que l'amour ? Que savais-je, moi, de l'amour ? Et que peut signifier avoir un coup de foudre pour quelqu'un, être ou « tomber » en amour, pour le jeune homme mal dégrossi et mal informé que j'étais et qui était, quelque temps auparavant encore, si confortable dans son enfance sécurisante et réconfortante ? Et surtout, comment concilier la sexualité avec le romantisme ? En tout cas, j'avoue que de tout ça, moi, je ne savais pas grand-chose ! Si j'ai eu de la difficulté à répondre précisément à toutes ces questions, c'est peut-être parce que le processus relié à la puberté a été pour moi trop subit et trop intense. Je me souviens très bien que j'aimais mon père et ma mère ainsi que mes frères et sœurs, comme m'y obligeaient les commandements de la religion catholique. Cet amour-là ne me semblait pas difficile à pratiquer, il me paraissait même naturel d'aimer les membres de ma famille, même si quelquefois mes parents me réprimandaient et me punissaient, et même si parfois, entre frères et sœurs, on se chamaillait pour tout ou pour rien... en fait, pour rien la plupart du temps. Cet amour-là, je le pratiquais depuis ma naissance. C'était facile... Mais l'autre amour, celui d'une fille « étrangère », m'était, justement, totalement étranger. Il demeurait un grand mystère, lointain et brumeux, magnifié – ou dégradé – par les romans et le cinéma !

Je me souviens très bien d'une certaine curiosité qui me faisait rechercher dans le dictionnaire le *Grand Larousse illustré* en deux volumes que nous avions à la maison, la définition de certains mots reliés à la sexualité ; cela me permettait d'atteindre deux buts : un, de connaître ce qui se passait réellement dans mon corps, dans celui des femmes aussi, et deux, d'avoir l'air moins niaiseux lorsque des copains parlaient de sexualité, trop souvent à tort et à travers. Par exemple, j'avais entendu quelqu'un d'entre eux affirmer que les enfants venaient au monde par le minuscule nombril des femmes ; cela me semblait une assertion un peu forcée. Je préférais faire quelques vérifications avant d'intervenir dans la conversation, intervention que je ne faisais jamais de toute façon, non par pudeur, mais par gêne extrême de parler de ces choses-là à qui que ce soit. On trouvait chez nous quelques exemplaires de la revue *National Geographic* dont un numéro entier était consacré à la Grèce antique, ses temples et ses œuvres d'art ; les illustrations de dieux grecs mais surtout de déesses grecques, souvent dénudées, donnaient une bonne idée de ce qu'était l'anatomie féminine au jeune prépubère curieux que j'étais. Il y avait aussi les catalogues *Eaton* et *Sears* qui montraient des femmes en brassières ou en costume de bain. Voilà comment on savait... le peu qu'on savait ! L'ironie, c'est qu'on devait régulièrement confesser des péchés d'impureté pour cela ! Il y avait aussi les photos-romans qui traînaient ici et là dans la maison, pour la raison très simple que Lorraine, ma maman à moi, était romantique et sentimentale ; les lire lui permettait, sans doute, de s'évader un peu de son austère, routinière, très terre à terre, donc très plate réalité quotidienne. Dans ces romans illustrés – dans les films, c'était pareil –, fort pudiques au demeurant, il n'était question que de séduction entre deux beaux « gosses », homme et femme toujours, qui, après avoir résolu quelques difficultés devant pimenter l'histoire d'amour, finissaient immanquablement par se donner un baiser... Un seul baiser pudique. Le mot *FIN* suivait immédiatement. Le nu et la langue pénétrant dans la bouche du partenaire n'apparaîtront dans les revues et à l'écran de télé que vers la fin des années 1960... Mais, tout jeunes, on ne rencontrait pas beaucoup de ces « femmes en or ». La suite logique aux baisers, pudiques et fugaces, que se donnaient ces gens, l'acte de chair, il fallait l'imaginer en fonction des quelques notions de la vie de couple qui nous étaient, dans l'ensemble, mystérieuses...

Bref, sur papier, j'étais tout de même assez bien informé... il ne me manquait que la pratique... J'écoutais donc, avec grand intérêt, Marcel Grondin raconter chacune de ses péripéties « amoureuses » de ses vendredis soir. Car Marcel, un voisin et compagnon de classe à moi, était un adolescent de mon âge, mais à défaut d'être un sexologue, il était mille fois plus émancipé que je ne l'étais. Déjà, vers l'âge de quatorze ou quinze ans, il fréquentait les clubs locaux où se produisaient les week-ends les groupes musicaux en vogue et les vedettes québécoises de l'heu-re : l'un de ces endroits dans la région drummondvilloise était la salle *La Flèche d'or* située à Saint-Cyrille-de-Wendover. Prendre l'autobus scolaire le lundi matin et s'asseoir dans les bancs arrière équivalait à écouter un téléroman radio-pho-nique : Marcel y contait, à l'envi – j'ajouterais pour moi : « à l'envie » –, les aven-tures rocambolesques, jamais inintéressantes, de groupes d'adolescents qui se confrontaient, qui se provoquaient, qui se toisaient, qui se colletaillaient, qui se battaient même, pour une raison aussi simple que stupide : celle de démontrer qui d'entre les groupes en présence et en opposition étaient les plus forts. C'était donc les gros bras de Notre-Dame-du-Bon-Conseil contre les fortes têtes de Saint-Charles-de-Drummondville, ou les « habitants » de Saint-Cyrille-de-Wendover con-tre les « têtes enflées », les snobs de Drummondville, etc. Ce qui ressortait de ce que nous contait Marcel, c'est que, la boisson aidant, aucun vendredi soir n'était vraiment complet sans qu'une bonne bataille l'ait clos. Ironiquement, dans ses histoires, l'artiste ou le groupe vedette qu'ils étaient allés voir n'avait aucune importance et n'était mentionné dans le récit final qu'à titre informatif. L'autre aspect des récits de Marcel, c'était la présence d'adolescentes dans ces rencontres du week-end. Ce que les garçons faisaient avec ces filles, plus « *open* » et plus dé-lurées que celles que je connaissais, manquait pour moi de romantisme : les ima-ges que je me faisais à partir des détails fournis par notre « capitaine Bonhom-me » du lundi matin, heurtaient ma vision plus « conte de fée à l'eau de rose » des relations que je croyais plus normales entre gars et filles.

Quand même, à côté de ces aventures, de ces péripéties, tout ce que j'avais pu faire durant ma fin de semaine, m'apparaissait tout d'un coup banal, insignifiant et « *petit-bébé* ». Les propos de Marcel m'indisposaient, me troublaient au plus au point... mais j'étais quand même fort impressionné, un tantinet scandalisé...

mais, je l'avoue, je le répète volontiers, un peu envieux malgré tout... C'est dire à quel point, à cet âge, je manquais de « pratique » avec les filles. Pour moi, qui n'émergeais que très lentement de l'âge prépubère, ce seul fait d'être entouré de gars dans mes classes et ce, année après année, avait constitué une barrière de sécurité rassurante. Les seules filles que je connaissais vraiment bien étaient ma mère, mes sœurs, un peu mes cousines, un peu mes voisines, mais déjà dans les deux derniers cas s'installait en moi une certaine gêne liée à certaines choses que j'étais encore incapable de bien nommer, et de bien gérer : la puberté, la sexualité, le flirt, l'amour physique, le coup de foudre, le « vrai » amour, le grand amour... Ça faisait beaucoup pour le petit gars « mêlé dans sa tête » que j'étais. Je veux être clair : les filles m'intimidaient, me faisaient peur, et leur parler d'amour me terrorisait, me tétanisait, me paralysait, littéralement ! Voilà, c'est dit !

## Chapitre II – Les vendredis du *Cabaret*

Malgré cette frousse de la gent féminine, j'avais commencé à fréquenter, les vendredis soirs, en compagnie de ma gang, une petite salle de danse destinée aux mineurs (15-20 ans) qui s'appelait le *Mini-Cabaret* ; les samedis soir, pour les personnes majeures (21 ans et +), il reprenait son vrai nom : *Le P'tit Cabaret*. Cette salle de danse, située dans le quartier St-Jean-Baptiste de Drummondville, accueillait tout un éventail de cette gent féminine énigmatique et apeurante pour moi, qui semblait fort intéressée, me semblait-il, à y rencontrer leur prince Charmant et à l'attirer dans son filet. Dans ce lieu enfumé et bruyant, les filles étaient plus romantiques que les jeunes garçons qui, eux, ne semblaient carburer qu'aux hormones, rêvant d'un « autre » genre d'amour, plus physique celui-là. On y entendait dans ce lieu un orchestre, pas toujours le même, interpréter « *live* » les hits du moment, du moins ceux qui faisaient danser. Et ça dansait fort... Les filles, ensemble, surtout ! Sur ce plan-là, nous les garçons étions un peu paresseux : on préférait, souvent, juste écouter la musique ! Mais, en réalité, les mâles attendaient les « occasions » de rapprochement... occasions qui se présentaient périodiquement durant la soirée. Car, pour clore chacun de leur set musical, il était de mise pour les groupes qui animaient les soirées, de jouer un « *paul jones* », c'est-à-dire une musique rythmée qui amenait les jeunes filles à tourner en un large cercle autour des jeunes hommes qui, toujours aussi flemmards, restaient, eux, immobiles. Ces derniers attendaient que la musique s'arrêtât pour choisir les 5 ou 6 « chanceuses » – car il y avait 5 ou 6 slows au moins par « *paul jones* » – qui auraient cette occasion extraordinaire de danser un slow collé, un « *plain* », langoureux, un slow cochon (doublement !) avec un gars « acnéen », suant sa vie, puant de la bouche par manque d'hygiène et par abus de boisson et de cigarettes, et qui était gêné au point d'en être gênant... Je parle de moi, bien sûr : tel que je me voyais, j'étais Serge avant Serge dans le film *Cruising bar*... Boutonneux, timide, maladroit...

L'orchestre nous offrait 2 ou 3 « *paul jones* » par soirée ! On peut questionner, voire critiquer la paresse masculine ou le machisme de la chose, mais c'est ainsi que la tradition du *Mini-Cabaret* le stipulait depuis bien avant qu'on le fréquentât, et je ne connaissais aucun garçon de cette époque, ni même aucune fille non plus, qui eussent désiré qu'il en fût différemment. C'était trois fois 5 à 6 occasions en or pour un jeune garçon « pogné » comme je l'étais de faire la rencontre inopinée d'une quinzaine de jeunes filles. De faire leur connaissance... enfin, c'est beaucoup dire. On osait danser collés l'un à l'autre comme si l'on se connaissait depuis assez longtemps pour se permettre cette promiscuité. On avait chaud, on avait l'haleine puante de bière et de cigarettes, l'étreinte était moite et sensuelle et, comme je ne savais pas quoi dire aux jeunes filles, parce que je n'osais pas dire ce que je pensais... je me taisais. Je savourais le moment ... En tout cas, pour moi, émoustillé mais coincé par la timidité, c'est ainsi que ça se passait, toujours.

Insidieusement, et après avoir mentionné que le *Mini-Cabaret* n'offrait pas de boissons alcoolisées aux clients, j'ai tout de même glissé le mot « bière » dans une phrase du paragraphe précédent. Je veux m'en expliquer maintenant. On était trop jeunes pour fréquenter les tavernes, mais à défaut de pouvoir nous y rendre pour ingurgiter suffisamment de potion magique qui « déniaise » et qui « dégêne », nous usions du subterfuge suivant : notre copain René Laterreur, dont le domicile se trouvait tout près du « cabaret », avait l'usage exclusif d'une pièce au sous-sol dont il semblait être le maître absolu et où, donc, n'y accédait que les gens qu'il voulait. Même sa propre mère, précisait notre ami, n'y entrait que sur sa permission ! Toute la boisson qu'on avait réussi à acheter à l'épicerie et à la Commission des liqueurs, l'ex-Société des alcools, avec ou sans l'aide d'un client majeur compatissant et coopératif ou grâce à une fausse carte présentée au commis, entrait par la fenêtre du sous-sol donnant dans le local de René. Moi, le vin « *cheap* » que me permettaient de boire mes pauvres moyens financiers, était le *Saint-Georges* ou le *999* ; mais j'aimais bien aussi boire de la bière dans laquelle j'ajoutais du *Triple Sec*, à saveur d'orange. Ça saoulait sans trop gâter l'haleine... Une fois toute cette potion en bouteilles déposée sur le plancher du sous-sol, nous allions frapper à la porte d'entrée. Une fois notre arrivée annoncée par sa mère, notre chum venait nous recevoir, puis clamait d'un ton ferme qui rappelait à sa « môman » l'interdit absolu d'accès à son local :

– *M'man, mes amis et moi, on s'en va en bas au sous-sol !*

Quand tout avait été bu, on sortait les caisses de bières et les autres bouteilles vides par le même carreau qui les avait vus entrer. C'est alors que nous, les petits gars, étions dans le « *mood* » voulu pour aller rencontrer – j'allais écrire affronter – les filles de notre âge qui, elles, avaient depuis une heure déjà, envahi le Mini-Cabaret. Maintenant que nous avions bu en masse, nous étions fin-prêts ! En fait, à notre entrée dans la salle de danse, la soirée était déjà bien entamée ; nous nous installions à une table laissée vacante malgré une salle archicomble. En attendant le premier « *paul jones* », nous devisions sur la qualité de l'orchestre et de son interprétation des chansons pop et rock-pop en vogue tout en jetant un regard circulaire curieux autour de la salle, à la recherche de la fille qui nous plairait le plus. Ah ! Mais voilà que l'orchestre annonce finalement ce premier *paul jones* tant attendu : pour nous, les garçons, c'était le signal convenu pour nous lever et mettre à exécution nos plans de conquête féminine. Juste avant l'arrêt de la musique rapide qui annonçait un « *plain collé* », comme on disait alors, on rêvait d'avoir de la chance et on savait que les filles qui tournaient dans le grand cercle pensaient la même chose. Confidence : il arrivait que les garçons se tassassent ou se bousculassent même un peu, dans leur tentative d'anticiper la fin du « bout vite » de la musique, histoire d'accueillir la fille d'à côté, celle lui faisant face ne lui plaisant pas. Ainsi, toute la soirée, il se « volait », par le simple fait d'un savant jeu de pieds et de coudes, des filles « intéressantes » que les « volés » eussent pourtant bien aimé avoir comme cavalières ; tous ceux, s'estimant lésés, se promettaient bien sûr de prendre leur revanche à la première occasion qui se présenterait.

Quand on revenait s'asseoir à notre table de gars après chacun des cinq *slows* du *paul jones*, chacun racontait au reste du groupe, torse bombé ou tête basse, avec force détails, les découvertes et les sensations fortes, les contretemps et les déceptions, qu'il venait tout juste de vivre ! On espérait, non, moi, j'espérais, malgré la gêne, malgré la sueur, malgré l'odeur, malgré l'acné, malgré les maladresses, j'espérais, dis-je, pouvoir intéresser au moins une personne de l'autre sexe… Eh bien oui ! Il arrivait qu'une de ces filles se permît de susurrer à mon oreille que je l'intéressais, pourquoi ? Par quel phénomène ? Je ne le savais vraiment pas ! En fait, j'avais beau me torturer l'esprit, je ne trouvais aucune bonne raison pour résoudre ce mystère et, cerise sur le « *sundæ* », il arrivait même qu'elle m'offrît de nous revoir, tous les deux… Quel grand mystère que celui du flirt et de l'amour ! Plus profond et pluscomplexe, quant à moi, que celui de la Sainte Trinité !

CƷ℧

C'est ainsi qu'une fois, les gars de la gang m'ont dit que Gisèle Lépine était intéressée par moi ; elle dansait quelque part sur la piste du *Mini-Cabaret* mais on avait beau m'indiquer du doigt l'endroit où elle se trouvait, je ne la voyais pas. Peut-être était-ce la nervosité, peut-être était-ce la boucane, peut-être é-tait-ce l'imprécision des indications reçues, peut-être était-ce pour toutes ces raisons que, malgré tout mes efforts, je n'ai pas pu, ce soir-là, identifier cette jeune ingénue, et que la rencontre ne se fit pas. J'eus bien aimé l'avoir vue pour pouvoir la reconnaître. Car le samedi suivant, nous étions invités à un party dans un sous-sol d'une fille que je ne connaissais pas plus que l'autre mais qui, sans aucun doute, avait des parents assez libéraux pour permettent qu'un party se tînt chez eux sans y venir voir de la soirée. On y jouerait, c'est sûr, à des jeux gênants : à la bouteille (c'est elle qui détermine qui embrasse qui) et à colin-maillard (les yeux bandés, il faut découvrir qui nos mains tâtonnent)... On m'assura que Gisèle Lépine, la fille qui « trippait » sur moi, devait y être. Ce qui aurait pu être pour moi une « *date* » tout ce qu'il y a de plus ordinaire devint plutôt un « *blind date* » qui fut déjoué par mon destin : j'arrivai tôt, et Johanne, l'hôtesse de la soirée me fit du charme dès mon entrée. Comme elle fut la plus rapide à dégainer son artillerie de séduction, elle fut la première à mettre le grappin sur moi. J'étais attrapé... Je dus dire adieu, avant même de la con-naître, à une fille qui, lorsque je lui fus présenté un plus tard, s'avéra être très jolie ma foi... J'en parle parce que je fis, après que j'eus cassé avec l'usurpatrice Johanne et pendant presque toute mon adolescence, une fixation sur cette fille que le machiavélique destin m'avait tout d'abord promise puis enlevée. Je la re-vis souvent, ici et là, à la discothèque, dans la rue, dans les partys, mais j'arrivais à peine à la saluer tellement j'étais intimidé par sa beauté et son élégance ; dans ma tête, j'étais un crapaud qui admirait Sa Majesté la « reinette ».

Ma vie aurait-elle été différente si la rencontre avec Gisèle avait eu lieu ? Je me plais à le croire... mais rien n'est moins sûr ! Je n'aimais pas ce que j'étais... pouvais-je m'attendre à ce que les autres m'aimassent plus que moi-même ? De toute façon, on ne peut pas refaire l'histoire avec des « si » et des « peut-être ».

◌৪৪৩

Le 18 septembre 1970, ce jour-là même où l'on a retrouvé le célèbre guitariste Jimmy Hendrix asphyxié dans son vomi pour avoir trop bu, tombait un ven-dredi, et moi, je buvais et trinquais à mes 18 ans. Encore mineur, je n'avais tou-jours pas accès, légalement, aux tavernes, aux bars et aux clubs de Drum-mondville. C'est vrai... mais ni cet événement malheureux, ni la loi n'auraient pu m'empêché de fêter ce « moment » de ma vie en buvant force bières en fût à la taverne du Manoir Drummond avec mon ami Pierre « Coron ? », un résidant de la rue Bellevue. Cet ami, Pierre, qui passa comme une flèche dans ma vie avait, lui, le droit parental de fumer du pot à la maison ; et il en fumait même avec son père ! Invité chez lui une fois, j'eus la surprise de me faire offrir par son paternel quelques bouffées de ce produit pourtant encore illégal au Canada ! Autre particularité du lieu : chaque passage d'un train de marchandise d'une centaine de wagons sur la voie ferrée située juste derrière leur maison constituait une expérience particulière étrange, surtout amplifiée par le *pot*, tellement le tremblement ressenti était intense. Ça brassait fort ! Pouvait-on vraiment s'habituer à ça ! Eux disaient que oui ! Je le croyais volontiers car j'avais déjà eu un témoignage semblable de Mario Théroux, l'un des voisins de Pierre, qui fut mon compagnon de mes classes du primaire à l'école Garceau. Ce soir-là du 18 septembre 1970, nous n'avons pas touché au cannabis ; si j'ai ressenti alors un grand bonheur, il n'était qu'éthylique. Mon chum Pierre et moi, à court d'argent pour continuer de boire au Manoir, décidâmes alors de nous rendre au party du cégep de Drummondville qui se tenait dans une salle située pas très loin de la taverne où nous nous trouvions. Nous y trouvâmes une ambiance festive incroyable : la salle était pleine, la musique était forte, la fumée de cigarettes envahissait tout l'espace et masquait toute identité, à moins de se trouver à quelques pieds seulement de toute personne. Je me souviens d'avoir dansé ce soir-là un slow avec une fille sur une toute nouvelle chanson d'Elton John : *Goodbye Yellow Brick Road*, une « toune », une pièce magnifique qui a, je l'avoue, brillamment couronné ma soirée de fête. Et, pour ce qui est de la fille, eh bien ! ... Je ne me souviens plus du tout qui c'était ! La cigarette et la boisson seraient-elles néfastes à ce point pour la mémoire ?...

## Chapitre III – Les vendredis du 200 et du 400

Les membres de ma nouvelle gang, pour la plupart des amis du cégep de Drummondville, et moi avions pris l'habitude, les vendredis soir, de nous donner rendez-vous à la *Taverne 200* ; on y accédait par l'entrée principale de la rue Brock, ou par l'arrière, grâce à un passage piétonnier aménagé le long du mur nord de la Banque de Montréal dont la façade se trouvait sur la rue Hériot. Ce lieu devint rapidement notre rendez-vous hebdomadaire. On y retrouvait un environnement qui ressemblait en plusieurs points à celui immortalisé par la pièce de théâtre *Broue*, ses auteurs et ses acteurs : un serveur empressé et jovial, monsieur Bessette – ses cinq filles devinrent, un moment, nos amies – que l'on appelait familièrement par son seul prénom, Lionel, plus un « habitué des lieux » qui, arrivé dès l'ouverture, devenait au fil de la soirée plus affalé qu'assis, buvant seul à sa table dans un coin au fond de la taverne. Il ne repartait qu'après que le « *last call* » eut été annoncé au moins deux fois. Et il y avait tous les amis, et les amis de nos amis, qui s'y rencontraient régulièrement ou occasionnellement, occupant, la plupart du temps, bon nombre de tables accolées qui nous sont vite devenues habituelles.

La fête de la Saint-Jean-Baptiste de 1971 restera à jamais mémorable : nous é-tions entre amis, mais si nombreux cette fois-là dans la taverne qu'on avait monopolisé la majorité des tables de l'établissement. On conversa d'abord tout doucement... on haussa le ton au fur et à mesure que l'alcool faisait son œuvre désinhibitrice ; puis quelqu'un sortit sa guitare d'un étui, et tout le groupe se mit à chanter, haut et fort, des chansons de circonstance composées par les chansonniers à la mode, pour la plupart, un peu beaucoup nationalistes, il faut le dire. Ce moment-là d'apothéose, de liesse générale fut le meilleur qu'on eût vécu dans cet établissement... et ce fut le dernier... La semaine d'après, notre serveur Lionel nous apprenait que les locataires d'en haut s'étant plaints du bruit au propriétaire, ce dernier l'avait enjoint de faire régner l'ordre dans sa taverne. Un, on devait démontrer qu'on était majeur et, deux, on ne pouvait plus désormais, et j'exagère à peine, que chuchoter dans cette taverne. Même si cela ne lui plaisait pas, Lionel se fit un devoir de faire régner l'ordre comme si son emploi en dépendait désormais. Devant le mutisme auquel on nous condamnait, nous crûmes bon de dire adieu à Lionel et à toute une époque de plaisirs : nous quittâmes définitivement le *200* pour une taverne plus conciliante, plus tolérante ; mais partout ailleurs, ce ne fut plus jamais pareil... Je ne pourrais pas vous dire combien j'y avais eu, là, à la *Taverne 200*, un immense, que dis-je, un incommensurable plaisir de gars avec rien que des gars : on buvait, principalement de la bière en fût que l'on commandait en « *pitcher* » (c'est-à-dire en pichet qui contenait alors au moins 5 grands verres de 20 onces) à un dollar pièce, ou en verres à 20 ¢ chacun. Pour le serveur, cela représentait, à chaque service, des pourboires respectifs de 25 ¢ pour le pichet et de 5 ¢ par verre. On y mangeait aussi de la nourriture de gars : des blocs de fromage, des langues de porcs vinaigrées ou des chips (des croustilles) ; tout cela était archi-salé afin, bien sûr, d'inciter les clients à boire plus. On y fumait cigarettes sur cigarettes, ce qui rendaient rapidement l'atmosphère de la taverne quasi-irrespirable ; mais la boucane ne nous empêchait pas de jouer au « *bumper-pool* », de jaser, blaguer, deviser, discourir, de débattre à qui mieux mieux de tous les sujets sociaux et politiques du jour et ce, évidemment, jusqu'à plus soif... On y avait un plaisir sans contraintes aucunes, et sans inquiétude, sinon celle, constante, latente, viscérale, de voir surgir inopinément la police. Moi surtout !

Après avoir bu tout notre saoul à la *Taverne 200*, nous nous rendions au *400*... Le *400* était un club de danse, une discothèque à la mode, installée dans le sous-sol du *Motel 400* situé coin Lindsay-Loring, à quelques pas seulement de la

*Taverne 200* où nous nous étions fait un bon « fond » de bière. On allait retrouver dans ce lieu-là des filles qui nous attendaient patiemment depuis plus d'une heure parfois, nous ayant réservé tout ce temps le nombre nécessaire de places, tout en occupant leur temps d'attente à boire, à danser et à jaser. Dans cet établissement-là, il y avait toujours salle comble les vendredis. Là aussi la fumée était omniprésente. Bien sûr, à cet endroit, le coût des bières et des drinks alcoolisés étaient beaucoup plus élevés qu'à la taverne ; la technique employée par qui n'avait presque plus d'argent en poche, ce qui était presque toujours mon cas, était de commander une bière – mais j'aimais aussi boire un « *gimlet* » ou un « *zombie* » de temps en temps – et de siroter, de « téter » ce breuvage, quel qu'il soit, le plus longtemps possible. Peut-être pour nous faire réaliser, qu'en haut lieu on n'était pas dupe que des adolescents trop jeunes et démunis monétairement se trouvaient dans le club grâce à de fausses cartes, on faisait retentir durant la soirée, une ou deux fois, une sirène imitant celle de la police, qui avait le don de terroriser quiconque était dans l'illégalité, le temps du moins qu'on s'aperçoive que c'était un « *fake call* », une fausse alerte. Les plus craintifs quittaient-ils l'établissement pour permettre à des clients d'âge légal ou plus fortunés de prendre les places laissées vacantes. Cela se peut très bien et c'était peut-être après tout l'effet désiré des patrons de la boite... qui sait ? Je rappelle à mes lecteurs ma phobie viscérale envers les policiers, cela leur donnera une idée de l'état dans lequel me mettaient ces bruits de sirène tonitruants et inopinés ! Malgré cela, moi, je ne partais pas, sauf si on annonçait, ou qu'on apprenait de source sûre et privilégiée, qu'une vraie descente de police était prévue pour quelque part dans la soirée. C'est à ce club, le *400*, un soir de party, commencé dans une autre salle mais que nous voulions prolonger, que je me fis voler une vingtaine de disques 33 et 45 tours, certains fort rares, que je comptais parmi mes « meilleurs » : je les avais abandonnés – sans surveillance ? – au pied de ma chaise pour aller danser et, quand je revins m'asseoir, ils avaient disparus. Aucune personne autour n'avait été témoin de leur subtilisation... Qui va à la chasse perd sa place... et quelquefois autre chose... Je venais de l'apprendre. C'était bien fait pour moi ! *Bou-hou* !

Tous les vendredis soirs à cette discothèque se terminaient par un slow, un slow langoureux, un « *plain* », disait-on dans le temps, le seul de la soirée ; longtemps, on fit jouer la très belle pièce *L'âge d'or* du groupe progressif québécois *Dionysos*. C'était la seule chance que l'on avait, dans ce club, de se retrouver à danser « collé - collé » avec une fille, car dès après, le « *last call* » annonçait qu'il était 3 heures du matin, l'heure de fermeture. Il nous fallait donc quitter... Nous, la gang, on se rendait, au restaurant grec *Christine Pizzéria*, sis sur Hériot en face du terminus de cars Bourgeois, encore ouvert à cette heure indue. Il me revient à la mémoire que début 1960, soit 10 ans plus tôt, un resto situé à peu près au même endroit, avait placé un aquarium immense dans sa vitrine dans lequel les gens jetaient, pour la chance, une pièce de monnaie : qui un sou noir, qui un 5 ¢, qui un 10 ¢, qui, les plus riches sans doute, un 25 ¢. Nous les jeunes qui, sur l'heure du dîner, errions en attente de retourner en classe – je devais être en 5e ou 6e année, à l'école Garceau –, allions parfois « prélever » des pièces aux poissons rouges, à la sauvette, en ouvrant la porte après nous être bien assuré de l'éloignement suffisant du serveur et en mettant rapidement le bras à l'eau. Bien chanceux qui, dans cette précipitation, avait cueilli les meilleures pièces. Ces sous-là m'auraient été bien utiles aux sortirs du *400* pour me payer de temps en temps une bouffe plus substantielle que des nouilles frites, que je commandai une fois... sans savoir. Une nouille, il y en avaittoute une à l'extérieur du minuscule bol qui me fut servi...

À cette époque, la plupart de mes chums étaient accompagnés d'une « blonde » ; moi, je n'ai pas souvenir d'avoir été en compagnie d'aucune fille. Je faisais plutôt office de chaperon... *Bou-hou* (bis) ! Bien que je fusse relativement à l'aise dans une gang de gars, j'étais plutôt fort maladroit avec les filles : je n'arrivais tout simplement pas à convaincre aucune de celles qui gravitaient autour de nous à former un couple avec moi. Le malheur ? : je savais très bien pourquoi. Je ne leur servais que des discours rasants sur la société, sur la politique, sur le monde, sur tout en fait... Je leur contais mon inconfort à vivre dans ce monde de misère, de guerre, de traîtrise, de haine... Je ne leur disais tout bonnement pas ce qu'elles s'attendaient à entendre ! J'étais ennuyant, barbant, plate à mourir... Au mieux, à cette époque, je fus leur confident ; rôle agréable d'un côté car il me mettait en contact avec des filles intéressantes, mais si ingrat en même temps sachant qu'aucune d'elle ne s'attendait à rien d'autre de moi que de l'écoute et, peut-être, de-ci de-là, un bon conseil. Il ne m'était pas toujours facile d'entendre une fille qui me plaisait et dont j'aurais aimé, en mon for intérieur, qu'elle accepte d'être ma compagne, d'entendre cette fille me confier ses sentiments de déception à l'égard de Denis, ou d'André, ou de Michel... J'avais envie de lui dire : « *S'il n'est pas bon, prends-moi ! Je suis là, moi !* » J'ai même pensé pendant quelque temps que je ne saurais jamais aimer, que j'en serais incapable, tout autant que de me faire aimer d'ailleurs... Cela me rendit taciturne à souhait, et même un peu dépressif. J'ai longtemps broyé du noir et je m'enfonçais dans la tristesse et le déni : et c'était la faute à tout le monde, sauf à moi bien sûr. Oui, j'en ai longtemps voulu au monde entier d'aller si mal et de m'obliger à faire semblant qu'il allait bien. J'étais dans le même état d'esprit qu'Ovide Plouffe dans la scène pathétique du roman de Roger

Lemelin (1948) *Les Plouffe* puis du film (1981) qui, déçu d'une relation amoureuse qu'il aurait voulu empreinte d'une certaine noblesse mais qui n'était pour sa compagne qu'une gageure de partie de jambes en l'air. Raillé par son entourage pour sa galanterie surannée et maladroite, il s'écria ce soir-là devant les membres de sa famille bâillant d'ennui, réunis pour l'accueillir après qu'il eut été s'enivrer à la taverne : « *Il n'y a pas de place sur Terre pour tous les Ovide Plouffe du monde !* » Je me sentais tout comme lui ; oui, moi aussi j'*ÉTAIS* Ovide Plouffe...

*Bou-hou* (ter... et der) !

⊂ℬ℘

Après le resto, c'était le retour à la maison dès après la sortie du club. À ce moment-là deux questions se posaient : avais-je le goût de marcher ? Si oui, j'empruntais la rue Bellevue pas très loin du resto et je retournais à la maison à pied ; sinon, quand j'avais en poche assez d'argent, soit la somme d'un dollar et 25 cents, je me rendais à la jonction de la rue Hériot et de la rue du Pont où se trouvait un « poteau » d'appel de taxis. J'aimais, à l'occasion, quand je le pouvais, me payer la randonnée du retour à la maison – environ un mille (1,6 km) – avec chauffeur et livrée. Un de ces vendredis soirs bien (trop) arrosés, – en fait c'était samedi matin puisqu'il faisait nuit et qu'il était plus de 3 heures 30 –, j'étais ivre, et pas rien qu'un peu, lorsque je jugeai pertinent de « héler » un taxi à l'aide du téléphone/poteau ci-haut mentionné. Une fois ma commande passée, j'attendis, bien agrippé à mon poteau, que se présentât mon automédon motorisé. Je devais faire bien piètre figure en ces heures matinales puisqu'une voiture de police s'arrêta à ma hauteur. Par la vitre abaissée, un policier me demanda ce que je faisais là à cette heure-là et si j'allais bien. Je répondis d'une voix que je voulus la plus calme, la plus assurée possible :

*– Je m'en retourne chez moi... J'ai appelé un taxi... J'ai l'argent qu'il faut... Je peux vous montrer...* Je brandis mon portefeuille, mais on l'ignora.

Car je m'attendais vraiment à être carté... c'eût été la première fois ! Car, mineur, je n'ai jamais été carté, ni dans les tavernes que je fréquentais, ni dans les clubs et discothèques où j'allais régulièrement. Jamais ! Puis vint enfin le 1er janvier 1972 et la nouvelle loi sur l'âge de fréquentation des débits de boissons, qui fit se volatiliser en moi et pour toujours une des peurs qui m'avaient longtemps habité : celle d'être pris en faute et ramassé dans une descente !

Oui, le 1er janvier 1972, à 20 ans, du jour au lendemain, d'un seul coup de baguette magique gouvernemental, et sans même que ce fut mon anniversaire, je devins majeur... comme tous ceux qui, à cette même date, avaient 18 ans... **En-FIN !**

# Un dessert « bien arrosé » !

Un début de soirée d'été nuageux, Jacques Collard, Roger Filion, mon frère Michel et moi recherchions un endroit discret pour ingurgiter, à l'abri des curieux, le contenu d'une caisse de 12 bières, histoire de nous mettre en bonne condition pour je ne sais plus quelle occasion. L'endroit choisi fut, pour je ne sais quelle raison logique, la croisée du chemin Hemming avec son ancien tracé, tout près du pont des trains donc ; il subsistait encore, à l'époque de mon récit, une courbe asphaltée envahie sur chacun de ses côtés et dans ses crevasses par des herbes longues. Le haut talus du chemin de fer d'un côté et un immense îlot de broussailles de l'autre nous dérobaient complètement à la vue de tout curieux. C'était donc un endroit idéal pour assouvir notre soif de boissons enivrantes.

Nous n'avions pas encore eu le temps de décapsuler notre première bouteille qu'il se mit à pleuvoir un crachin continu et fort incommodant. Et aucun abri à l'horizon... Nous nous mîmes d'accord pour remonter le chemin Hemming et trouver refuge quelque part plus loin... Tout en marchant, la pluie faisait son œuvre destructrice de la caisse de carton ; rapidement, de détrempé un peu à fortement imbibé, le carton dont la caisse était faite commença à montrer des signes de décomposition. Qui portait cette caisse ? Jacques ou Michel, eux deux qui marchaient devant ; Roger et moi déambulions à quelque distance, derrière.

C'est alors qu'un 2$^e$ ennui s'abattit sur nous : la police passa au moment même où l'un des mineurs, que nous étions tous quatre soit dit en passant, lançait au loin, négligemment, tel un frisbee, un 2$^e$ ou un 3$^e$ rabat de la boîte mouillée. La voiture, gyrophares en action, s'arrêta à notre hauteur ; on nous demanda qui nous étions, ce que nous faisions, quel âge nous avions, et devant des réponses vagues qui ne furent pas satisfaisantes, on nous invita à nous asseoir dans l'auto et l'on nous amena au poste. Je ne sais pas pour les autres, mais moi, j'étais terrorisé !

Jacques et Michel furent les premiers à entrer dans une pièce pour y être interrogés, Roger et moi attendions notre tour sans grand enthousiasme. Survint un policier à qui l'on tint, surtout Roger, un baratin d'innocence qu'on démontra en lui faisant sentir notre haleine ... l'agent nous crut ! Il fit avancer une voiture qui nous ramena sur le chemin Hemming, au pied de la rue Hamel, soit, à mon grand dam, au possible vu et su de ma famille. Mais, heureusement, personne ne vit rien, ne sut rien...

Dès que nous eûmes été libérés, nous retournâmes en ville où nous rencontrâmes assez rapidement nos deux autres compères contre qui aucune accusation n'avait été retenue. Privilège de mineurs sans doute... mais la bière nous fut confisquée !

Oui, cette soirée-là fut bien arrosée, mais d'eau de pluie seulement ! **FIN**

# 11

Images : Clipart, Transports Québec
et coloriageetdessins.com

# L'autobus « volant »

### Chapitre I – « Phonse, la *bu* arri... ! »

C omme beaucoup d'entre vous sans doute, amis lecteurs, j'ai souvent pris l'autobus dans ma vie, tout d'abord pour me rendre à l'école et en revenir puis, aussi, l'autobus intermunicipal pour me déplacer d'une ville à une autre, et en revenir également, bien entendu.Tous les matins de semaine, au primaire, comme au secondaire par la suite, nous étions nombreux à nous rendre en bas de la côte de ma rue Hamel pour y attendre l'autobus scolaire : 6 à 8 Granger, 4-5 Collard, 3-4 Benoît, autant de Perreault, quelques Joyal et quelques Lessard. Tout ça faisait une vingtaine d'écoliers qui devaient se partager avec, en amont, les Grondin, les Gariépy et les Parent, bien en aval, avec les McKenzie et les Lepage, la trentaine de bancs de ce véhicule qui, dans mes premières années d'école, n'était pas toujours un bus jaune mais pouvait être un autobus de ville et, quelquefois exceptionnellement, un car de voyageurs. De plus, à l'arrêt suivant le nôtre, il y avait (ou il y a eu) les Langelier, les St-Jacques, les Marcoux dit « Sincennes » (moi, j'entendais « 5 cennes »), les Massy et les Duval. Alphonse Duval, qui était dans ma classe, avait une jeune sœur qui ne prenait pas l'autobus mais qui, tout émue, tout excitée de la voir arriver, s'écriait, à chaque matin, pour le bénéfice de son grand frère :

– *Phonse, Phonse, la « bu » arri ! La « bu » arri !...*

Ainsi parlait-elle... Je mentionne ce fait, car à cette époque de ma jeunesse, on avait l'habitude de s'en moquer et d'en rire, moi le premier, ne comprenant pas la déficience qui faisait qu'elle s'exprimait ainsi. Aujourd'hui, je lui offre cette mention d'elle dans mon récit en guise d'excuse pour cette moquerie irréfléchie, bête et méchante, quoique enfantine (j'allais écrire : infantile...).

Il arrivait parfois, quand j'étais écolier au niveau primaire, que la routine quotidienne, c'est-à-dire un transport en autobus sans histoire, fût bouleversée par des événements quand même statistiquement prévisibles tels une panne de moteur, une crevaison, ou une roue coincée dans la neige. Lorsqu'un incident de la sorte arrivait en s'en allant vers l'école, tous les passagers du bus exprimaient leur contentement par des cris de joie ; on arriverait en retard à l'école avec une bonne raison pour la maîtresse. Mais que cela arrivât durant le retour vers la maison, alors tous faisaient écho les uns aux autres parler d'un grand malheur qui bouleverserait irrémédiablement leurs horaires de soirées :

– *Chauffeur, trouvez vite une solution, nous autres, on ne voudrait pas manquer Bobino puis la Boîte à surprise ! Allez ! Vite, dépêchez-vous !*

À l'époque de mon primaire (1re à 6e années), c'était la très drummondvilloise compagnie d'autobus Bourgeois qui assurait le service de transport scolaire vers l'école Garceau située entre les rues Lindsay et Brock, à la hauteur de la rue Bellevue. Quand le bus scolaire habituel, d'un certain âge déjà, tombait en panne ou refusait de démarrer au terminus même, il arrivait qu'on nous gratifie d'un car interprovincial de luxe : sièges immenses, super-confortables et inclinables, et air climatisé s'il vous plaît... Nous avions alors le sentiment d'être des petits fils de richards en vacances se déplaçant en limousine conduite par leur chauffeur particulier, lui, habillé en livrée grise et portant casquette.

La discipline durant le trajet était sévère : toute l'année, chacun s'asseyait dans le siège qu'il avait choisi la première journée d'école en fonction des disponibilités décroissantes reliées à sa situation géographique sur le parcours de l'autobus, ou dans le siège qui lui avait été assigné plus tard par le chauffeur en raison d'une indiscipline ou d'une désobéissance. Certains chauffeurs, pour susciter la docilité volontaire, accordaient des points aux enfants calmes et tranquilles et, lorsqu'il y avait égalité, un des plus méritants se voyait accorder, par tirage au sort, un cadeau à la fin de l'année. Ainsi, j'ai souvenir que ma grande sœur Rachel, une année, remporta ce prix de « l'enfant sage » du chauffeur. Comme on dit, petits enfants, petits problèmes, grands enfants, grands problèmes : au niveau secondaire, la majorité tranquille et silencieuse fit les frais d'une certaine délinquance dont sont habituellement friands les adolescents. Le mot « adolescents » est pris ici dans le sens large du développement intellectuel et moral et non seulement dans son sens premier strictement relié à l'âge de la personne. Vous le savez tout comme moi, il y a des soi-disant adultes qui sont restés des ados toute leur vie... Un de ces grands adolescents a déjà conduit un autobus scolaire. Le nôtre ! Permettez que je vous raconte deux événements qui se sont produits, le premier alors que je devais être en 7e ou en 8e année (les secondaires 1 et 2 d'aujourd'hui) à l'école Saint-Charles et le deuxième, alors que j'étais en 9e ou en 10e année (les secondaires 3 et 4 d'aujourd'hui) alors que je fréquentais l'école Saint-Frédéric, à Drummondville même.

## Chapitre II – Quel départ !

Le chauffeur auquel je fais allusion ici est un homme qui pouvait avoir une vingtaine d'années lorsque les événements que je vais vous conter se sont passés. Son auto personnelle était une petite MG, une belle voiture sport décapotable et, seulement à ce titre de propriétaire d'un tel véhicule, il devint le plus populaire des chauffeurs d'autobus scolaires engagés par monsieur Gérard Lemire, lui, propriétaire d'un garage de mécanique générale ainsi que de pompes à gazoline situé sur le boulevard Lemire à Saint-Charles de Drummondville.

Il arrivait que nous manquions notre autobus pour toutes sortes de bonnes ou de mauvaises raisons ; nous manquions alors la correspondance avec l'autobus qui devait nous reconduire chez nous, correspondance qui se faisait dans la cour du garage Lemire. Comment cela s'est su, je ne sais pas, mais il suffisait alors de se rendre à pied de l'école au garage – situé non loin de l'école –, où l'on n'avait qu'à attendre le retour de ce gentil chauffeur qui, après avoir garé son bus pour la nuit, nous ramenait chez nous dans sa MG, faisant ce détour avec le plus grand empressement et la plus grande gentillesse qui soit. Il était assez gentil – trop, peut-être – pour permettre que certains enfants, plus curieux et plus entreprenants que d'autres, changent les vitesses de son autobus au moment où ces changements étaient indiqués. Il n'avait qu'à dire « *Maintenant !* » et le jeune apprenti tirait ou poussait le bras de vitesse à la position pré-indiquée. Ce chauffeur-là était très sensible aux « *T'es pas game !* » c'est-à-dire qu'il ne résistait pas bien longtemps aux requêtes des jeunes surtout celles se référant à ses capacités de chauffeur. Ainsi, un après-midi, nous étions tous à bord de son véhicule lorsque j'entendis un collègue étudiant debout près du chauffeur le harceler d'un : « *T'es pas « game » de faire un « start » avec l'autobus ; de toute façon, ça doit même pas être possible... Ah !, c'est ça : t'es même pas « game » d'essayer !* »

– *T'es pas* « game » *de faire un "* start *" avec l'autobus... T'es pas* « game », *T'es pas* « game »..., une requête d'abord reprise et scandée en chœur par les copains les plus proches puis, peu après, par tous les passagers du bus :

– *Un* « start ! » *On veut un* « start ! » *T'es un pissou si tu ne fais pas de* « start ! »

Bien oui ! Il l'était « *game* »...Piqué au vif, on vit le chauffeur, ou on l'entendit si on était assis derrière, presser à quelques reprises et à fond la pédale d'admission du gaz, puis il lâcha subitement la pédale d'embrayage. Au lieu d'entendre crisser les pneus sous l'autobus, comme on le souhaitait tous, on entendit un crac métallique inattendu et formidable : sous l'effort demandé, la transmission venait de se disloquer, et de rendre l'âme... Nous étions en panne dans la cour de l'école ! Il fallut appeler du secours, et attendre patiemment qu'on nous envoie un autre bus pour nous ramener à nos domiciles. C'était bien fait pour nous !

Je ne sais pas comment notre chauffeur a pu expliquer ce bris majeur à son patron-propriétaire ; peut-être lui a-t-il suffi de le convaincre que l'âge du véhicule pouvait, à lui seul, justifier une certaine fatigue, une certaine fragilité de sa mécanique... Je ne me souviens pas qu'il y eut une enquête, je suis presque sûr qu'il n'y eu pas de représailles puisque notre chauffeur d'autobus préféré était à son poste le lendemain... comme si rien ne s'était produit...

## Chapitre III – Quoi ? Un autobus qui vole !

Quelques années plus tard, vers 16 heures, l'autobus venait nous rechercher nous les étudiants du secondaire de l'école Saint-Frédéric pour nous emmener au garage Lemire de Saint-Charles où nous ferions les correspondances usuelles pour le retour à la maison. Le véhicule quittait la rue des Écoles et empruntait la rue Saint-Jean. Sur cette rue se trouvait à droite un restaurant ou un dépanneur devant lequel l'autobus qui nous transportait devait arrêter lorsque le feu de circulation était rouge. Devant le dépanneur, ce jour-là, était stationné un camion de livraison de boissons gazeuses qu'on appelait, nous, des « liqueurs ». Les portes à coulisses latérales de ce camion « côté rue » étaient toutes grandes ouvertes... Et offraient son contenu à qui avait le bras long... et la morale courte... Ce jour-là, le feu rouge immobilisa le bus à la hauteur du camion stationné ; en fait, pour être tout à fait à la portée de la marchandise convoitée, il fallait que le bus avançât encore un peu et se rapprocha de lui : ce qui fut demandé poliment mais avec insistance au trop complaisant chauffeur.

Ç'avait été une belle journée d'été : il avait fait beau et chaud ; il faisait encore beau et chaud à cet instant de l'après-midi alors que les deux véhicules se trouvaient immobiles côte à côte, et l'un tout près de l'autre. Moins d'une longueur de bras les séparait... D'un côté, des enfants qui avaient chaud et soif, de l'autre, un camion qui offrait ses flancs remplis de liqueurs douces... Il suffisait d'un déclic proposé par Satan lui-même pour que se produise un phénomène tout à fait humain mais tellement répréhensible. Un bras, puis deux bras, puis dix bras s'étirèrent par les fenêtres ouvertes de l'autobus du côté « liqueurs » et arrachèrent au camion une partie de son précieux trésor. Les passagers du « bon côté » du bus, servirent les passagers du « mauvais bord »... Tout cela se produisit à la vitesse de l'éclair, le temps d'une courte attente d'un feu vert. Quand le bus redémarra, plusieurs dizaines de bouteilles de liqueurs se trouvaient entre les mains de jeunes assoiffés qui trouvèrent moyen d'en éjecter les bouchons de métal et de se désaltérer du nectar, pas très froid quand même, de ces boissons servies comme par miracle, comme par la volonté complice de Dieu – ou du diable – lui-même... Mais une fois vidées, que fallait-il faire de ces bouteilles ? Les garder pour la consigne aurait été un choix économique intéressant, sauf que, pour quelques-uns des petits diablotins assis dans « *l'autobus qui vole* », il y avait beaucoup mieux et beaucoup plus spectaculaire à faire. Et les voilà ces malfaisants lançant, « garrochant » les bouteilles par les fenêtres, qui sur les trottoirs, qui sur l'asphalte de la rue ! Elles s'y brisaient en explosant et en projetant leurs éclats qui ont dû surprendre et inquiéter les piétons qui assistaient de trop près à ce triste spectacle. Mais à l'intérieur du bus, il n'y avait que du pur plaisir d'adolescents « adrénalisés » ! Des fous rires, de la rigolade, de la moquerie, des cris de joie emplissaient le véhicule alors qu'il finissait de descendre la rue Hériot, juste avant de tourner sur la rue Du Pont. L'autobus s'amusait...

On n'avait jamais vécu pareil retour à la maison, foi d'étudiants ! Et jamais sans aucun doute on ne revivrait une telle émotion !

Lorsqu'on fut sur la rue Du Pont, quelques passagers, ceux assis derrière, firent remarquer au reste de la bande que des voitures de police suivaient l'autobus, gyrophares tournoyant et sirènes tonitruant. Il semblait bien que ce feu d'artifice fut pour nous ; ce fut du moins la conclusion de notre chauffeur qui alla se garer dans le grand stationnement public qui existait alors et qui faisait face au parc Woodyatt. Les voitures de police firent de même. Fin de la récréation ! L'effet rafraîchissant de nos boissons venaient de disparaître... Tous avaient chaud à nouveau ! Et l'on se faisait petits, tout petits dans nos culottes...

Il ne devait plus rester beaucoup de ces bouteilles incriminantes dans le bus après que les pillards les eussent eu jetées le plus loin possible dans l'herbe longue. Sauf qu'il était plus que probable que les policiers aient vu une partie du vol « plané » de ces bouteilles lancées au loin comme des grenades dégoupillées ainsi que leur atterrissage explosif sur le sol.

Quand les policiers entrèrent dans l'autobus, on n'y voyait plus que des visages d'anges innocents ! Y a-t-il en effet d'air plus innocent que celui du coupable pris en défaut et qui veut faire accroire qu'il ne l'est pas ? De bande de brigands chaotique, bruyante et indisciplinée que nous avions été quelques minutes auparavant seulement, nous nous étions métamorphosés en cohorte d'élèves sages, dociles et, surtout, silencieux... des anges qui ne semblaient connaître ni le péché, ni le mal, angelots dont les regards fuyaient ceux des policiers qui venaient de faire leur apparition dans le bus.

Le calme se fit après la tempête, quel contraste ! Mais les soi-disant innocents que nous étions et qui remplissaient l'autobus craignaient, tout à coup, d'avoir à subir un interrogatoire façon Gestapo. Quelqu'un serait-il assez fou pour se déclarer coupable ? Ou pour dénoncer son voisin ? Nous amènerait-on au poste de police ? Y serait-on menacé ou « torturé » ? Serait-on accusé de vol et de méfait ? Coucherait-on en prison ? Pire, avertirait-on nos parents ? Non, je n'étais vraiment pas rassuré ! Il n'y eu finalement qu'une seule et malheureuse conséquence à notre malfaisance : le congédiement du chauffeur d'autobus qui, dans les circonstances et en raison de ses responsabilités, fut reconnu coupable de complaisance et de défaut d'agir pour empêcher les susdits événements.

Nous, les premiers fautifs, qui nous en tirerions sans pénitence, étions laissés à nos réflexions sur ce qui, dans tout ça, était bien ou mal. Ceux qui le voulaient pouvaient ajouter à leur bagage cette expérience qu'ils venaient juste de vivre : oui, quelqu'un d'autre pouvait souffrir des mauvaises actions que nous commettions. Nous venions de lyncher notre chauffeur. On avait cru pouvoir se rafraîchir impunément, à peu de frais et dans la jubilation...

Quelle tristesse, quelle déception, quel désenchantement, quelle honte même, furent les nôtres quand nous apprîmes la triste nouvelle : nous avions perdu notre chauffeur préféré ! On l'avait « *clairé* », congédié à cause de nous...

## Chapitre IV – Chauffeur, chauffeur, dormez-vous ?

Vous me permettrez de mentionner, dans ce chapitre de ma vie consacré aux autobus jaunes, que mon oncle maternel Jean-Paul Michaud fut longtemps un chauffeur d'autobus scolaire. Ne mesurant pas cinq pieds, on avait installé sur les trois pédales du véhicule qui lui était destiné des blocs de bois de bonne épaisseur afin qu'il puisse les atteindre et les manœuvrer. En plus d'être de courte taille, mon oncle était assez rondelet, à tel point que certains drôles, pour se moquer de lui ou pour le taquiner, le surnommaient « *bonhomme Humpty Dumpty* ». Mononcle Jean-Paul était un homme sans malice doté d'une gentillesse et d'une douceur sans bornes : et il avait le pardon facile... il dut sûrement leur pardonner les insultes et les quolibets.

ଔ୫ଞ

Il s'avère aussi que mon frère Michel, décédé en 2015 à 64 ans, en a, lui aussi, conduit des autobus scolaires et ce, pendant quelques années vers la fin de sa vie. (Moi aussi, pendant quelque temps chômé, j'ai considéré ce job de conducteur d'autobus scolaire. Pourquoi pas ? Je détenais un permis de classe chauffeur... Un petit cours, puis j'obtiendrais le droit de conduire un autobus.)

Michel conduisait justement l'un de ces bus, un certain midi, lorsqu'il s'est affaissé, inconscient, sur le volant, victime d'un problème cardiaque. Comme il venait d'immobiliser son véhicule à un arrêt obligatoire, cet évanouissement subit n'a pas eu de séquelles importantes ni pour lui ni pour les enfants qu'il ramenait à l'école ou à la maison :lorsqu'il s'est évanoui, le bus est reparti, tout seul, tout doucement, pour terminer sa course presque tout de suite, et sans fracas heureusement, dans une haie de cèdres salvatrice.

Michel m'a conté, peu après, son grand étonnement de découvrir à son réveil autant de premiers répondants qui s'affairaient avec fébrilité auprès de lui et des enfants : policiers, ambulanciers, pompiers... Interdit, depuis cet événement de conduire tout véhicule, quel qu'il soit, fut pour Michel, à qui l'on greffa un « *pacemaker* », le signal d'une longue et lente déchéance physique qui le mènera d'abord à un internement avec sorties accompagnées pour démence légère puis, cette dernière s'aggravant avec les années, à un confinement sévère et définitif dans un centre d'hébergement de longue durée.

Qu'il me soit permis ici de dire merci à sa conjointe Carmen Bergeron qui, fidèlement et courageusement, a pris soin de Michel tout au long de sa longue descente vers la démence, l'inconscience, puis la mort. **FIN**

Le terminus de la vie de mon frère Michel fut le « paradis » du CHSLD Frederick-George Heriot de Drummondville (Centre d'hébergement de soins de longue durée – Secteur Paradis). C'est à cet endroit que nous aurons eu, ma conjointe Monique et moi, la triste consolation, mais tellement importante à mes yeux, de nous retrouver auprès de mon frère Michel agonisant, elle lui tenant la main, et moi lui caressant les cheveux et lui parlant doucement durant les quelque 30 minutes que dura le reste de sa vie.

# Un dessert « explosif » !

J'ai traversé l'adolescence, comme on traverse un champ de mines : avec la crainte de faire à tout moment le geste maladroit qui ferait tout exploser... Déjà que les changements hormonaux me compliquaient la vie – boutons d'acné, manque de contrôle de certains changements biologiques –, la proximité des jeunes filles de mon âge m'inquiétait, me terrorisait, me tétanisait, et paralysait mon corps et mon cerveau. Heureusement, l'école que je fréquentais à Saint-Charles était « masculine » : c'était un collège avec des classes remplies que de gars.

Cependant, l'autobus que je prenais matin et soir était mixte, elle ; je devais donc composer avec un certain stress, celui de devoir éventuellement m'asseoir à côté d'une fille. Mais je ne craignais pas que cela arrivât puisque chacun avait un banc désigné en raison du principe universel qui stipule qu'« *une place choisie dans le bus par quelqu'un au début de l'année lui appartient toute l'année* ». Normalement, et au pire, je n'avais qu'à enjamber le compagnon de siège habituel qui, pour me faciliter la tâche, se tassait au fond de la banquette. Une fois installé, je me blottissais contre le mur, solide et rassurant, et fixait mon regard sur le paysage changeant de l'extérieur. L'autobus, rempli d'autant de filles que de gars, pouvait bien être un champ de mines, moi, je l'avais expertisé, je l'avais dompté ; il ne comportait plus, à mon sens, aucun danger. J'étais tranquille... Jusqu'au jour...

Ce jour-là, ce petit diablotin de Marcel Grondin, être tôt émancipé s'il en fût un, parfaitement à l'aise avec les filles, décida de modifier un peu les choses ; en fait, il déposa une mine sur mon banc : à sa suggestion, une complice en mini-jupe trônait en lieu et place de mon copain de banc. J'eus beau regarder tout autour, je ne vis aucune échappatoire possible, tous les bancs étant déjà occupés. La jeune fille en question ne fit aucun mouvement pour me faciliter l'accès à ma place et je dus la chevaucher sous les moqueries, les railleries et les quolibets parfois déplacés, obscènes même, des observateurs de la scène. Tout au long du parcours, cette fille court-vêtue ne cessa de se trémousser dans le seul but de m'humilier et... je fus humilié...

L'ado de douze ou treize ans que j'étais reçut l'explosion de cette mine en pleine face : elle laissa des séquelles, – je ne parle pas de l'acné dont je souffrais à cet âge : une gêne maladive des filles me gagna qui perdura jusqu'à mon âge adulte.

Mais cette fois-là en particulier, gêné, humilié, mortifié que j'étais, et pris comme une souris dans une trappe, j'aurais voulu disparaître. **FIN**

# 12

## « *Hemming Festival* » non-stop... stoppé !

Luc – Denis – André – Michel
(*Dans nos rêves...*)

### Chapitre I – « *Moi, je joue de la guitare !* »
- Jean Leloup

### Chapitre II – Les *China Pigs*

### Chapitre III – Woodstock sur le chemin Hemming

### Chapitre IV – « *Que reste-t-il de ces beaux jours ?* »
- Charles Trenet

*Suivi de :* Un dessert « musical » ! ... **page 266**

### Chapitre I – « *Moi, je joue de la guitare !* »

**J**e joue de la guitare depuis l'âge de... en fait, je ne le sais pas exactement. Mais je sais que je savais jouer un peu de cet instrument dès le début de mon adolescence. J'avais appris avec la guitare de couleur noire teintée de rouge dont deux esses de violon, deux ouvertures en forme de « S », avaient été percées de chaque côté des six cordes, plutôt qu'un seul trou sous ces dernières comme sont fabriquées la majorité de ses consœurs, imitant ainsi les ouïes de tous les instruments de la famille des violons que sont le violon lui-même, le violon alto, le violoncelle et la contrebasse.

Cette guitare, probablement achetée d'occasion, déjà vieille, usée, défraîchie, la caisse de son un peu décollée, au son correct tout au plus, traînait toujours quelque part dans la maison, toujours disponible pour qui voulait s'en emparer pour en faire vibrer ses cordes, note par note pour reproduire une mélodie, ou plusieurs à la fois pour plaquer des accords d'accompagnement. Lorsque, au prix d'un mal aux bouts des doigts pouvant durer jusqu'à quelques semaines, on avait maîtrisé quelques accords de base, comme do-fa-sol ou mi-la-ré, beaucoup de chansons simples dans les tons majeurs nous devenaient accessibles ; puis, éventuellement, peu à peu, on apprenait les accords mineurs et de septième associés,

255

tels « la mineur, ré mineur et sol septième » pour la gamme de do, nous permettant de grimper à un niveau de qualité supérieure dans l'accompagnement. Chez nous, quand il était question d'accompagnement, le violon de notre papa Joseph – oui, le violon était l'un de ses nombreux... violons d'Ingres –, n'était jamais bien loin. Quand il en avait le temps et l'envie, Joseph sortait son précieux instrument de sa cachette, un étui en bois de sa fabrication dont l'intérieur était capitonné de manière à le protéger des chocs et des « graffignes ».

Après avoir bien enserré son violon sous le menton, il enduisait les crins de son archet d'une substance résineuse jaunâtre qui s'appelle de l'arcanson, et s'assurait avant de jouer que ses quatre cordes, dans l'ordre de la plus grave à la plus fine appelée chanterelle, rendaient justement et précisément les sons attendus de sol-ré-la-mi. Sinon, il les ajustait en tournant de sa main gauche, par petits à-coups, l'une après l'autre, les quatre chevilles auxquelles elles étaient rattachées au bout du manche et, si nécessaire, en tournant précautionneusement de minuscules vis idoines pour obtenir un maximum de précision ; le son produit par la corde ainsi ajustée et réajusté était vérifié par un pizzicato lent et continu effectué par l'index de la main droite et il devait obtenir l'approbation de l'oreille exercée de l'instrumentiste. Le guitariste accompagnateur faisait de même avec son instrument : il accordait ses six cordes tout en s'assurant que son accordement correspondît à celui du violon, pour une harmonisation de la guitare et du violon la plus parfaite possible. Voilà pour le cours théorique en musique...

Une fois ce cérémonial incontournable et solennel complété, plus ou moins long, cacophonique et fastidieux car il se faisait à l'oreille, Joseph interprétait, les uns après les autres, des « *reels* », des sets carrés, des valses, des polkas, et, quelquefois, des airs pops connus. Au début de chaque pièce, le guitariste accompagnateur attendait que Joseph annonçât la tonalité dans laquelle le morceau était joué puis, tant bien que mal, beaucoup en fonction de son expérience, pas mal aussi en fonction de la complexité de la mélodie, plaquait les accords de base, de quarte et de quinte, quelquefois une mineure relative, dans l'ordre imposé par la mélodie et en suivant au mieux le rythme imposé par l'instrumentiste. Je rappelle que Joseph était un violoneux, c'est-à-dire qu'il jouait du violon selon une méthode d'apprentissage à la mode dans son jeune âge qui s'appelle « apprentissage sur le tas », les jeunes imitant les plus vieux. C'est ainsi que fut transmise d'une génération à l'autre une multitude de chansons et de mélodies faisant partie du terroir folklorique qui, autrement, aurait pu se perdre à jamais.

Joseph n'était pas le seul violoneux du Québec ; d'autres, comme lui, qui avaient enregistré leurs « tounes » sur disques vinyles 78 tours ou 33 tours, Ti-Blanc Richard, Ti-Noir Joyal, Monsieur Pointu, pour ne nommer que ceux-là, étaient beaucoup plus connus que mon papa. Il suffisait d'une caractéristique physique particulière, la forme du nez, la couleur des cheveux, pour attribuer au violoneux un sobriquet qui devenait bien souvent son nom d'artiste ; à l'instar des Monsieur Pointu, Ti-*Blanc* Richard et Ti-*Noir* Joyal, Joseph le violoneux arborant une tignasse rousse, devint, logiquement, pour son public, Ti-*Rouge* Granger.

Adolescent, je l'ai déjà confessé en d'autres lieux et en d'autres circonstances, j'avais toujours la fierté un peu gênée d'accompagner mon père dans ses interminables séances musicales. Il connaissait un assez grand nombre de pièces qu'il jouait par cœur dans un ordre qui ne variait pas beaucoup d'une fois à l'autre ; de plus, le guitariste s'apercevait très tôt que l'accompagnement à la guitare devenait un tantinet répétitif et fastidieux : quatre valses en sol majeur, deux en ré majeur, trois « *reels* » en sol majeur... trois autres en la majeur, et presque toujours un patron de base inchangé de trois accords. Bref, assez rapidement, un gars ou une fille se tannait... Mes frères et sœurs sachant gratter la guitare, Rachel, Pierre, se tannèrent un peu : mais je n'ai jamais vu Joseph, l'orgueilleux, Ti-Rouge Granger, quémander un accompagnateur lorsqu'il s'installait au salon pour jouer du violon. Jamais ! Il partait ses premières pièces seul, puis le temps passait... Moi, quand j'étais là, à la maison, je voyais ses yeux à mon papa qui, un tantinet moins fiers et orgueilleux que lui, imploraient une compagnie, silencieusement. Et, presque toujours, j'avais pitié : j'allais quérir l'instrument complémentaire au violon, la guitare, et j'allais m'installer sur une chaise pas loin de lui.

Plus tard, je pris des cours de guitare classique au collège de Drummondville ; c'était Marcel Benoît mon professeur. Il me montra une technique de jeu tout à fait nouvelle pour moi : non plus seulement lire les accords inscrits au-dessus des mots d'une chanson, ce qui m'était relativement facile, mais désormais lire une à une les notes inscrites sur une portée et les traduire en notes sur mes cordes de guitare. Encore aujourd'hui, il me reste quelques vestiges des efforts que j'ai mis à l'époque pour devenir un meilleur guitariste. À ce collège, on ne décourageait pas la musique populaire, au contraire on l'encourageait : une jeune chanteuse prénommée Marie, étudiante elle aussi, me demanda de l'accompagner à la guitare pour un tour de chant qui se donnerait dans une boîte à chanson locale à la mode, le temps d'une seule soirée. Malgré toutes les bonnes excuses qui me vinrent à l'esprit pour refuser l'offre, qui ne se voulaient que prétextes à camoufler ma crainte d'avoir l'air ridicule sur une scène, j'acceptai. Marie – dont j'ai oublié le nom de famille – avait déjà choisi quelques chansons et me laissa lui en proposer d'autres qui conviendraient à son répertoire et qui m'agréeraient. Une fois le récital en place, il fallait répéter... mais où ? Elle demeurait dans un tout petit appartement et moi, je me voyais mal l'inviter chez moi... Je fis d'une seule pierre deux coups en obtenant de mon ami batteur André Morissette d'accepter de former un trio : nous pratiquâmes dans le sous-sol de ses parents (chez moi, c'eût été impensable) et moi, je diminuais de moitié l'immense trac des planches et du public qui me tenaillait, me paralysait déjà, par anticipation... Merci André !

Ce fut comme ça jusqu'au crépuscule de sa vie, même après que Joseph se fut relevé d'un infarctus l'ayant invalidé pour une bonne période de temps : plus de danses, plus de chants, plus de guitare, plus de violon. Il savait devoir faire un deuil complet de la danse, du chant et de la guitare, mais sa tête de cochon lui susurrait qu'il serait capable un jour de rejouer du violon. Sachez que, dès que son état lui permit de tenir un violon et de coordonner archet tenu d'une main et pianotage sur le manche de l'autre, je me fis un devoir filial d'aller le rejoindre le plus souvent possible à son domicile et de l'accompagner, dans les deux sens de ce dernier mot, dans sa convalescence et sa réhabilitation difficile mais progressive de violoniste. Et, à force d'essayer, Joseph, l'orgueilleux, l'entêté, l'obstiné Ti-Rouge Granger, parvint à en rejouer plus que convenablement de son violon.

## Chapitre II – Les China Pigs

Maintenant que tout cela est conté, je reviens à mon adolescence. Au temps de ma jeunesse, n'importe qui s'accompagnant à la guitare, même installé loin à l'écart des autres, n'avait qu'à gratter quelques notes de son instrument pour attirer des regards intéressés vers lui et il suffisait de quelques minutes seulement pour qu'il se formât devant lui un demi-cercle d'admirateurs et d'admiratrices se balançant sur le rythme ou tapant du pied et des mains, chantonnant même si le refrain était à la mode et leur était connu. Et quand j'étais jeune, la mode était aux groupes yé-yé : les Sultans, qui avaient repris la chanson à trois accords *C'est une poupée,* de Michel Polnaref, chanson qui devint culte pour les guitaristes débutants, les Aristos, les Bel-Air, les Bel Canto, les Classels, les Baronets, les Gendarmes, les Lutins, les Hou-Lops, les Chanceliers. Tous ces groupes reprenaient, en versions françaises québécoises, les tubes des groupes anglophones d'origines britanniques et américaines ayant, dans les années 1960, envahi la planète « jeunesse » : les Beatles, les Rolling Stones, les Beach Boys, CCR, les Bee Gees, beaucoup d'autres, et autant de chanteurs solo.

Le guitariste qui voulait démontrer qu'il était « in » devait savoir interpréter les nouveaux hits et les tubes de ces groupes vedettes. Souvent, il le faisait seul du mieux qu'il pouvait ; mais s'il formait un groupe avec des amis, son répertoire s'enrichissait souvent des voix des autres et des autres instruments qu'ils savaient jouer. Un ou deux guitaristes, l'accompagnateur qui faisant les accords, un « *lead guitar* » qui faisaient plus ou moins habilement des fioritures et des solos, un bassiste et un batteur. Certains bands ajoutaient un claviériste.

☙❧

Le groupe que l'on avait formé, mes amis collégiens et moi, s'appelait les *China Pigs* : il était composé d'André Morissette, le batteur, de Michel Cadotte, le bassiste – en fait, il jouait sur les quatre cordes basses d'une guitare électrique ordinaire – de moi le guitariste, et de Denis Labbé, le chanteur. Le groupe avait été nommé ainsi par André ; pour quelle raison ? À quoi référait ce nom bizarre ? Je ne m'en souviens plus. Peut-être ne l'ai-je jamais su non plus... Les *China Pigs* se spécialisaient surtout dans les chansons, fort nombreuses, des deux groupes les plus populaires et les plus prolifiques de la planète des années 1960, les Beatles anglais et les très états-uniens CCR (pour Credence Clearwater Revival), plus quelques « standards » d'autres groupes ou chanteurs pop rock. Je me souviens que nous interprétions aussi *Lady in Black*, une chanson d'un groupe de rock progressif très peu connu à l'époque : Uriah Heep ; je vous suggère d'aller écouter leur *Come away Melinda*, ballade superbe, magnifique qui inspira mon ami André dans le choix du prénom de sa fille aînée. Autrement, ce que l'on jouait, c'était uniquement des hits, de belles chansons populaires, rythmées ou douces, qui avaient toutes en commun une qualité indispensable : elles devaient être simples donc assez faciles à jouer !

Les pratiques musicales se faisaient toujours au domicile d'André Morissette, au sous-sol où se trouvait sa batterie, montér en permanence ; c'était vraiment pratique. La famille d'André vivait dans une grande maison blanche de 2 étages de style espagnol. Il régnait dans cette splendide demeure une atmosphère de bonne entente entre tous les membres de cette famille qui faisait du bien à l'âme lorsqu'on y était admis. Et comme ils devaient aimer la musique, les parents d'André pour endurer tout ces samedis bruyants et souvent « cacophoniques » amplifiés par des haut-parleurs au volume très – trop ? – élevé !

Comme j'aimais ces moments magiques pendant lesquels le temps et les soucis n'existaient plus. La musique entre amis agissait sur le brouillard de mon âme comme un « anti-bibittes » agit sur un nuage de... bibittes : elle chassait les tourments de mon âme pour au moins tout le temps de la pratique ! Et, tout l'après-midi, les *China Pigs*, c'est-à-dire André, Michel, Denis et Luc, – quelquefois Jean Phaneuf, peut-être aussi Alain Lafrenière, « touchaient » l'orgue, – nous nous concentrions sur l'exécution, parfois fort malhabile, parfois assez bien réussie, des pièces déjà pratiquées ou sur l'apprentissage, ardu souvent, des nouvelles chansons proposées au groupe par l'un de nous.

Puisqu'il n'y avait pas l'internet, il y avait deux façons de découvrir les accords d'accompagnement à la guitare d'une chanson ainsi que les paroles : la première, il fallait acheter les feuilles de musique vendues dans les magasins spécialisés. La deuxième possibilité était moins onéreuse, mais plus coriace : il fallait les découvrir, ces accords et ces paroles en français ou en anglais, un à un, pas à pas, lentement, difficilement parfois, en écoutant et en réécoutant en boucles la chanson sur disque. Dans ce dernier cas, cela voulait dire soulever maintes et maintes fois l'aiguille du tourne-disque, la replacer à peu près à l'endroit qui faisait difficulté sur le disque vinyle, puis tendre l'oreille en espérant que cette énième écoute soit la bonne et qu'elle nous fasse découvrir l'accord ou le mot tant recherchés. Je l'avoue volontiers : il y avait parfois beaucoup d'« approximatif », du « mou et du flou », dans l'exécution et la livraison de nos chansons.

Nous n'en avions pas moins de plaisir pour autant ! Loin de là !

Nos prestations musicales se réduisaient à des pratiques et à des prestations en privé, toujours livrées dans le sous-sol de chez notre ami André... Jusqu'au jour où il vint à quelqu'un l'idée d'organiser un spectacle non-stop dont notre quatuor ferait partie, bien sûr, mais aussi un deuxième groupe, un trio, composé du chanteur Alain Morissette, le jeune frère de mon ami André, ainsi que de deux jeunes guitaristes et choristes, du même âge qu'Alain, qui devaient plus tard avoir du succès et acquérir une certaine notoriété. Il s'agissait de Gaston Mandeville dont on se rappelle son fameux : *Le vieux du bas du fleuve*, et de Michel Cusson qui sera membre du groupe de jazz USEB puis compositeur de la musique de nombreux films et séries télévisées : *Séraphin - un homme et son péché*, *Maurice Richard*, *Dans une galaxie près de chez vous - le film*, *Omertà*, *Dis-*

*trict 31* - la musique d'ouverture, *Napoléon*, et bien d'autres ! Ce trio, sans nom, avait déjà beaucoup de classe : il interprétait avec aplomb des chansons de Bob Dylan, de Donovan, de Crosby, Stills, Nash & Young, de Neil Diamond et d'autres interprètes folk, country et blues. Leurs prestations instrumentales et vocales, harmonieuses car précises et justes, étaient magnifiquement rendues. Trois belles voix, et deux guitares expertes déjà et très solides, suffisamment en tout cas pour que les deux musiciens se disputassent, à l'occasion, l'exécution d'un solo difficile, l'un comme l'autre prétendant, convaincu, être celui des deux qui l'exécutait le mieux ! C'était vraiment beau ! J'étais un peu beaucoup jaloux...

Nous étions deux groupes très différents mais « complémentaires » puisque nous nous concentrions, chacun de notre côté, sur deux créneaux distincts de la musique à la mode de ce temps-là. Tout cela considéré, nous croyions vraiment que le show commun projeté était une excellente idée... Il ne restait plus qu'à en préciser le où ?, le quand ?, et le comment ? Et de lancer les invitations...

## Chapitre III – Woodstock sur le chemin Hemming

En 1969 venait d'avoir lieu sur les terres du fermier Max Yasgur, situées à Bethel près de Woodstock, dans l'état de New-York, U.S.A., un festival de musique qui se transforma, avec la sublimation du temps, en un rassemblement emblématique de jeunes, hippies pour beaucoup d'entre eux, venus entendre les hymnes de la culture pop, country pop et rock des années 1960. Ce festival, un des très grands moments de l'histoire de la musique populaire, fut récemment classé par le magazine *Rolling Stone* parmi les cinquante moments qui ont le plus influencé l'histoire du rock & roll. Organisé pour se dérouler sans pause du 15 au 17 août 1969, le festival Woodstock devait accueillir 50 000 spectateurs ; il en a finalement reçu près d'un demi million, créant des bouchons monstres sur les routes et les autoroutes de l'état de New-York, et multipliant les complications à la régie interne et au bon déroulement de l'événement. La pluie, s'étant elle aussi invitée, occasionna, outre la mer de boue dans laquelle durent patauger les festivaliers, des retards importants dans l'horaire ; l'organisation décida donc de poursuivre le festival une journée supplémentaire, soit jusqu'au 18 août 1969 au matin. Trente-deux groupes et solistes de musiques folk, rock, soul et blues, connus comme moins connus, y ont exécuté leurs prestations dont certaines sont restées mémorables. L'une d'elles est le solo de guitare remarquable du défunt et légendaire Jimmy Hendrix qui reprit, pour l'occasion, l'hymne national américain, le *Star Spangled Banner*, en insérant, ici et là, des imitations des bombardements des avions B-52 utilisés par les États-Unis pendant la guerre du Vietnam. Très personnelle fut également l'interprétation rauque et convaincante que fit Joe Cocker du *With a little help from my friends* des Beatles. On y entendit aussi Crosby, Stills, Nash & Young, un quatuor interprétant de magnifiques tounes country-rock.

Il fut donc décidé que nous reproduirions ce type de festival, sur une échelle un million de fois plus modeste bien entendu. Nous tombâmes d'accord pour un soir d'un samedi de l'été 1970 ; on accepta la proposition de notre chanteur Denis Labbé de tenir ce « festival » dans la grande cour de sa famille. Ce terrain, tout verdoyant, situé sur le chemin Hemming, comportait une pointe de terre assez grande pour installer un « *stage* » de fortune, composé de quelques feuilles de contreplaqué déposées à même le sol. Nous n'avions qu'à en étendre suffisamment pour pouvoir installer tous nos instruments et nos amplis et qu'à « rapailler » assez de rallonges pour pouvoir les brancher à une source électrique. Au moins une centaine de spectateurs pouvait se tenir, confortablement, debout ou assis, dans cet espace devant l'« estrade » de fortune, ce qui convenait tout à fait à notre projet. Une fois tout cela établi, les membres des deux « *bands* » lancèrent des invitations dans leurs groupes respectifs de connaissances et d'amis leur demandant d'inviter eux aussi autour d'eux des personnes pouvant être intéressées par un tel spectacle.

Car les réseaux sociaux de cette époque se résumaient en un système de communication assez rudimentaire appelé « le bouche à oreille ». Une consigne nous paraissant fort importante devait être véhiculée à la ronde : toute personne ivre ou autrement affectée par quelque substance que ce soit à la fin du spectacle devait obligatoirement coucher sur place. À cet effet, une grande tente pouvant accueillir plus d'une dizaine de personnes, serait montée sur le terrain. Ceux qui le pouvaient étaient incités à apporter leur sac de couchage et, si possible, une tente personnelle ou à partager. Ceux et celles qui connaissaient le chemin Hemming comprendraient très bien cette sage précaution sachant qu'il n'est qu'un lacis de courbes s'étirant sur plusieurs kilomètres, et qu'il est particulièrement dangereux d'y circuler, même à jeun. Nous espérions un public nombreux, mais nous ne voulions ni d'incident, ni d'accident ; au lendemain de notre spectacle « *live* » nous voulions à tout prix revoir tous nos fans « *alive* », c'est-à-dire bien vivants !

Il ne restait plus, aux *China Pigs* et au trio folk-rock sans nom, qu'à s'assurer que leurs deux performances soient à la hauteur des attentes du public : il leur fallait donc pratiquer leurs chansons – ce que nous fîmes avec particulièrement plus d'application qu'à l'habitude – et établir un programme artistique commun qui intégrerait une alternance régulière des deux groupes. Nous étions fébriles !

ಶ೦

Ce jour « J » arriva. Il faisait beau, il faisait chaud, la soirée s'annonçait chaude et belle, elle aussi. Le dieu grec Hélios nous avait réservé, pour nos préparatifs, une journée idéale ; il ne nous restait à souhaiter qu'Euterpe, la muse grecque de la musique, nous soutienne du premier accord jusqu'au dernier.

En après-midi, nous déposâmes quatre feuilles de contreplaqué sur le gazon à l'endroit du terrain choisi ; elles formaient donc un « *stage* » de 8 pieds par 16 pieds, un peu bancal, ondulant sous les pieds ; nous y installâmes tous nos instruments de musique et tous les amplificateurs auxquels nous reliâmes les guitares et les micros. Une fois que nous eûmes pu constater que tout l'appareillage fonctionnait bien, les deux groupes firent, l'un après l'autre, un test de son, histoire de bien balancer et les voix et les instruments.

Comme nous n'avions pas fait vœu de carême ni d'abstinence, durant que se déroulaient toutes ces étapes, nous nous étions permis, les membres des deux groupes, d'ingurgiter quelques bières bien froides qui nous permettaient de nous désaltérer. Au fur et à mesure que le temps passait, j'y voyais, moi, dans la boisson, une deuxième vertu : celle de diminuer le niveau de ma nervosité, le stress commençant à m'envahir. Il me fallait quand même doser mon remède, je voulais être capable de me tenir debout et, aussi, conserver quelque capacité musicale pour le temps que durerait le spectacle.

Je ne crois pas avoir très bien réussi mon pari : j'étais pas mal pompette lorsque mon groupe monta sur scène. J'avais même de la difficulté à tenir fermement mon médiator, c'est-à-dire mon « *pick* » de guitare ! Je l'échappai plus d'une fois, et je vis mon père, probablement le seul fan sobre dans la place, se lever de sa chaise de parterre, s'approcher de l'endroit où je me trouvais, se pencher pour chercher le médiator, le saisir et me le remettre, sans prononcer un seul mot, sans me jeter un seul regard désapprobateur ni me faire un seul reproche. Cela me fouetta les sens au point que j'arrêtai « sec » de boire et m'appliquai à me concentrer sur seulement ce que j'avais à faire. Dans l'état d'excitation où j'étais, il m'était impossible de savoir si le spectacle plaisait vraiment à la foule qui ne ménageait cependant pas ses applaudissements et ses encouragements. Bien sûr, il y avait des ratés, disons des imperfections, dans nos versions des chansons des Beatles, de CCR et des autres artistes. Mais je revois encore le plaisir qui se lisait dans les visages de mes amis du groupe : le chanteur, Denis se contorsionnait comme le faisait Mick Jagger des Rolling Stones ; Michel, droit comme une barre et sérieux comme un pape, s'appliquait à bien jouer ses notes de basses ; André, tout sourire, martelait le rythme sur sa batterie tout aussi bien que l'aurait fait Ringo Starr lui-même. L'autre groupe donnait un tour de chant plus que respectable, alliant des chœurs harmonieux de trois voix à des performances instru-mentales plus que potables. Et, vraiment, ils furent la grande découverte de ce show-là ! Bref, la soirée se déroulait jusqu'alors sans anicroche, lorsque tout à coup...

...Tout à coup, une rumeur, un brouhaha, un tumulte, des protestations aussi, s'é-levèrent de la foule – estimée à une soixantaine de personnes, quand même ! – : nous étions l'objet d'une intervention policière ! Une descente de police ! Un ou plusieurs voisins s'étant plaints du bruit et, compte tenu de l'heure tardive, au-delà de 23 heures, la Sûreté du Québec fut mandatée pour obtenir un retour au calme dans les plus brefs délais. On grommela sur le terrain, on grogna et on tempêta un peu ; bref on fit connaître notre mécontentement mais, au final, il fallut bien éteindre nos amplis et cesser toute musique, la police ayant accepté, sous condition d'une collaboration immédiate, de ne faire aucune arrestation... Ce qui, dans les circonstances où les artistes et beaucoup de nos fans étaient soit saouls, soit drogués, s'avérait finalement un « *deal* », une entente tout à fait raisonnable et respectable, entente qui, par conséquent, fut acceptée.

C'est ainsi qu'on mit un stop à notre spectacle non-stop : ce show sur l'herbe, au fond d'une cour du chemin Hemming qui, bien qu'il constituât une pâle image de Woodstock, fut l'heure de gloire des *China Pigs*... la seule qu'ils aient jamais eue, car il n'y eut aucune autre prestation publique dans toute l'histoire de ce groupe.

### Chapitre IV – « *Que reste-t-il de ces beaux jours ?* »

Que reste-t-il aujourd'hui de ces moments extraordinaires, magiques où, mettant de côté, l'espace d'un instant, tous ces questionnements et pseudo-problèmes existentiels qui me tiraillaient et m'inquiétaient continuellement, j'étais heureux de faire partie de la vie de chacun des membres de ce « *band* » musical amateur au nom bizarre ? Peut-être rien de matériel, sinon quelques enregistrements sur magnétophone, un appareil à bande magnétique que possédaient la famille Mo-rissette et qu'on utilisait quelquefois, histoire de perfectionner et d'immortaliser nos prestations. Si elles ne sont pas perdues, bien sûr...Peut-être rien d'autre finalement, ce qui n'est pas « rien » quand on y repense bien, que le souvenir ten-dre, ému, mais joyeux et impérissable, que j'en ai gardé et que j'avais le goût de partager aujourd'hui avec vous, amis lecteurs et amies lectrices.

CʒᴚO

La musique adoucit les mœurs, console les peines, amplifie les joies ; elle groupe et unit les gens. Chez mes grands-parents paternels, la musique et le chant étaient omniprésents : j'ai souvenir qu'un harmonium, une sorte d'orgue à pédales bon marché, ainsi qu'un gramophone, s'y trouvaient. Mon grand-père Alphonse – que je n'ai pas connu, car décédé en 1949, soit 3 ans avant ma naissance –, mon père, mes oncles et mes tantes ont longtemps chanté des messes à l'église Saint-Majorique ; très certainement qu'ils devaient aussi chanter à la maison pour alléger le poids du travail physique et routinier de la ferme. Quant à moi, la musique a été présente tout au long de ma vie : dans ma tête, une mélodie défile, constamment ; quelquefois en boucles, non-stop. De la musique, j'en écoute, j'en joue et j'en compose ; elle a bercé mon enfance et elle a été la fidèle consolatrice de mon adolescence. J'estime, je reconnais – avec reconnaissance – que la musique m'a, à quelques reprises, sauvé la vie, m'évadant de ma réalité trop triste, trop décourageante, trop décevante... Et je sais qu'elle m'accompagnera dans ma vieillesse, jusqu'à ma mort. Merci et vive la musique !

Je ne serais pas surpris que mon dernier râle ressemble à l'intro de guitare de *Stairway to Heaven*, du groupe Led Zeppelin ou à celle au piano de *Bohemian Rhapsody* du groupe Queen. Deux pièces maîtresses de la musique rock, malheureusement beaucoup trop complexes pour avoir été jouées par les China Pigs !

Il est totalement exclus – je lance le message à ma compagne et à mes filles – que j'entame mon dernier voyage sans avoir entendu, une dernière fois, la superbe *Nights in white satin*, du groupe britannique les Moody Blues; et, quand le gong final de cette chanson aura terminé de vibrer, je me considérerai finprêt à entrer dans mon éternelle « nuit de satin blanc ». Et, une fois rendu làhaut, guitare en bandoulière, à la Félix Leclerc, j'irai rejoindre mon père et son violon et, si Louis Bilodeau, l'animateur sur Terre de la défunte émission *Soirée canadienne,* est toujours de service dans l'Au-delà, il se pourrait qu'on l'entende présenter Joseph – Ti-Rouge – Granger, violoneux, à la céleste audience :

*– Monsieur Granger, qu'allez-vous donc nous jouer, votre garçon Luc et vous ?*

*– J'ai choisi de vous interpréter une valse de ma composition que j'ai intitulé : « Pour Lorraine et pour Aline » ; je tiens à vous avertir : c'est une valse éternelle... en ce sens que, si elle a un début, elle n'aura pas de fin...*

*– Ce n'est pas bien grave, monsieur Granger, car nous tous ici, on a tout notre temps ! Alors prenez place tous les deux et... en avant la musique !*

Et moi, Luc, fils de Joseph, je serai alors bien fier et « bienheureux » d'accompagner à la guitare mon violoneux de père dans cette mélodie interminable, qu'on n'aura pas besoin de repasser au ciel en boucles et ce, pour la raison très simple qu'elle sera... éternelle !...

**FIN**

# Un dessert « musical » !

Un jour, je proposai à mes amis de faire un party chez moi avec la permission, déjà obtenue, de mes père et mère. À cette époque, ces derniers allaient danser le samedi soir et ne revenaient à la maison que vers minuit. « *Assurez-vous d'avoir tout ramassé et nettoyé avant qu'on arrive* », fut la seule condition parentale. Cela me semblait raisonnable et faisable. Je m'y engageai. Je mentionnai à mes amis que les amis des amis étaient aussi les bienvenus. À la date fixée, tout était prêt… Dehors, un léger crachin tombait sans arrêt. Les copains commençaient à arriver, par petits groupes… J'avais fort à faire pour servir toutes ces personnes, plus nombreuses que je l'avais escompté. En fait, elles étaient en si grand nombre que, rapidement, je fus débordé et perdis tout contrôle sur mon party qui dégénéra en foire et en bordel. Il y avait du monde en haut dans les chambres à faire ce que vous pensez qu'ils faisaient ; il y avait du monde dehors en train de fumer souvent autre chose que des cigarettes légales ; il y avait tout un groupe en train de danser, de boire ou de fumer dans le salon et dans la cuisine… J'avais délégué à d'autres certaines tâches, comme celle de D.J. (Anecdote : le monde était bien averti que danser dans le salon ferait sauter l'aiguille du tourne-disque, à cause du plancher trop mou… mieux valait pour les « swingeux » de se faire aller dans la cuisine.) Quant à moi, j'avais fort à faire pour accueillir le monde, servir la bière et les chips, pour surveiller, pour éponger et nettoyer les dégâts, etc. C'eût été un job pas trop accaparant si seulement les potes attendus s'étaient présentés. Bref, je croyais qu'on ne serait qu'une vingtaine, on se retrouvait une cinquantaine ! Je m'aperçus même qu'au moins un tiers des « invités » m'étaient inconnus… totalement ! Je n'étais plus en contrôle de mon party !

Beaucoup de la bière qui ne devait couler à flots que dans les gosiers tombait fatalement sur le plancher aussi. Ceux qui arrivaient de dehors, ayant marché dans les flaques d'eau, étendaient une boue sale, glissante, puis collante, sur toute la surface de tous les planchers de la maison. J'étais atterré… Et, regardant l'heure, j'appréhendais pour très bientôt le retour de mes parents… Ce qui finit par advenir ! Ah, je revois encore le visage sévère et réprobateur de mon père et celui effaré de ma mère constatant le capharnaüm infect régnant dans sa maison… Je leur promis que le temps qu'ils aillent prendre un café au resto, la maison serait vide et qu'au moins le gros du ménage serait fait. J'annonçai avec vigueur la fin du party, quelques proches restèrent pour m'aider à mettre un peu d'ordre. Au retour numéro 2 de Joseph et Lorraine, j'achetai la paix en promettant de laver tous les planchers le lendemain.

Je n'ose imaginer le nombre de gens qui se seraient invitées à mon party en cette nouvelle ère des *Facebook* et autres réseaux sociaux ! J'en frémis juste à y penser…

Sachez qu'il n'y eut plus jamais de « partys » chez moi ! Jamais ! **FIN**

Image : Freepik

# 13

J'ai choisi le *chapitre 13* pour vous raconter la fois où la chance m'a souri... Pas peureux le gars !

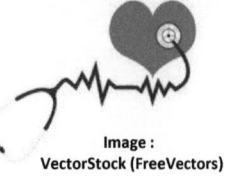

Image :
VectorStock (FreeVectors)

# Le temps des heures lentes

## Nouvelles de ma vie... de dernière heure !

### Chapitre I – Le 15 novembre 2017 : le pronostic

**《** *Monsieur Granger*, me dit doctement, gravement, sentencieusement, le docteur Ricardo Costa (son nom de famille complet est Leite Vieira Costa), cardiologue d'origine sud-américaine, de service ce jour-là à l'hôpital Sainte-Marie de Trois-Rivières, *assoyez-vous dans la salle d'attente juste à côté, et attendez que je vous rappelle ; je dois avoir une petite conversation avec vous.*» Enfin, c'est ce que je compris... Je me tenais tout près de lui, moi souffletant, haletant, ahanant, et lui examinant calmement et attentivement l'enregistrement de mes récents efforts physiques et cardiaques. Je le voyais entourer au stylobille, ici et là, les zones du graphique qui, à intervalles réguliers, lui semblaient, j'imagine, problématiques. Je venais tout juste de débarquer du tapis roulant qui devait mesurer ma résistance cardio-vasculaire à l'effort ; le spécialiste m'annonçait le verdict qui résultait de mon échec lamentable à... juste marcher ! J'avais à peine commencé à affronter le deuxième niveau de difficulté, c'est-à-dire un tapis un peu surélevé, à vitesse encore plutôt lente ; je fis quelques pas, mais après très peu de secondes, déjà, j'étais à bout de souffle... Je n'en revenais pas moi-même ! D'origine sud-américaine (brésilienne, je crois bien), le docteur Corda parle tout de même un bon français mais avec un débit très rapide. Il faut donc porter une grande attention à ce qu'il dit car il est facile d'en perdre des bouts. Il serait sans doute plus juste de dire qu'il est difficile d'en poigner des bouts ! Mais je compris très bien son exhortation à rester qui me fit le même effet qu'une invitation qui me fut lancée dans un passé pas très lointain, par une employée du service automobile de mon concessionnaire :

– *Monsieur Granger, le mécanicien qui s'occupe de votre véhicule voudrait vous montrer quelque chose.*

Non, ce n'était vraiment pas de bon augure... En fait, ce ne pouvait être que grave... À son tour, le cardiologue voulait, lui, m'annoncer quelque chose... Mais quoi ? Je n'eus pas à attendre longtemps pour connaître le « quoi » en question : il me fut expliqué quelques instants plus tard par le docteur Costa :

– *J'ai des inquiétudes à propos de votre cœur ; je vous garde à coucher à l'hôpital ; je vous ai réservé la chambre 431. Demain, vous passerez une coronarographie afin de déterminer la gravité de votre cas.*

J'avisai ma conjointe, Monique Roy, partie magasiner, de ce revirement subit de situation, de cette nouvelle réalité et, dès qu'elle le put, rapidement, elle vint me rejoindre. Je passai une dernière échographie puis montai à ma chambre. Cette-nuit-là, je dormis donc à l'hôpital, seul dans une belle grande chambre moderne à occupation double.

## Chapitre II – Du 16 au 23 novembre 2017 : l'attente

Ce matin du 16 novembre, je fus réveillé très tôt par les infirmières qui avaient reçu le mandat de me préparer pour l'examen coronarien. Je me suis levé avec la quasi-certitude que le surlendemain, je serais sorti de l'hôpital avec un ou deux « *springs* » dans les artères. Ces « ressorts » se nomment aussi, endoprothèses vasculaires, extenseurs vasculaires ou tuteurs vasculaires mais, familièrement, on les appelle des « *stents* ». Bref, j'étais vraiment confiant qu'avec un ou deux de ces « *stents* » je retomberais très vite sur mes pieds. On m'avait demandé d'être prêt, c'est-à-dire à jeun, la coronarographie étant prévue pour 7h00. Elle fut par la suite reportée pour vers midi puis pour vers 16h00. J'étais un peu déçu... Finalement, on m'y mena un peu avant midi. On m'installa dans un « enclos » de préparation pour m'injecter un produit engourdissant et pour me raser aux endroits stratégiques du corps, c'est-à-dire là où pénétrerait le cathéter d'inspection des artères : au poignet droit, ou à l'aine droite si l'échec était au rendez-vous au poignet.

Puis je fis la rencontre du cardiologue expert en coronarographie, son nom ? Croyez-le ou non, il s'appelait – et se nomme toujours – Dangoisse, docteur Vincent Dangoisse ! Ça ne s'invente pas un nom comme celui-là pour un spécialiste de coronarographie ! Je lui ai demandé, au docteur Dangoisse, si je devais en faire un peu... d'angoisse. Il a été très rassurant et j'avoue qu'il était fort sympathique. Il lui restait bien sûr à faire la preuve de sa compétence... On m'a fait entrer dans une salle magnifiquement blanche, d'une blancheur immaculée, mieux éclairée qu'une salle de montre de chez *Multi-luminaires*, et super bien équipée de l'hôpital Sainte-Marie et, après injection d'un léger produit anesthésiant, on a procédé à la coronarographie qui, somme toute, s'est fort bien déroulée. Finalement, on m'a ramené dans la salle de préparation où je devais attendre le constat détaillé des dommages existants.

Attendre est le calvaire obligé de tous les patients. J'attendis... puis tout à coup, pour me distraire sans doute de l'ennui de l'attente, mon bras droit se mit à enfler et à bleuir rapidement. J'appelai à l'aide car cela m'inquiétait et commençait à me faire mal, et on vint finalement constater que je faisais un « *bras de Popeye* », c'est-à-dire un hématome brachial, soit un bras enflé démesurément, une conséquence liée à la coronarographie. L'infirmière me fit une compresse exerçant une pression sur mon avant-bras, tout en me rassurant sur la bénignité et le caractère relativement courant (1 patient sur 10) et presque toujours temporaire de la chose. Docteur Dangoisse, qu'il s'appelait... Au secours !

Quelques minutes plus tard, il se fit, à quelques pas de moi, un conciliabule de trois docteurs pendant qu'on m'asseyait dans un fauteuil roulant pour me ramener à ma chambre. Mettant fin à leur conversation, un cardiologue me demanda où je voulais aller : à l'institut de cardiologie de Montréal ou à celui de Laval, Québec. Comprenant qu'on m'annonçait ainsi la « grande opération » avec ouverture de la cage thoracique, je fis comme réponse que je préférerais aller, à compétences égales des chirurgiens et à qualité équivalente des équipements opératoires, à Québec, mes trois filles y résidant. On me rassura immédiatement sur la compétence du personnel québécois et sur l'adéquation des salles d'opération ; on me fit même remarquer que je pourrais sans doute être opéré plus rapidement à Québec compte tenu du ralentissement occasionné par le transfert des patients d'un hôpital montréalais à celui tout neuf construit récemment. On vint me confirmer peu après qu'on acceptait de me prendre, possiblement dans une semaine, à l'Institut de cardiologie de Laval. Ma conjointe et moi en étions fort heureux. Enfin, je crois sincèrement qu'on peut appeler ça un réel petit bonheur dans les circonstances.

On m'installa un moniteur cardiaque puis on m'attacha au poteau qui devait m'abreuver, en continu, de soluté et éclaircir mon sang à titre préventif. Puis je fus une semaine complète à me distraire le mieux que je pouvais : télévision préhistorique aux images floues et décolorées, écriture, lectures... puis quelques visites qui m'ont fait bien du bien : ma conjointe, des amis, des parents...

Permettez que je vous parle un peu de ma conjointe Monique : entré à l'hôpital, je venais de lui compliquer la vie quelque peu. Son père, Léonard, hospitalisé à l'hôpital de Shawinigan-Sud, vivait ses derniers jours – il mourra le 21 novembre ; dans son état, il réclamait constamment sa présence non seulement parce qu'elle était sa fille, bien sûr, mais aussi parce qu'elle faisait office de mandataire pour toutes ses affaires. Je devais donc la partager. Ce ne m'était quand même pas trop pénible car je comprenais la gravité de sa situation. De plus, j'étais à l'hôpital en mode attente : je ne savais pas quand je serais transféré à Québec ; on m'avait dit une semaine, mais ce pouvait être plus long selon les priorités qui se présenteraient à l'institut de cardiologie, priorités dont on ne me tenait pas informé, bien entendu. Puis vint le 18 novembre, jour de la fête de ma conjointe : elle fut fortement priée par moi de se rendre, comme prévu, au restaurant *La Cité d'Angkor* et d'oublier, ne fût-ce que pendant ce seul court moment, qu'elle était « cédulée » sur deux « chiffres » de visites hospitalières : son père et son chum.

Quelle chose étrange que d'être confiné à un lit d'hôpital alors qu'on ne ressent aucun malaise, aucune douleur ! Je me sentais si bien portant que j'ai développé au fil de ces quelques jours d'attente le syndrome dit de l'imposteur. Je me promenais librement dans le corridor, jetant un coup d'œil furtif dans les chambres pour y apercevoir, ici, une dame, et là, un vieillard, qui semblaient à l'agonie. Un autre déambulait péniblement dans le corridor en fauteuil roulant non motorisé, depuis près de trois mois, m'a-t-il confié : « *Je ne vois pas le bout de ma misère...* » Puis il y avait moi qui occupais un lit que quelqu'un d'autre aurait pu revendiquer à tout moment avec de bien meilleures justifications que les miennes.

270

Mon avant-bras droit, lui, reprenait des proportions plus normales, bien qu'arborant toujours plusieurs des couleurs de l'arc-en-ciel, dont le bleu, le mauve, et le violet. Ici se place une anecdote que je tiens à raconter. Mon ami Guy Marcouiller est venu me visiter le mercredi midi ; nous jasions tout bonnement lorsque tout à coup mon bras s'est mis à enfler de nouveau, plus rapidement même que la première fois et, tout de go, recommença à m'élancer douloureusement. Un peu paniqué, je mentionnai ce fait à mon ami, ajoutant que j'allais me rendre au poste des infirmières pour qu'elles interviennent rapidement. Guy m'implora :

– *Surtout Luc, ne t'évanouis pas... car si toi tu le fais, moi aussi je le fais !*

Moumoune de Marcouiller va ! C'est bâti sur un « *frame* », une ossature à la Hugo Girard, l'homme fort du Québec, et c'est aussi sensible qu'une femmelette... Mais, mille mercis d'être venu me voir, ami Guy (à sa blonde, Josée aussi).

Somme toute, cette semaine-là s'est écoulée lentement, très lentement, égrenant les secondes, les minutes et les heures au compte-gouttes. Ce sentiment de ralentissement temporel était accentué par le fait que je n'avais ni montre ni horloge ; la nuit, je me réveillais à tout bout de champ, pour toutes sortes de raisons, dont les principales étaient les interventions fréquentes des infirmières, celles des aides-infirmiers et celles des préposés aux patients. Quand ils ne venaient pas pour moi, ils venaient pour le voisin ou pour la voisine d'occasion. Ajoutez à cela les va-et-vient et les éclats de voix continuels du personnel, quel qu'il soit, dans le grand couloir, et vous obtenez, à coup sûr, la recette parfaite pour produire des nuits blanches propices aux mauvais rêves et aux cauchemars. Mais trêve de plaintes et de critiques : tous ces gens dévoués et attentionnés ne faisaient que leur travail, et ce travail, ils le font bien et ils le font pour nous, les patients. Alors, les patients, faites un effort, soyez et restez... patients !

## Chapitre III – 23 novembre 2017, vers 17 heures : le départ

Bien que le temps semblât s'être arrêté, il vint tout de même le moment où l'on m'avisa de me préparer pour mon transfert, imminent, vers l'Institut universitaire de cardiologie et de pneumologie de Québec (l'Institut ou l'IUCPQ pour les intimes). Une jeune infirmière se présenta : elle voulait remplacer mon vieux cathéter par un autre, propre et mieux adapté aux embouts de l'IUCPQ ; comme seul mon bras gauche demeurait suffisamment potable, elle piqua ce bras... mais rata son coup, une fois, deux fois. « *Désolée* », me dit-elle, puis s'en alla demander à sa collègue de prendre la relève, collègue aussi peu expérimentée qui piqua le même bras, une fois, deux fois... sans mieux réussir. Elle alla quérir une 3e collègue qui ne fit pas mieux... J'étais ébaubi et atterré ;

depuis mon hospitalisation, seul mon bras gauche faisait les frais de toutes les piqûres requises par mon état, ce bras, je vous le dis, en avait plein le... bras. Il ressemblait désormais à un bras qui aurait farfouillé inpudemment dans un essaim d'abeilles ! J'espérais donc que l'académie des infirmières n'avait pas délégué toute sa cohorte d'apprenties dans mon secteur ; non, finalement, on laissa, pour la nuit, les choses telles qu'elles étaient avant, plus six trous de piqûres additionnels. Tôt le lendemain matin, une infirmière expérimentée se présenta et réussit, du premier coup, elle, à installer ce « maudit » cathéter... J'étais content ! Enfin, j'étais fin-prêt pour mon voyage vers Québec !

Jeudi, à la toute fin de l'après-midi, je fus mis dans un véhicule de transport adapté sous la surveillance d'une infirmière. Ma conjointe Monique ne m'accompagnerait pas : elle était très fatiguée de sa journée. Elle venait de passer l'avant-midi à l'hôpital avec son père, puis l'après-midi pour moi. Pendant qu'on attendait qu'un préposé vienne me chercher au poste de garde de mon étage, Monique et moi discutions avec une employée assise derrière le comptoir, de la pertinence pour elle de me rejoindre dès que possible à Québec. Pendant qu'on patientait, cette dernière émit le commentaire suivant, qui nous étonna :

– *Vous savez, madame, au début, votre présence à l'Institut n'est pas vraiment requise puisque votre conjoint va dormir durant les trois premières journées.*

C'était, disait-elle, un conseil qui lui était inspiré d'une expérience personnelle. Mais cela nous semblait un peu étrange, bizarre, un tantinet insensible et déconnecté. Quant à moi, j'avais décidé que je laisserais Monique décider de ce qu'elle voudrait faire dans les circonstances difficiles et complexes où elle se trouvait. C'est ainsi que je partis, seul, pour Québec. Lorsque l'on arrive à Québec par l'autoroute 40 ouest, l'Institut se trouve à juste à droite, dans l'arrondissement Sainte-Foy. Nous y fûmes vers 19h30 : on me débarqua du minibus, on fit mon inscription, puis on me mena à ma chambre, la 318, à l'étage de la cardiologie. On fut assez aimable pour me trouver un restant de souper à me mettre sous la dent, puis j'essayai de dormir entre les examens, les piqûres, les prises de sang et les rêves éveillés. Le lendemain devait être un jour des plus importants dans ma vie ! Car demain, on jetterait un pont, plusieurs en fait, entre mon chemin de vie déjà parcouru et un deuxième, tout beau, tout neuf, tout nouveau à tracer !

## Chapitre IV – 24 novembre 2017, PM : les quatre ponts

Je me « réveillai » tôt ce matin-là après une nuit où dormir mal et par à-coups fut encore la norme. Je devais rester à jeun puisque mon opération devait avoir lieu durant la journée. Une infirmière passa me voir, prit mes signes vitaux puis – je vous le jure !, – remplaça le « torbinouche » de cathéter si péniblement installé sur mon bras la veille par la cardiologie de Trois-Rivières, pourtant garanti conforme aux normes de l'IUCPQ : « *C'est celui qu'ils utilisent là-bas* »... SVP, parlez-vous donc ! Ensuite de quoi, un préposé vint raser à peu près tout ce qui restait à raser sur mon corps : décidément, les chirurgiens n'aiment pas le poil. On vint me prévenir qu'on m'attendait à la salle d'opération pour huit heures et on me dit d'en aviser mes proches pour qu'ils soient présents – pour moi, cet avis se voulait un pied-de-nez adressé à l'employée du comptoir de l'hôpital Ste-Marie. J'appelai donc ma fille Évelyne pour qu'elle fasse le message à ma conjointe qui était restée à Shawinigan. Elle me rappela pour me dire que Monique partait au moment même. Si on m'opérait à huit heures, je devais bien sûr oublier sa présence à mes côtés pour mon départ vers la salle d'opération. Mais Évelyne, elle, serait là !

Quelques minutes plus tard, on me fit part d'un changement au programme : l'opération aurait plutôt lieu vers 16h00. Il me fallait donc attendre. Au moins, insigne consolation, Monique aurait le temps d'arriver... j'étais très, très content ! Ma fille et ma conjointe me rejoignirent à ma chambre vers 10h30, tout étonnées que j'y sois encore. Moi, j'étais bien heureux d'avoir de la visite, ironisant a contrario sur le commentaire entendu la veille à Trois-Rivières sur la présence inutile des proches. Puisqu'il n'y avait plus d'urgence, ma double visite décida que les circonstances leur permettaient d'aller prendre un café à la cafétéria de l'hôpital ; j'en profiterais moi pour tenter de dormir un peu... C'est un euphémisme de dire à quel point mes visiteuses furent étonnées lorsque je les appelai quelques minutes plus tard, pour leur dire qu'on s'en venait finalement me chercher pour m'amener à la salle d'opération et ce, sur-le-champ ! Ici comme ailleurs, il n'y avait donc que le changement qui ne changeait pas... Elles durent faire vite pour me retrouver à ma chambre, moi attendant mon « chauffeur » sur le seuil de la porte, bien assis dans un fauteuil roulant, tout bien emmitouflé dans une couverture. Enfin, nous partîmes en procession, moi devant et, à ma suite, la préposée au « poussage » de mon « bolide », talonnée de près par mes deux compagnes.

Dans l'antichambre de la salle d'opération, on s'affaira autour de moi ; j'entendis distinctement une voix d'homme qui clamait haut et fort : « *Où est le film de monsieur Granger ?* » Je me mis à prier intérieurement pour qu'on le retrouvât ce sapristi de film, et rapidement ; je ne voulais surtout pas perdre ma priorité pour le bistouri. Mais je m'en étais fait pour rien : l'homme en blanc, qui s'était rapproché de moi, examina quelques secondes les résultats de « ma » coronarographie fournie par l'hôpital Sainte-Marie de Trois-Rivières, puis leva les yeux vers moi. Lecteur, lectrice, je vous fais une confidence : vu que le cardiologue de « ma » coronarographie a pu s'appeler « Dangoisse », je redoutais un peu, je l'avoue, cet accueil : « *Bonjour, je suis le docteur Laterreur* ».

– *Bonjour monsieur Granger... Je suis le docteur Perron, Jean Perron...* (Surpris, je l'examinai mieux : ouf ! non, ce n'était pas l'auteur des « péronismes », heureusement !) *C'est moi qui vais vous opérer... Vos artères sont bloquées à 90% à deux endroits dont près du complexe coronarien et à 70% à deux autres. Je prévois faire quatre, peut-être cinq pontages. Pour illustrer la gravité de vos blocages d'artères, vos globules rouges sont comme des soldats qui se sont mis en ligne pour pouvoir passer un à un aux endroits obturés. Dans cet état, selon mon expérience, vous ne vous rendiez pas à Noël... Mais rassurez-vous, vous êtes ici au bon endroit : à votre âge, dans votre condition physique, les risques de l'opération sont inférieurs à 1%... Ça va bien aller... Mon équipe va vous préparer. On se revoit dans quelques minutes dans la salle d'opération.*

En effet, quelques instants plus tard, j'entrais dans une salle d'opération ultra-moderne, très spacieuse, aux murs d'un blanc éclatant dont l'éclairage puissant augmentait la pureté ; cette salle détonait beaucoup de la chambre exigüe, vétuste, désuète et sombre que je venais de quitter. Je fus immédiatement pris en charge par des préposés et des infirmiers qui m'installèrent sur une civière qui déployait des extensions pour les bras, lui donnant ainsi la forme d'une croix. J'aurais donc l'air, dans quelques minutes, et pour quelques heures, de ce Jésus en croix au cœur sorti de la poitrine si populaire dans l'iconographie catholique. Pour éviter l'erreur médicale, on m'a demandé mon nom, et la raison pour laquelle j'étais là. Rassuré, l'anesthésiste vint introduire, dans le « fameux » cathéter préalablement installé sur moi, des produits somnifères qui me mirent knock-out quelques secondes tout au plus après leur administration. Mon cœur et ma vie étaient désormais entre les mains expertes de l'équipe médicale entourant et épaulant le chirurgien cardiaque, le docteur Perron, ainsi qu'entre celles de Dieu, dont je n'espérais rien de moins, à mon tour, qu'une résurrection !

ༀ

Dès mon réveil des brumes épaisses de l'anesthésie, je me souviens avoir réclamé un peu d'eau froide. Quelques gouttes seulement ont fait mon bonheur. Étrangement, je ne ressentais aucune douleur d'une opération qui pourtant m'apparaissait au départ très invasive. Avait-on remis l'opération ? Mon corps ne répondait plus à aucun stimulus... J'étais vissé à mon lit... Sûr, quelque chose s'était passé... Je vis Monique et Évelyne à mon chevet, ou plutôt je devinai leur présence : je percevais leurs voix angéliques, douces et rassurantes même si les mots qu'elles prononçaient semblaient provenir d'un monde lointain. Aussitôt réveillé, aussitôt je fus rassuré : l'opération avait bien eu lieu. Je me rendormis dès après sous l'effet puissant des drogues qu'on m'injectait régulièrement.

Mais j'avais eu quand même le temps de le constater : vivant, j'étais vivant !

## Chapitre V – Du 25 au 30 novembre 2017 : réapprendre

J'étais désormais, avec sept autres patients, soigné, tâté, observé, ausculté, piqué, surveillé, et suivi par une équipe des soins intensifs composée de médecins, d'infirmiers et d'infirmières, d'aides-infirmiers et d'aides-infirmières et de préposé(e)s. Tout ce beau monde, expérimenté et dévoué, bourdonnait autour de chacun de nous comme des abeilles ouvrières autour de leur reine.

Peu à peu je reprenais conscience, et un peu plus longtemps chaque jour. On ajustait ma médication en fonction des améliorations que je démontrais. Je commençais à pouvoir communiquer avec ma visite de plus en plus longtemps et, sans doute, avec de plus en plus d'aplomb et de cohérence. Je prenais aussi conscience du chemin qu'il me faudrait parcourir dans les prochains jours, les prochaines semaines, les prochains mois. J'étais cloué au lit par des solutés, on m'avait laissé un drain implanté dans le poumon, un autre dans l'abdomen et un troisième servait à vider ma vessie. J'étais abasourdi, sonné par le fantanyl et je portais sur le ventre un moniteur de surveillance cardiaque à distance. Je ne pouvais pas bouger, mais je ne souffrais pas, aucune plaie ne me faisait mal, pas même celle de la poitrine. Étonnant, non ? Pourtant on m'avait scié le sternum sur toute sa longueur pour pouvoir ouvrir la cage thoracique, accéder au cœur le temps de l'intervention, puis on l'avait refermé avec des attaches métalliques. On me disait : « *C'est grâce au fentanyl !* » Le fentanyl, cette même drogue, qui, moins pure et prise sous prétexte d'engourdir des souffrances psychologiques et morales insupportables, tuait des gens dans la rue, me permettait, à moi, de continuer à vivre en apaisant mes souffrances physiques. Quand les personnes opérées du cœur reprennent conscience, on leur remet un « bébé ». Moi aussi, j'ai eu le mien : mon bébé dormait dans mon lit, dans mes bras souvent et, dans certaines circonstances, je le portais sur mon cœur... mais, ne vous y trompez pas, pas par amour filial ! Non, ce bébé, ce n'est qu'une serviette pliée sur plusieurs épaisseurs pour former un coussin de 12 pouces carrés inséré dans un étui de plastique. C'est un élément important de la réhabilitation de l'opéré cardiaque car il lui permet de protéger sa cage thoracique, dont la soudure, encore fraîche, restera fragile au toussotement, aux éternuements et aux étouffements pendant au moins un mois. Ma consigne à moi était des plus simples : à défaut de pouvoir contrôler tous ces phénomènes physiques, au moins, j'imposai une directive formelle aux gens autour de moi : « *Ne mettez pas de poivre sur mes aliments !* »

Le deuxième jour, je n'avais plus le choix, et on me l'ordonna presque, je dus me lever et m'asseoir sur le fauteuil pour manger mes repas. Ces simples gestes de « sauter » du lit, de marcher, de m'asseoir sur le fauteuil et de m'en extirper ensuite étaient devenus un défi gigantesque, et déplaisant, qu'il fallait réaliser un peu plus souvent chaque jour. Porter de la nourriture à ma bouche se révéla être aussi un défi malgré une soixantaine d'années de pratique ! Difficile à concevoir, mais encore plus difficile à admettre et à accepter... Aller à la chambre de bain était impensable les premières journées de convalescence. Ce qui me faisait dire et me fait dire encore que le « bébé », le vrai bébé, ce n'était pas tant la « poupée-chiffon » que je serrais à l'occasion et au besoin sur ma poitrine, mais plutôt moi, le patient, qui devais, à soixante-cinq ans, réapprendre des gestes simples que j'avais pourtant assimilés et intégrés dans mon quotidien très tôt dans ma petite enfance !

Au fur et à mesure que le temps passait, nos anges gardiens notaient, entre leurs piqûres, leurs prises de sang, leurs vérifications des signes vitaux et autres interventions fréquentes, les progrès réalisés par chacun de nous.  C'est là la routine qui s'installa et ce, jusqu'en ce début d'après-midi-là où l'on nous annonça qu'il fallait quitter rapidement les lieux réservés aux soins intensifs pour cause de réparations majeures débutant le lendemain matin. Ce branle-bas de combat démarra vers 14 heures, on débuta l'exode des patients. On coupait les coins ronds c'est mon infirmière qui le disait, pour s'assurer que le déménagement soit terminé avant que ne commence le quart de travail suivant. En moins de 30 minutes, on forma, avec quelques lits et quelques fauteuils roulants et tous leurs accessoires, un cortège qui quitta la pièce. J'entendais mon infirmière pester contre ce transfert effectué, selon elle, avec trop peu d'éthique et de professionnalisme. Un de ses propres patients fut « expulsé » du local sans qu'elle eût le temps de vérifier sa « transportabilité » ; elle en était fort mécontente. Moi, installé juste devant son bureau, je fus épargné ; elle s'approcha pour me dire :

– *Ne vous inquiétez pas monsieur Granger, je vais refaire votre pansement et enlever le drain dont vous n'avez plus besoin. Vous ne partirez que quand j'aurai terminé ! Pas avant, je vous le garantis !*

Durant les trois jours où elle aura été affectée à mes soins, je l'ai bien aimée cette infirmière-là, peu souriante j'en conviens, mais sérieuse, dévouée, concentrée sur ce qu'elle avait à faire... Merci... Mais merci tellement !

Je soupai donc dans ma nouvelle chambre du 3e étage. C'était une chambre à deux lits, séparés par un rideau mobile et moi, j'occupais le lit numéro 1, celui installé près de la porte. Il faut dire que cette chambre était remarquable par son exiguïté. Mon lit faisait face à deux lavabos : celui de droite était le mien, celui de gauche appartenait à mon voisin de gauche. Il n'y avait pas assez d'espace entre ces éviers et mon lit pour faire passer certains appareils dont un « rayons X » mobile trop large ; pour le déplacer jusqu'au lit numéro 2, il fallait déplacer mon lit. Et même ainsi, on heurtait quand même soit le lavabo devant mon lit soit mon lit lui-même. Il y avait très peu de place pour la visite qui devait, à tout bout de champ, se rendre dans le couloir pour permettre au personnel de circuler dans la chambre. Les deux garde-robes, peu spacieuses, se trouvaient à gauche, du côté fenêtre et, au centre de la chambre, se trouvait la salle de bain qu'il fallait partager avec les locataires de la chambre voisine. Il fallait donc craindre les envies simultanées... Cette petitesse des lieux était largement compensée par la générosité, la patience, le dévouement et la grandeur d'âme du personnel soignant. Dans mon état postopératoire, j'étais à toutes fins utiles immobilisé dans mon lit, donc entièrement dépendant du bon vouloir et de la disponibilité des préposés aux patients. Pourtant, les soins qu'ils prodiguent, répétitifs, souvent intimes, parfois dégoûtants, sont rendus avec un sourire invitant le patient à ne pas s'en faire outre mesure avec son incapacité temporaire. Grand merci à vous tous et à vous toutes !

Ce soir-là, je fus réveillé par le bruit intempestif, mais reconnaissable, d'un branle-bas de combat : une escouade d'une dizaine de personnes, faisait irruption dans la chambre. Un « code bleu », une réanimation d'urgence... c'est toujours impressionnant ! Je sortais d'un demi-sommeil et pensai dur comme fer qu'ils devaient être là pour mon voisin. Pourquoi ? Je vous raconte.

Mon voisin avait été opéré pour le cœur un mois auparavant. Il était revenu à l'hôpital à cause d'une rechute causée par une complication « électrique ». Il faisait de l'arythmie de façon assez fréquente. Il était donc question de lui installer un stimulateur cardiaque, un « *pacemaker* »... ou pas, selon les résultats de ses examens. Cette incertitude l'inquiétait beaucoup et il se plaignait continuellement de son triste sort. Chaque jour, sa femme venait le rejoindre dès le déjeuner et demeurait avec lui jusqu'après souper. Toute la journée, apitoyé sur lui-même, et sans aucun égard pour son entourage, on n'entendait que ses plaintes, ses gémissements, ses lamentations, et ses jérémiades. Toute la journée ! Sans arrêt ! Sa femme, dans le but évident d'essayer de rassurer son conjoint, relançait chacune de ses doléances par une phrase-cliché :

*– Que c'est que tu veux qu'on fasse ? C'est pas nous autres qui mènent ça ! Ils doivent ben savoir ce qu'ils font ! Dis-toi que ça pourrait être pire ! Un jour à la fois ! Ça va ben finir par finir un jour ! T'es donc ben bébé ! Écoute, t'es pus un enfant ! Arrête donc de faire l'enfant ! Si ça a de l'allure ! C'est quand même ici que t'es le mieux ! Au moins, dis-toi que t'es vivant ! C'est ça qui est ça !*

Ces lieux communs, elle les débitait en boucles toute la journée... Ces deux personnages inquiets et négatifs formaient, en fait, une équipe professionnelle de démoralisation et de démolition psychiques qui me faisait paraître mes journées interminables et cent fois plus pénibles qu'elles auraient dû être. Normal donc que je crus en m'éveillant que le personnel soit là pour lui, mon voisin mal en point. Je reviens au code bleu : le cœur devait encore lui avoir fait faux bond... Le malheureux... Je m'en allais le plaindre... Mais ce soir-là, j'étais dans l'erreur car le « rush » du code bleu, il était pour moi ! C'est ma « patate » à moi qui venait de s'emballer dans mon sommeil et c'est cette tachycardie qui fut immédiatement signalée au poste de garde par mon moniteur ventral, et qui déclencha le code. Il est particulièrement stressant de vivre une telle situation mais, en contrepartie, particulièrement rassurant de constater le bourdonnement de la ruche médicale qui, malgré l'apparence d'un chaos, prend en charge le patient avec un professionnalisme et une efficacité extraordinaire, chaque abeille jouant son rôle à merveille. Une fois le cœur ralenti, stabilisé et régularisé, on prit le temps de m'expliquer qu'une telle arythmie était chose assez courante, presque normale, après une opération cardiaque, et que je ne devais pas m'en faire outre mesure car il était plus que probable que le phénomène ne se renouvelât pas. Morale de l'anecdote : je trouvais le moniteur cardiaque, qu'on avait collé sur mon ventre transpercé de maints drains, beaucoup moins encombrant tout à coup !

ॐ

Sur le mur d'en face de mon lit, juste au-dessus de la porte de la salle de bain était accrochée une horloge de bonne dimension dont la caractéristique principale était l'impossibilité, même en plein jour, de discerner l'aiguille des heures de celle des minutes. La nuit, ce n'était vraiment pas mieux. À la lumière blafarde des lumières du corridor, on pouvait par exemple penser qu'il était 4 heures du matin alors qu'en réalité, il n'était que minuit vingt. Je parodie une chanson de Stéphane Venne : « *À l'hôpital, les nuits sont longues...* », car oui, le temps passait lentement, je l'ai déjà dit, mais dans cette chambre en particulier, le temps devenait une valeur floue, confuse, indistincte, impalpable, traîtresse. On croyait avoir dormi quelques heures alors que quelques minutes seulement s'étaient écoulées. Une minute nocturne s'écoulait comme une heure, une heure comme dix heures ; ainsi, chaque nuit devenait une éternité. Avec le bruit et le va-et-vient continuels, la somnolence, le demi-sommeil et l'insomnie devenaient nos compagnons incontournables, inévitables. Parlant de la nuit... Au quatrième jour de ma convalescence, je me sentais quand même assez bien : je décidai donc que louer une télévision était une bonne idée... ce que je fis « *subito presto* »... Je la regardai avec avidité, en après-midi, puis en soirée dès que ma visite fût partie. C'est ainsi que je découvris une émission de Musique Plus que je ne connaissais pas et qui passait et repassait en boucles : *Buzz*, co-animée par les humoristes Jérémy Demay et Olivier Martineau. C'était drôle et rire à nouveau me fit le plus grand bien.

Plus tard dans la soirée, après n'avoir dormi qu'un peu, je me réveillai et tentai de trouver une émission à mon goût. Je tombai sur *Great Performances* au poste public bostonnais PBS. Elle était consacrée au compositeur-musicien vancouverien, donc canadien, David Foster qui composa maintes chansons pour maints artistes de renom dont le groupe Chicago, Céline Dion et Michael Bubble, pour ne nommer que ceux-là. J'y entendis Peter Cetera, qui fut un long moment le chanteur attitré du groupe Chicago, interpréter trois de ses plus magnifiques chansons puis, plus tard, ce fut au tour du célèbre ténor italien lyrique et aveugle, Andrea Bocelli, qui me fit pleurer de bonheur avec sa triste et romantique *Amapola*. Plus la chanson avançait, plus je prenais conscience de la chance incroyable que j'avais d'avoir traversé avec succès cette période difficile de ma vie. Ah ! C'était vraiment beau ! Vraiment : « *Viva la vida !* »

೮ೱಿ

Aussi lent fût-il, le temps passa ; je fis des progrès significatifs qui amenèrent l'infirmière chef et les docteurs à me parler de retour à la maison pour un jour prochain. Trop prochain à mon goût et à celui de ma conjointe qui devait se rendre à la cérémonie mortuaire organisée pour son père décédé le 21 novembre. Moi, je ne me sentais pas encore prêt à affronter tous les défis du quotidien : dans mon état, je croyais même devoir utiliser une marchette, du moins pour les premières semaines à domicile ! Bref, j'ai plaidé, avec force mots et force larmes, notre cause commune à Monique et à moi ; finalement, les autorités compétentes ont accepté de me retourner à l'hôpital Sainte-Marie de Trois-Rivières, soit d'où je venais, pour que j'y continue ma convalescence. Ouf !

Le jour de mon départ, pendant que j'attendais mon transport retour vers Trois-Rivières, mon voisin « plaignard » et « chiâleux », lui, pour une deuxième journée de suite, attendait l'opération « pose d'un *pacemaker* » qui avait été décidée, quelques jours auparavant, par son cardiologue. La veille, son attente à jeun toute la journée avait avortée vers la fin de l'après-midi, générant chez le patient lésé une impatience accrue mais surtout, à mon grand dam, une recrudescence de lamentations et de jérémiades de sa part ainsi qu'une nouvelle litanie des mêmes phrases-clichés de la part de sa conjointe.

J'avais vraiment hâte de quitter cette salle où se jouait cette pièce de théâtre tragi-comique, mais plus tragique que comique. Il advint, ô coïncidence, qu'on vint chercher le patient pleurnichard au même moment qu'on avançait ma « limousine » ! Car ainsi en avait décidé le divin maître-d'œuvre dans sa grande sagesse ; on se souhaita donc réciproquement la meilleure des chances...

## Chapitre VI – Du 30 novembre au 4 décembre 2017 : la convalescence

Le bus adapté est venu me chercher au milieu de l'après-midi du 30 novembre. Curieusement, il n'y avait pas, cette-fois-là, d'infirmière accompagnatrice. Pourquoi ? Je ne l'ai pas su de façon certaine parce que, entre autres raisons, je ne l'ai pas demandé. J'ai inféré que mon état ne devait pas en requérir... quoique cela n'ait pas cessé de me préoccuper, inconfortable que j'ai été, une grande partie du trajet vers Trois-Rivières. Il faisait soleil ce jour-là et j'étais content de retourner en Mauricie, à portée d'auto de chez moi. Quand je serais prêt, Monique viendrait me chercher et me ramener à la maison. Je commençais maintenant à rêver à ce grand jour... prochain. Mais il me restait un peu de travail à faire pour être assez mobile et tout à fait apte à exécuter certaines tâches de la vie courante.

Une fois mon admission complétée, on me mena dans une chambre aux antipodes de celle que je venais de quitter à Québec : celle-ci était belle, moderne, bien éclairée, et tellement grande qu'on aurait pu y tenir un party de famille et d'amis, eussent-ils été en très grand nombre.

La seule ombre au tableau que je voyais, c'était le lit sur lequel on m'avait installé. C'était un modèle ancien avec manivelles manuelles au pied ; dans ma condition encore limitée et avec ce mécanisme hors d'atteinte, je devais à chaque fois soit me lever, soit appeler à l'aide pour que, pour mon confort ou pour mon besoin, je voudrais en modifier la configuration. Je reluquais donc avec envie celui de mon voisin qui, lui, possédait des touches magiques se trouvant à la portée des doigts du malade. Comme mon voisin de chambre devait quitter son lit « à boutons » au début de la soirée et qu'on viendrait bientôt en force pour le changer et le stériliser, je confiai mon désir d'y être transféré à une préposée aux bénéficiaires qui en prit bonne note, me spécifiant, pour ne pas que j'entretienne d'inutiles attentes, qu'il n'était pas dans les habitudes de l'institution de consentir à une telle requête.

Je fus agréablement surpris, le lendemain avant-midi, de voir surgir dans ma chambre une petite escouade, menée par « ma » préposée, qui venait faire le transfert de lit. Au cours de l'opération, j'entendis bien ici et là quelques récriminations faites à voix basses par ses collègues mais elles furent toutes repoussées d'un revers de main ferme par mon ange gardien. Merci à elle, grâce à qui j'ai pu profiter d'un séjour facilité par son obligeance et sa détermination.

Il y avait dans cette chambre-là une horloge dont les aiguilles noires se détachaient nettement du fond blanc sur lequel elles étaient posées. Je serais donc en mesure de lire l'heure durant toute la durée de mon séjour. Le jour du moins. Pour la nuit, il faudrait « voir »... Laissons sa chance à la trotteuse !

Mon état physique m'autorisait, dès le premier jour, à louer le service de télévision qui, quoique étrangement archaïque à l'hôpital Sainte-Marie, me permettrait de me distraire. Je confiai à ma conjointe le soin de contacter le responsable de l'activation de cet appareil. Comme il était tard ce jour-là, le message laissé ne devait logiquement connaître ses effets que le lendemain. Mais le lendemain passa sans que je visse ce responsable. Monique fit pour moi une deuxième requête... qui n'y fit rien non plus. Le troisième jour, ma conjointe et moi étions pompés, pas à peu près : moi, un enfant de la télé, j'étais contraint de me distraire tant bien que mal sans cet écran magique pendu juste au-dessus de moi, en lisant ou en jasant avec ma visite. L'habitude d'une soixantaine d'années passées devant le petit écran avait créé chez moi une dépendance dont ne m'avaient pas sevré les premiers jours brumeux de ma toute nouvelle vie. Je voulais la télé ! Donnez-moi la télé, sinon je fais le « *bacon* » par terre ! Na ! Je laissai moi-même un message désespéré...

Je fus réveillé cet après-midi-là par une dame au visage connu qui me dit d'emblée être la responsable de l'installation de la télévision dans les chambres. Finalement, je l'avais sous la main, la fautive. Il ne me restait plus qu'à lui faire savoir mon mécontentement, à lui « rentrer dedans » comme on dit. Je devais tout d'abord m'extirper de l'emprise brumeuse du sommeil et mettre de l'ordre dans les récriminations et les accusations que j'avais prévu lancer tout de go à la face de cette fonctionnaire pas diligente du tout ! Malheureusement pour moi, la femme souriante qui se trouvait devant moi, arrêta tout de go mon élan belliqueux en prenant la parole, tout juste avant que je déversasse mon fiel.

– *Bonjour monsieur Granger, me reconnaissez-vous, c'est moi Nancy, l'été je travaille au golf de Saint-Boniface. Je suis venue vous voir avant-hier et hier, mais vous dormiez. Et moi, j'ai pour principe de laisser dormir les patients.*

*Mais comme aujourd'hui est la troisième fois que je viens pour vous installer la télévision, j'ai pensé que vous apprécieriez que je vous réveille cette fois-ci...*

Qu'ajouter de plus ? Nancy venait de désamorcer, sans en être tout à fait consciente, une bombe atomique toute prête à lui péter dans la figure, bombe qui devint rapidement, en raison des nouvelles circonstances atténuantes et particulières, une bombette, non, un pétard à la farine, comme l'un de ceux que lançait Bobinette à son grand frère Bobino, mais mouillé ! Mais, j'avais enfin ma télé ! À ce moment-là, précisément, cela seul comptait... J'étais aux anges...

## Chapitre VII – Du 4 au 15 décembre 2017 : le retour chez moi

Vint le jour béni entre tous : celui de mon retour à la maison. Vous dire la joie et la fébrilité qui m'habitait... J'étais comme un enfant qui revient de son premier jour d'école : j'étais conscient qu'il m'avait procuré quelques émotions nouvelles et intenses, craintif en m'y rendant, mais tellement soulagé qu'il finît enfin !

Bien que je craignisse encore d'avoir des problèmes d'adaptation et d'ajustement, je me faisais rassurer par ma conjointe, Monique, qui me comblait de sa présence, de son aide et de son dévouement ; ainsi je repris confiance en moi – je sus la remercier en lui « permettant » d'aller se reposer une semaine dans le Sud (elle s'en fut avec son amie en République dominicaine) et ce, dès que ma convalescence fut assez avancée. Remettre les pieds dans sa maison après l'avoir quittée quelques semaines pour un voyage au pays de l'opération cardiaque est un bonheur extraordinaire, surtout après avoir craint, consciemment ou non, à tort ou à raison, de ne plus jamais pouvoir y retourner. J'ai reçu, sur le seuil de ma maison, un électrochoc positif d'une telle ampleur que mon goût de vivre s'en est trouvé renforci. J'étais tellement content de me retrouver dans mes petites affaires, même si plusieurs d'entre elles m'étaient inaccessibles et ce, pour un certain temps encore.

Curieux et étrange que les aiguilles du temps qui, dans les hôpitaux, tournent au ralenti s'accélèrent dès qu'on est assis dans le fauteuil préféré de son salon. La présence continuelle de son conjoint et la visite d'amis ne sont bien sûr pas étranger au phénomène d'accélération des horloges. Ah ! Comme j'ai vécu avec jouissance ces premiers jours de mon retour à domicile. D'autant plus qu'une fois bien installé devant ma télévision, je me suis permis de vérifier tout d'abord la liste des enregistrements qui devaient s'être multipliés en raison de notre absence prolongée à Monique et à moi. Quelle ne fut pas ma surprise d'y retrouver deux émissions, *Great Performances* de PBS, celle sur David Foster que j'avais regardée, mais en partie seulement, étendu dans mon lit d'hôpital, mais aussi, surtout, le spectacle 50$^e$ anniversaire de la sortie du disque de mon groupe préféré les Moody Blues : *Days of future passed*. Avec orchestre et narrateur, s'il-vous-plaît ! Comme sur le disque ! Quel beau cadeau de la vie ! Et quelle coïncidence ! Quel scénario digne d'un grand réalisateur ! Et quelle émotion j'ai eue en l'écoutant... sur le champ ! Quel bonheur ! Tout allait donc pour le mieux dans le meilleur des mondes ; mes plaies se cicatrisaient à merveille ; le lendemain de mon retour, une infirmière est venue à la maison constater de visu cette amélioration générale de mon état et changer un dernier pansement que j'avais sur le ventre pour, quelques jours plus tard, l'enlever tout simplement. Il ne me restait donc qu'un bleu immense sur le bras droit, trois stigmates de trous percés dans mon abdomen pour drainer les liquides de l'opération du 24 novembre ainsi que deux cicatrices, une longue et une beaucoup plus courte, la première, sinueuse, courant sur toute la longueur de ma jambe gauche, vestige de la veine saphène superficielle sacrifiée et recyclée en quatre pontages, l'autre, rectiligne, tracée au centre de la poitrine à la hauteur de mon sternum ouvert puis « rebroché ».

Je marchais de mieux en mieux et de plus en plus ; je dormais dans mon lit et, à ma grande surprise, je dormais bien ; aux toilettes, une seule opération m'échappait encore, la dernière... celle qui exigeait une contorsion du corps que je n'étais toujours pas capable de faire. Je mangeais plus et mieux tout en continuant un régime amaigrissant commencé à l'hôpital.

Bref, j'étais traité aux p'tits oignons et j'étais aux p'tits oiseaux ! C'est alors que survint, sans prévenir, l'événement inquiétant du samedi 16 décembre 2017...

## Chapitre VIII – Du 16 au 22 décembre 2017 : la crise

Le matin du 16 décembre, je me levai avec une légère douleur au ventre. J'allai m'allonger sur le divan pour regarder la télé indiquant à ma conjointe qu'il n'y avait vraiment pas de quoi s'inquiéter, que ce ne devait être qu'un malaise gastrique passager. C'est ainsi rassurée que Monique partit, tel que prévu, aider son fils à emménager dans son nouveau logement non sans qu'elle eût insisté pour que je la contacte en cas de besoin. Ce que je fis en après-midi, au moment où la douleur m'était devenue totalement insupportable et après m'être renseigné auprès des experts du 811. Moins d'une heure après, Monique arrivait et nous nous mîmes sans plus tarder en route pour l'hôpital de Shawinigan.

À l'urgence, il régnait une tranquillité inhabituelle pour la période de l'année, mais tout à fait la bienvenue de mon point de vue. L'infirmière chargée du « triage » ne tarda donc pas à m'appeler. La salle aurait-elle été remplie que ma douleur au ventre insoutenable et le fait que j'étais fraîchement opéré du « cœur », m'auraient, sans aucun doute dans mon esprit, fait passer en priorité.

Ironiquement, il n'y avait personne dans la salle d'attente, je n'avais donc pas besoin d'avoir très mal pour passer le premier ; mais sans cette vive douleur, peut-être m'aurait-on fait poireauter un peu en attendant la disponibilité d'un médecin... Ceci dit, une fois que j'eus eu exposé mon historique récent et plaidé ma cause avec force plaintes et jérémiades, non simulées je le rappelle, je fus emmené dans une salle de l'urgence où l'on commença tout de go les examens.

Ce samedi et ce dimanche, je les passai au complet couché sur une civière de l'urgence, éveillé, la douleur intolérable me tenaillant le côté droit du ventre m'empêchant de dormir, même si on me bourrait régulièrement de soluté anesthésiant et de pilules antidouleur. J'ai pu assister au spectacle continuel d'entrées de malades par ambulance ou autrement ; j'y ai entendu toutes sortes de bruits : des toux sèches, creuses ou grasses, des gémissements, des pleurs, des cris. En pleine nuit, on entra à l'urgence un jeune adulte fortement intoxiqué qui résistait vigoureusement à son arrestation ; « on », ce sont des infirmiers et des aides infirmiers qu'encadraient des gardes de sécurité de l'hôpital ainsi que deux policiers. Il leur en aura fait voir de toutes les couleurs ce jeune homme qui gueulait haut et fort sa misère et, surtout, son total désaccord d'avoir été traîné, « sans raison valable » disait-il, à cet endroit. Il criait, il tempêtait, – il semblait très intoxiqué – mais moi, tout ça m'était égal, il ne pouvait pas me réveiller, puisque je l'étais déjà !

Lundi arriva enfin ! On m'envoya passer des radios pour connaître la source de cette forte douleur, qui avait tout de même diminué un peu. Après la radio, il me fallut passer une échographie : la technicienne m'enduisit de liquide gluant et froid et commença l'inspection. Elle y mit tellement de cœur et de pesanteur dans son examen qu'elle réussit à raviver la douleur intolérable qui m'avait décidé à venir à l'hôpital. Bravo ! Une fois sa vérification terminée, alors que je croyais qu'on me laisserait tranquille avec ma douleur, survint le docteur « échographe » qui refit les mêmes opérations que sa technicienne. Pourquoi ? « *Si tu ne lui fais pas confiance à ton "adjointe" congédie-la !...* », avais-je tellement envie de lui hurler, une envie que j'ai contenue, bien que difficilement. Avec son scanner manuel, le spécialiste a pesé sur ma douleur aussi lourdement que sa technicienne l'avait fait, plus même ! J'avais envie de pleurer, j'avais envie de crier, j'avais envie de frapper !

Mais je me retins, pour chacune de ces trois envies ! Et je gémis en silence...

Les résultats me furent communiqués dans la journée. Ô surprise, un docteur interniste vint m'apprendre que c'était ma vésicule biliaire qui s'était infectée car embourbée, mais pire, que les radiographies montraient également deux embolies pulmonaires, soit la présence d'un caillot dans chacun de mes poumons ! Embolies qui, bien entendu, auraient pu m'être fatales ! Ayoye !

Depuis mon arrivée à la maison, en date du 4 décembre, j'avais le souffle court, étrangement aussi court qu'avant mon opération et cette constatation, illogique quand on y réfléchit quelque peu, ma conjointe Monique me l'avait à quelques reprises signalée avec inquiétude. Et mes hypothèses de « *toi, le docteur qui ne connaît rien à tout ça* » et « *moi, je pense qu'il faut laisser un peu plus de temps à l'opération d'opérer et à la nature de faire son travail* » ne tenaient pas la route... J'étais complètement dans le champ !

Je ne remercierai jamais assez ma vésicule biliaire de s'être sacrifiée pour moi : car c'est bien elle qui m'a littéralement sauvé la vie ! Chez nous, on aurait dit : « *Tu as été bien chanceux dans ta malchance !* » C'est vrai... Et pour un peu, je l'aurais conservée dans un pot *Mason*, cette vésicule « embouettée » jusqu'à mal fonctionner, jusqu'à faire mal, et ce au moment le plus opportun qui soit, soit avant qu'une embolie m'emporte. Et je lui dirais merci... chaque jour de ma survie !

⁂

Je continuais de recevoir, par l'intermédiaire de sacs de solutés accrochés à deux poteaux, un cocktail de médicaments dont certains favorisaient la guérison de la vésicule biliaire et d'autres qui éclaircissaient mon sang de manière à traiter les deux embolies. Avec toutes ces tubulures qui se terminaient à mes deux bras, j'avais l'image d'un acériculteur récoltant sa sève d'érable au printemps : moi, j'étais la cabane à sucre vers laquelle s'écoulait tout le liquide de tous les érables de son érablière. Mais, moi, ce n'était pas du sirop que je produisais, loin de là !

Je n'étais pas immobilisé, mais il m'était particulièrement difficile de me déplacer avec tous ces liens; surtout, il me fallait sans cesse surveiller les tubulures qui n'avaient, elles, me semblait-il, qu'une idée, fixe, celle de s'entortiller, de se tendre puis de s'arracher, soit de leur poteau, soit des cathéters installés dans mes avant-bras. Si vous vous demandez pourquoi j'en fais autant de cas, je vous rappelle que j'ai reçu au moins une centaine de piqûres depuis ma première hospitalisation à Trois-Rivières le 21 novembre 2017 – dont six ratées faites par trois très jeunes infirmières à la suite l'une de l'autre – et qu'à cause de mon hématome sévère au bras droit, la plupart d'entre elles ont été faites sur mon avant-bras gauche. J'avais ce bras gauche picoté et perforé pas moins que si je l'eus inséré dans une ruche d'abeilles ! Je faisais donc très attention à tous mes mouvements qui étaient, on s'en doute bien, d'assez limités à très limités, donc lents, ardus et laborieux, autant debout, qu'assis ou couché dans mon lit !

Aller aux toilettes, pourtant situées tout près de mon lit, juste à ma droite, était une aventure qui impliquait une logistique relativement complexe. Un, je devais m'assurer que les poteaux de soluté étaient bien dégagés de tout obstacle. Deux, l'expression « *se lever du bon pied* » prenait tout son sens dans ma situation : je devais m'en extirper du côté « *court* » – jeu de mot – c'est-à-dire du seul bord de lit que me permettait la longueur inégale des tuyaux branchés à mes bras. Trois, une fois debout, je devais empoigner le premier poteau, celui de gauche, puis aller chercher celui de droite, et tous ensemble, comme trois amis intimes se tenant par la taille, nous diriger vers la toilette. Une fois rendu à la porte, tout ce beau « monde » ne pouvant physiquement entrer dans l'espace disponible, quelqu'un devait donc se sacrifier : le poteau au filage le plus long demeurait donc sur le seuil pendant que je faisais mes besoins... debout, les fesses à l'air, la porte des W.-C. toute grande ouverte, bien entendu !

Et allez donc au diable l'intimité, la dignité et l'amour-propre !

Tout ce branle-bas prenait du temps, dans le meilleur des cas, près de 5 minutes ! Plus encore s'il y avait des complications. Il me fallait donc enclencher le long processus avant qu'une envie trop pressante menaçât d'exploser littéralement et prématurément... ce qui arriva, je l'avoue, à quelques reprises... dont celle que je vous conte ci-dessous. Tellement de liquides s'injectaient en moi qui augmentaient le nombre de mes envies, qu'à la fin je me résignai à porter des couches. Et au diable l'intimité, la dignité et l'amour-propre, bis !

**Attention, à ne pas lire à l'heure d'un repas...** La plus grande humiliation, je la subis au retour d'un examen de mes jambes, – qu'on appelle dans le jargon hospitalier : « *passer un Dopler* » –, et ce dans le but de découvrir d'éventuels caillots sanguins menaçants. Pendant l'auscultation, je vous avais comme une envie urgente de lâcher tout le contenu de mes intestins et je souhaitais, j'implorais tout bas une fin rapide de cet examen, fin rapide qui ne vint pas... rapidement ! Enfin, on vint me chercher pour me ramener à ma chambre et, une fois arrivé sur le seuil de porte de ma chambre, je me levai de mon fauteuil-taxi et je me « ruai » aux toilettes, si je puis dire cela avec tout le bataclan que je traînais du mieux et le plus vite que je pouvais ; dans l'urgence qui était la mienne, tout mon « filage » s'est entremêlé, compliquant et ralentissant la délicate et pressante opération. Quand, finalement, j'écartai la jaquette d'hôpital, arrachai ma couche, et voulus m'asseoir... il était trop tard !

Je dus appeler deux services de nettoyage : un préposé aux bénéficiaires pour moi, qui m'étais « beurré » pas à peu près, et un concierge pour nettoyer et désinfecter la salle de bain qui ne devait pas avoir souvent vécu un tel cataclysme. J'étais devenu un volcan, le Vésuve, crachant sa lave brune et nauséabonde coulant vers Pompéi jusqu'à l'ensevelir... Ce n'était pas beau à voir... Mon intimité ? Ma dignité ? Mon amour-propre ? Exterminés... Au tapis ! « *Pour le compte de 1, 2, et... trrrois !* », pour parodier l'animateur et commentateur Michel Normandin qui, dans les années 1960, concluait tout match de lutte Grand-Prix en roulant ses « r » de façon insistante après qu'un pugiliste eût collé, assez longtemps, les épaules de son adversaire au plancher. Plancher et murs étaient couverts de m... ; moi, lié à mes poteaux, j'étais couvert de honte...

∞

On était mercredi le 20 décembre, mon état s'était tout de même beaucoup amélioré, et c'est avec bonheur que je faisais des plans pour un retour à la maison avant Noël. J'en glissai un mot à chacun des thérapeutes qui s'occupaient de moi ; eux, elles et moi tombâmes d'accord pour une sortie le vendredi 22 décembre... si rien ne changeait pour le pire, cela étant bien entendu.

Il ne me restait donc qu'à écouler du temps en faisant de mon mieux pour démontrer ma « sortabilité » au personnel médical. Déjà, il me semblait que j'avais pris le contrôle de mon corps. D'autant plus qu'on venait tout juste de défaire les derniers liens qui me rattachaient à mes derniers poteaux de soluté. Je pouvais donc me sentir guéri ! Mais l'étais-je vraiment ? La nuit qui suivit, je me mis à grelotter, à trembloter, puis à trembler énergiquement, continuellement, irrépressiblement. Un frisson d'enfer ! J'avais beau me recouvrir des cinq couvertures qui se trouvaient sur mon lit, rien n'y faisait ! Au final, j'avais tellement eu chaud durant plus d'une heure que je baignais littéralement dans une mer de sueur ! Il m'a bien fallu sonner et aviser le personnel pour qu'il vienne me laver et changer le lit. Par après, des infirmières, avisées par les autres, sont venues prendre mes signes vitaux et des prises de sang qui leur firent conclure, je le sus le lendemain matin, qu'une souche de microbes pouvait bien avoir établi son domicile dans mon corps encore affaibli.

Le médecin de garde exigea de plus amples examens et je compris, entre les lignes des conversations qui se tenaient autour de moi, que la date de mon départ de vendredi avant Noël était mise en péril. Je priai donc avec ardeur saint Luc mon saint patron puis aussi, quant à être dans les prières et les supplications, saint Jude, patron des causes désespérées, pour que ce sursaut de fièvre ne durât pas et revînt plus. Grâce à eux deux, ou pas, la fièvre tomba rapidement, mais on m'engagea à aviser le personnel de toute nouvelle poussée de chaleur. Je m'y engageai, mais mollement...

Jeudi et vendredi furent donc pour moi deux longues, interminables journées durant lesquelles j'essayais de maintenir mes acquis afin de conserver mon autorisation de sortir avant le week-end de Noël. Je mangeais peu, ne voulant pas « provoquer » ma vésicule biliaire ; j'ai même levé le nez sur un pâté chinois servi au souper ce jour-là qui était délicieux mais qui me semblait un peu « gras ». Peut-être ne l'était-il pas, ou si peu... Je sentais le piège ? Un peu de paranoïa sans aucun doute, mais je ne voulais surtout pas prendre de risque. Ce soir-là, j'ai boudé un des meilleurs repas qui m'aient été servis à l'hôpital parce que je craignais une rechute et un séjour prolongé. Ce sacrifice de mon plat préféré porterait-il fruit le lendemain ? Sans pouvoir en être totalement sûr, du moins je l'espérais grandement !

En soirée, grosse déception : mon corps se mit à trembler de la même façon qu'il l'avait fait la veille et la fièvre s'empara de moi à nouveau. Si ma tremblote continuait et empirait, je savais devoir en faire part au personnel soignant même au prix qu'une telle intervention sonnerait le glas de ma sortie du lendemain. Me faudrait-il me résigner à passer Noël à l'hôpital ?

Mon grelotement ne dura qu'une trentaine de minutes seulement, son intensité diminua, la chaleur délaissa mon corps, et je pus m'endormir... mais dans un lit un peu trop humide pour être confortable ! Oh non ! Il était hors de question que je révélasse mon inconfort à qui que ce soit ! Je dormis, le mieux que je pus, trempant dans ma sueur ! Vendredi arriva, enfin ! Monique vint me rejoindre au début de l'après-midi pour m'aider à faire ma toilette : cheveux lavés, « douché » à la débarbouillette, les dents propres, j'étais presque beau à voir. Une fois repu puis habillé, il ne me restait plus qu'à attendre le feu vert qui m'avait été confirmé le matin même par l'interne substitut. À 13 heures, j'étais fin prêt à partir... Le temps passait pourtant et rien ne bougeait. Il était 15 heures lorsque, l'impatience me gagnant, j'appelai le poste de garde et, lorsqu'on daigna enfin venir me voir, je questionnai les délais, en en craignant d'additionnels en raison du changement de quart des infirmières prévu pour 16 heures. On m'expliqua que le docteur substitut qui, en avant-midi, m'avait pourtant assuré que les formulaires d'autorisation de sortie seraient remplis et acheminés rapidement à qui de droit, ne les avaient pas complétés... le poste de garde les attendait toujours. Sans ces documents, pas d'exit possible ! Grrrr ! Pour un peu, j'aurais mordu ! C'est donc vers 16 heures 30 qu'enfin ma conjointe et moi, nous retrouvâmes dans notre véhicule et prîmes la direction de Shawinigan... vers chez nous ! On ne s'en allait pas, non, on se sauvait !

Je ne pouvais vraiment pas recevoir plus beau cadeau de Noël !

## Chapitre IX – En guise de conclusion : la vie !

J'étais supposé mourir, j'aurais pu mourir... pourtant j'étais vivant ! Et bien vivant, à part ça ! C'est la médecine de ce début de 21e siècle qui a permis ce petit « miracle »... Qui est un véritable cadeau... car tous ces soins très spécialisés ne m'ont rien coûté pour la seule raison que je vis dans un des « plusss beaux » pays du monde, le Canada, pays qui prend en charge la santé de ses habitants.

Je suis donc reconnaissant à la médecine, incarnée par tous les docteurs et toutes les docteures, tous les infirmiers et toutes les infirmières, tous les aides-infirmiers et toutes les aides-infirmières, tous les préposés et toutes les préposées aux bénéficiaires de l'hôpital Sainte-Marie de Trois-Rivières, de l'Institut universitaire de cardiologie et de pneumologie de Québec et de l'Hôpital du Centre de la Mauricie à Shawinigan. Tout ce beau monde m'a prodigué les soins adéquats et diligents qu'il fallait, il m'a apporté les soins et le support dont j'avais besoin chaque jour pour progresser dans la guérison et dans ma convalescence. Toutes ces personnes, totalement dévouées, ont eu pour moi autant de gentillesse que de dévouement tout au long de mon aventure hospitalière.

Du fond de mon cœur, et là je pèse mes mots : merci à toutes, merci à tous !

Le temps qui s'écoule si vite quand on est en santé parce qu'on est occupé à faire mille choses importantes, routinières, ou tout simplement divertissantes, ce temps-là, rapide, évanescent, n'existe pas pour les patients d'un hôpital. La douleur, la souffrance, l'inquiétude, l'insomnie et la solitude s'attaquent aux horloges environnantes en s'agrippant à leurs aiguilles comme une glue tenace qui, en les empêchant de tourner normalement, ralentit le temps de telle façon que les patients, lovés sur eux-mêmes dans leur lit, souffrent plus longtemps, s'inquiètent plus longtemps, attendent plus longtemps ; et, dans cette longue attente que quelque chose se passe enfin, ils restent seuls plus longtemps...

Bien que j'aie été l'objet de soins continuels et attentionnés durant mon séjour dans chacun des trois hôpitaux que j'ai visités, je dois avouer qu'une fois de retour à mon domicile en ce 22 décembre 2017, j'étais fichtrement content que le temps des heures lentes soit terminé pour moi !

Enfin, j'étais revenu chez moi... CHEZ MOI ! En... **FIN** !

Mais était-il vraiment terminé, ce long et dur temps de mes heures lentes ?

*« La partie n'est pas finie tant qu'elle n'est pas... finie... »*, dixit Yogi Berra.

# Nouvelles de ma vie... de dernière heure...

## Chapitre X – Le 3 mai 2018 : l'autre opération

Yogi avait bien raison. Le jeudi 3 mai 2018, vers 7 heures 15 minutes, je me suis présenté à l'hôpital régional de la Mauricie à Shawinigan pour une endocholécystectomie : dit plus simplement, c'est l'ablation chirurgicale de la vésicule biliaire. C'est une opération devenue de routine pratiquée par cœlioscopie (aussi appelé « paroscopie ») une technique qui date des années 1980. Par l'intermédiaire de 2 à 5 trocarts d'un centimètre, un trocart étant un instrument chirurgical ayant la forme d'une tige cylindrique creuse, pointue et coupante à son extrémité, on introduit un tube optique relié à une caméra et à une source de lumière froide, après avoir gonflé l'abdomen au moyen d'un insufflateur de gaz carbonique ($CO_2$). À l'aide d'instruments chirurgicaux introduits par l'une ou plusieurs des ouvertures ainsi pratiquées, le chirurgien effectue la ligature de l'artère cystique et du canal cystique, canal reliant la vésicule biliaire au canal hépatique et, bien sûr, procède à la dissection, l'ablation de la vésicule biliaire.

Ce jour du 3 mai 2018, à l'Hôpital régional de Shawinigan, c'est la chirurgienne Valérie Marchand qui a procédé à l'ablation de ma vésicule biliaire. Cette opération ne nécessite pas l'hospitalisation du patient à moins de complications particulières. Dans mon cas, par mesure de précaution, parce que j'avais perdu, dans l'opération, un peu plus de sang que la normale et parce que mon problème d'apnée du sommeil pouvait interagir négativement à l'anesthésie, autant la chirurgienne que l'anesthésiste ont préféré que je reste à l'hôpital, sous observation toute la nuit. Même sans ces deux bonnes raisons, j'avais préalablement exprimé le désir d'y rester à coucher. Je me suis donc retrouvé, vers 15 heures, pensionnaire dans la chambre no 500, y occupant le lit no 3. À ma gauche, dans le lit numéro 4 se trouvait un individu que les rideaux refermés cachaient à ma vue. Si je vous en parle, c'est que, dès que je fus installé dans mon lit, je l'entendis ironiser, médire, pourfendre et maudire haut et fort le système hospitalier, agonissant d'injures tout le personnel, se moquant même des occupants des lits numéros 1 et 2 avec qui il cohabitait depuis quelque temps. Il y mettait, dans sa diatribe, une acrimonie et une hargne inattendues, surprenantes, hors du commun, n'étant nullement gêné de faire ses commentaires méprisants et haineux de la voix la plus forte possible, audible même du couloir, tout en ponctuant ses phrases de mots d'église montrant par là tout autant sa grande colère et sa grande misère, que sa très mauvaise éducation.

Je compris assez vite que les deux occupants des lits numéros 1 et 2 s'étaient résignés à entendre et à subir les longs discours, les « saintes », les « sacrées » imprécations et les peu gentils quolibets du lit numéro 4. Ils n'entraient pas dans sa conversation, ne le contredisaient pas, ils ne le confrontaient pas ; toutes les batailles verbales avec l'occupant du lit numéro 1, ils le savaient d'expérience, étaient perdues d'avance : ils préféraient donc dormir ! Ou faire semblant... À l'inverse du Job de l'Ancien Testament qui, lui, avait bravement enduré son mal, le lit « no 4 » braillait, tempêtait, invectivait et vilipendait tout du matin jusqu'au soir, pour tout et pour rien ! Dérangé dans ma quiétude, tout comme ses autres locataires, j'ai pensé que, dans les circonstances, – je n'étais que de passage – dormir était la meilleure des options qui se présentaient à moi. Cependant, ce qui fut facile à décider ne fut pas facile à faire. Je ne réussis pas à m'endormir, en fait. Ne serait-ce que pour me distraire de la réalité et de m'assoupir un peu, je tentai la technique du comptage des moutons, qui ne fonctionna pas du tout ; puis j'entrepris d'imaginer le doux clapotis de l'eau d'un calme ruisseau qui coule innocemment sans se préoccuper de la rumeur des rapides et de la chute d'eau qui l'attend en aval, au détour de la prochaine courbe. Mais cela aussi fut, dans les circonstances, tout à fait insuffisant... Au moins, le simulacre de sommeil me fit quelque bien ! Dans mon demi-sommeil non réparateur, j'ai donc enduré, moi aussi, les débordements assassins et tonitruants de l'individu, quelques-uns étant tout bonnement méchants et loufoques. Exemple : alors qu'on entendait à la télé l'*Adagio de l'automne*, le thème musical bien connu des *Belles histoires des pays d'en haut*, – composé par le cependant moins bien connu Alexandre Glazunov –, émission dont les épisodes, basés sur l'œuvre de Claude-Henri Grignon, repassaient en énième reprise à la télé, il interpella son voisin d'en face, un homme d'un certain âge :

– *Ah ! Ça, c'était le bon vieux temps ! Mais j'y pense, vieux comme t'es, Gagnon, tu dois avoir connu ça, toi, ce vieux temps-là !*

Monsieur Gagnon – c'est le nom du monsieur du lit numéro 1 – se sentit attaqué et, trop vexé pour ne pas réagir cette fois-ci, il déclama :

– *Ben non*, répliqua-t-il, *les* Belles histoires, *ça s'est terminé en 1934, moi, je suis né en 1935... Moi, je ne suis venu qu'après... Ç'est facile à calculer....*

Puis, sans aucune logique ni dans son raisonnement ni dans son fil d'idées, monsieur Gagnon sortit de son « champ gauche » cervical, ceci :

*– Mais j'y pense, dans ce temps-là, il n'y avait pas de montres ni d'horloges... euh... chronométriques...* (sic)

Monsieur Gagnon, profitant d'un droit de parole inespérément allongé, décida de faire du chemin sur sa propre digression :

*– Ma bru, elle, elle a une montre qui marche avec le soleil.*

Lit numéro 4 : *– La nuit, sa montre, a doit pas marcher !*

Lit numéro 1 : *– Ben, y me semble qu'elle marche aussi la nuit...*

Lit numéro 4 : *– Crisse, la nuit, y a pas de soleil, sa montre a marche sûrement pas ! Réfléchis avec ta tête, tabarn... !*

Lit numéro 1 (et tous les lits de la chambre y compris le mien) : *– ? ! ? ...*

Ah, dormir, et ne plus entendre ces divagations à peine dignes du plus mauvais épisode du téléroman *La Petite vie* ! La dernière phrase du « lit numéro 4 » généra un silence malaisant et prolongé. Ainsi se termina une conversation un peu décousue qui a finalement amené monsieur Gagnon à faire ce qu'il faisait de mieux dans de telles circonstances : faire semblant de dormir, tandis que l'autre, l'occupant du lit no 4, continuait de soliloquer tout haut tel un moulin à paroles intarissable, continuant de déverser son eau sale, pareil à un égout à ciel ouvert rejetant directement sa fange dans la rivière...

Ai-je besoin de vous dire qu'après le départ de ma conjointe, la soirée fut longue, interminable en fait : j'étais à la recherche désespérée d'un sommeil réparateur qui me fuyait. Puis, lentement, vint la nuit... quand même. Je demandais, je quêtais littéralement mes médicaments contre la douleur qu'on me faisait prendre un peu trop parcimonieusement, me semblait-il.

J'implorai qu'on me donnât de l'oxygène comme l'anesthésiste l'avait prescrit afin de contrecarrer ma tendance à faire de l'apnée du sommeil. On me répondit que c'était inutile puisqu'on vérifiait constamment mon taux de saturation d'oxygène dans mon sang. On me refusa aussi un somnifère qui m'aurait pourtant fait grand bien. Je voulais dormir mais j'en étais incapable, faute de collaboration du personnel soignant.

Vers minuit, n'en pouvant plus, je sonnai... L'infirmier se présenta et je lui servis le plaidoyer suivant, que je voulus le plus convaincant possible :

*– Permettez-moi de vous expliquer quelque chose : mon anesthésiste voulait que je reste à coucher à l'hôpital cette nuit parce que je fais de l'apnée du sommeil. Elle m'a dit que de l'oxygène me permettrait de mieux dormir*

*puisqu'il amenuiserait les effets postopératoires de l'anesthésie. Donc, je pense être en droit d'avoir de l'oxygène ! Qu'en pensez-vous ?*

– *OK, OK, c'est bon, je vous apporte ça !,* me fut-il enfin répondu, sans enthousiasme cependant, et avec une légère touche d'exaspération...

Je respirais déjà mieux... Et j'obtins aussi qu'on me fasse une piqûre de calmant... Enfin, me dis-je in petto, je vais pouvoir dormir un peu ! Malheureusement, cet apport d'oxygène et cette injection trop légère d'un somnifère dans mon système ne furent pas aussi efficaces que je l'espérais : je passai donc la majeure partie de la nuit, les yeux grands ouverts, à guetter l'horloge dont je ne voyais même pas les aiguilles ! Une nuit tourmentée où il me semblait que je faisais l'objet d'une terrible et implacable malédiction : je m'endormais, puis cinq minutes après, l'apnée ou un bruit me réveillait. En boucles... et ce, jusqu'au petit matin ! Donc, je dormis peu, très peu, si peu, trop peu... La nuit s'étira lentement, très lentement, une lueur à la fenêtre se dessina, puis se précisa, annonçant la fin prochaine de la nuit. Il fut 5 heures, puis 6 heures, puis 7 heures ; le couloir s'anima enfin, on y entendit des voix et des roulements de chariots et, finalement, après des milliards de micro-secondes bien senties, vers 8 heures, 8 heures 30, le déjeuner nous fut servi... enfin !

Ce jour-là, un peu après 8 heures 30, une psychiatre vint interroger mon voisin, loquace et tonitruant, pour lui faire des remontrances sur son désir exprimé plus tôt d'obtenir de l'aide à mourir. Ce fut une conversation plutôt orageuse qui, heureusement pour tout le monde, ne dura pas très longtemps, mais qui provoqua rapidement l'impatience du patient qui hurlait aux deux minutes son désaccord total avec les réprimandes de la thérapeute :

– *Tu me connais juste depuis cinq minutes, tabarn..., tu lis 1 rapport ou 2 sur moi pis toé, tout à coup, tu saurais mieux que moé ce que je veux... pis ce qui est mieux pour moé... Tu te prends pour qui, pour ma mère, câl... Woh ! Arrête ! Stop ! J'ai pas de temps à perdre avec du « niaisage » de même !*

Ironiquement, lui qui haïssait au plus haut point les tests et les examens, en bonne partie à cause de leur fréquence, mais surtout de la douleur insoutenable que lui procurait le simple transfert du lit vers le fauteuil, et vice-versa, je le sentis, tout le long de l'entretien, fort impatient de voir arriver les préposés qui devaient le mener à son scanner de 10 heures. Et, au retour, dès qu'il fut réinstallé dans son lit, non sans maints cris de douleur, il appela sa conjointe ; là, sans retenue et sans pudeur aucunes, il lui raconta haut et fort l'échange contrariant qu'il venait d'avoir avec la psychiatre. Cela ne fut pas beau à entendre... Usant, abusant même, de qualificatifs désobligeants, d'épithètes méprisantes et en ponctuant ses phrases de nombreux jurons, il cracha toute sa haine des médecins, du personnel médical et du système hospitalier. Pour résumer une conversation d'une bonne quinzaine de minutes, « *Tout ce beau monde-là s'obstinait*, répétait-il ad nauseam à son interlocutrice, qui ne parla pas beaucoup d'ailleurs, *à ne pas vouloir comprendre qu'avec ses deux jambes amputées et le reste de son corps souffrant de quasi impotence et de douleurs insoutenables, un gars pouvait, sans passer pour fou ou pour capricieux, vouloir en finir avec une vie dans laquelle... :*

– *Je ne pourrai plus jamais,* (pardonnez-moi de citer les paroles exactes qu'il a prononcées lors de cette conversation téléphonique), *je ne pourrai plus jamais,* a-t-il dit mot pour mot, *« fourrer » ma blonde, même à genoux !* »

Cela m'amena la réflexion suivante : j'acceptais tout à coup un peu mieux l'exaspération et le découragement du gars... Mais quelle révolte violente il couvait ! Durant ce long monologue, un véritable réquisitoire ininterrompu contre le système hospitalier en général et les soins médicaux inadéquats que ce voisin de lit disait recevoir, mes deux autres colocataires firent ce qui leur a toujours semblé être leur meilleure meilleure porte de sortie, leur échappatoire habituelle face à ce flot de paroles dures, violentes, vindicatives, aussi ignobles qu'imméritées : les voisins firent semblant de dormir. Je ne dormis pas, non plus ; j'écoutais distraitement divaguer mon voisin d'outre rideau, les yeux fermés. Ah, comme j'aurais bien aimé pouvoir me sauver à toutes jambes... jambes que j'avais encore, moi !

ひ分

Ma docteure, Valérie Marchand, passa me voir vers 13 heures pour me donner mon congé, celui-ci prenant effet immédiatement ; mais dès qu'elle eut eu quitté la chambre, j'entendis la voix forte et péremptoire de mon voisin :

– *Eille Chose,* (je compris au message qui suivit que ce « *chose* »-là, c'était moi !), *tu délires en tab... si tu penses vraiment que tu vas pouvoir sortir d'ici avant souper. Les docteurs, c'est tous des crisses de « maudits menteurs ».*

L'expression « éructée » par mon voisin frustré, c'était plutôt « trous de c... » ; je soupçonne qu'avec ce qualificatif désobligeant, il voulait englober un large spectre de la profession médicale. C'est par pudeur, et par respect, – car moi, je les aime bien les docteurs, les infirmières et les préposés – que j'ai préféré remplacer l'expression grivoise, méprisante et insultante, par ce que je crois bien être la traduction la plus appropriée à la situation. Beaucoup plus optimiste que lui, et comme pour les défier, lui et son mauvais karma, j'appelai ma conjointe pour qu'elle vienne me chercher à l'hôpital et ce, sans plus tarder... C'est moi qui ai eu raison ! Une infirmière, aussi ravie de me donner le go pour m'en aller que moi je l'étais de le recevoir, vint me remettre mes cartes « soleil » et d'hôpital ainsi que mes prescriptions et autres documents à lire pour maximiser ma guérison...

Peu après, à mon grand bonheur, ma conjointe Monique arriva : ah ! Monique... Si vous me le permettez, je vous confie ce secret : le 24 novembre 2017, c'était, en fait, une deuxième opération au cœur qu'on me faisait ; Monique, le 17 janvier 2006, avait déjà fait un miracle semblable : soigner et guérir mon cœur meurtri par une séparation récente. L'opération, fort délicate en raison des électrochocs qu'elle utilisa pour accomplir son méfait et qui provoquèrent chez moi un véritable coup de foudre, fut couronnée d'un grand succès. Les pontages qu'elle m'a greffés cette journée-là, qui ont ravivé l'amour chez moi, sont encore aussi solides aujourd'hui qu'au début. Merci, mon amour, mon docteur, mon infirmière !

ଓଃ୫ଠ

En sortant de l'hôpital, j'eus une pensée émue pour tous les patients et toutes les patientes de tous les hôpitaux du monde pour qui les heures lentes n'étaient pas encore terminées... Et je fis une prière sincère pour ceux et celles qui, prisonniers de leur maladie ou de leurs blessures, passent une grande partie de leur vie dans un hôpital ne sachant pas s'ils vont en ressortir les pieds devant, ou vivants mais amochés, éclopés, handicapés, hypothéqués dans leur corps comme dans leur âme pour le restant de leur existence. À toutes ces personnes, celles que j'ai côtoyées le temps de mes deux opérations, mais surtout à celles qui constituent des cas sévères, comme toi, mon voisin de lit inquiet et geignard de Québec, et comme toi, mon voisin de lit impatient, bouillant, baveux et provocateur de Shawinigan, à toutes ces personnes, disais-je, certaines peu banales et plus ou moins écorchées par la vie, je dédie ce chapitre 13 de mon recueil. (À vrai dire, ce dernier voisin de lit me faisait penser au bonasse capitaine Haddock des albums Tintin de ma jeunesse : aussi bourru, aussi injurieux, mais le premier usant de jurons et de sacres bien québécois, donc beaucoup moins sophistiqués que ceux du second ; je soupçonne « mon chiâleux » d'avoir lui aussi un « bon fond ».)

Je reconnais volontiers que mes petites et pas si terribles « heures lentes » à moi peuvent paraître bien banales et bien anodines à côté de celles plus graves, plus profondes, plus pénibles, plus marquantes donc, qu'eux et tellement d'autres personnes ont vécues, ou qu'ils vivent encore, c'est-à-dire de bien réelles, dures, intenses, insupportables, terrifiantes et interminables heures à pleurer, à gémir, à crier, des heures lentes à hurler, des... « *heurlantes* ».

Pardonnez-moi ce jeu de mots... malade !                **FIN**

# Un autre dessert !... Trop de desserts ?

En mai 2019, soit 18 mois après l'opération de pontages coronariens visant à réparer la circulation sanguine alimentant mon cœur, je me suis retrouvé dans le bureau de mon cardiologue, le docteur Ricardo Costa pour un tout premier suivi.

Dès avant ma rencontre avec lui, je savais très bien le verdict sévère qu'il porterait sur ma négligence à surveiller mon poids, poids qui avait sensiblement augmenté depuis novembre 2017, sans doute une conséquence des restos et des recettes gloutonnes (grasses et sucrées) à la Ricardo Larrivée, le chef cuisinier québécois bien connu... Je m'attendais donc à être « gourmandé » pour avoir été trop gourmand... Je rappelle que le docteur Costa, sud-américain d'origine, ne maîtrise pas le français à 100%. Quelquefois, entre autre chose parce qu'il parle très vite, et avec un fort accent, on échappe une information ici et là dans la conversation ; il me fallait donc être particulièrement attentif... Voici, en gros, la mise en garde qu'il m'a faite :

– *Monsieur Granger, je suis très surpris que vous ne fassiez pas plus attention à votre santé. Je vais vous expliquer : les quatre pontages qu'on vous a faits ne doivent pas être bouchés car eux, s'ils se bouchent, on ne pourra pas vous ouvrir la poitrine à nouveau pour les déboucher ou pour les « re-ponter ». Laissez-moi vous conter une petite histoire qui m'est arrivée. L'été dernier, j'étais en visite, et là où j'étais il y avait une piscine. J'ai annoncé à tout le monde : « Attention ! Je vais sauter dedans ! »* L'hôtesse m'a regardé puis elle a dit, assez fort pour que tous ses invités entendent : « Hum, je crois bien qu'il ne restera pas beaucoup d'eau dans la piscine après ça ! » Ça a piqué mon orgueil, et je me suis mis au régime. Comme moi, je crois monsieur Granger que vous êtes assez orgueilleux pour comprendre que c'est dans votre intérêt de surveiller votre alimentation et de faire de l'exercice. Je veux vous revoir dans neuf mois, et quand je vous reverrai, j'ose espérer que vous aurez... « accouché ».*

Une seconde passa... et le cardiologue se mit à rire de bon cœur ; il venait de se surprendre à faire une bonne blague en français. Ma conjointe et moi aussi avons bien ri... Moi, un peu « jaune », mais quand même... Mais combien il a eu raison le docteur Ricardo Costa de jouer la corde sensible de mon orgueil... Car avant de mettre ce livre sous presse, les 9 mois avaient passé ; j'ai donc revu mon docteur Corda : mon « bébé accouché » pesait un peu moins de 15 livres (soit un peu plus de 6 kilos).

Je vous confie que, pour cette rencontre avec mon cardiologue, bien sûr, j'aurais préféré que mon « nouveau-né » pesât beaucoup plus... Mais ce dernier (pas le nouveau-né, le cardiologue !) s'est dit satisfait des résultats. Je maintiens cependant vouloir me faire, à la Noël 2020, le cadeau d'avoir atteint le plateau de 200 livres (soit autour de 90 kilos).

Ricardo L. vs Ricardo C., qui l'emportera : l'estomac ou le cœur ? Les paris sont ouverts...

**FIN**

# 14

## Un dessert nommé « *Maman* » !

*Suivi de* : Un dernier dessert signé « *Papa* » ! ...**page 300**

Aussi loin que je remonte dans mes souvenirs, maman Lorraine a toujours été grosse, victime, fort probablement, d'une malheureuse conjonction de l'hérédité héritée de sa lignée maternelle des Jean d'une part et de ses multiples grossesses de l'autre. Moi, Luc, j'étais son 4ᵉ enfant en liste ; 5 autres suivirent dont, juste après moi, une fille morte quelques heures seulement après sa naissance. Cette fille, non baptisée, est née un 15 août (1954) soit le jour décrété en 1950 par le pape Pie XII pour fêter l'Assomption de Marie, mère de Jésus. La naissance de ma sœur Lucie viendra, dès l'année suivante, atténuer ce drame... Puis, après que deux autres garçons eurent suivi, Chantal, la dernière-née de la famille, est venue au monde le 8 décembre 1961 ; ai-je besoin de vous rappeler qu'à cette date, le 8 décembre, suite au décret du pape Pie IX en 1854, on fêtait, aujourd'hui moins, l'Immaculée-Conception de la même Marie, mère de Jésus. Maman, convaincue, aimait donc à répéter : « *La Vierge Marie ? Elle m'avait prise une fille, elle m'en a donné une autre !* »

Il existe une photo de maman qui la montre tenant la poignée d'une automobile aux formes rondes... Les deux en fait étaient rondes : l'auto des années 1950 et... maman ! Sans doute enceinte, maman montre un ventre fortement bombé ; ce qui m'avait fait dire l'affreuse méchanceté suivante : « *Maman ? Elle se tient après la poignée de l'auto pour ne pas s'envoler...* » Je devais avoir fait un lien entre sa rondeur à elle et celle de la montgolfière dont parle Jules Verne dans son roman l'*Île mystérieuse*. Comme quoi de bonnes lectures sérieuses ne rendent pas toujours son lecteur plus intelligent. Cela dépassait en horreur une blague, bénigne celle-là (?), que j'avais déjà faite à l'occasion d'un souper familial : invoquant le droit de dire un bénédicité avant d'entamer la soupe très « aquatique » que nous préparait souvent maman, puis chacun ayant joint les mains et baissé la tête, je fis cette courte prière : « *Mon Dieu, bénissez cette soupe car... elle en a bien besoin !* » Autour de la table, je m'en souviens, on a beaucoup ri de ma boutade, et maman en avait bien ri elle aussi, et de bon cœur à part ça. C'est qu'elle avait vraiment un bon cœur, maman ! Un cœur sur deux pattes, rien de moins !

Maman n'élevait que rarement la voix et elle ne frappait jamais ses enfants, même quand elle aurait eu tellement de bonnes raisons de le faire. Quand elle était exaspérée, quand elle n'en pouvait plus des frasques de ses escogriffes trop tannants, elle se cambrait sur les lieux du délit ou du dégât, l'air sévère, les deux poings sur ses hanches, et s'exclamait : « *Jésus, Marie, Joseph !* » ; nous savions que nous avions dépassé les bornes, et que nous lui avions fait de la peine. Quand nous étions trop lents à lui obéir, elle nous accordait un temps de réflexion en comptant lentement, assez fort pour qu'on l'entende : les deux poings sur les hanches, toujours : « *1, 2, 3, 4, 5, etc.* » ; dès lors, nous savions que nous avions atteint les limites de sa tolérance. Nous obéissions.Mais la blague du ballon fut, et j'en conviens volontiers, ma pire de toutes qui, dès qu'elle fut dite par moi, fut aussitôt regrettée par moi. J'ai toujours essayé, en douce, de faire oublier à maman la peine de cette bourde cruelle : lorsqu'une occasion se présentait, je ne manquais pas de l'inviter à jouer au « *cribbage* », un jeu qu'elle affectionnait, ou de l'aider à terminer un casse-tête en cours d'assemblage, prétextes pour jaser un peu avec elle. Vint un jour où, indécis sur le présent à lui offrir pour son (50e ?) anniversaire, je lui fis cadeau d'un chèque personnel fait à son nom de jeune fille : *Lorraine Michaud*. Cela la toucha beaucoup plus que j'aurais cru : « *C'est le tout premier chèque que je reçois à mon nom !* », me dit-elle pour justifier son émotion. En repensant à la façon dont elle signait mes bulletins mensuels quand je fréquentais l'école primaire, soit *Mme Joseph Granger*, je pouvais comprendre ce que cela voulait dire pour maman de se réapproprier son identité propre. Je travaillais fort pour me faire pardonner ma flèche cruelle... que maman, elle, avait sans doute oubliée depuis des lunes... Moi, je savais que je n'oublierais jamais ni cette mauvaise blague ni la honte « honteuse » que j'avais pu, trop souvent, ressentir lors de conversations écolières, d'être le fils d'une grosse maman... Honte, oui, honte à moi !

Pourtant, maman avait déjà été svelte et légère : en font foi les photos de la fin des années 1940 la montrant au bras de son prétendant Joseph qui devint, peu après, son mari. (Date du mariage : 13 février 1947 : à cette date, Lorraine, née le 3 septembre 1930, n'avait que 16 ans !) Au début des années 1980, puisque sa famille ne grandissait plus qu'en âge après avoir crû en nombre, il lui prit l'envie de redevenir la jeune femme mince qu'elle avait déjà été. Il faut dire que son médecin l'avait depuis peu inquiétée avec un diagnostic de diabète et de problèmes cardiaques en découlant. Maman se mit donc à une diète sévère et à l'exercice. On apprit à ce moment-là l'existence de produits laitiers nouveaux pour nous : le yogourt nature et le fromage cottage. Leur texture et leur goût – je me faisais la réflexion que juste l'effort qu'il fallait faire pour en manger devait faire maigrir ! – me les fit longtemps détester... et c'est encore le cas pour le fromage cottage. Concurremment à ses efforts alimentaires, maman se rendait à un gymnase qui devait nicher rue Cockburn dans le bas de la ville de Drummondville puisque je me souviens d'avoir été le passager arrière de pépère Michaud, son père, un jour qu'il emmenait maman à ses exercices. Âgé, pépère Michaud conduisait mal et surtout très nerveusement : il s'arrêta, brusquement, devant le Centre civique (renommé Centre Marcel Dionne), maman se dépêcha d'ouvrir la portière, mit un pied sur l'asphalte, puis entreprit de s'extirper de l'auto ; en plein milieu de cette manœuvre délicate, pépère redémarra, aussi brusquement qu'il avait stoppé, jetant par terre, sans qu'il s'en rendît compte, sa fille Lorraine, tout étonnée de ce qui lui arrivait ! Déterminée, faisant des efforts soutenus, maman, non sans une bonne dose de fierté et d'autosatisfaction amplement méritées, arriva à diminuer son poids substantiellement, de sorte qu'elle put, après s'être récemment réapproprié son identité, se réapproprier son mari qui s'était si souvent éloigné d'elle pour toutes sortes de raisons et prétextes : gérance de chalets au loin, établissement de l'arbre généalogique des Granger... Chacun y ayant mis du sien, tous deux réussirent à surmonter les difficultés de leur parcours. Comment ? Une bonne discussion sans doute... Puis papa et maman se mirent à l'apprentissage de la danse sociale. Difficile, vous en conviendrez, d'être plus proches l'un de l'autre qu'en dansant l'un avec l'autre... C'est non sans avoir, durant les longues pratiques quotidiennes, enduré son cavalier Joseph marteler à haute voix chacun des pas de chacune des danses sociales qu'ils avaient apprises, que Lorraine commença à accompagner son mari Joseph dans les salles de danse de la région de Drummond, et au-delà. Quel plaisir ils eurent ! Ils devinrent même d'excellents danseurs. Sans nul doute, ce fut pour maman ses plus belles années de bonheur et de gloire : sortir pour aller danser ou au restaurant, côtoyer du monde, sortir avec des couples amis... Une joie plus grande encore lui était réservée quand Joseph et son band, les **JRG** (étonnamment, ces 3 lettres, je les revoie encore chaque jour d'école sur un autobus passant devant ma fenêtre !), offraient la musique de danse, une fois par semaine. Joseph devenu indisponible car occupé à jouer du violon sur le « *stage* », Lorraine se faisait inviter à danser par d'autres cavaliers que son mari. J'imagine facilement comment cela devait flatter son ego si longtemps écorché, dans son physique comme dans son moral, par les petites et grandes misères quotidiennes de la vie familiale ! Et comme tous ses efforts, sa patience, sa résilience la payaient tout à coup ! On pouvait voir là tous les indices probants d'une longue retraite heureuse.

Lorraine, cette maman, cette femme qui toujours avait apprécié la bonne compagnie, on la sentait, on la voyait tout à coup heureuse comme elle ne l'avait pas été depuis belle lurette ! Avait-elle pardonné à son mari ses distractions extérieures ? On peut raisonnablement le penser... Car je crois bien qu'ils furent heureux tous les deux, depuis leurs retrouvailles et ce, jusqu'au jour funeste de la mort de maman survenue, trop tôt bien évidemment, en cet avant-midi du 6 mars 1988 alors qu'elle n'avait que 57 ans. Elle se berçait, tout doucement, quand son cœur s'est arrêté de battre. L'ambulance fut mandée. Quand celle-ci arriva, c'était déjà trop tard. Joseph pleura... puis appela chacun de ses enfants... qui accoururent et virent, pour la toute première fois, leur père pleurer... Plus tard, j'avoue avoir été agréablement surpris d'une chose : pendant les 2 jours et demi que dura l'exposition de maman, la procession au salon funéraire ne dérougit pas un instant : parents, voisins, amis... on aurait dit que tout le Québec était en deuil. Beaucoup d'amour et d'amitié pour la femme plutôt, et très longtemps, effacée que fut maman.

Maman Lorraine, comme presque toutes les mères de son époque, fut une nourrice, une bonne, une cuisinière, une serveuse, une ménagère, une gardienne, une aide aux devoirs et aux leçons, une compagne de jeu, une laveuse de linge et de vaisselle, une frotteuse de planchers et d'enfants, une couturière, une repriseuse, une repasseuse, une tricoteuse, une coiffeuse, une docteure, une infirmière, une psychologue, une pharmacienne, une consolatrice, une conseillère, une confidente (et j'en oublie sans doute) : autant de métiers qui la payaient : zéro, rien, que dalle, nada, nothing !

Maman, modèle d'abnégation absolue, comme l'étaient les mamans d'alors pour leur famille, fut une bénévole attentionnée, aimante et dévouée, à temps plein à part ça ! Je le répète : Lorraine, ma maman à moi, c'était un cœur sur deux pattes !

Désormais, on ne peut plus remercier Lorraine qu'à titre posthume ; je le fais là, maintenant, avec amour et émotion : « *Merci pour tout, maman ! Je t'aime « gros » !* »

## FIN

## Un dernier dessert signé « *Papa* » !
**(Pour en finir avec la peur... ?)**

Les années 1960 fut pour le Québec une période de désintoxication religieuse tout autant que d'essor social. Maints Québécois français se détournaient du clergé qui avait, jusqu'alors, encadré rigoureusement tous les aspects de sa vie, au point de l'étouffer. Ce grand passage vers la laïcité a été nommé : la *Révolution tranquille*.

Vers 1968, mon frère Michel et moi, étions prêts nous aussi à vivre notre mini révolution tranquille personnelle. Comment ? Voici... Très jeunes, bien sûr influencés par le temps « clerc » environnant, nous nous rendions à l'église Saint-Frédéric, les dimanches bien sûr, mais souvent aussi les samedis, très tôt le matin. Presque seuls, nous nous assoyions dans les fauteuils rouges capitonnés réservés à l'évêque et à ses subalternes. Quand le prêtre se tournait vers nous, ce qui arrivait à quelques reprises durant la messe en latin dite principalement de dos à l'assemblée, peu nombreuse à cette heure matinale, nous pouvions observer chez lui des œillades désapprobatrices ; à ses yeux, nous commettions sans doute un crime de lèse-majesté en posant nos fesses juvéniles sur un banc destiné à ne recevoir que des fessiers épiscopaux. Nous étions jeunes alors, nous étions innocents. Mais, ce temps de l'innocence passa. Et, avec le temps, notre foi s'estompant, les bondieuseries et la messe dominicale, nous n'aimions plus ; Michel et moi étions bien décidés à nous y soustraire. Un jour, sous de faux prétextes, nous avons convenu avec papa de nous laisser à l'église Saint-Frédéric, pendant que lui amèneraient ses autres enfants à l'église Immaculée-Conception, située dans une paroissse voisine, à quelques kilomètres de l'autre. C'était l'été, plutôt que la messe, nous nous installions sur un banc du parc situé devant l'église et nous passions le temps. Quand la messe de « notre » église était terminée, nous nous en retournions à pied à la maison. Le subterfuge fonctionna quelque temps... en fait, jusqu'à ce dimanche où papa fit une balade après la messe (plus courte à son église qu'à la nôtre) et qu'il s'adonna à passer devant l'église et le parc où nous nous trouvions. Nous pûmes voir son air étonné : oui, pour sûr, nous étions découverts !

Ce jour-là, à la maison, ce ne fut pas un curé qui nous fit un sermon mais papa qui, bien qu'il vînt d'une famille très catholique et si... religieuse qu'elle donna à Dieu jusqu'à six sœurs religieuses et presque un frère (ou un prêtre ?), papa, disais-je, était quant à lui fort critique à l'égard de la religion (de toutes les religions en fait) :

*– Les jeunes, si vous ne vouliez plus aller à la messe, vous n'aviez qu'à le dire. Ce n'est pas moi qui vous y aurais forcé. Mais au moins, ayez le courage de vos idées...* Ite missa est. Plus de peur que de mal, donc... Et, désormais, pour Michel et pour moi, comme pour presque tout le Québec d'ailleurs, la messe était finie... Dieu merci !  **FIN**

Michel se « balancignant » près d'une remise en fond de cour.

La plus ancienne photo de l'auteur ? (1954 ?) Plus deux autres, ado et jeune adulte.

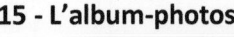

Pierre et Chantal.

C'est dans la cour de Palace Hemming que se firent la cour Robert et France Jutras, notre 3$^e$ amie longueuilloise.

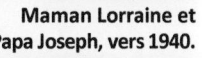

Maman Lorraine et Papa Joseph, vers 1940.

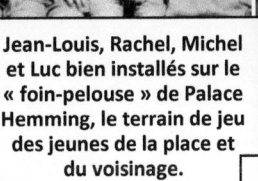

Jean-Louis, Rachel, Michel et Luc bien installés sur le « foin-pelouse » de Palace Hemming, le terrain de jeu des jeunes de la place et du voisinage.

À gauche, Lucie, avec Danielle et Michelle Jutras, deux de nos amies de Longueuil, et Chantal, à droite.

L'auteur, Luc à la guitare ; Son papa Joseph au violon.

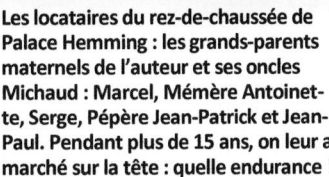

Les locataires du rez-de-chaussée de Palace Hemming : les grands-parents maternels de l'auteur et ses oncles Michaud : Marcel, Mémère Antoinette, Serge, Pépère Jean-Patrick et Jean-Paul. Pendant plus de 15 ans, on leur a marché sur la tête : quelle endurance !

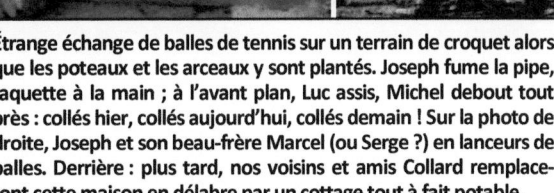

Étrange échange de balles de tennis sur un terrain de croquet alors que les poteaux et les arceaux y sont plantés. Joseph fume la pipe, raquette à la main ; à l'avant plan, Luc assis, Michel debout tout près : collés hier, collés aujourd'hui, collés demain ! Sur la photo de droite, Joseph et son beau-frère Marcel (ou Serge ?) en lanceurs de balles. Derrière : plus tard, nos voisins et amis Collard remplaceront cette maison en délabre par un cottage tout à fait potable.

L'auteur s'improvise cuistot en brassant ce qui est peut-être une sauce à spaghetti ; installés depuis peu au rez-de-chaussée, les Granger avaient tout à coup accès à des ronds de poêle électrique et à de l'eau chaude à volonté, luxes jusque-là inconnus, dignes d'un vrai palace. Notez derrière le frigo aux rondes « épaules », identique à celui qu'on avait en haut.

Cette galerie dominait la cour arrière de Palace Hemming... J'entends encore maman héler ses enfants : « *Venez souper... Pis tout de suite, sinon vous allez passer en dessous de la table...* » Tous accouraient donc à toutes jambes, peu importe où ils se trouvaient.

Vers 1982, Palace Hemming : avant et après...

Vues printanières devant Palace Hemming : débordements et embâcles y étaient fréquents. Et, en toutes saisons, nous avions droit à des couchers de soleil magnifiques. On voit, de l'autre côté de la rivière St-François, la silhouette de l'hôpital Ste-Croix, où l'auteur est né.

Le lancer des fers à cheval... L'ami Jacques Collard a déjà lancé les siens. Plus tard, le terrain de fers fut déplacé au fond de la cour. Derrière, on peut admirer la « shed », qui fut notre espace de jeu lorsqu'il pleuvait.

L'auteur et ses trois grandes et belles amours : Monique Roy, Ginette Poisson et Chantal Cloutier.

Les 3 trois filles adorées de l'auteur : Évelyne, Émilie et Élyse (En 1985).

Toutes photos des pages 301 et 302 : Archives de l'auteur

# 00

## « Et... en avant la musique ! »

### In my life (*Dans ma vie*)
#### The Beatles

There are places I'll remember
All my life, though some have changed
Some forever, not for better
Some have gone and some remain

All these places had their moments
With lovers and friends I still can recall
Some are dead and some are living

**In my life, I've loved them all!**


### (Traduction libre de l'auteur)

Je me souviendrai toute ma vie de plein d'endroits
Même si plusieurs ont changé en chemin
Certains pour toujours, pas toujours pour le mieux
Certains sont disparus, d'autres subsistent

Tous ces lieux ont eu leur heure de gloire
Pleins d'amoureux et d'amis dont je me souviens encore
Certains sont morts, d'autres vivent toujours
Dans ma vie, je les ai tous aimés

*– Oui, dans ma vie, je vous ai tous aimés !*

*Luc A. Granger*

## Qu'as-tu fait de ta vie ? (Septembre 2016)

Dis-moi, qu'as-tu fait de ta vie ?
As-tu aimé, as-tu haï ?
As-tu donné ou as-tu pris ?
As-tu déçu, as-tu surpris ?
As-tu pardonné ou sévi ?
As-tu blessé, as-tu guéri ?
As-tu brisé, as-tu construit ?
As-tu affronté, as-tu fui ?
As-tu pris les devants, suivi ?
As-tu dit vrai, as-tu menti ?

As-tu été méchant, gentil ?
As-tu snobé ou accueilli ?
As-tu dit merde ou dit merci ?
As-tu rêvé, as-tu agi ?
As-tu pleuré et as-tu ri ?
Qu'est-ce que la vie t'a appris...
...Faire le bien, le mal, ou pis ?
Lequel d'entre eux as-tu choisi ?
Maintenant que tu as vieilli...
...Dis-moi, qu'as-tu fait de ta vie ?

୧୨୭ର୍ଚ

Ta vie ? Avant que tu la perdes
La vis-tu ta vie... Oui, ou merde ?

**Ces deux textes proviennent de mon précédent recueil intitulé :**
**« *Toutes mes fleurs et mes épines* »,**
**un ouvrage publié en 2018 chez BoD (Books on Demand), dans lequel on retrouve,**
**entre autres choses, d'autres textes à saveur biographique ou autobiographique.**

*Luc A. Granger*

VIVRE

SOUFF  RIRE

MOURIR